Pèlerinage aux sources de la vie

Du même auteur, aux Éditions Anne Sigier:

Cette force qui soulève la vie!

Jean-Paul Simard

Pèlerinage aux sources de la vie

Spiritualité · Santé · guérison

ANNE SIGIER

1073, boul. René-Lévesque Ouest • Québec Canada • G1S 4R5 • (418) 687-6086

Avis au lecteur

Pour alléger le texte et en faciliter la lecture, nous avons utilisé le générique «homme» pour nous référer à l'espèce humaine. Il faudra comprendre que ce terme désigne chaque fois l'homme et la femme. Il en va de même pour les pronoms, les adjectifs et tous les autres mots qui varient en genre.

On peut rejoindre l'auteur à l'adresse de courriel suivante :
jeanpsimard@hotmail.com.

Dépôt légal : Bibliothèque et Archives nationales du Québec, 2006
Bibliothèque et Archives Canada, 2006

ISBN-10 2-89129-504-8
ISBN-13 978-2-89129-504-8

Imprimé au Canada

Distribution
Canada : Messageries ADP — France : AVM
Belgique : Alliance Services — Suisse : Albert le Grand

www.annesigier.qc.ca

• Nous remercions les gouvernements du Canada (PADIÉ) et du Québec (SODEC) de leur appui financier.

Introduction

O N NE FAIT PAS un pèlerinage, c'est le pèlerinage qui nous fait. Tel est le témoignage de tous ceux qui ont accompli un pèlerinage avec l'intention de changer quelque chose dans leur vie. Ils ont connu alors une véritable catharsis, c'est-à-dire une purification intérieure. Après un pèlerinage, la vie n'est plus pareille. Elle acquiert une signification nouvelle.

Le pèlerinage en lui-même est une forme de croissance : il amène à passer d'un état à un autre. La plus petite des semences, nous dit l'Évangile, peut devenir la plus grande des plantes. La nature tient le même langage : on ne peut devenir papillon et rester larve, il faut prendre le risque de sa propre métamorphose. Pour cela, il faut accepter de marcher, de se mettre en route. Tel est le sens premier du pèlerinage.

Un pèlerinage comporte toujours une dimension sacrée. Il implique une démarche spirituelle. Celle que je propose tient à la fois de la « légende personnelle » et de l'aventure humaine : *retrouver sa source intérieure*. C'est là qu'a été déposé à la naissance notre capital de vie, de santé. C'est là également que se trouve notre potentiel divin et sacré. Quiconque retrouve cette source et demeure en contact avec elle acquiert une qualité de vie étonnante. Boire à la source de tout ce qui vit et respire élargit le cœur, l'âme et l'esprit.

Mais le contraire est aussi vrai. Quand nous oublions ou perdons le contact avec cette source, celle-ci ne tarde pas à se manifester. Elle gémit, elle s'inquiète. Elle nous interroge… Pourquoi sommes-nous si souvent fatigués, démotivés, au point que la vie perd son sens ? Pourquoi n'avons-nous plus les forces et les réserves nécessaires pour mener le dur combat de la vie? Pourquoi sommes-nous si démunis devant les épreuves de l'existence?

Il faut comprendre que ce questionnement n'est pas nécessairement dramatique. Il est au contraire une invitation à réévaluer le degré de contact avec notre source intérieure. «Aujourd'hui, nous dit-elle, je t'appelle à vivre! Je t'offre la vie, peu importe ta condition physique et mentale, peu importe ton état de santé, peu importe ton évolution spirituelle. Tu commences là où tu es et comme tu es. Chez toi, à la ville, à la campagne, dans ton lit d'hôpital, en fauteuil roulant, aux prises avec ton cancer. Tu te lèves et tu te mets en marche.»

Marcher peut s'entendre aussi bien au sens moral qu'au sens physique du terme, aussi bien au sens propre qu'au sens figuré. On marche chaque fois qu'on refuse de céder aux forces de la mort et qu'on accepte le combat de la vie. On marche chaque fois qu'on escalade une montagne ou qu'on gravit son Éverest intérieur. La marche est ce qui donne un sens à la vie.

L'auteur du présent volume a accepté de marcher. Il n'est pas un surhomme. Il est fait de la même pâte humaine que vous. Il a été heureux, il a souffert, il a aimé, il a perdu, il a subi l'injustice, il a été trahi, il a pardonné, il s'est révolté contre la vie, il a cherché. Un jour, dans la pleine conscience du désert de sa vie, il s'est senti interpellé par sa source intérieure. Il a alors décidé de se mettre en marche et d'aller à la rencontre de cette source. «Ce qui embellit le désert, dit le Petit Prince, c'est qu'il cache un puits quelque part...» Ce puits, c'est la soif qui le fait découvrir.

L'être humain est un être de soif. Il a soif de paix, de quiétude, d'unité, de plénitude, de dépassement; mais il a soif aussi d'alcool, de drogue, de destruction. Il expérimente qu'il y a des soifs qui désaltèrent et des soifs qui déshydratent. Il y a des eaux vives et des eaux marécageuses. Une chose est sûre: pour atteindre la vraie source, il faut remonter le courant, car la source se trouve en amont.

Remonter à la source, cela veut dire: «Aujourd'hui, je choisis la vie. Le temps qui me reste à passer sur cette terre plantureuse, je ne veux pas le vivre à végéter. Je ne veux pas consacrer le meilleur de

mon temps à gérer ma décroissance, à mourir à petit feu. Aujour-
d'hui, peu importe mon état, je choisis la vie! Je choisis la santé!»

Jamais plus qu'à notre époque, la santé n'a fait l'objet d'autant
de préoccupations. Nous entendons quotidiennement parler des
ravages de la maladie qui portent différents noms: obésité, dépres-
sions, infarctus, accidents vasculaires cérébraux, arthrose et grandes
maladies de dégénérescence, cancer, sida. Parallèlement, nous
sommes à la recherche de la «pilule du bonheur», de la même
façon qu'au siècle dernier les gens étaient à la recherche de la
«fontaine de jouvence».

L'importance de la santé est confirmée par les sondages qui la
placent en tête de liste de nos priorités. Nous n'avons qu'à nous
référer aux budgets des provinces canadiennes, pour voir les
sommes (plus de 90 milliards, au total) investies en ce domaine.
Nous pouvons également nous référer au phénomène des maisons
de santé (cures, jeûne, croissance, etc.) qui poussent comme des
champignons. Les analyses sociologiques confirment que les gens
ont peur de vieillir, de souffrir, de mourir, et cette peur se manifeste
très tôt dans la vie. Autrefois, le désir de retrouver un corps jeune,
svelte, sans ride, pointait vers l'âge de 40 ans. Aujourd'hui des personnes de moins de 20 ans regrettent leur corps d'ado et consomment déjà des produits anti-âge. Quelles que soient les époques, le
mythe de l'éternelle jeunesse se révèle toujours aussi vivace et le
désir d'effacer les marques inexorables du temps demeure un défi
permanent.

Ce défi, placé dans le contexte de la nouvelle spiritualité, peut
prendre une tout autre orientation. Il amène à dépasser le culte de
l'apparence corporelle et les valeurs du paraître pour retrouver
celles de l'intériorité. Refléter la vitalité dans son corps et dans son
âme devient une façon d'affirmer le caractère sacré de la vie. Dans
cette perspective, la santé, état naturel de l'être humain, peut se
présenter comme une motivation et un défi spirituel intéressants:
prendre conscience qu'elle requiert un style de vie sain, une alimentation adéquate et que cela peut prendre la forme d'un devoir
moral et spirituel des plus libérateurs.

La santé est aussi la capacité de comprendre notre relation avec la nature. Celle-ci représente de nos jours une valeur primordiale, en particulier à travers la préservation de l'environnement. Nous découvrons de plus en plus le rôle de la nature dans l'équilibre humain. Au Moyen Âge, on pensait que la maladie était une rupture avec l'harmonie de l'univers. L'humanité actuelle prend conscience que, si elle veut survivre ou simplement vivre, elle doit respecter la Terre. Beaucoup de maladies de dégénérescence sont dues à un environnement hostile au corps humain.

À maintes occasions, j'ai constaté jusqu'à quel point le respect de la nature allait de pair avec une mentalité ouverte à la dimension spirituelle et religieuse de la vie. C'est la raison pour laquelle la spiritualité exposée en ces pages fait une large place à la nature. Celle-ci se présente d'ailleurs comme un réservoir naturel de sacré, offrant un terrain des plus favorables à l'expérience spirituelle.

J'ai compris, un jour, que le Créateur pouvait nous appeler à la même plénitude originelle que celle dont il gratifia le premier homme et la première femme dans l'Éden. La Genèse nous apprend qu'ils jouissaient d'une bonne santé, consommaient une nourriture saine et conversaient librement avec Dieu. Nous pouvons facilement imaginer l'intimité dans laquelle se trouvaient les deux protagonistes de la création, lorsqu'ils se promenaient avec leur Créateur, à la brise du soir. Cette intimité divine nous suggère que l'expérience spirituelle peut devenir non pas une simple mystique naturelle, mais une spiritualité de la rencontre personnelle avec le Dieu vivant de la création.

Nietzsche souhaitait que l'on passe du Dieu moral au Dieu divin. Le Dieu divin, c'est le Dieu créateur, celui qui précède et qui est au-delà de toute religion et de toute morale. C'est le Dieu qui prend la couleur des diverses cultures, mais qui en même temps se rend présent à toute l'humanité. Contrairement à ce que pensaient les primitifs, le Dieu créateur n'est pas seulement un gestionnaire du cosmos, prodiguant selon son gré les conditions favorables ou défavorables aux récoltes. Ce Dieu créateur se révèle au contraire un Être infiniment bon qui nous assure qu'une fois que nous sommes lancés dans l'existence il ne nous abandonne pas.

Bien plus, ce Dieu créateur veut que nous soyons des humains réussis, dans toutes les dimensions de notre personne et dans tous les secteurs de notre vie. Et ce désir est si grand qu'il a confié à son Fils, Jésus, la mission unique de nous apporter la vie : « Je suis venu pour qu'ils aient la vie et qu'ils l'aient en abondance. » Dans ces conditions, on peut penser que la maîtrise des lois physiques de la vie et de la santé va pleinement dans le sens du projet initial de Dieu pour l'être humain.

Le plus grand désir de Dieu est que nous vivions en santé. Voilà pourquoi la mission de l'Envoyé du Père s'accompagnait de nombreux signes de guérison. Et la guérison touchait toute la personne : le corps, le cœur et l'âme. Jésus apparaît comme le médecin venu guérir l'humanité malade. Tel est le noyau de la « Bonne Nouvelle » évangélique. Nous aurions avantage à retourner à la personnalité si attachante de « Jésus guérisseur », qu'aucune maladie, qu'aucune infirmité ou tare morale ne laissait indifférent.

Si j'avais un exemple à apporter ici, ce serait celui de la guérison du paralytique qui a reçu le salut à travers la guérison corporelle – le mot « salut » veut dire *santé* selon l'étymologie latine. Sur de simples paroles comme : « Lève-toi et marche ! » Jésus opéra un miracle. Cette parole m'a tellement interpellé que j'en ai fait le slogan de ma vie et le thème principal du présent volume.

PREMIÈRE PARTIE

La santé
comme expérience spirituelle

Quand la santé de l'âme passe par celle du corps

« *Notre corps est la barque qui nous portera jusqu'à l'autre rive de l'océan de la vie. Il faut en prendre soin.* »

– Swami Vivekanananda

CHAPITRE 1

Lève-toi et marche !

PENSÉES

« C'est une triste chose de songer que la nature parle et que le genre humain n'écoute pas. »
— André Malraux

« Tant de mains pour transformer le monde et si peu de regards pour le contempler ! »
— Julien Gracq

« Les hommes ne savent pas profiter des choses visibles pour méditer sur les invisibles. »
— Hippocrate

« Tu fais défiler devant moi tout ce qui vit, et Tu m'enseignes à reconnaître tous mes frères dans les champs, les ruisseaux et les calmes bosquets. »
— Goethe

« Puissiez-vous marcher d'un pied rapide et léger qui ne vacille jamais, de telle façon que même vos pas ne soulèvent aucune poussière, aller de l'avant sans risque, joyeusement et agilement, sur la voie des sages découvertes. »
— Sainte Claire d'Assise, amie et disciple de saint François d'Assise

« On ne peut asservir un homme qui marche. »
— Auteur anonyme

Il n'y a pas d'évolution sans mouvement. Qui n'avance pas recule ! Dans *Alice au Pays des merveilles*, la reine donne à l'héroïne ce conseil : « Tu dois courir le plus vite possible pour rester au même endroit. Si tu veux aller ailleurs, tu dois courir au moins deux fois plus vite que cela ! »

C'est au cours de mes marches solitaires dans la nature, calme et hospitalière, que j'ai compris l'importance du mouvement dans l'accomplissement personnel. On dit que Goethe, ébloui par la beauté de la campagne suisse, s'écria : « Marche et tu deviendras meilleur ! » Combien de fois ai-je expérimenté le pouvoir de métamorphose de la marche ! Mon plus lointain souvenir remonte à mon adolescence.

Je me souviens d'être parti un beau matin d'été, entre deux rangées d'arbres, la jeunesse au cœur, mon petit baluchon de rêve et l'appel de l'infini. Il y avait en moi un tel sentiment d'espérance et de bonheur que je crois avoir éprouvé pour la première fois l'émotion spirituelle. Je compris alors quelque chose de mon destin.

Il existe, dans la vie, des moments d'une rare densité, qui ouvrent à des niveaux de conscience insoupçonnés. Les yeux se lèvent spontanément à hauteur d'horizon, pour scruter le ciel à la façon des Mages, en quête de signes révélateurs de l'invisible. De tels moments d'élévation peuvent varier pour chacun. Il peut s'agir d'un événement, d'une rencontre, d'une expérience, d'un lieu, etc. En ce qui me concerne, c'est en marchant dans la nature que je me suis vraiment ouvert au spirituel.

L'expérience spirituelle du fjord saguenayen

Il existe des lieux charismatiques. Des lieux qui tirent l'âme de sa léthargie, des lieux enveloppés, baignés de mystère, élus de toute éternité pour susciter l'expérience spirituelle et religieuse. Ces lieux n'ont pas leur pareil pour favoriser la prière, la méditation, la contemplation.

J'ai le bonheur d'habiter l'une des plus belles régions de la planète. Une région qui possède une âme cosmique d'une telle magnificence et d'une telle splendeur que les mots défaillent pour en traduire la beauté. Cette âme s'incarne dans le majestueux fjord du Saguenay.

Je considère comme une grâce d'avoir été placé, tel Adam, dans ce luxuriant paradis. Quand je vais au fjord, c'est comme si je retrouvais le mythique «jardin de délices» évoqué dans la Genèse. Je m'imagine parmi les «arbres agréables à voir et bons à manger», en familiarité avec les animaux à qui le premier homme a été convié à donner des noms. L'acte de nommer la réalité n'est pas banal. Énumérer les choses de la création, les appeler par leur nom dans une attitude d'action de grâce est l'une des plus belles prières que je connaisse. Cette prière se retrouve d'ailleurs dans le célèbre cantique de la liturgie chrétienne, dans lequel le Créateur est béni à travers chacun des éléments de la nature : «Vous, les cieux, bénissez le Seigneur ; vous, le soleil et la lune, bénissez le Seigneur ; vous tous, souffles et vents, bénissez le Seigneur… »

Cette attirance pour le fjord m'a fait comprendre une réalité importante. Nous sommes tous nostalgiquement à la recherche du paradis perdu. C'est comme s'il était inscrit dans nos gènes. Voilà pourquoi il est si difficile de nous soustraire à l'attraction de l'Éden original. Tout se passe comme si, lorsque nous avons été chassés du paradis, des morceaux s'étaient glissés dans les interstices de notre être. Dieu n'a pas voulu sans doute que le premier paradis soit à tout jamais effacé de nos vies. Aussi le cherchons-nous tous, consciemment ou inconsciemment, comme dans une quête sans fin.

C'est pour cette raison que nous ne sommes jamais complètement satisfaits du lieu où nous habitons. Nous cherchons toujours notre bonheur dans un « ailleurs ». Pour le Québécois que je suis, le paradis rêvé, c'est la Floride, c'est Acapulco, c'est la Grèce, la Côte d'Azur, Tahiti, les Caraïbes. Mais qui me dit que ce paradis n'est pas plutôt « ici et maintenant », dans ce petit coin de la nature où le Créateur m'a placé ? J'ai connu une dame qui demeurait au dixième étage d'un immeuble d'habitation dans une grande ville. Elle avait entrepris de décorer son balcon de fleurs et de plantes potagères. C'était son jardin botanique, ses Caraïbes, son paradis.

Je suis persuadé que chaque région du globe possède une parcelle de l'Éden premier et que, tel un jeu de pièces détachées, nous pourrions le reconstituer à l'aide de tous ces lieux paradisiaques qui enjolivent le monde. L'histoire du paradis terrestre n'est pas une histoire légendaire dans la mesure où la nature, telle que nous la voyons et la fréquentons, c'est aussi cela, le paradis terrestre.

Pour ma part, c'est dans le fjord saguenayen que j'ai trouvé ce coin de paradis. Quand je vais à lui, remonte en moi ce grand rêve de retrouver le temps d'innocence, de paix et de sérénité qui caractérisait l'Éden originel. J'imagine ce temps habité par les trois grandes divinités que sont le silence, la lenteur et la solitude. L'expérience spirituelle ne voue-t-elle pas un culte à ces divinités ? S'ajoute à cela l'envie d'être meilleur, de reprendre contact avec la Source de mon être, qui est le Dieu de la création.

Je me souviens, entre autres, de cet été qui chanta si bien en moi les merveilles de la création, de « cet Amour qui meut le soleil et les autres étoiles », comme l'exprime magnifiquement le dernier vers de la *Divine comédie*. Cet été-là fut pour moi particulièrement fertile en émotions spirituelles et en expérience du sacré.

Ça se passait à l'époque du règlement final de mon divorce. Que de stress, de déboires accumulés, de séparation, d'abandon, de culpabilité ! Voir une vie construite pièce par pièce au fil des années se dissoudre inexorablement au gré du destin. Aussi est-ce « le cœur, lassé de tout, même de l'espérance », comme le dit le poète, que j'obéis à l'appel de la nature incarné dans le fjord, véritable joyau du parc marin qui caractérise ma région. Et ce ne fut pas en vain.

Je commençai mon expérience en empruntant la voie de la rivière Saguenay. Il n'y a rien de plus émouvant que de voguer sur la *Marjolaine* à l'époque des croisières. Ceux ou celles qui font le trajet du port de Chicoutimi jusqu'à la baie de Rivière-Éternité voient défiler devant eux les plus beaux ornements de la nature.

Ancienne vallée glaciaire aux falaises escarpées, le fjord abrite divers paysages qui chantent tous à leur façon les merveilles de la création. C'est d'abord *Tableau* dans sa nudité austère, puis *la Tabatière* qui offre un magnifique point de vue sur le fjord. S'ajoute le *cap Trinité*, dive cathédrale de pierre qui porte si fièrement la Vierge votive des naufragés. Il faut entendre le traditionnel chant de l'*Ave Maria* de Schubert s'exhaler de *La Marjolaine*, pendant que les voyageurs, sous un ciel vibrant de lumière, portent un regard uni-directionnel vers la Vierge de la mer. Le paysage est si beau, l'émotion si forte, qu'on a l'impression de se retrouver dans le lieu où se rassemblent les âmes pour jouir de l'éternité. Jamais je n'aurais pensé être aussi près du ciel.

Délaissant la voie maritime, j'ai souvent fait à pied le pèlerinage à la statue de la Vierge qui surmonte le cap Trinité, gravissant les mille soixante-quinze marches, lourd des intentions qui habitaient mon cœur et que j'allais confier à la Madone. Chargé également des vœux formulés dans le silence de la montée, vœux qui seuls donnent le courage de gravir ce cap haut de trois cents mètres.

Et là-haut, à contempler le fjord majestueux coiffé de tous ces nuages dérivant dans l'azur infini, seul témoin de sa mystérieuse splendeur, j'oubliais, l'espace d'un instant, la fugacité de mon être, la fragilité de mon existence. Dans ces contemplations délicieuses, combien le concert de la nature, m'enveloppant de ses mille voix, savait mettre en sourdine la mélodie de l'éphémère qui érodait le sens de ma vie !

La nature a cette capacité de faire disparaître les angles morts de l'existence. Combien de fois, lorsque mes plans se décoloraient ou que la vie me donnait peu de gratifications, je suis allé me confier au fjord avec l'âme d'un enfant qui s'ouvre à sa mère !

Parfois, mes rapports changeaient de registre, et alors c'était l'amant qui prodiguait au fjord quelques tendresses, au cours desquelles se tissaient de secrètes connivences invitant à lui confier mes amours et mes rêves. Chaque fois, je revenais le cœur abondant. Ma vie retrouvait une certaine densité, scintillait de nouveau, reprenait vigueur dans mon sang et me ramenait des rivages de la morosité, me faisant à nouveau goûter aux charmes de l'existence.

Dans ces instants de lumière fortement teintée d'espérance, où l'on sent l'espoir se dilater en soi, se pose inévitablement la question du sens de la vie. Je me disais alors : « Devant tant de lumière et de beauté, comment peut-on parier sur le non-sens de la vie ? » Ou encore : « Comment peut-on croire en l'absurdité de l'existence ? » À ce questionnement, la nature me répondait chaque fois en me gratifiant de l'immense générosité de la vie, de la beauté et de l'abondance de l'univers.

Il y a de ces heures, lorsque nous sommes l'hôte de la nature, où nous sommes conviés à quelque chose qui nous dépasse. Nous nous demandons parfois comment nous mettre en route vers le monde spirituel. Je crois maintenant que cela répond la plupart du temps à une nostalgie de beauté, d'achèvement et d'immortalité.

Tout ce qui a de l'âme est éternel. L'âme du fjord saguenayen m'invitait à méditer sur le sens et la durée de la vie, sur l'écoulement des choses et sur l'orientation de mon destin. Chaque fois, la vue du fjord, dans sa beauté sauvage et primitive, réveillait en moi un sentiment profond d'éternité. Ce sentiment s'accompagne de la conscience qu'on est en présence de quelque chose de plus grand que soi, de quelque chose qui nous dépasse. Et alors, les mains jointes, on ne peut que murmurer d'humbles prières.

Certes, ma foi en Dieu avait une autre source importante : la théologie. Mais après des années d'études en ce domaine, après une expérience religieuse axée depuis ma tendre enfance sur le Jésus souffrant dans la passion, sur le Dieu du jugement dernier, il me prit la fantaisie de retrouver le Dieu ressuscité dans sa création. Faire de ce Dieu créateur, de ce Dieu des origines, un Dieu qui habite en moi. Et s'il habite en moi, en tant que Créateur, il peut aussi façonner des paysages intérieurs aussi beaux et aussi magnifiques que ceux que révèle sa création. Sans m'en rendre compte, cette méditation m'ouvrait aux prémices de l'expérience spirituelle.

L'expérience spirituelle de la nature

La nature a cette capacité de favoriser l'émergence du spirituel. Elle ouvre naturellement à la conscience de l'infini et de l'éternité, à la séduction de l'Absolu. Marcher dans la nature, n'est-ce pas marcher dans le royaume de Dieu ? Combien de fois l'ai-je expérimenté !

Je me souviens, entre autres, d'avoir emprunté les sentiers pédestres longeant le fjord, à l'heure de la solitude, dans l'aube fraîche du matin, et le soir, sous l'argent d'une lune tardive projetant une lueur sacrée. Une lente chanson montait alors de mon cœur vers la nuit touffue d'étoiles, modulant les accords entre mon âme et celle du paysage. Mon chant célébrait, à l'instar du psalmiste, le Dieu qui « façonne les montagnes, crée le vent et révèle à l'homme quel est son dessein ». Et je compris que l'expérience spirituelle pouvait se retrouver tout entière dans l'humble prière formulée dans un mouvement d'élévation de l'âme émue devant cette nature, reflet de la beauté éternelle qui ne se donne pas à l'intelligence, mais au cœur.

Je sentais naître silencieusement en moi l'idée de l'être promis à un destin exceptionnel, dépositaire de « l'image divine », comme le dit la Genèse. Parfois, j'essaie d'imaginer Dieu à l'aube de sa création, se frottant les mains devant son œuvre achevée. Quel pathos il a dû éprouver ! Comme j'aurais aimé voir sa fierté, lorsqu'il songeait à tous ces artistes qui, de génération en génération, se feraient l'écho du mystère de sa création ! Quelle satisfaction il a dû ressentir en pensant à toutes ces myriades de vibrations sonores et visuelles qui se répercuteraient dans l'âme et le cœur du monde à travers l'histoire humaine !

Le fjord, à cette époque, alimentait mes réflexions. Il me fit prendre conscience, entre autres, de l'importance de la durée, de l'épaisseur du temps. Je compris qu'il n'y a pas d'expérience spirituelle sans réconciliation avec le temps. Dans une civilisation où tout est axé sur la vitesse, nous n'avons pas conscience de la durée. Mais les choses nous l'apprennent. Les choses ne meurent pas comme les humains. Devant ces rochers datant de plusieurs millions d'années, j'étais émerveillé de la longue coulée de temps qu'ils ont traversée, de ce déferlement d'intempéries, de tempêtes, et la succession des hivers interminables qu'ils ont dû affronter et qui les ont en grande partie façonnés. Comme j'aurais voulu donner à mes rêves la solidité et la prodigieuse durée de ces rochers ! J'enviais ces destins de pierre et les signes éternels qu'ils portent. Je me disais : « Quand je serai mort, ces pierres vivront encore. » J'enviais les minéraux qui, à la différence des humains, n'ont pas besoin d'agir pour être ni de travailler pour survivre. Ils n'ont qu'à se laisser façonner par le temps pour accomplir leur destin. Que d'heures j'ai passées à contempler ainsi la sérénité des grosses pierres ! Je m'identifiais au mode d'existence de ces choses tranquilles, j'aimais participer à leur calme béatitude. Je compris alors que la nature renferme les images de la vie et qu'elle peut être la matrice et l'horizon de nos rêves.

Puis je pensais au fjord lui-même, ce long fleuve issu du gigantesque glacier, lequel avec le temps s'est docilement incliné, perdant la bataille définitive contre la chaleur du climat tempéré, ce qui lui a permis de sortir de sa chrysalide, métamorphose indispensable à la naissance d'un tel paysage. Et alors, je pensais à ma propre métamorphose et à toutes ces batailles qu'il me fallait perdre pour me transformer.

Je pensais également à la leçon de l'eau. L'eau stagnante pourrit. L'eau qui coule se purifie dans son mouvement, dans sa marche. Elle se fraye un chemin, contournant les obstacles qui parsèment sa route. Elle obéit sans se plaindre aux pierres, aux rochers, et s'adapte aux divers profils des terrains. Au lieu de s'attaquer à eux, elle les contourne. Elle sait d'instinct qu'ils sont plus forts qu'elle. De cette façon, elle ne s'use pas ; elle glisse inexorablement entre les obstacles et court vers son destin, le fleuve, la mer, dont elle acquiert la force. En cela réside la leçon de l'eau. Cette eau qui contourne les rochers et les accidents terrestres n'est-elle pas à l'image de notre vie de voyageurs sur terre, côtoyant les obstacles et affrontant les risques de toutes sortes pour arriver à la Terre promise, lieu final de notre destinée?

Ces immenses rochers datant de l'ère préhistorique qui balisaient le fjord représentaient pour moi l'élément mâle, masculin, cependant que l'eau de la rivière incarnait l'élément féminin. Les deux fécondaient mes pensées, alimentaient mon inspiration, donnant naissance en moi au sentiment du sacré et de l'éternel. C'est ainsi que le fjord venait combler en grande partie le «vide existentiel» dont je souffrais. Il m'ouvrait en même temps un espace à la réconciliation avec cette part d'infini et de divin qui m'habitait.

L'expérience spirituelle véritable, c'est celle de l'immortalité. Il n'y a rien de moins sage et de moins spirituel que l'indifférence au temps. L'être humain, à l'instar des objets de la nature qui peuvent traverser des millions d'années, possède aussi sa durée. Cette durée semble peu de chose comparée à celle des objets, mais, replacée dans la perspective de l'éternité, elle prend une tout autre perspective. Elle fait prendre conscience que, si l'être humain n'est pas immortel, il est du moins éternel. Il est à la fois limité et sans fin.

Vivre l'aventure spirituelle, c'est se situer dans l'éternité. C'est voir l'éternité se déplier devant soi. Mieux encore, c'est percevoir ce qu'il y a d'éternité dans le temps, faisant monter son espérance vers une autre vie que celle-ci. C'est prendre conscience que le corps et l'âme ne peuvent avoir la même fin que les objets que nous consommons. Tout ce qui a de l'âme est éternel!

Contrairement aux objets de la nature, l'être humain ne bascule pas dans le néant. À la mort, il sait qu'il ne partagera pas le même sort que les fleurs, les insectes, les astres, les rochers qu'il a côtoyés si souvent dans sa vie. Si l'être humain n'était voué qu'à la mort, nous ne nous distinguerions pas des algues, des fleurs, des poissons, des oiseaux.

Ce désir d'immortalité, nous le retrouvons de nos jours dans le mythe de l'éternelle jeunesse, le refus de vieillir, le refus des signes du vieillissement. Combien de laboratoires du monde sont à la recherche de l'élixir de jouvence qui nous permettra un jour d'avancer en âge sans devenir vieux? S'il est impossible de défier la condition incontournable de notre nature mortelle, rien ne nous interdit de vouloir ajouter de la vie à nos années.

Une autre expérience qu'a éveillée en moi le fjord est celle de la relation Créateur-créature. Chaque regard porté sur la nature peut orienter vers le Créateur de l'univers. Les mystiques orientaux croient que le siège de ce regard est « le troisième œil », c'est-à-dire la glande pinéale ou épiphyse, dont le célèbre penseur Descartes disait qu'elle était « le principal siège de l'âme ». Mais la tradition chrétienne nous dit que ce regard est beaucoup plus qu'une simple glande. Ce regard, c'est celui de la foi.

Ouvrir son cœur à l'univers, c'est ouvrir son cœur au Maître d'œuvre, au divin Architecte. C'est participer à son Intelligence créatrice. Vu de cette façon, le cosmos se présente comme une riche mosaïque de l'œuvre de Dieu : plantes, animaux, insectes, oiseaux dans leur diversité infinie révèlent chacun une facette du Créateur. Puis, planté sur cette terre somptueuse dont le Créateur a fait le joyau de ses planètes, trône l'être humain, récapitulation de l'univers, chef-d'œuvre de la création.

Et alors, l'un des premiers devoirs du protagoniste de cette prodigieuse réalité cosmique est de prendre sa place dans l'univers et de l'appréhender à travers les multiples sensations qu'il suscite. Voici à ce sujet le témoignage d'un pèlerin des chemins des sanctuaires du Québec, Michel Tremblay. Il écrit :

> Les personnes qui me connaissent ne seront pas surprises que je mentionne cet élément en premier. Je suis parti heureux de pouvoir m'exposer ainsi au soleil, autant à la fraîcheur du matin qu'à la chaleur du midi, au vent du sud comme au vent de l'ouest, à la bruine légère comme à l'averse orageuse. Attentif à écouter le chant des oiseaux, le bruissement des feuilles et la musique des cascades des ruisseaux, des rivières et des chutes. Fier de pouvoir saluer, à la manière de saint François, mes frères et sœurs chevaux, bœufs, vaches et veaux, moutons, chats et chiens, crapauds et couleuvres et même lamas, joyeux de pouvoir côtoyer le majestueux Saint-Laurent (*Messager de Saint-Antoine*).

L'allusion à saint François me rappelle justement son célèbre *Cantique des créatures*. On dit que le saint marchait dans la nature comme le jardinier parcourant son jardin, bénissant le divin

Créateur à chaque plante, chaque arbre, chaque rocher. Le cantique commence ainsi :

Cantique de Frère Soleil

Très-Haut, tout-puissant, bon Seigneur,
à toi sont les louanges, la gloire et l'honneur, et toute bénédiction.
À toi seul, Très-Haut, ils conviennent,
et nul homme n'est digne de prononcer ton nom.

Loué sois-tu, mon Seigneur, avec toutes tes créatures,
spécialement monseigneur frère soleil,
qui donne le jour et par qui tu nous éclaires.
Il est beau et rayonnant avec une grande splendeur,
de toi, Très-Haut, il est le symbole.

Loué sois-tu, mon Seigneur, pour sœur lune et les étoiles,
dans le ciel tu les as créées claires, précieuses et belles.

Loué sois-tu, mon Seigneur, pour frère vent,
pour l'air et le nuage, pour le ciel pur et tous les temps,
par lesquels à tes créatures tu donnes soutien.

Loué sois-tu, mon Seigneur, pour sœur eau,
qui est très utile et humble, et précieuse et chaste.

Loué sois-tu, mon Seigneur, pour sœur terre notre mère,
qui nous soutient et nous nourrit,
et produit divers fruits
avec les fleurs aux mille couleurs et l'herbe.

Loué sois-tu, mon Seigneur, pour ceux
qui pardonnent par amour pour toi
et supportent douleur et tribulation.
Bienheureux ceux qui persévèrent dans la paix,
car par toi, Très-Haut, ils seront couronnés.

Comme pour saint François d'Assise, la voie de la nature a été suivie par la plupart des grands sages et des grands maîtres spirituels de l'histoire.

À plusieurs reprises, dans mes recherches anthropologiques, j'ai constaté jusqu'à quel point les véritables êtres spirituels ont un sens inné de la nature. Ils parlent à la nature et la nature leur parle.

Pour tous cependant, l'appel de la nature se fait sentir de multiples façons. Chaque fois, la nature nous fait comprendre que nous sommes des Terriens, avant d'être de quelque société que ce soit. Dans chaque plante, dans chaque animal, il y a comme une parcelle de notre âme et un appel à l'amour, comme le chantait si bien le poète ancien Pétrarque : « Tout y parle d'amour, et les eaux, et la brise, et les rameaux, et les oiseaux, et les poissons, et l'herbe, et tous font des vœux pour que je ne cesse pas d'aimer. » Et alors, je comprends que le langage de Dieu est d'abord celui du réel.

Dans son livre intitulé *Par-delà l'automne*, Paul Tremblay rapporte cette très belle confidence que lui faisait un artiste :

> Chaque année, je me réserve une semaine à l'automne pour aller en forêt. Pour arrêter la cadence. Pour retrouver les rythmes de la nature. Pour me retrouver. Pour revivre. En ville, on se hâte de ramasser les feuilles pour les mettre aux déchets. La forêt, elle, possède les secrets des cycles de vie. Elle recycle tout. Elle nous apprend le silence, le déclin et les rebondissements.

La nature a ce pouvoir de favoriser l'émergence de toutes les valeurs spirituelles que nous recherchons spontanément : l'équilibre, l'harmonie, la paix, la sérénité, l'intériorité, la lumière, le bien-être, le sacré, l'absolu, le divin. Bien des fois, j'ai pensé que cette quiétude, cette paix intérieure, cette harmonie pouvaient être la porte qui ouvre sur le royaume promis par Jésus. Vous connaissez cette phrase de l'Évangile : « Le Royaume des cieux est semblable à... » qui revient comme un leitmotiv ? En ce qui me concerne, c'est à travers la marche, consciente, méditative et contemplative dans la nature que j'ai retrouvé ces valeurs.

Éloge de la marche

La marche doit s'entendre d'abord au sens physique et biologique du terme. À ce niveau, l'exercice de la marche comporte d'immenses avantages. Le premier, c'est qu'elle convient à presque tout le monde. Elle ne requiert pas d'équipement particulier, elle peut se faire n'importe où et n'importe quand et ne présente généralement aucun danger. Elle n'exige aucun programme de mise en forme compliqué. N'importe qui peut s'y adonner, selon son rythme et sa disponibilité. La seule technique à observer est la suivante : la marche est un mouvement contralatéral, c'est-à-dire un mouvement alternatif et simultané du bras droit et de la jambe gauche avec le bras gauche et la jambe droite. Tout le reste dépend de l'ingéniosité spontanée de la personne.

Les études ne tarissent pas d'éloges sur la marche, mentionnant les bienfaits qu'elle procure au corps et au mental. Même si une activité physique plus vigoureuse offre des avantages accrus, on peut affirmer que la marche prévient les maladies chroniques, surtout si elle est pratiquée en marche rapide quotidienne. On conseille de marcher au moins trente minutes par jour.

Vous connaissez la théorie des 10 000 pas quotidiens ? Les spécialistes de la santé, en particulier les cardiologues, estiment que faire 10 000 pas par jour pour un adulte lui permettrait de maintenir son poids et de prévenir des maladies métaboliques comme le diabète, le cholestérol, la haute tension, l'obésité, et bien d'autres. Comment calculer ces 10 000 pas ? C'est simple : en s'achetant un podomètre de bonne qualité.

Pour combattre les maladies cardio-vasculaires liées, par exemple, à l'embonpoint, il n'est pas nécessaire de courir un marathon par jour, de nager, de grimper, de s'essouffler. Il n'est même pas besoin d'aller dans un centre de conditionnement physique, même si cela est recommandable. Beaucoup de spécialistes font présentement la promotion de l'exercice léger, car, disent-ils, l'important, c'est de «bouger». La marche permet d'exercer tous nos systèmes simultanément, du cerveau à la structure musculosquelettique.

La marche est non seulement l'activité physique la plus conforme à la nature, mais elle peut aussi devenir une véritable expérience spirituelle qui n'a rien à envier aux autres. Marcher dans la nature, les sous-bois, contempler la beauté vivante de l'univers et goûter la présence de Dieu, quelle expérience ! Dieu parle dans la splendeur de sa création. N'a-t-il pas choisi le «buisson ardent» pour se révéler à Moïse : «Je suis celui qui suis» ?

La marche a quelque chose de purificateur. Que de toxines brûlées dans les longues promenades ! La discipline, la respiration, l'effort, la fatigue inhérente à la marche y sont pour quelque chose. Combien de techniques respiratoires visent à purifier non seulement le corps, mais aussi l'esprit ! Et la nature favorise grandement cette purification, car tout nous invite à nous abandonner au bonheur de respirer.

Cette purification a un effet direct sur la qualité de notre vie mentale et intellectuelle. C'est reconnu que l'ozone des bois agit sur le cerveau. Combien d'écrivains célèbres en ont témoigné ! Jean-Jacques Rousseau disait que marcher vivifiait son esprit. Montaigne avouait : « Quand je suis assis, mes idées s'assoient. » Paul Claudel a déjà raconté comment, chez lui, l'inspiration était liée à un certain état d'excitation motrice. Il expliquait que le poète en lui était stimulé par le mouvement rythmique, la répétition et le balancement de la marche. Victor Hugo avoue de son côté n'avoir jamais traversé une forêt

> Sans voir tressaillir l'herbe, et, par le vent bercées,
> Pendre à tous les rameaux de lumineuses pensées.

Les idées suscitées par la marche arrivent rapides, volent et dansent comme des oiseaux. Les images poussent et s'épanouissent comme des fleurs. Ainsi, nous pensons avec ce que nous voyons et sentons. Il n'y a pas de pensée sans une participation immédiate de la nature. Selon le docteur Atkins, la marche stimule les fonctions exécutives : la capacité à planifier, à coordonner et à se concentrer.

La marche, en éveillant l'hémisphère droit du cerveau, lui fait produire des hormones engendrant des états de lucidité et de conscience exceptionnels qui valent bien des séances de zen et de méditation transcendantale. Le Bouddha ne se trompait pas, lorsqu'il liait la marche à l'Esprit originel.

Mais pour atteindre « l'Esprit originel », il faut le délester du trop-plein cérébral. À cette fin, la marche s'avère d'un précieux secours. Elle nous libère de nos mécanismes mentaux, de nos angoisses, de nos casse-tête. Un randonneur anonyme avait gravé dans le bois d'un refuge de haute montagne : « Marcher, c'est piétiner ses soucis. » Un vieux conseil zen sur la méditation suggère de laisser passer les pensées comme des nuages dans le ciel, sans vouloir les retenir ni les entretenir. Quand on marche, on peut atteindre ces mêmes résultats.

Aussi ne faut-il pas s'étonner de constater combien la pensée devient claire dans la marche. Pour ma part, les meilleures solutions à mes problèmes, mes plus belles images, je les ai trouvées en marchant. Quand je suis en panne d'idées, je me mets à marcher et je trouve toujours. On dit que c'est en marchant dans les jardins d'Athènes qu'Aristote discourait. Le grand philosophe Kierkegaard avoue : « C'est en marchant que j'ai eu mes pensées les plus fécondes, et je ne connais aucune pensée aussi pesante que la marche ne puisse chasser. »

Le sens de la marche

Quelqu'un me confiait un jour : « Quand je marche, tout marche ! » La vie se caractérise par le mouvement. Sans mouvement, la vie n'est que léthargie, voire régression. En ce domaine, la stagnation est mortelle.

Je me souviens d'un vieux monsieur qui avait l'habitude de faire sa marche quotidienne dans un centre commercial près de chez moi. Il s'appelait Raoul. Je le saluais chaque fois que je le rencontrais. Nous avions de grandes affinités. Il était écrivain comme moi et il avait la passion de l'écriture.

La marche était pour lui une façon de s'accrocher à l'existence, de se prouver à lui-même qu'il était vivant. Au fil des jours, cependant, je remarquai que sa marche devenait plus lente. Elle reflétait de moins en moins son identité d'homme déterminé et ambitieux que j'avais connue. Son corps n'était plus alerte comme auparavant devant les sollicitations des gens qui l'entouraient. Dans les moments de grand achalandage, sa silhouette se perdait même dans la cohorte des clients pressés qui emplissait le centre commercial.

Je le vis marcher ainsi pendant quelques années, puis je le perdis de vue. Un jour, je le retrouvai assis sur un banc. Il m'avait l'air perplexe. À première vue, je ne savais pas s'il était recueilli ou somnolent. Je m'approchai de lui. Ses lèvres laissaient filtrer un léger ronflement. Je lui tapai amicalement sur l'épaule. Il me regarda, non sans une certaine gêne émanant sans doute de sa fierté de créateur surpris en paresse commandée. Je remarquai qu'il déployait plus d'efforts pour clarifier sa pensée, de sorte que je le mettais fort mal à l'aise quand je le précédais de quelques mots. Il finit par m'avouer qu'il n'avait plus la lucidité des années antérieures.

Je compris alors que sa marche, ponctuée de longs moments d'arrêt sur les bancs publics, avait quelque chose du grand sommeil et signifiait que sa réserve d'avenir achevait. Quelque temps après, j'appris par la voix des journaux qu'il était décédé.

Depuis ce jour, j'ai laissé dormir son souvenir, mais j'ai retenu de cet homme qu'il y avait des marches à la vie et des marches à la mort. C'est à sa démarche que nous voyons si une personne pose encore des pas de vivant sur la terre. La marche révèle toujours quelque chose de notre destin. Ce n'est pas par hasard que la sagesse présente l'aventure humaine comme un long, difficile, mais passionnant chemin à parcourir. La tradition chrétienne fait de la vie un pèlerinage sur terre où nous sommes de passage. Saint Augustin enseignait : « Nous sommes en voyage, et cette vie est une hôtellerie. » Aussi ne faut-il pas nous surprendre si nous ne sommes pas toujours à l'aise sur cette terre.

« Nous sommes embarqués », écrivait Pascal. La vie pourrait se comparer à des voyageurs partis un bon matin vers une destination inconnue. Certains sont conscients qu'ils marchent vers l'accomplissement de leur destin ; d'autres marchent sans se poser de questions. Les premiers s'interrogent : la vie est-elle un chemin ou une impasse ? La marche ressemble alors à un pari sur le destin. Rien n'est défini, rien n'est clair, rien n'est stable.

Mais il faut comprendre la sagesse de la marche. Celle-ci interpelle : « Marche, tu es né pour la route. Marche, même si ta tête ne sait pas où tes pieds conduisent ton cœur. Marche, même si tu ne laisses pas de traces. » Comme le marcheur dans le sable du désert dont les pas sont effacés par le vent. Pas de traces derrière soi, pas de chemin tracé devant. Une marche où chaque pas est à inventer. « L'important, dit un proverbe tibétain, est de marcher selon la longueur de ses pas. » Souvent, dans la vie, l'essentiel n'est pas de comprendre, mais d'avancer. Teilhard de Chardin a fait cette réflexion étonnante : « Il n'est pas essentiel que nous comprenions absolument, distinctement notre vie pour qu'elle soit belle et réussie. » Cela signifie qu'il faut parfois avancer sans tout voir. Se rappeler alors que l'essentiel ne se voit pas, il est «invisible pour les yeux». Aussi faut-il marcher, même si le sens de la marche nous échappe. *Telle est la première loi de la marche.*

C'est souvent dans la foi pure que la route se construit. La foi se vit dans ces moments où l'on a tout juste le courage de se tenir en équilibre sur le fil de la vie. Semblable à l'oiseau qui se pose sur l'imprévu et agite son aile pour assurer son équilibre. Par instants, on croit ne plus pouvoir avancer, comme si l'espérance avait disparu. Dans ces moments, marcher, avancer, faire des pas, mettre un pied devant l'autre, persévérer dans l'être, envers et contre tout, c'est *devenir*, c'est évoluer, c'est vivre, c'est exister, c'est faire confiance à la vie. Et alors, quand nous croyons en la vie, la vie croit en nous. La vie ne trompe et ne déçoit que ceux et celles qui n'ont pas foi en elle.

Ainsi, la marche exige foi et abandon. C'est *la deuxième loi de la marche*. «Celui qui met la main à la charrue et regarde en arrière n'est pas digne de moi», dit Jésus. Il faut se corriger de vouloir trouver un sens à tout. Beaucoup veulent tout comprendre de la vie, sans quoi ils refusent de bouger. «Tu n'as pas à comprendre, tu n'as qu'à devenir», écrit Anne Hébert. Le chemin s'éclaire à mesure qu'il est parcouru.

À partir du moment où quelqu'un choisit de marcher, tous les pas ont un sens. Malraux disait que «l'homme est la somme de ses actes». Moi, je dirais plutôt qu'il est la somme de ses pas. Et lorsque le chemin semble long, interminable, c'est que parfois il touche les étoiles. Il faut alors se réjouir de sa marche en avant et continuer. Heureux alors ceux qui ont reçu le don de la route, car ce don s'accompagne du sens de l'infini. Vue de cette façon, la marche ne peut se définir qu'en haut et en avant.

Joan Chittister, dans son ouvrage *Le feu sous les cendres*, évoque le récit d'un maître zen au sujet d'une vieille femme qui, au plus fort de la saison des pluies, avait résolu de se rendre en pèlerinage à une montagne sacrée, fort lointaine. Faisant halte à une auberge, elle décida de réserver une chambre pour la nuit avant d'entreprendre son ascension. «Ma pauvre dame, lui dit l'aubergiste, jamais vous ne parviendrez à escalader le sol glissant de cette montagne.

Surtout pas avec ce mauvais temps. C'est impossible ! » « Oh ! rien de plus facile, répondit la vieille femme. Voyez-vous, monsieur, mon cœur repose là-bas depuis si longtemps. Il ne me reste plus désormais qu'à y traîner mon corps. »

Ainsi, on marche avec son cœur, c'est *la troisième loi de la marche*. Le cœur, plus que l'intelligence, possède des ressources insoupçonnées. C'est là que se trouve le potentiel d'énergie profonde, le second souffle que connaissent bien les sportifs. À cela s'ajoute le facteur psychologique. La vieille femme, au lieu de s'effrayer de la hauteur de la montagne, s'est contentée de faire chaque fois un bon pas, c'est ainsi qu'elle est arrivée au sommet sans s'en apercevoir. Étant donné l'importance du cœur, il faut s'efforcer de le garder toujours en bon état, comme le conseille le Sage : « Plus que toute chose, veille sur ton cœur ; c'est de lui que jaillissent les Sources de la vie » (Proverbes 4,23). Le cœur recèle des forces que l'esprit ne connaît pas.

Marcher vers sa « source intérieure »

C'est à sa « source intérieure » qu'est convié le marcheur. « Lève-toi et marche ! » est une invitation à descendre au fond de soi pour y découvrir sa « source intime ». Tous ceux et celles qui l'ont découverte y ont trouvé des forces, un potentiel d'énergie insoupçonné auquel ils ont puisé dans les moments difficiles de leur vie.

C'est le cas, par exemple, de Etty Hillesum, cette grande mystique juive morte dans les camps de concentration nazis, qui écrivit un jour dans son journal : « Il y a en moi de temps en temps une profonde aspiration à m'agenouiller, les mains sur le visage, et à trouver ainsi une paix profonde, en me mettant à l'écoute d'une source cachée au plus profond de moi-même. » C'est cette source qui lui a permis de tenir debout dans les camps de concentration. Inversement, l'être humain coupé de sa source est comme un arbre coupé de sa sève. Il est exposé à la mort ou à toutes sortes de maladies.

Tout le monde possède une source intérieure comme un héritage reçu à la naissance. Elle est là, en attente, jamais tarie. Voilà pourquoi il est toujours possible, même dans les moments de grande perte, de recommencer à neuf.

Cette source, il y en a qui la trouvent à 15 ans, d'autres à 20 ans, d'autres à 50 ans ; certains, comme les ouvriers de la dernière heure de l'Évangile, la découvrent à la fin de leur vie. Peu importe, cependant, le moment de la découverte, nous pouvons y trouver en tout temps des raisons uniques de vivre. La source nous révèle que nos terres intimes recèlent des trésors d'infini. Dans ces conditions, tous devraient entreprendre, tôt ou tard, l'odyssée, le pèlerinage initiatique qui conduit à la Source. Mais cela exige de s'ouvrir à cette réalité, comme la fleur ouvre son calice aux rayons chauds du soleil.

La source est en nous comme la perle précieuse de l'Évangile enfouie dans un champ. Il faut le prospecter pour la trouver. Dans ma jeunesse, au pensionnat, je me souviens que nous allions chaque semaine de l'été en excursion dans la forêt. Parfois, il faisait très chaud. Nous empruntions des sentiers difficiles, à peine tracés. Nous marchions à travers la forêt touffue. Nous escaladions des rochers. Nous ne tardions pas alors à devenir déshydratés, nous avions soif. Chose curieuse, nous sentions toujours l'appel d'une source ou d'un ruisseau situés quelque part dans la forêt. On aurait dit que notre soif agissait comme une boussole interne. Nous trouvions immanquablement de l'eau, non sans avoir marché parfois pendant une heure ou deux, mais nous étions toujours récompensés.

On dirait que chaque soif révèle une source. Cela est vrai dans l'ordre physique comme dans l'ordre spirituel. Dans ce dernier cas, nous nous référons à la Source divine de notre être. De la même façon que la soif physique témoigne de l'existence de l'eau, la soif du divin témoigne de l'existence de Dieu en nous. Mais cette soif agit dans les deux sens. Au début, nous avons soif de la source, et à partir du moment où nous l'avons découverte, c'est la source qui a soif de nous, selon le bel enseignement de Grégoire de Nysse, l'un des Pères de l'Église : « Dieu est cette source qui a soif d'être bue. »

C'est précisément à la découverte de cette réalité qu'est invité le lecteur. Voilà pourquoi, au lieu d'analyser la soif, nous préférons indiquer la source. Dans ces conditions, il faut lire le présent volume avec le cœur d'une personne que sa source intérieure appelle.

Pour trouver cette source, nous pouvons nous laisser guider par la voix du Maître en nous qui nous dit :

Je suis la Vie de ta vie…
Je suis l'Être de ton être…
Je suis la Source de ta source…

L'apôtre Jean, probablement celui qui a été le plus près de cette source, rapporte cette parole : «J'ai ouvert dans ton cœur une source jaillissant en vie éternelle» (Jean 4,14). Cette source, c'est celle de l'Éternel, du Tout-Puissant, du Tout-Autre, c'est le Dieu-Source.

J'expérimente alors que Dieu est la source qui revigore mon corps : avec lui, je peux devenir fort physiquement. Dieu est la source de sagesse qui imprègne mes pensées : avec lui, je peux devenir fort mentalement. Dieu est la source d'amour qui m'alimente : avec lui, je peux devenir bienveillant, aimer, pardonner.

Dans la Bible, quand Jacob partit de Bersabée pour aller à Haran, il arriva dans un lieu où il passa la nuit, car le soleil s'était couché. Prenant une pierre, il en fit son chevet et s'endormit. Visité aussitôt par un songe, il vit une échelle rejoignant la terre et le ciel. Sur l'échelle, les anges montaient et descendaient. L'Éternel se tenait au sommet et il entendit sa voix. À son réveil, Jacob s'écria : «L'Éternel est en ce lieu, et moi, je ne le savais pas» (Genèse 28,10 et suiv.).

La présence de Dieu dans la nature se révèle souvent ainsi à notre insu. Un peu comme une lumière dont on ne verrait pas l'origine, mais qui est perceptible par ses effets sur les objets du monde matériel. Mais pour bénéficier de cette lumière, il faut être lumière soi-même. C'est la rencontre de ces deux lumières qui fait surgir la présence divine.

Marcher comme un être de lumière

Dans la Genèse, on dit qu'au commencement existaient les ténèbres à la surface de l'abîme. Aussi le premier geste que Dieu posa fut-il de créer la lumière. C'est dans cette foulée, sans doute, que l'apôtre Paul conseille de «marcher comme des enfants de lumière» (Éphésiens 5,8). Dans l'Évangile de Matthieu, Jésus précise que «la lampe du corps, c'est l'œil. Si l'œil est simple, tout le corps est lumineux, mais si l'œil est mauvais, le corps entier est ténèbres» (Matthieu 6,22). Ainsi peut-on juger les êtres à leur capacité de réception lumineuse.

On comprend pourquoi les sages et les saints tendaient de tous leurs vœux vers la lumière. Bernard de Clairvaux s'exclamait devant le soleil : «Ô éternel solstice, Ô lumière du plein midi !» Sa prière était inspirée par le soleil du midi. Dans la tradition biblique, le soleil terrestre symbolise le soleil divin. Mais Bernard va plus loin. Il sait que s'exposer à la lumière, ce n'est pas uniquement s'exposer à l'astre du jour, mais c'est aussi s'exposer à la parole de Dieu et tenter de la faire passer dans sa vie. L'existence ainsi irradiée par le soleil de l'Éternel, tout devient chemin de lumière, pont entre le visible et l'invisible.

Les êtres transfigurés par la lumière ne voient plus la réalité de la même façon. Ils subissent une métamorphose. La réalité, même la plus négative, prend un sens. Les amants de la clarté savent que l'ombre accompagne la lumière. Pour eux, l'ombre n'est pas perçue comme ténèbres, mais comme une absence de lumière, comme une attente ou une mise en veilleuse de la révélation qui va surgir.

Cette attitude d'accueil, nous la retrouvons en psychologie, notamment chez Carl Jung et sa théorie sur «l'ombre». L'ombre, au sens jungien du terme, c'est tout ce qui constitue les zones obscures de l'être. C'est tout ce qui est refoulé dans l'inconscient et qui exerce une influence négative sur la personne. Les thérapies sur l'ombre conseillent de ne pas chercher à éliminer l'ombre, mais de composer avec elle, de «l'apprivoiser» en quelque sorte. Il ne faut jamais ignorer ce qui a été refoulé en soi. Tenter de chasser l'ombre en soi ne fait que la renforcer.

Nous rejoignons ici le véritable rôle de la lumière qui n'est pas de chasser les zones obscures, mais de les faire apparaître pour mieux les reconnaître et mieux les comprendre. Ainsi, il ne faut pas avoir peur de l'ombre, mais s'en faire une amie. C'est la raison pour laquelle l'une de mes prières préférées consiste à demander au Créateur, comme je le fais pour mon « pain de chaque jour », ma ration quotidienne de lumière. J'appelle la lumière en moi en disant plusieurs fois dans la journée cette courte prière, soit en marchant chez moi, soit en me promenant dans la nature : « Viens, Esprit de Lumière, de Force et de Paix. » Quand on atteint la plénitude de la lumière, toute l'existence se colore. La lumière devient respiration de l'âme et du corps. Et quand on est lumière pour soi-même, on le devient aussi pour les autres.

Or, la marche dans la nature a cette propriété de multiplier les désirs de lumière. La nature, dans son immense générosité, prodigue à celui qui marche de multiples forces lumineuses. Mais, pour en bénéficier, il faut s'ouvrir à la réalité cosmique, comme une antenne parabolique, comme un panneau solaire, de façon à pouvoir capter l'énergie physique et spirituelle qu'elle recèle. Il est impossible que Dieu n'ait pas mis dans tant d'ordre et de beauté une énergie pour dynamiser le corps, le cœur et l'âme.

L'univers entier se présente ainsi comme un champ de forces vitales. Il abrite des courants énergétiques provenant des planètes et des milliers de formes vitales issues des règnes minéral, végétal et animal. Ces courants, il va sans dire, ne se retrouvent pas dans l'environnement urbain. La vie est dans la nature. Ces courants vitaux – que l'on ne perçoit pas, mais qui existent un peu à la façon du silence qui est là mais qui n'est pas vu – influencent la vie à notre insu. Celle-ci baigne littéralement dans ces courants énergétiques. Cela n'est pas surprenant, car au-delà de toute réalité et au fond de chaque chose visible se meut la puissance divine. Voilà pourquoi la nature apparaît comme un lieu existentiel de vie.

Marcher en levant les yeux

« Lever les yeux ! » voilà le point de départ de toute expérience spirituelle. Lever les yeux signifie accepter de regarder autre chose que les valeurs purement matérielles. Chercher d'autres raisons de vivre que celles que nous propose la société : faire de l'argent, performer, se distraire, plaire aux autres et répondre à ce qu'on attend de nous.

Jésus avait souligné l'incompatibilité entre une mentalité commerciale qui réduit les choses et les personnes à des moyens pour atteindre des bénéfices et une mentalité religieuse qui s'emploie à reconnaître le mystère de chaque chose et de chaque être : « On ne peut servir Dieu et l'argent » (Luc 16,13).

Beaucoup se demandent par quelle voie sortir de cette logique matérialiste. Je n'en connais pas de meilleure qui relève à la fois de la sagesse et de la spiritualité que de retrouver nos liens primitifs et originels avec la nature, ce dont la plupart des citadins sont privés. La nature permet de s'éloigner du décor artificiel de la vie urbaine, de fuir le vertige de la société de consommation, des crises économiques, des tensions politiques qui voilent les horizons de sens. La nature représente la quiétude au milieu du chaos existentiel de la vie. Elle apprend à dédramatiser et à distinguer ce qui, dans notre vie, est éphémère ou insignifiant. Elle apprend à voir la beauté à côté du tragique de la condition humaine. La civilisation dévore nos énergies, mais la nature nous les redonne, en nous plaçant au point d'articulation de l'énergie cosmique et de l'énergie spirituelle. Voilà pourquoi tout ce qui nous éloigne de la nature comporte toujours une certaine violence.

C'est ici que la marche devient un rituel de vie, affirmant le besoin primordial qui nous relie à l'univers. La marche fait redécouvrir la relation, souvent mise en veilleuse par notre régime de vie, entre notre corps et la terre. Quand nous vivons isolés du cosmos, nous vivons isolés de notre propre réalité.

Curieusement, ce lien avec la terre passe d'abord par la sensibilité des pieds. Plus nous nous sentons en contact avec le sol, mieux nous y sommes plantés et plus nous pouvons vivre et être au monde. Nous avons alors vraiment l'impression d'habiter notre être. Le fait de nous retrouver en contact avec le sol, la terre, l'herbe, nous plonge dans un état d'ouverture. Nous reprenons conscience de notre respiration, de notre souffle qui se libère, et nous goûtons à nouveau le bonheur de respirer. Le ressourcement a commencé dans tout notre être. Nous nous rééduquons à l'art de toucher, d'éprouver des sensations multiples et chatoyantes.

La nature devient alors plus qu'un spectacle : elle se fait vie partagée. Nous découvrons de multiples liens de parenté. Comme le poète, l'être spirituel prend alors plaisir à découvrir et à nommer les réalités de la nature. « Notre pays, écrit Anne Hébert, est à l'âge des premiers jours du monde. La vie ici est à découvrir et à nommer : ce visage obscur que nous avons, ce cœur silencieux qui est le nôtre, tous ces paysages d'avant l'homme, qui attendent d'être habités et possédés par nous, et cette parole qui s'ébauche dans la nuit, tout cela appelle le jour et la lumière. » Dans la Genèse, Adam reçoit la mission de nommer les plantes et les animaux.

Souvent, nous voyons la nature, mais nous ne la « sentons » pas ; elle ne nous « parle » pas. Pour plusieurs, la nature s'offre à eux dans toute sa splendeur, mais c'est un monde muet, parce que l'âme n'est pas encore éveillée. Aussi est-ce en poètes que nous devons habiter la terre. « L'artiste, écrit Malraux, n'est pas celui qui crée ; c'est celui qui sent. »

Créer, c'est poser un regard humain sur un paysage pour en apprécier la beauté. C'est être conscient de cette extraordinaire coulée d'odeurs, de couleurs, de frémissements que recèle la nature, à l'image même de la vie. C'est participer au plaisir qu'il y a à toucher une plante, une feuille, à sentir les parfums et à capter les correspondances entre eux, comme si « les parfums, les couleurs et les sons se répondaient » (Charles Baudelaire).

Pour cela, certaines dispositions sont nécessaires, comme le détachement et la non-possession. Dans le désir de possession, chaque objet que nous convoitons devient opaque, de sorte que Dieu cesse de l'habiter. Dieu habite la nature à travers l'amour que nous y mettons.

Un jour, j'approchai l'oreille d'un coquillage et j'entendis le chant des vagues de la mer. Pour qui sait approcher son oreille de la nature, celle-ci révèle des trésors de sens. Les historiens du Moyen Âge parlent fréquemment de l'amour des gens de cette époque pour les pierres, les végétaux, la flore, la faune, et de l'homme qui en reçoit les secrets. On comprend pourquoi ils vouaient aux métaux et aux pierres un véritable culte. Or, tout ce bel univers serait une obscure splendeur et n'aurait pas de sens si nous n'étions pas là pour lui en donner un. Il passerait inaperçu si la parole qui est l'âme du monde n'était pas là pour l'exprimer. La beauté ne peut se passer de l'être humain. Par moments, c'est chaque être vivant qui se révèle ; à d'autres, c'est chaque paysage qui se livre alors sans réserve, mais à celui-là seul dont le cœur est ouvert.

Seuls le cœur et l'âme peuvent communier à la nature. Le «cœur ébranlé» met en déroute le mental qui obstrue les portes de la perception. Nous sommes rapidement ramenés au niveau du cœur quand nous sommes devant un beau paysage. C'est l'histoire de ces deux individus qui regardent un coucher de soleil. L'un s'exclame : «Quelle splendeur!» Son compagnon, rationnel, réplique : «Bah! ce n'est que la Terre qui tourne!»

On dit que les plantes sont sensibles à l'amitié et à l'amour qu'on leur prodigue. Elles rient et pleurent. Elles nous accompagnent, elles nous consolent. Les arbres, les rochers, le ciel peuvent devenir ainsi nos confidents. Ils nous comprennent plus que nous le pensons. Ou plutôt nous nous comprenons mieux en eux. La nature devient ainsi un réservoir où nous pouvons puiser à l'infini la paix et la sérénité qui nous manquent.

Nous ne tardons pas alors à découvrir la nature comme lieu existentiel de vie. C'est d'abord la vie dans sa pureté originelle et primitive. Nous prenons vraiment conscience d'être au monde. Il en résulte un contentement parfois indicible. «La joie, a écrit Simone Weil, est la plénitude du sentiment du réel.» C'est un peu comme les amoureux quand ils sont en présence l'un de l'autre en silence. La joie de leur seule présence suffit. Or, cette joie a quelque chose de spirituel. Quand la joie nous enveloppe, nous touchons le divin, car la joie est un fruit de l'Esprit.

L'expérience spirituelle de la marche

Nous marchons pour notre corps, mais nous pouvons marcher aussi pour notre âme. À ce titre, la marche peut être vécue comme une véritable expérience spirituelle. En plus de faciliter l'émergence de la transcendance, elle favorise les plus belles activités spirituelles, comme la prière, la méditation, la contemplation. Toutes ces pratiques, qui ont une valeur universelle, peuvent être orientées sur la réalité du Créateur, favorisant ainsi le culte de la relation Dieu-homme.

Cette relation commence par la foi dans la nature et dans sa propre nature, qui sont l'œuvre de Dieu. La foi au Créateur est toujours un acte sacré, et le respect de la vie conformément à ses desseins nous situe pleinement dans la spiritualité. Nous n'avons plus à la chercher ; ce que nous avons à faire, c'est de l'actualiser. À cette fin, nous devons d'abord essayer de rétablir le lien avec la nature. Développer une relation fraternelle avec l'univers. À la manière de Goethe qui s'efforçait de « reconnaître tous ses frères dans les champs, les ruisseaux et les calmes bosquets ».

Ce lien avec la nature ne peut être créé sans la découverte, à l'intérieur de soi, de son propre pouvoir d'émerveillement. Prendre conscience que nous habitons la splendeur d'un palais qui s'appelle le cosmos. Et que, dans ce palais, il y a plus qu'un magnétisme, il y a une énergie créatrice, voire une puissance spirituelle assez forte pour transformer notre vie. Et cette puissance, c'est Dieu.

Le philosophe Emmanuel Kant avoue avoir été convaincu de l'existence de Dieu en contemplant l'immensité d'une nuit étoilée. Je suis persuadé qu'il existe une poétique de la foi. Et cette poétique s'exprime par l'émerveillement, ce sixième sens qui nous fait percevoir la dimension spirituelle de l'univers.

Or, ce sentiment d'émerveillement peut être décuplé par la marche. Contempler le paysage qui défile à pas d'homme n'est pas neutre. J'ai connu un psychothérapeute qui recevait ses patients, lorsqu'il faisait beau, non dans son bureau, mais sur la magnifique promenade du Vieux-Port, le long du Saguenay, ou sur la magnifique promenade devant le fjord à Ville-de-La-Baie. Le décor pittoresque invitait sans doute à la confidence. Il n'y a rien comme la marche dans la nature pour ouvrir le cœur et l'âme.

La marche peut se pratiquer dans la nature ou dans un parc urbain ou à la campagne. Mais qu'arrive-t-il pour les personnes qui ne peuvent marcher? Le slogan «Lève-toi et marche» peut alors être interprété aussi bien au sens figuré qu'au sens propre. Ainsi, pour le malade cloué sur un lit d'hôpital, pour le handicapé dans son fauteuil roulant, pour le paraplégique, *Lève-toi et marche* peut alors signifier: «Ne te laisse pas abattre. Continue la route de ton destin.» Pour la personne malade ou handicapée, faire dix pas dans la cuisine est aussi valable et aussi grand que parcourir des kilomètres pour une personne en bonne santé.

Le prisonnier dans sa cellule peut aussi en bénéficier. Je me souviens d'un poème de Paul Verlaine que j'ai analysé lorsque j'étais étudiant. Ce poème m'avait beaucoup interpellé à l'époque. Combien de fois il avait fait rêver l'étudiant que j'étais, prisonnier de sa petite chambre de collégien! Voici un extrait de cette analyse qui illustre parfaitement ce que je veux dire ici.

Ce poème fut composé alors que Verlaine était condamné à la prison des Petits-Carmes, à Bruxelles. Dans le silence de sa cellule, il prend conscience de sa solitude et ne voit la nature que par l'étroite lucarne de sa geôle. Et pourtant, quelle vue, quelle sensation s'en dégagent! Cette petite lucarne est pour lui comme une fenêtre grande ouverte sur un petit coin du paradis. Il écrit alors ce petit chef-d'œuvre, souvent mis en musique, notamment par Gabriel Fauré. Il est extrait de son recueil intitulé *Sagesse*.

Le ciel est, par-dessus le toit,
    Si bleu, si calme!
Un arbre, par-dessus le toit,
    Berce sa palme.

La cloche, dans le ciel qu'on voit,
    Doucement tinte,
Un oiseau, sur l'arbre qu'on voit,
    Chante sa plainte.

Mon Dieu, mon Dieu, la vie est là,
    Simple et tranquille.
Cette paisible rumeur-là
    Vient de la ville.

Qu'as-tu fait, ô toi que voilà,
    Pleurant sans cesse,
Dis, qu'as-tu fait, toi que voilà,
    De ta jeunesse ?

Le poète voit la grisaille du toit et, par-dessus, un petit morceau de ciel sur lequel se détachent les plus hautes branches d'un arbre doucement agitées par une brise légère. Il retrouve tout un univers oublié dans cette échappée de son regard vers la libre nature. Enfermé dans sa cellule aux murs nus et tristes, il est émerveillé par ce coin d'azur et par ces feuillages, si bien qu'il laisse échapper un soupir vers le Créateur : *Mon Dieu, mon Dieu...*

Ses jambes ne pouvaient le conduire jusqu'au paysage, mais son âme s'était spontanément envolée vers son Créateur. À cette expérience, nous pourrions rattacher tous ces paysages intérieurs, parfois puisés dans la banque de nos souvenirs, parfois imaginés, mais qui ont tous quelque chose de l'Éden originel. Il nous appartient de les reprendre à notre compte et de les intégrer à notre réalité quotidienne.

Un autre aspect qui fait de la marche un exercice spirituel réside dans son caractère miraculeux. J'aimerais raconter ici un fait qui a eu un grand impact dans ma vie. Un dimanche où j'assistais à un office religieux, l'homélie portait sur l'épisode de l'Évangile où Jésus guérit un paralytique en lui disant simplement : « Lève-toi, prends ton grabat et marche ! » Je me posai la question : « Qu'y avait-il de si magique dans cette formule pour opérer une telle guérison ? Une paralysie, ça ne se guérit pas comme ça. » Le célébrant expliqua que Jésus avait le pouvoir de guérir et que toute guérison pouvait avoir lieu lorsqu'elle rencontrait dans le cœur les conditions spirituelles de la foi. Puis il expliqua que « Lève-toi et marche », cela voulait signifier aussi : « Lève-toi, change ta façon de penser, change ton comportement. » Il rattachait cette attitude à la conversion, c'est-à-dire au changement, attitude que l'on retrouve à l'origine de toute expérience spirituelle et religieuse.

Dès lors, l'idée qui occupa mon esprit fut celle du changement. Je m'interrogeai : « Qu'est-ce que je devais changer dans ma vie pour qu'elle soit meilleure ? » Pendant que je méditais sur cet épisode de l'Évangile, je compris une leçon que je n'avais jamais saisie auparavant. Cette leçon tient au processus suivi par Jésus pour guérir le paralytique. Jésus ne l'a pas d'abord guéri, pour ensuite lui ordonner de se lever et de marcher. Il lui a formulé en premier lieu la consigne : « Lève-toi et marche ! » C'est à cette condition qu'il a été guéri.

Dans cette perspective, l'expression se réfère à une exigence physique d'abord. Ce que Jésus a demandé au paralytique pour le guérir, c'est essentiellement un effort physique, à la fois condition et signe manifeste de la guérison[1].

Or, dans la marche, il y a effectivement quelque chose de cet effort physique menant à la guérison. Un éminent médecin, le docteur JoAnn Manson, chef de médecine préventive à Harvard, estime que, pratiquée régulièrement, la marche est ce qui se rapproche le plus du miracle en médecine moderne. Le médecin est d'avis que, si tout le monde marchait d'un pas vif une demi-heure par jour, le taux d'incidence de la plupart des maladies chroniques baisserait de 30 à 40 pour cent. Dans son sens spirituel, la marche est résurrection, car elle a cette faculté de faire renaître certaines forces oubliées.

Voici un autre témoignage rapporté dans la revue *Notre-Dame-du-Cap*. Il est du docteur Renée Pelletier :

> Il y a quelques années, à la suite d'une période de maladie, j'ai choisi d'aller sur le Chemin de Compostelle. Sac au dos, j'ai marché jour après jour durant trois semaines sur cette route médiévale de France et d'Espagne. Ce pèlerinage s'inscrivait dans une démarche personnelle de guérison avec un grand G. Par ailleurs, l'été dernier, j'ai parcouru le Chemin des sanctuaires avec mes deux ados, Geneviève et Guillaume. Défi personnel et sportif pour les jeunes, expérience familiale intense et quête spirituelle pour moi… un vécu unique.

Comme le docteur Pelletier, combien ont ainsi témoigné avoir marché pour « guérir de vieilles plaies », pour « voir clair dans leur projet de vie » ou pour se réconcilier avec le sacré, l'absolu.

---

1. Le verbe « se lever » – prélude à la marche – apparaît 500 fois dans l'Ancien Testament, a-t-on calculé, et plus de 100 fois dans le Nouveau. En grec, « se lever » désigne aussi la résurrection.

La marche comme un pèlerinage

La marche dans la nature accompagnée d'une intention spirituelle détient quelque chose du pèlerinage. Le type de marche que je pratique personnellement possède une similitude évidente avec celle des pèlerins qui parcourent de longues distances vers le lieu d'un sanctuaire[2]. Mon itinéraire est fixé par la carte des sentiers pédestres de ma région, et je les parcours chaque fois le cœur ouvert, l'âme éveillée, mû par les mêmes intentions que celles de tous les pèlerins du monde.

Or, quelles sont ces raisons qui incitent les pèlerins à marcher? Elles sont diverses. Les témoignages les plus fréquents vont tous dans le sens suivant:

« Je marche pour nourrir mon âme. »

« Quand je marche, je prie, je pense. »

« Je désirais faire un virage dans ma vie. »

« J'ai fait ce pèlerinage pour me rencontrer. »

« Je désirais me tourner vers l'intérieur de moi-même pour me découvrir plus en profondeur. »

« Je vivais des perturbations psychologiques importantes et je voulais décrocher de la réalité. »

« Je voulais me retrouver seul avec moi-même. »

« J'avais besoin d'aller vers quelque chose et j'étais certaine que la route allait me le donner. »

« Je l'ai fait pour la joie d'expier mes péchés, mes dettes. »

Comme on le voit, les uns accomplissent le pèlerinage comme un chemin de pénitence, d'autres comme une ascèse ou un combat spirituel; pour plusieurs, le pèlerinage est une bénédiction, une occasion de rendre grâce. Tous vivent le pèlerinage comme initiation à l'unique nécessaire, une recherche de l'essentiel, un désir de mieux-vivre, le goût d'avoir une meilleure qualité de vie.

---

2. Par exemple le Chemin qui mène à Saint-Jacques de Compostelle; celui qui va de l'oratoire Saint-Joseph à Montréal jusqu'à la basilique Sainte-Anne-de-Beaupré, etc.

Dans la marche pèlerine, les lieux ne sont jamais indifférents. Toute géographie, tout repère devient significatif : l'arbre, la source, les ravins escarpés, les montagnes sont autant de passages obligés. La nature devient en quelque sorte la matière du spirituel, une méditation à ciel ouvert qui nous amène à chanter avec le psalmiste : « Goûtez et voyez comme est bon le Seigneur ! »

Quand je parcours les sentiers pédestres de ma région, je me sens en fraternité avec tous les pèlerins du monde. Je suis animé des mêmes intentions de purification, de changement, de ressourcement. En marchant, je prie constamment. Lorsque je m'arrête devant un paysage qui m'interpelle, je médite : ce peut être un arbre, une source, un ruisseau, une rivière, un rocher, ou encore la beauté du ciel à un moment précis de la journée, la disposition particulièrement évocatrice des nuages.

Que de fois nous cherchons des lieux d'intériorité ! Nous pensons alors naturellement aux chapelles, aux églises, aux monastères. Pourtant, combien de pèlerins, à travers les âges, ont fréquenté des lieux sacrés comme des montagnes, des collines, des sources, des rochers et des étangs, où ils voyaient les empreintes de leurs dieux ? Pour beaucoup, la nature est cette porte qui ouvre au spirituel. Je me souviens de ce magnifique matin d'été où, à travers la porte de ma terrasse, j'entrevoyais le jour qui se levait. Le soleil commençait à réveiller les couleurs endormies. J'éprouvai un tel sentiment d'apaisement et de plénitude que ma pensée glissa spontanément vers une prière de louange.

Ce n'est pas par hasard que, depuis un temps immémorial, des ascètes (et apparemment beaucoup le faisaient pour des motifs purement socioculturels) se réfugiaient dans des ermitages au fond des forêts, au bord des fleuves, près des lacs sacrés ou dans les montagnes. La plupart du temps, ils fuyaient en réaction contre la mentalité et les valeurs de leur époque. Ils quittaient la société parce qu'ils ne trouvaient pas de réponse au problème du destin humain ou parce qu'ils considéraient que le monde était une source de tentations trop forte.

Un grand maître spirituel contemporain, le père Daniel-Ange, avoue avoir acquis son expérience de la spiritualité au long de ses sept années de vie en ermitage, perdu en montagne, tout seul avec Dieu, les anges et les saints. La nature s'est révélée pour lui un lieu d'intériorité incomparable.

Quelle sensation que de se promener et de prier dans un sanctuaire aussi vaste que celui de l'univers ! Un sanctuaire peuplé de splendeurs et de richesses fabuleuses. Un sanctuaire qui nous convie à la liturgie de la nature à travers l'office des labours et des semailles, au passage des saisons. Un sanctuaire qui exhale un encens concocté dans le saint des saints de la nature. Un encens fait de cette coulée d'odeurs et de parfums sauvages émanant des prés, des champs, de l'herbe, des feuilles, des fleurs, de l'humus fraîchement réveillé par la pluie ; émanant aussi des soupirs odorants des essences fermentées dans les alvéoles de la terre, dans le huis clos mystérieux des sous-bois, dans le laboratoire des mille compartiments des forêts. C'est comme si tout cet éventail d'arômes versait dans les veines un sang nouveau et au cœur une énergie nouvelle. Nous percevons alors la vie qui s'étale en surabondance. La vie où la dimension humaine et la dimension divine se fondent en une «nouvelle alliance». Un sentiment d'amour tout-puissant, une bouffée d'amour universel ne tardent pas alors à nous envahir.

Puis, ce sont les icônes qui s'offrent à la vue, formées de toutes ces images dont la nature est si prodigue. À l'été et à l'automne surtout, la vue se perd dans la diversité des paysages, la palette des teintes, la variété de ses combinaisons changeantes : or pâle, vertes, jaunes, rouges et ocre et toutes ces couleurs qui varient à l'infini. Ces icônes sont comme la matière dans laquelle l'invisible devient visible et sans laquelle il ne pourrait pas être expérimenté.

Imaginez alors la valeur d'une heure d'existence occupée ainsi à percer le mystère de Dieu. Et moi qui suis fondamentalement un chercheur de Dieu toujours en quête de son visage. Comme Job, je crie souvent : «Où est Dieu, mon auteur, lui qui fait éclater dans la nuit les chants d'allégresse ? » (Job 35,10).

Dans la spiritualité de la création, le monde sensible a une fonction de miroir et de reflet du divin. On ne peut voir Dieu qu'à travers les images qu'il nous fournit, à travers la «sensation du divin», selon la belle expression des Pères de l'Église. Un sage oriental enseignait en ce sens : « Dans le parfum d'une fleur, dans le chant des oiseaux, c'est l'esprit de Dieu qui nous salue et sourit. » On pourrait aussi puiser dans le langage biblique pour qui « la voix divine arrive bondissant par-dessus les monts et les collines ». Comme il l'a fait au temps de la Genèse, Dieu n'a jamais cessé et ne cessera jamais de planer sur la terre et sur les eaux de sa création. La nature témoigne ainsi de sa capacité de créer une osmose entre le visible et l'invisible. Les mystiques parleraient ici de « transfusion du divin ».

Certes, la connaissance de Dieu dans la nature obtenue « par miroirs et en énigme » est forcément partielle et limitée. Il existe une connaissance beaucoup plus grande et plus directe du divin que l'on peut expérimenter à travers l'expérience mystique. Mais cette connaissance n'est pas donnée à tous. Du moins au début. Elle fait l'objet d'une grâce spéciale. Pour plusieurs, la voie de la nature, bien qu'elle relève aussi jusqu'à un certain point du « secret du roi » de la création, semble la plus accessible et la plus viable pour aller à Dieu. Elle ouvre en tout cas facilement le cœur et l'âme au phénomène universel de la présence divine, en faisant prendre conscience que Dieu habite sa création.

Une autre signification importante de la nature visible, c'est qu'elle porte aussi le regard de Dieu sur l'homme. L'homme et la femme dans la Genèse semblent avoir toutes les faveurs de Dieu, entre autres celle de devenir les protagonistes de la création et les porteurs de l'« image divine ». En exerçant son autorité sur toute la terre et sur tout ce qui y vit, et en recevant le mandat de la faire fructifier, Adam devient le représentant royal de Dieu. À la suite d'Adam, l'homme reçoit la même mission, mais enrichie d'une dimension sacrée, celle de célébrer l'alliance de l'homme avec la nature. On comprend pourquoi le prophète Isaïe parlera de la terre en terme d'« Épousée » (Isaïe 62,4). Ainsi, l'homme devient prêtre de la création tout entière et peut exercer son ministère sacerdotal en marchant fièrement dans cette nature qui lui a été confiée. Il est d'ailleurs fortement aidé en cela par la posture verticale qui le caractérise, qualité qu'il ne doit pas « laisser sous le boisseau ».

La marche verticalise l'être humain

La marche est une caractéristique essentielle de l'être humain. Elle est tellement spécifique de sa nature qu'elle révèle sa personnalité. Inversement, sa personnalité est fortement influencée par sa façon de marcher. Montre-moi comment tu marches et je te dirai qui tu es. La marche porte la signature du corps et de l'âme. Elle est un langage par lequel l'être humain exprime sa condition d'homme et de femme. Autant que l'expression du visage, la marche révèle la personne, ses états d'âme, son idéal. Tout est significatif dans la marche : la posture, le rythme, le balancement des bras, la respiration, la mimique.

La marche est aussi un défi. L'homme se découvre quand il se mesure avec la marche. Un vieux maître bouddhiste enseignait : « Le vrai miracle n'est pas de marcher sur les eaux ni de voler dans les airs. Il est de marcher sur la terre. » Voilà pourquoi la marche a quelque chose d'initiatique, en cela qu'elle affirme la vocation humaine et divine de l'être humain. Ce n'est pas par hasard que Dieu, dans l'état originel, a placé l'homme debout et droit au milieu du cosmos à l'instar de l'arbre de vie. Que cela se soit fait selon le mode évolutionniste ou selon le mode créationniste ne change rien à la donne.

Pour comprendre la noblesse de la position verticale, il faut remonter à quelques millions d'années à l'époque de l'*Homo erectus*, c'est-à-dire l'homme qui se tient debout. C'est à partir du moment où l'être qui marchait à quatre pattes (le primate rampant) s'est mis, au cours de son évolution, à se redresser et à se servir de ses deux membres supérieurs pour manipuler et fabriquer des objets ou des outils que la race humaine a fait des progrès prodigieux dans son évolution.

De tous les êtres de la création, seul l'être humain est caractérisé par la station debout. Les philosophes de l'Antiquité aimaient souligner la place axiale de l'homme dans l'univers. Sénèque écrivait dans *Lettres à Lucilius* : « De même que nous avons le corps droit et que nos yeux regardent vers le ciel, de même notre âme, qui peut s'étendre aussi loin qu'il lui plaît, a été formée par la nature pour vouloir des choses aussi hautes que les dieux. » Aussi le corps a-t-il cette mission sublime d'unir le ciel et la terre. Il a comme fonction de relier l'humain à l'ordre du monde, à l'architecture sacrée de l'univers et de la vie. La meilleure façon d'honorer ce privilège est donc de marcher fièrement, en gardant les épaules droites, à niveau et non inclinées vers l'avant ou voûtées. Cela est grandement facilité par le fait que la marche nous oblige constamment à utiliser notre colonne vertébrale pour garder l'équilibre.

La posture axiale de l'homme nous donne de belles leçons. Lorsque l'homme refuse de marcher droit, il devient comme le « serpent » du paradis terrestre, un être « rampant », c'est-à-dire qu'il abdique sa fonction d'unir le ciel et la terre. Cela ne se produit pas uniquement quand il marche voûté, mais aussi quand il choisit de se cantonner uniquement dans les valeurs purement matérialistes de la vie. Son existence s'étale alors à l'horizontale, sans option pour la verticale. Au lieu d'être l'oiseau qui vole, il devient le serpent qui rampe.

Les anthropologues se sont attardés à établir ce qui différencie le plus l'être humain des animaux; certains ont parlé de la main, d'autres ont privilégié l'intelligence. En tant qu'anthropologue spirituel, j'estime que le facteur de différenciation le plus fondamental chez l'être humain, c'est sa capacité de s'élever jusqu'au divin, c'est-à-dire de se verticaliser. Or, la station debout chez l'être humain n'est pas sans rapport avec la verticalisation qui caractérise le monde spirituel, lequel est fondamentalement *ascensionnel*.

Tous les grands « êtres spirituels » de l'histoire, les grands « initiés » comme on les appelle, Bouddha, Jésus, saint Augustin, Gandhi, le dalaï-lama, le pape, Mère Teresa, sont tous des êtres fortement verticalisés. Ils ont tous en commun cette aptitude à faire le lien entre le monde matériel et le monde spirituel, à voir l'invisible dans le visible. L'apôtre Paul invitait en son temps les Colossiens à « rechercher les réalités d'en haut » (3,1-3). En évoquant la mission de Moïse dans l'Exode, l'Apôtre fait cette réflexion magnifique : il marchait « comme s'il voyait l'invisible » (Hébreux 11,27).

Nous touchons ici à l'une des plus grandes vérités anthropologiques sur l'être humain qui a trait à ses origines à la fois célestes et terrestres. L'homme unit le visible et l'invisible, résumant ainsi l'univers. Le sociologue Émile Durkheim a très bien mis en évidence ce qu'il a appelé « l'homme et sa double origine », évoquant l'existence simultanée dans l'être humain de sa finitude et de sa soif d'infini.

Cette soif est ce qui crée le *besoin* de spirituel chez une personne. Ce besoin ne relève pas de la *religion*, ni exclusivement de ceux qui se déclarent *chrétiens*; c'est un besoin universel que l'on retrouve chez tout être humain. Et ce besoin n'est pas banal. Il éclaire d'un jour différent la destinée de l'homme. Il coupe l'humanité en deux grandes familles : ceux qui acceptent et ceux qui refusent de dépendre de quelque chose qui les dépasse. Les premiers ne sont capables que de fins naturelles : ils s'alignent sur le « destin », le *dharma*. Les seconds dépassent la perspective purement philosophique et s'acceptent comme révélation : ils sont possédés par un désir « d'éternité ».

Mais tous ne sont pas ouverts à cette réalité transcendantale. Les enjeux sont pourtant énormes, car le spirituel englobe toute la vie d'une personne, son épanouissement, sa santé, son besoin d'absolu. Il s'intéresse à l'être humain tout entier, aussi bien à son corps qu'à son âme. Il détermine les questions qui l'habitent, sa manière de vivre, ses buts dans la vie, ses croyances, son bien-être ou ses malaises. Le spirituel est tissé à même nos fibres humaines. Il n'est pas étonnant que, lorsque nous le mettons en veilleuse pendant une période plus ou moins longue de notre vie, il se produit ce que l'on appelle communément les maladies de l'âme : crise de sens, vide existentiel, *burnout*, dépression, etc.

Aussi ne faut-il pas se surprendre si le retour au spirituel soit si déterminant dans la recherche de l'équilibre, de la santé et de la guérison. Mais la grande question demeure : « Par quelle voie accède-t-on au spirituel ? » Sans prendre position de façon absolue, je répondrai par la réflexion suivante : rares sont les voies qui allient la quête de la santé à l'expérience de la transcendance. La démarche que je propose ici a cet avantage de correspondre à deux grands absolus que la civilisation actuelle recherche consciemment ou inconsciemment : le culte de la santé et celui de l'environnement (la nature). Or, la nature comporte ces deux domaines. En plus de favoriser l'équilibre corporel et mental, elle constitue un réservoir de sacré inestimable.

En marche vers la santé

La recherche de la santé comme expérience spirituelle commence par le constat suivant : la mentalité qui veut que nous soyons voués à dégénérer après l'âge moyen, c'est-à-dire une fois remplie notre fonction procréatrice, est périmée. La vieillesse maintenant acquiert une nouvelle vocation : non pas celle de nous conduire à la dégénérescence, mais de nous permettre de vivre, de voyager, de découvrir le monde, de nous cultiver, etc. Je dirais même que la vie oscille entre deux naissances : la première qui nous a amenés à la vie et la seconde qui nous a conduits à l'âge mûr.

C'est ici que je me pose la question en tant qu'anthropologue spirituel : Pourquoi la recherche du bien-être ne ferait-elle pas partie de la quête spirituelle ? « Dieu vit que tout cela était bon », nous enseigne la Genèse. Comment garder en bon état le potentiel de vie reçu à la naissance ? Tel est le nouvel enjeu proposé à l'homme et à la femme d'aujourd'hui.

Il est maintenant reconnu que l'éveil à une vie spirituelle intense accélère le retour à la santé mentale et physique. Les pratiques de spiritualité ont une influence positive sur notre santé mentale et physique. De plus en plus, on reconnaît qu'une vie spirituelle active représente un aspect important de l'harmonisation du corps et du mental. Mais l'inverse est aussi vrai. Une santé parfaitement équilibrée favorise une vie spirituelle active. À cette fin, celle-ci doit inclure un programme alimentaire axé sur les aliments qui font vivre et les formes adéquates d'exercice. De plus en plus, on reconnaît que la santé de l'âme passe aussi par celle du corps : « Fais du bien à ton corps pour que ton âme ait envie d'y rester », dit un proverbe indien. Pour conserver la santé de l'âme, une plus grande sagesse corporelle est nécessaire.

L'être humain est fait d'une multitude de composantes physiques, biologiques, psychologiques et sociales, qui agissent les unes sur les autres et tissent le caractère ou la nature de chacun. Or, l'une des règles de base d'une vie équilibrée se formule ainsi : chaque progrès dans l'une des dimensions de l'être humain se répercute sur toutes les autres.

En général, les gens ne meurent pas de vieillesse, mais de maladie. On devrait pouvoir vivre comme la bougie qui éclaire jusqu'au bout avec la même intensité. Il existe ici une réalité dont il faut prendre conscience : la santé est possible, et il faut croire au pouvoir de guérison du corps jusqu'au dernier souffle de notre vie, peu importe le degré de santé ou de maladie dans lequel nous nous trouvons. Les exemples fourmillent de cas où le corps accomplit des miracles de guérison lorsqu'on décide de prendre en main sa santé.

Les biologistes reconnaissent qu'il existe chez l'être humain une poussée vitale qui s'exerce jusqu'à l'âge de 25 ans environ ; après quoi, tous sont unanimes à dire qu'il y a décroissance. Mais cette décroissance peut être fortement ralentie en donnant à son organisme un apport plus grand d'éléments vitaux. Bien plus, une grande partie de ce potentiel vital peut être récupéré, pour peu qu'on le veuille vraiment.

Or, sans méconnaître l'importance de certains facteurs d'hygiène générale et même de comportement moral et spirituel, les spécialistes de la santé s'entendent pour dire que c'est surtout dans l'alimentation que se trouvent les facteurs de protection permettant de vivre longtemps. C'est ce dont nous allons parler dans le prochain chapitre.

CHAPITRE 2

Mets divins et élixirs de vie

PENSÉES

«*Dieu fit germer du sol toutes sortes d'arbres à l'aspect agréable et aux fruits comestibles avec, au milieu du jardin, l'arbre de la vie et l'arbre de la connaissance du bien et du mal. Un fleuve sortait d'Éden pour arroser le jardin...*»

– Genèse 2,9-10

«‹*Je t'en prie, mets tes serviteurs à l'épreuve pendant dix jours: qu'on nous donne des légumes à manger et de l'eau à boire...*› *Au bout de dix jours, ils avaient belle mine et bonne santé plus que tous les enfants qui mangeaient des mets du roi... à ces quatre enfants, Dieu donna science et intelligence en matière de lettres et en sagesse.*»

– Daniel 1,12-17

«*Voici les fruits dont nous nous sommes nourris sur la terre.*»   – Le Coran, II, 23

«*Loué sois-tu, mon Seigneur,*
pour notre sœur et mère: la Terre
Qui nous nourrit et nous supporte
Et enfante les divers Fruits et
Les Fleurs colorées, et les Arbres!»

– François d'Assise

«*Soit que vous mangiez, soit que vous buviez, faites tout pour la gloire de Dieu.*»

– 1 Corinthiens 10,31

« TOUT CE QUI FAIT la saine Nature est divin », a écrit le poète allemand Schiller. Qu'est-ce qui fait la « saine » nature ? De toutes les recherches portant sur la santé, le prolongement de la jeunesse et l'augmentation de la durée de la vie, un fait demeure incontournable : *l'alimentation* joue un rôle déterminant.

Dans l'alimentation, nous retrouvons tous les facteurs permettant de vivre mieux, plus longtemps et d'atteindre une plus grande qualité de vie. La personne qui accepte de changer ses habitudes alimentaires expérimente très tôt le rajeunissement du corps et de l'esprit, connaît des énergies nouvelles, et sa vie en arrive à se dérouler comme un magnifique printemps.

La Bible, qui est si fertile en leçons de vie, comporte de nombreux passages sur l'alimentation. L'une des premières leçons de la Genèse nous apprend que Dieu plaça l'homme et la femme dans un environnement d'espèces végétales agréables pour la vue et délicieuses pour le palais : « Yahvé Dieu planta un jardin en Éden, à l'orient, et il y mit l'homme qu'il avait modelé. Yahvé Dieu fit pousser du sol toute espèce d'arbres séduisants à voir et bons à manger, et l'arbre de vie au milieu du jardin, et l'arbre de la connaissance du bien et du mal. » Puis, il est dit qu'« un fleuve sortait d'Éden pour arroser le jardin, et se divisait ensuite en quatre bras », soulignant en même temps l'importance de l'eau pour la vie (Genèse 2,8-11). C'est comme si Dieu disait : « Ce sera votre nourriture et votre boisson ! »

Dans cet Éden trônait « l'arbre de vie » planté au milieu du jardin comme un joyau de la création, d'une beauté incomparable, rayonnant de force et de grâce, les feuilles plaisamment découpées, le tronc gonflé de la sève nourricière. J'imagine ses branches s'incliner sous le poids des grappes de fruits regorgeant de myriades de nutriments. L'arbre se tient droit, au milieu du jardin, dominant toutes les autres espèces végétales, cependant que son panache se déploie fièrement dans l'azur du ciel. Cet arbre édénique est le symbole même de la santé et de la vitalité. Comme j'aurais aimé m'asseoir sous son ombre et m'abandonner au rêve d'une vie vécue dans la plénitude de l'être et de la vie !

La leçon de l'arbre de Vie

La vitalité qu'affichait fièrement l'arbre de la Genèse est porteuse d'une leçon. L'arbre nous interpelle ainsi : Est-ce que ton corps reflète la vie ? Est-ce que ton âme reflète la vie ? Beaucoup de personnes seraient gênées de répondre à ces questions, car elles ont oublié depuis longtemps leurs sources vitales. Nous devrions puiser naturellement à ces sources, comme par un réflexe inné. Malheureusement, il n'en est pas ainsi. La Genèse nous apprend que le premier homme et la première femme ont été chassés du paradis terrestre. Cela signifie qu'ils ont été coupés des lois de la vie qu'ils observaient naturellement. Ce qui, à l'origine, était une donnée de la nature est devenu après la chute quelque chose qui exige un effort, un savoir, un apprentissage ; cette situation contrastait singulièrement avec l'état d'innocence dans lequel ils vivaient. Le mot « innocence » est à cet égard significatif, puisqu'il signifie étymologiquement « enlever ce qui nuit ». L'innocence pourrait se définir comme un état d'harmonie permanente avec les lois de la vie.

Cela nous fait comprendre pourquoi nous bafouons si facilement les règles les plus élémentaires de la santé. Un médecin célèbre, le docteur Michel Montignac, écrit : « L'homme moderne n'est malheureusement plus un être raisonnable, car il a perdu toute sa sagesse. Il est aujourd'hui capable de marcher sur la Lune, mais il ne sait plus s'alimenter. » Et cela commence très tôt dans la vie.

En effet, dans l'euphorie de la jeunesse, on s'imagine que la vitalité compensera tous les excès. Une étude sur les habitudes de vie des jeunes de 12 à 15 ans en Amérique démontre qu'en général ils mangent mal : trop de gras, trop de sucre, trop de sel, trop d'aliments-friandises comportant des additifs artificiels. Un grand nombre d'entre eux fument, consomment de l'alcool et de la drogue sous une forme ou sous une autre. Les adultes ne sont pas plus raisonnables. Toutes les études sur la santé en arrivent à la même conclusion.

L'une des lois élémentaires de la santé concerne la façon de se nourrir, c'est-à-dire la nutrition. Celle-ci nous enseigne que plus un aliment est concentré en matières énergétiques et appauvri en nutriments essentiels, plus il est nuisible et favorise la détérioration de l'information génétique et des structures vitales. Il existe ici un paradoxe : bien qu'aujourd'hui nous mangions beaucoup, nous souffrons du manque d'énergie aussi bien physique que mentale : le nombre de *burnouts* est effarant. Loin d'augmenter la force et la vitalité, l'excès de nourriture les diminue.

À l'instar du serpent de la Genèse, nos démons intérieurs sont forts, insidieux et persuasifs. Ils savent habilement nous attirer par la tentation du sucre, des graisses cuites, sans parler évidemment du tabac et de l'alcool, qui sont tous des facteurs favorisant la dégénérescence.

On répliquera que, malgré tout, les gens vivent de plus en plus longtemps. Cela est vrai, mais ils ne vivent pas nécessairement mieux. Combien meurent à 30 ans, mais sont enterrés à 90 ? Yvan Illich, le grand pourfendeur de mythes en ce domaine, décrit dans *Némésis médical* comme une belle histoire d'amour les liens qui unissent le patient au médecin. L'homme contemporain naît à l'hôpital et y meurt. C'est au cabinet du médecin qu'il se réfugie chaque fois qu'une douleur l'assaille. L'omniprésence du médecin, du berceau à la tombe, est une des principales manifestations de l'aliénation et de la morbidité de l'homme contemporain.

On reconnaît que la longévité n'est désirable que si elle prolonge la jeunesse et non pas la vieillesse. Mais les préjugés demeurent nombreux concernant cette phase de la vie. Ce sont d'abord ceux qui ont trait au temps. Le temps n'a en lui-même aucun pouvoir de nous vieillir. Dieu nous a donné la vie, non pas la vieillesse. L'âge chronologique d'un individu n'est qu'un chiffre ; ce qui compte, c'est l'âge biologique. On dit souvent que, dans le mot vieillesse, il y a le mot vie. Vivre longtemps en pleine possession de ses moyens physiques et intellectuels est virtuellement possible. Il suffit d'éviter les comportements nocifs, d'adopter une bonne hygiène alimentaire et de faire un peu d'exercice. Il existe un constat chez tous les grands biologistes : l'homme a été programmé pour vivre de 120 à 130 ans d'une vie pleine, normale et agréable. Or, c'est le seul être vivant de la création qui n'accomplit pas son cycle de vie.

La maladie n'est pas l'œuvre de la nature, mais de la personne. Elle naît de la non-observance des lois de la santé. Vivre en santé ne relève pas de la magie. Cela est accessible à tout le monde. Mais la santé suppose un effort, une démarche, une recherche, un savoir. Elle est semblable à la perle précieuse de l'Évangile, et il faut être prêt à tout sacrifier pour elle. Ce n'est qu'à ce prix qu'elle se laisse trouver.

Le plus grand ennemi de la santé demeure l'ignorance. L'ignorance des lois de la vie. La sagesse en ce domaine consiste à connaître d'abord ses propres limites, à les accepter et à faire en sorte de toujours vivre « à l'intérieur » de ces limites. Si nous gaspillons des forces que nous négligeons de reconstituer, il se produit la même chose qu'avec un budget : quand nous vivons au-dessus de nos moyens, nous finissons par avoir un excédent de dépenses. La *Baghavad Gîta*, livre sacré des hindous, donne cette règle d'or : « Ne peut être un yogi celui qui mange trop, ni celui qui jeûne, ni celui qui se prive de sommeil, ni celui qui dort beaucoup, ni celui qui travaille trop, ni celui qui ne travaille pas. »

C'est ici qu'entre en jeu la dimension spirituelle. L'être spirituel est celui qui recherche la vie dans toutes ses dimensions ; il évite l'excès en tout. Cheminer spirituellement, c'est développer le respect de son corps en optant pour ce qui contribue à son bien-être physique et mental. Voilà pourquoi l'être spirituel choisit des aliments nourrissants, boit beaucoup d'eau, prend l'air pur et fait de l'exercice. Il suit un horaire équilibré où alternent activité et repos. Ces règles sont sacrées pour lui.

« Merveille que je suis ! »

Tout être humain a reçu à la naissance un héritage de santé, de sagesse et de prospérité. Quelle place cet héritage occupe-t-il dans notre vie? Pour plusieurs, cet héritage est très secondaire. Ils attachent plus d'importance à leur maison, à leur auto, à une transaction qu'à leur santé. Ils se démènent, se plaignent des exigences de la vie, mais négligent les précautions ordinaires pour veiller sur leur corps. L'être spirituel est celui qui prend conscience de cet héritage sacré et s'efforce le plus possible de le conserver dans son intégrité originelle.

En spiritualité, on parle beaucoup de l'âme, mais très peu du corps qui l'abrite. Or, le corps occupe une place importante dans la nouvelle spiritualité. Il est le support de toute la vie, physique, mentale, sociale, intellectuelle et spirituelle. En lui se nouent les liens intimes qui l'unissent avec la nature, l'environnement, le monde, le cosmos. Trop longtemps dans notre culture religieuse, la valorisation du corps a été associée aux sentiments de vanité ou d'orgueil. Or, notre corps, sans être adulé, doit être aimé avec le même amour que Dieu y a mis en le créant.

L'apôtre Paul nous en donne un bel exemple quand il parle du corps comme du « merveilleux temple de Dieu » (1 Corinthiens 6,19). L'une des grandes leçons de la Genèse est que nous sommes créés à « l'image de Dieu ». Or, cette image divine n'est pas seulement inscrite dans notre intelligence et notre cœur; elle est aussi présente dans notre schéma corporel, à travers l'un des plus grands attributs de Dieu : la beauté. On comprend pourquoi le mythe de la beauté et de l'apparence hante tellement la conscience humaine. Cet idéal de beauté explique sans doute l'importance sans bornes que l'on accorde à la science des cosmétiques et à la chirurgie esthétique. Dans cette perspective, j'aime voir le chirurgien à travers l'image du divin potier de la Genèse, qui modèle le corps de l'homme et de la femme avec une infinie tendresse et satisfaction : « Dieu vit que tout cela était bon ! » En écho à cette parole du Créateur, le psalmiste s'écriait : « Merveille que je suis ! » Et dans un élan d'admiration pour son corps, il formulait cette prière : « Sois béni, Seigneur, de ce que tu m'as fait si merveilleusement... » (Psaume 139,14).

Arrêtons-nous un moment sur cette « merveille » qu'est le corps. La biologie nous renseigne admirablement bien à ce sujet. Le corps, symbole et porteur de la vie, se présente d'abord comme une formidable usine d'énergie vitale. Le carburant qui fait fonctionner cette usine est constitué d'éléments aussi familiers que la nourriture, l'air et l'eau. Ces trois éléments peuvent paraître banals pour nous qui y sommes habitués, mais ils ne le sont pas pour les 100 000 milliards de cellules qui composent le corps humain. Déjà la biologie moléculaire montre comment les plus simples des systèmes vivants, les cellules bactériennes, sont d'une extrême complexité. Malgré leur taille incroyablement minuscule, la plus petite des bactéries se présente comme une puissante machinerie moléculaire, riche de milliers de pièces magnifiquement conçues, beaucoup plus complexes que n'importe quelle machine fabriquée par l'homme, et qui n'a pas d'équivalent dans le monde inorganique.

Si nous nous tournons du côté du cerveau humain, nous nous retrouvons devant ce que l'on pourrait appeler la plus grande merveille de la création. Le cerveau à lui seul contient plus de connexions que tout le réseau de communication de la Terre. Il renferme pas moins de 10 milliards de neurones et 160 000 kilomètres de fibres nerveuses. Chaque cellule nerveuse possède entre dix mille et cent mille fibres de liaison par lesquelles elle est reliée aux autres cellules du cerveau. Le nombre total des connexions dans le cerveau humain est proche d'un million de milliards. On comprend pourquoi le cerveau représente la machine la plus complexe et en même temps la plus performante de l'univers. Et cette machine baigne dans une soupe dont la recette est un savant dosage de produits chimiques appelés « neurotransmetteurs » qui jouent un rôle déterminant dans l'équilibre humain.

Et que dire de l'ADN, le constituant essentiel des chromosomes du noyau cellulaire ? Nous pourrions comparer l'ADN à un long collier de 6 milliards de perles : 3 milliards par exemplaire maternel et paternel, soit 6 milliards en tout par cellule. Et dire que nous ne sommes présentement qu'à l'abc du décodage de la structure de l'ADN. Je n'entrerai pas dans les détails fort compliqués de l'ADN, mais je crois pouvoir dire que cette imposante programmation de la cellule du corps humain ouvre des horizons aussi vastes, sinon plus grands encore, que l'exploration du cosmos tout entier.

Notre système sanguin, quant à lui, véhicule les éléments nutritifs ainsi que l'oxygène dont nous avons besoin pour vivre. Il nous protège également des infections. Une seule goutte de sang contient plus de 250 millions de cellules sanguines. Le corps en contient environ 25 000 milliards. Toutes ces cellules sont remplacées par de nouvelles cellules au rythme de 3 millions chaque seconde.

Ces quelques exemples nous permettent de comprendre que ce qui se passe, à notre insu, dans le corps humain dépasse l'imagination. Le corps est le lieu d'une activité qui donne le vertige quand on s'y arrête. Que de fois je me suis émerveillé en contemplant par une nuit étoilée la voûte céleste, essayant d'imaginer l'immensité et la complexité de l'univers. Eh bien ! notre corps constitue la mécanique la plus complexe de l'univers, et l'activité qui se passe dans le corps humain dépasserait l'activité du cosmos tout entier.

Que nous en soyons conscients ou non, environ 60 billions d'entités vivantes appelées cellules s'activent continuellement à faire et à refaire notre corps. Chacune d'elles est un univers miniature d'une complexité inouïe, et chacune de ces cellules à chaque minute de notre existence est le théâtre de milliards de réactions chimiques.

Par exemple, en ce moment précis où vous lisez ces lignes, vous êtes en train de rejeter des atomes d'hydrogène, d'oxygène, de carbone et d'azote. Des milliers de cellules de votre estomac, de votre foie, de votre cœur, de vos poumons, de votre peau laissent la place à autant de cellules nouvelles. Elles sont remplacées aussi rapidement qu'elles se décomposent. La peau se régénère une fois par mois, la muqueuse de l'estomac tous les cinq jours, le foie toutes les six semaines et le squelette tous les trois mois. Pour ce faire, le corps s'active à fabriquer environ 200 millions de cellules par jour.

Chaque minute, 300 000 de nos cellules disparaissent pour être remplacées par de nouvelles cellules. En six mois, la majorité de nos cellules ont disparu et ont été remplacées par d'autres. À la fin de cette année, quelque 98 % des cellules de votre corps auront été remplacées par des cellules neuves.

Ces cellules pourraient être comparées à des millions de moteurs minuscules en marche 24 heures sur 24, sept jours sur sept. Imaginez quelle énergie il leur faut pour tourner, se réparer et compenser les pertes ! Idéalement, ces petits moteurs que sont les cellules ne fonctionnent vraiment bien qu'avec de l'essence à «indice d'octane élevé». Même au repos, le corps dépense de l'énergie : le cœur bat, les poumons respirent, la température corporelle doit être sans cesse régulée. C'est ce qu'on appelle le métabolisme de base.

Or, a-t-on idée de bafouer cette merveille ? Prenons une comparaison dans le domaine de l'automobile. Qui ne serait pas révolté en se voyant offrir pour son auto de l'essence frelatée ou de seconde qualité ? Pourrait-on penser un instant alimenter le moteur avec une huile contenant des particules de sable ? Eh bien ! c'est ce que plusieurs d'entre nous font pour leur corps quotidiennement et sans aucun remords pendant des dizaines d'années. Et nous sommes les premiers étonnés quand notre organisme, n'en pouvant plus, tombe en panne ou déclare forfait.

À quoi tient le fonctionnement de cette extraordinaire machine corporelle ? À quelle source d'énergie puise-t-elle ? À rien d'autre que les aliments dont nous nous nourrissons quotidiennement. Si le corps manque d'éléments vitaux, il va en puiser dans ses réserves, et cela se fait toujours au détriment de nos réserves organiques.

Le rôle de l'alimentation est de fournir au corps les nutriments indispensables à la vie et de maintenir les niveaux constants d'énergie. Cela signifie que lorsque notre organisme fonctionne mal, dans la très grande majorité des cas, c'est parce qu'il n'est pas bien nourri. Là-dessus, il existe un constat chez tous les nutritionnistes, à savoir que les aliments qui peuvent fournir le meilleur apport nutritif, c'est-à-dire «à indice d'octane élevé», sont sans contredit les fruits et les légumes. Pourquoi ?

L'alimentation vivante

Il existe des «aliments vivants» qui produisent la vie et des «aliments morts» qui engendrent la dégénérescence. Les aliments morts sont ceux qui ont été cuits, confits ou transformés de manière à détruire totalement ou partiellement les minéraux et les vitamines qu'ils contiennent. En d'autres mots, un «aliment mort» est un aliment qui n'est pas dans son état naturel. Un «aliment vivant» est celui qui nous arrive tel que la nature le produit. Certes, en fonction de l'usage que l'on en fait, il est nécessaire que certains aliments soient préservés par la mise en conserve, mais il n'en demeure pas moins que nous devrions consommer le plus possible des aliments naturels plutôt que des aliments transformés. Et cela trouve sa raison d'être au plan spirituel lui-même.

Nous pourrions faire un rapprochement entre l'expérience spirituelle et l'alimentation saine : les «aliments vivants» produisent la plupart des effets recherchés dans l'expérience spirituelle, c'est-à-dire le calme, l'équilibre, l'harmonie, la sérénité, la plénitude. Et ce rapprochement n'est pas farfelu. Ce n'est pas par hasard que la nourriture et la religion ont de tout temps été intimement liées. L'anthropologie nous apprend que, selon l'importance qu'une société accordait à la conscience religieuse, certains aliments étaient tantôt bannis, tantôt privilégiés. En tête des aliments privilégiés, il faut placer évidemment les plantes et les végétaux. On dit, par exemple, que les druides, qui étaient les prêtres et devins des Celtes, formaient un clergé hermétique détenant des connaissances secrètes leur permettant de concocter des remèdes à partir de plantes sacrées. L'histoire des religions nous rapporte qu'un grand nombre de rites religieux se sont traditionnellement faits en utilisant des aliments et des boissons.

Pour ma part, j'ai participé pendant de nombreuses années, à l'intérieur d'un chemin de croissance spirituelle chrétien, à une pratique appelé «agape». Il s'agit d'une fête fraternelle qui se déroulait autour d'une table copieusement garnie de mets apportés par chacun des participants, accompagnés de vin pris modérément. Tout le repas se déroulait sous le signe de la convivialité. L'agape s'inscrivait le plus souvent dans le couronnement d'un parcours initiatique à caractère ascétique[1].

Le rôle des aliments pourrait être comparé au Souffle créateur de la Genèse. Comme le souffle, les aliments ont cette propriété de générer la vie dans sa totalité, à la fois physique, mentale et spirituelle. C'est pour cette raison que la nourriture, chez les peuples de nombreuses cultures, a toujours eu une valeur sacrée. Jadis, dans beaucoup de familles, les repas étaient accompagnés d'un rituel de prière. Avant de manger, devant la table mise, un membre exprimait le respect et la gratitude envers Dieu de qui provient tout bien et il l'implorait de bénir les personnes qui avaient «gagné le repas», ainsi que celles qui l'avaient préparé. Les rites par lesquels se traduisait cet acte religieux étaient très divers. Ce pouvait être une prière, un chant, une méditation en silence, une chanson, un poème, une lecture, une danse, une poignée de main ou une étreinte cordiale. Chez les chrétiens, le rituel s'appelait le *bénédicité* ou l'action de grâces.

Cette pratique se retrouve encore de nos jours dans plusieurs familles qui sont restées fidèles cette tradition ancestrale. Pour ma part, il m'arrive fréquemment de répondre à l'invitation des personnes qui me demandent de faire le bénédicité avant un repas. J'utilise alors la formule suivante: «Bénissez-nous, ô mon Dieu, ainsi que la nourriture que nous allons prendre, donnez du pain à ceux qui n'en ont pas et donnez-nous de cette nourriture qui rassasie pour la vie éternelle.»

Dans la prière universelle du Notre-Père, acceptée par toutes les confessions chrétiennes, la première demande qui nous concerne a trait à notre nourriture de chaque jour: «Donne-nous aujourd'hui notre pain quotidien.» Le pain quotidien, c'est évidemment la nourriture pour notre corps. Certains, cependant, donnent au mot «pain» une extension beaucoup plus grande en l'interprétant comme la nourriture aussi bien physique que mentale ou spirituelle, à laquelle on associe tout ce qui nous permet de vivre pleinement et harmonieusement.

---

1. Le mot «ascèse» en grec signifie abnégation, renoncement, exercices destinés à obtenir la maîtrise de soi.

Les aliments nourrissent le corps, fournissent de l'énergie, mais leurs effets vont bien au-delà de la dimension purement physique de la vie. Ils sont en mesure d'agir sur la personnalité tout entière. Une saine alimentation rend plus fort dans l'existence, plus calme, plus serein, plus lucide. Pour employer une expression qui m'est chère et que j'utilise souvent dans mes conférences, «nous devenons plus forts pour mener le dur combat de la vie». On parle très peu de l'alimentation dans la réussite de la vie. Elle représente pourtant un facteur essentiel.

La nourriture a une incidence certaine sur nos comportements, nos sentiments, notre apparence. Ce que nous mangeons détermine notre manière de penser et d'agir. L'humeur, la concentration, la mémoire et toutes les activités du cerveau fonctionnent sous influence alimentaire. La nourriture touche à tous les domaines de la vie: elle permet à l'être humain de vivre, de se dépenser physiquement, mentalement et spirituellement. Certains aliments agissent comme antidépresseurs, d'autres provoquent le sommeil, d'autres au contraire stimulent la créativité ou donnent même naissance à des états de conscience mystiques. L'alimentation peut à elle seule changer le cours de toute notre vie.

Nous avons vu au chapitre précédent que l'évolution humaine et spirituelle dépend de chacun des pas posés l'un après l'autre quotidiennement, sans que nous percevions toujours clairement le sens de tous ces pas. De la même façon, la santé se construit d'un repas à l'autre. Pour imiter une phrase connue, nous pourrions dire que chaque repas est un petit pas pour la personne, mais un grand pas pour sa santé. «Dis-moi ce que tu manges, je te dirai qui tu es.» De nombreuses études ces dernières années ont accrédité l'idée que nous sommes ce que nous mangeons, mais encore faut-il tenir compte de la valeur de ce que nous consommons.

Quelle est la meilleure alimentation?

Voilà une question que nous pourrions qualifier de vitale. Quelle alimentation est la plus susceptible de répondre à l'idéal de santé physique et spirituelle que nous proposons? Après avoir parcouru des dizaines et des dizaines d'ouvrages et de traités sur la santé et la nutrition, je suis arrivé à la conclusion que le meilleur régime alimentaire est le régime méditerranéen. Comme on le sait, ce régime est à base de fruits, de légumes, d'huile d'olive, de noix et de poissons. On peut l'accompagner d'une consommation modérée d'alcool. Ce dernier peut cependant être avantageusement remplacé par le thé vert.

Quand on parle du régime méditerranéen, on lui associe parfois le régime crétois, celui des habitants de l'île de Crète. On a constaté que le taux de mortalité relié aux maladies cardiaques chez les Crétois est l'un des plus bas au monde, et ce, malgré une importante consommation de matières grasses. Le régime crétois ressemble au régime méditerranéen, mais avec trois différences. Le régime crétois écarte totalement le lait, le beurre ou la crème (mais pas le fromage); il utilise fréquemment du pourpier, un légume vert qui pousse à l'état sauvage aux États-Unis, en Europe et au Moyen-Orient. À cela s'ajoutent des noix.

Il existe un autre régime santé recommandé en Amérique. Ce régime consiste à manger quotidiennement des aliments provenant de quatre des cinq catégories suivantes : 1) légumes, légumineuses, graines germées, algues; 2) céréales complètes; 3) produits laitiers, œufs; 4) fruits frais; 5) poissons, volailles et viande fraîche. On recommande cependant de privilégier la première catégorie. Le problème de la viande réside dans la présence de gras saturés. La viande doit donc être plutôt maigre et consommée en quantité modérée, au maximum une fois par jour, au minimum trois fois par semaine.

De toutes ces catégories d'aliments, les catégories qui ont la faveur des nutritionnistes sont celles des fruits et des légumes. Impossible actuellement d'ouvrir une revue, de lire un volume sur la nutrition sans y trouver quelque chose sur les multiples avantages des fruits et des légumes pour la santé.

Ce choix est légitimé par notre structure génétique elle-même, qui a été conçue pour une alimentation faible en gras, comportant des protéines maigres, de grandes quantités de légumes frais et un peu de fruits. Étant donné que dans les légumes il n'y a pratiquement ni lipides ni protéines, et que les glucides (ou hydrates de carbone) y sont rares, il faut bien sûr compléter par d'autres aliments comme les légumineuses, la viande, les œufs et les produits laitiers. Mais la base de l'alimentation demeure les végétaux.

Ces dernières années, de nombreuses recherches scientifiques ont mis en évidence les propriétés exceptionnelles des légumes et des fruits. Toutes les études sur les maladies cardio-vasculaires ou les cancers, par exemple, affirment que les populations se nourrissant de quantités importantes de légumes et de fruits sont moins atteintes que celles qui n'en mangent pas. Par ailleurs, d'autres études démontrent que les fruits et les légumes aident non seulement à prévenir le cancer, les maladies coronariennes, l'athérosclérose, le taux élevé de cholestérol, mais aussi le diabète, l'hypertension[2], la maladie d'Alzheimer, la constipation, les troubles digestifs, les maladies oculaires, comme la cataracte et la dégénérescence maculaire, deux des principales causes de la perte de la vue chez les personnes âgées.

Le régime de fruits et légumes semble être particulièrement efficace dans la prévention du cancer. Les légumes, plus que les fruits, contiennent des substances phytochimiques permettant de lutter contre les diverses perturbations cellulaires et de réparer les dommages causés aux cellules. Ils sont, en outre, incomparables pour renforcer le système immunitaire et lutter contre les infections. D'où l'on peut conclure que le meilleur cocktail susceptible de nous protéger efficacement contre le cancer et d'aider, le cas échéant, à le résorber est composé de fruits et de légumes. Pourquoi? Pour y répondre, il faut se référer à la théorie des antioxydants.

---

2. Les spécialistes sont unanimes : la meilleure façon de réduire la tension artérielle et le cholestérol est l'exercice physique ; si à cela on ajoute le régime des fruits et légumes, assorti de poissons, alors les chances sont décuplées. Certains spécialistes sont même d'avis que le seul exercice physique peut remplacer la médication. Ils estiment que même si l'on prend une médication, celle-ci se trouve renforcée par l'exercice physique. Dans tous les cas, cependant, il faut consulter un médecin (*cf.* Clinique Mayo, *L'hypertension artérielle*, Lavoie et Broquet).

Le diable au corps

Vous connaissez l'expression « avoir le diable au corps » ? Elle s'inspire sans doute de la tradition chrétienne, qui faisait grand cas de la présence des démons dans la vie des gens. Ces démons jouaient un rôle éminemment pervers sur le plan moral. Leur but était de nous amener à ne pas faire le bien que nous voulons et à faire le mal que nous ne voulons pas. On les présentait comme des lions rugissants qui rôdent constamment autour de nous, cherchant à nous dévorer.

Libre à vous de croire ou de ne pas croire à ces démons bibliques ou moraux, mais vous ne pouvez mettre en doute la présence d'une race spéciale de démons qui sillonnent le corps vingt-quatre heures sur vingt-quatre et qui sont extrêmement actifs : ils s'appellent les *radicaux libres*, auxquels il faut ajouter leurs fidèles sympathisants, les gras « trans ». Heureusement, devant eux se dresse toute une armée de défenseurs : ce sont les anges gardiens du corps que l'on appelle les *antioxydants*.

Quand on parle d'antioxydants, on entre dans le saint des saints du domaine de la santé et des recettes anti-âge. Les chercheurs modernes, comme les druides anciens, prétendent détenir ici la clé du mystère de la dégénérescence et du vieillissement. La théorie des antioxydants, en effet, a complètement révolutionné la façon d'expliquer la genèse de la maladie en général et permet d'entrevoir la prévention. C'est l'une des voies de recherche les plus importantes sur lesquelles s'appuie la science moderne pour faire valoir l'idée que les aliments peuvent réellement freiner la détérioration du corps.

Cette recherche n'est certes pas superflue, quand on pense qu'une personne âgée sur trois souffre de maladie dégénérative et que plus on avance en âge, plus on contracte des maladies inflammatoires. Grâce à cette découverte, on peut maintenant entretenir l'espoir de sortir du cercle vicieux de la maladie, du cancer et du vieillissement. La raison est simple. La production excessive de radicaux libres serait responsable des maladies évoquées ci-dessus, en particulier du vieillissement. Or, en fournissant à nos cellules tous les antioxydants dont elles ont besoin, nous pouvons terrasser, intercepter et détruire les molécules ravageuses. Nous pouvons même réparer certains des dommages qu'elles auraient occasionnés.

Qu'est-ce qui nous fait vieillir, se demande le célèbre docteur Robert Atkins ? Il répond : en grande partie, ce que nous mangeons. Le docteur est d'avis que la plupart des maladies mises sur le compte de l'âge – maladie cardiaque, ostéoporose, sénilité, baisse de la vision, et autres – peuvent facilement être prévenues et même contournées en évitant de manger ce qui fait vieillir. Or, on sait maintenant que le vieillissement provient en grande partie des ravages causés par la prolifération des radicaux libres.

Là-dessus, le docteur Atkins rejoint l'opinion de tous les spécialistes de la nutrition selon laquelle le régime qui fait le plus vieillir est le régime occidental typique : beaucoup de sucres, d'hydrates de carbone raffinés, des graisses industrielles. Tous sont d'avis que nous détenons là la recette idéale pour accélérer le vieillissement.

« Plus on vieillit, plus l'organisme s'oxyde », voilà le nouvel adage de la santé. Heureusement, le corps a la possibilité de se défendre, mais jusqu'à un certain point seulement. Au fil du temps, les milliards d'agressions dont il est victime finissent par avoir raison de lui : les rides se creusent, les organes se détériorent, les fonctions vitales s'enlisent et c'est la maladie qui triomphe. Ce mouvement de dégénérescence, telle une pieuvre aux multiples tentacules, touche l'organisme tout entier, depuis la peau jusqu'au système cardio-vasculaire, en passant par le système immunitaire et le cerveau.

Le grand combat de la vie

La plupart du temps, nous situons le grand combat de la vie sur les plans psychique et moral seulement. Mais il existe encore un plus grand combat qui se joue sur le plan purement biologique. Notre organisme est constamment l'enjeu de forces très puissantes qui luttent l'une contre l'autre : d'un côté, les *oxydants*, qui sont en quelque sorte les démons de notre univers biologique intérieur, et de l'autre les antioxydants, qui agissent comme les anges gardiens de notre corps.

Ces deux entités coexistent dans un rapport de forces constant. Équilibrer ce rapport de forces devient l'enjeu d'une bataille qui a pour objet la vie même des cellules. Cette bataille s'avère parfois titanesque, surtout dans le cas des maladies de dégénérescence comme le cancer, l'artériosclérose, le sida. Le bouleversement biologique est alors tel qu'on pourrait le comparer au big bang à l'échelle cosmique. Ce phénomène est d'ailleurs désigné par un nom très évocateur : le *stress oxydatif*. En voici un exemple.

Prenez une pomme, tranchez-la en deux et laissez les deux parties exposées à l'air. Que va-t-il arriver ? La pomme ne tardera pas à devenir rouillée. C'est ce qu'on appelle l'oxydation. Mettez du jus de citron sur la pomme tranchée et vous empêcherez le brunissement ; les antioxydants du citron préviendront les dommages causés par la formation des radicaux libres dans la pomme. Or, le même phénomène se produit dans l'organisme humain.

D'où viennent les oxydants ? Il en existe plusieurs sources. Certains oxydants proviennent des déchets inhérents aux divers processus métaboliques comme la respiration et les réactions immunitaires. Mais il ne faut pas s'étonner de la production de ces déchets, car il s'agit d'un phénomène naturel, voire d'un mal nécessaire qui fait partie du cycle vital du corps humain. Une large part de l'activité oxydante échappe totalement à notre contrôle, mais elle a des effets bénéfiques. Dans ces conditions, les radicaux libres sont nécessaires à l'être humain qui possède son propre système de régulation. Les spécialistes sont même d'avis qu'un apport massif d'antioxydants pourrait devenir nocif, car ils supprimeraient les signaux nécessaires à l'organisme pour se défendre, ce qui aurait pour conséquence de placer la cellule devant un stress brutal.

Ce n'est pas la présence des radicaux libres qui est préjudiciable, mais l'excès. Malheureusement, ceux-ci sont la plupart du temps prédominants. Quand nous voulons dresser la liste des radicaux, nous nous apercevons vite qu'elle ne peut être exhaustive, car l'environnement dans lequel nous nous trouvons le plus souvent génère une prolifération massive de toxines et de radicaux. Parfois, c'est à un véritable raz-de-marée que nous avons affaire : pollution automobile, brouillard, produits ménagers, fumée de cigarette, additifs alimentaires, radiations ionisantes (UV, rayons X et rayons ultraviolets du soleil), polluants atmosphériques, produits industriels toxiques, pesticides, émanations de peinture, eau chlorée, plomb, cadmium, mercure et autres métaux lourds. On dit que dans une seule cigarette, par exemple, il y aurait plus de quatre mille éléments toxiques ; nous ingurgiterions par ailleurs pas moins de quatre-vingt mille éléments nocifs dans une journée.

À cela s'ajoutent d'autres sources cachées, comme celles qui proviennent de notre propre système digestif. Ainsi, de grandes quantités de radicaux libres peuvent être engendrées par le foie. Mais il faut comprendre que tout cela fait partie du processus de détoxication normal par lequel le corps évacue les déchets. Parfois, cependant, le système hépatique en prend pour son rhume, surtout dans le cas d'absorption de médicaments qui créent d'énormes quantités de radicaux libres. Non contents de produire des radicaux, plusieurs de ces médicaments réduisent sérieusement le taux d'antioxydants, privant ainsi le corps de ses défenses naturelles.

Il existe quantité d'autres domaines où prolifèrent les radicaux libres, car rien ne semble leur échapper. Aussi étonnant que cela puisse paraître, même l'exercice physique, surtout lorsqu'il est exigeant et qu'il comporte des risques de se blesser, produit d'énormes quantités de radicaux libres.

Mais l'un des plus grands dangers provient des graisses polyinsaturées, surtout quand elles sont données sous forme d'huile végétale partiellement hydrogénée. C'est avec raison que l'on parle tellement de nos jours des acides gras « trans » mortels. Il en sera question plus loin.

Ce qu'il faut retenir pour le moment, c'est le fait que beaucoup d'oxydants peuvent être bénéfiques et sont produits en permanence par l'organisme au cours du processus métabolique ; un très grand nombre de ces oxydants cependant demeurent des envahisseurs extrêmement subversifs qui attaquent les cellules, déchirent leurs membranes, détraquent leur matériel génétique et les laissent mourir de leur belle mort.

Ces agressions pourraient être comparées à de continuelles petites explosions d'une durée infinitésimale, chacune produisant des réactions oxydantes. Cela a pour effet de favoriser l'obstruction des artères, la cancérisation des cellules, le relâchement des articulations, le dérèglement du système nerveux, la dégradation du cerveau. Et ce qui est plus déplorable encore, c'est que, autant cette oxydation est active, envahissante, effervescente, violente dans le corps humain, autant elle est cachée, opérant de façon insidieuse et sournoise. Comme le processus d'oxydation agit graduellement et cause très peu de douleurs internes, il est difficile de s'en rendre compte. C'est ainsi que la genèse d'un cancer, par exemple, peut s'étaler sur de nombreuses années, soit de 10 à 20 ans. Tout se fait à notre insu, en catimini. Les tumeurs sont là, mais elles sont dormantes. On n'en prend souvent conscience que lorsque leurs dommages cumulatifs commencent à se manifester. En d'autres termes, les tumeurs trahissent leur présence quand apparaissent des symptômes tels que l'inflammation, l'altération de la vision, les douleurs thoraciques, l'affaiblissement de la concentration, etc. C'est la raison pour laquelle la science médicale fait tellement d'efforts pour diagnostiquer un cancer le plus tôt possible.

Les comparaisons se multiplient pour faire comprendre l'important phénomène de l'oxydation et son rôle dans la maladie et le vieillissement. Mais comment expliquer le phénomène d'oxydation ? Les ouvrages le présentent à peu près comme ceci : les radicaux libres sont des atomes ou des molécules possédant un électron célibataire à leur surface. Ils ont une vie très courte, de l'ordre d'une fraction de seconde, mais ils sont très actifs et perturbateurs. Ils cherchent constamment à dérober des électrons aux structures biologiques voisines, aux molécules de l'organisme, et quand ils réussissent, ils les « oxydent » de façon à ce qu'elles deviennent elles-mêmes des radicaux libres à leur tour, créant ainsi une réaction en chaîne presque infinie et incontrôlable. Pour arriver à leur fin, ces molécules oxydées détruisent sur leur chemin quantité de cellules saines.

Le pire, c'est que les radicaux libres s'attaquent à la vie intime des molécules : ils favorisent la détérioration de l'information et des structures génétiques, exerçant ainsi une influence considérable sur l'évolution ou la régression de la vie.

Parmi les radicaux les plus connus et sur lesquels on a recueilli le plus de données scientifiques, il faut placer les *radicaux libres* de l'*oxygène*, celui-là même que nous respirons et qui est indispensable à notre survie. Ces radicaux libres hautement nocifs sont reconnus comme les plus dommageables pour le corps humain. Ils sont dévastateurs à plus d'un titre, parce qu'ils sont intimement liés au processus même de la vie qui nécessite l'utilisation de l'oxygène en grandes quantités. De plus, la consommation d'oxygène étant continue, la production de déchets, dont certains sont extrêmement toxiques, devient à son tour permanente. On sait maintenant que plusieurs de nos problèmes de santé seraient attribuables à l'action perverse de l'oxygène, l'élément même qui est à l'origine de la vie. Mais nous n'avons pas le choix, car c'est le prix à payer pour vivre. Cela ne nous empêche tout de même pas de penser que la durée de la vie humaine pourrait être prolongée de cinq à dix ans sans ces molécules génératrices de radicaux libres.

L'une des cibles préférées des radicaux libres de l'oxygène est le précieux ADN (acide désoxyribonucléique), où est stocké le matériel génétique des cellules : l'agression produit alors de dangereuses mutations qui créent un terrain favorable au cancer. Fait plus terrifiant encore, les radicaux libres attaquent aussi les lipides des membranes cellulaires, phénomène qui peut disloquer complètement l'architecture de la membrane cellulaire. Il y a de quoi craindre quand on sait que l'espérance de vie d'un individu est fonction de la mise en place des mécanismes réparateurs des structures cellulaires, tout particulièrement de l'ADN.

Heureusement, la nature a prévu un moyen de neutraliser ces dangereux individus : le plus souvent, la réaction en chaîne s'arrête très vite, grâce à la présence de substances protectrices appelées *antioxydants*. Ce sont des «piégeurs de radicaux». Ces piégeurs sont capables de neutraliser les radicaux libres sans qu'ils deviennent toxiques.

À ce niveau, nous sommes vraiment privilégiés, car les champions piégeurs de radicaux libres sont les plus faciles à trouver.

Pourquoi ? Parce qu'ils logent dans les fruits et les légumes qui font partie de l'alimentation quotidienne. Les fruits et légumes contiennent des milliers de molécules phytochimiques antioxydantes qui créent un environnement hostile aux tumeurs cancéreuses, et ce, même pendant que nous dormons, ou que nous sommes occupés à faire de l'exercice, ou que nous nous adonnons à n'importe quelle activité. Ces molécules antioxydantes parcourent les vaisseaux sanguins et les 100 000 milliards de cellules pour neutraliser et éliminer les milliers de produits chimiques différents que nous respirons ou avalons chaque jour.

On a identifié quelques-unes de ces molécules fortement antioxydantes, mais il en reste des milliers qui se cachent dans les légumes et les fruits et qui n'ont pas encore livré leur secret. Parmi les molécules les plus connues et les plus efficaces, on trouve les carotènes ou la provitamine A, les tocophérols ou vitamine E, l'ascorbate ou vitamine C, le glutathion, la coenzyme Q10, la quercétine, l'acide alpha lipoïque, le lycopène, la lutéine et le puissant sélénium, etc.

Dans la panoplie de ces agents antioxydants, il faut faire une place de choix aux polyphénols, qui semblent avoir une action très efficace dans la prévention du cancer. Les plus connus sont les flavonoïdes, que l'on trouve en grande quantité dans les choux, les oignons, la salade, le poivron, et les anthocyanes que recèlent le chou rouge, les radis, les fraises, les framboises et les bleuets. On a appris récemment que les polyphénols jouaient un rôle décisif pour conserver ses facultés intellectuelles au fil des années. C'est en tout cas le résultat auquel sont parvenus de nombreux chercheurs, en démontrant le rapport entre la consommation de fruits et de légumes et le vieillissement cérébral. Bien plus, les polyphénols des végétaux protégeraient contre l'apparition de troubles aussi graves que la maladie d'Alzheimer. En limitant l'attaque des neurones par les radicaux libres, ils en diminueraient les risques. On a même fait un lien entre les polyphénols et les problèmes d'anxiété.

Le pouvoir régénérateur des végétaux

Tous ces antioxydants proviennent de la consommation de fruits et de légumes qui regorgent de piégeurs de radicaux souvent très coriaces. Ces antioxydants travaillent sans relâche à protéger nos cellules, offrant une solide résistance aux invasions des radicaux, contrant également les molécules d'oxygène qui sont à l'origine de graves désordres cancéreux et qui jouent un rôle déterminant dans le processus de vieillissement.

Il faut comprendre cependant que le cycle antioxydant ne peut être maîtrisé en consommant un seul antioxydant. Pour rester en bonne santé, nous devons en consommer la plus grande variété possible. Voilà pourquoi l'idée de s'en remettre uniquement aux suppléments alimentaires, fussent-ils excellents, dans la lutte contre les radicaux n'est pas la meilleure solution.

La raison est simple. Les suppléments contiennent en général une ou deux substances, parfois dix, provenant des plantes. Or, les fruits et les légumes fabriquent à eux seuls des myriades de composés biologiquement actifs dans l'organisme et qui sont peut-être plus efficaces encore que ceux qu'on a découverts jusqu'ici et qui sont offerts dans les suppléments. À titre d'exemple, on dit qu'il existe plus de 6 000 sortes de caroténoïdes. Pouvez-vous trouver cela dans un comprimé?

Par ailleurs, jusqu'à présent, quelques substances seulement ont été reconnues capables de lutter contre les radicaux libres. Il est fort probable que l'efficacité de ces substances est attribuable également à de nombreuses autres substances se trouvant dans les plantes, peut-être même à leur interaction. Il faut bien reconnaître que les suppléments alimentaires ne peuvent bénéficier de la synergie qui existe dans les végétaux à l'état naturel, où une énorme quantité de facteurs contribuent à leur efficacité.

Autre aspect. En mangeant des végétaux, nous bénéficions d'une protection ultraperformante que l'on ne trouve pas dans le monde animal. En effet, des études de plus en plus nombreuses mettent en évidence les multiples avantages d'une nourriture riche en végétaux, comparativement aux matières animalières, qui contiennent beaucoup de radicaux libres. Le règne animal (viande, poisson et œuf) nous apporte des éléments intéressants, sans doute, en particulier des protéines, mais il ne faut pas compter sur ces produits pour bénéficier des effets antioxydants. Un excès de ces produits peut même entraîner une production incontrôlée de radicaux libres.

Quelle quantité de fruits et de légumes faut-il ingérer pour bénéficier de tous ces bienfaits? Les nutritionnistes sont d'avis que, pour couvrir les besoins biologiques, nous devons manger au moins cinq légumes et quatre fruits par jour. Certains évaluent les besoins en termes de pourcentage et conseillent de manger un minimum de 75 % de végétaux quotidiennement.

Quels végétaux faut-il manger? Certes, il n'y a pas de combinaison magique de fruits et de légumes à consommer quotidiennement pour avoir une bonne santé, mais il existe un conseil judicieux en ce domaine: il faut *manger varié* pour bénéficier de tous les nutriments connus ou inconnus que recèlent les fruits et légumes. La botanique nous enseigne que les espèces végétales ont chacune une composition chimique différente. C'est la raison pour laquelle la médecine chinoise reconnaît que chaque aliment est porteur d'une énergie propre.

Le cru ou le cuit?

Faut-il manger cru ou cuit? L'idéal est de manger cru, parce que la cuisson endommage ou détruit certaines substances phytochimiques importantes. Aussitôt cueilli, un fruit ou un légume commence déjà à se détériorer. Mais il ne faut pas s'en faire outre mesure, car la détérioration, pendant une période de temps raisonnable suivant la récolte, est minime comparée aux bien plus grandes pertes encourues pendant la cuisson.

Il faut préciser cependant que, même si la crudité est préférable, la cuisson ne détruit pas nécessairement tout. En fait, sauf pour certaines vitamines comme l'acide folique, la vitamine C et certains enzymes – cela est déjà pas mal –, la plupart des nutriments ne sont pas affectés par la cuisson. La majorité des vitamines perdues ne sont pas détruites, mais simplement dissoutes dans l'eau de cuisson. On peut alors bénéficier de tous ces nutriments en récupérant l'eau pour la consommer, soit en la buvant comme une tisane ou un jus, soit en l'utilisant dans la soupe.

La cuisson des légumes possède cependant des avantages. Celui, par exemple, de rendre certains antioxydants plus accessibles et de faciliter l'absorption de leurs molécules. C'est le cas, entre autres, du lycopène (caroténoïdes), un puissant antioxydant contenu dans la tomate, qui n'est libéré que si la tomate est cuite ou transformée. C'est la raison pour laquelle on conseille de consommer du ketchup, du jus, de la soupe, de la sauce et de la pâte de tomates. Il en va de même pour le bêta-carotène contenu dans la carotte. Pour bénéficier de ce précieux nutriment, il faut que la carotte soit cuite ou encore brisée à travers un extracteur de jus, ou tout simplement mastiquée.

C'est le cas aussi du brocoli. On parle abondamment du pouvoir anticancéreux exceptionnel du brocoli. Or, c'est la cuisson du brocoli qui permet de dégager de puissantes substances anticancéreuses comme le sulforaphane. Il en est ainsi pour le chou-fleur, le chou et le chou de Bruxelles. Cela ne vaut pas cependant pour la majorité des nutriments. Les aliments crus présentent plusieurs avantages, dont une meilleure préservation des vitamines, des enzymes et d'autres éléments nutritifs sensibles à la chaleur et à l'oxydation. Les aliments crus ont aussi des concentrations plus élevées d'antioxydants.

Un dernier conseil ! Si vous optez pour la cuisson des légumes, il faut le faire à la vapeur, en couvrant le plat, à l'exception des légumes verts. Outre que cela réduit le temps de cuisson, ce procédé empêche l'évaporation des substances volatiles, ce qui conserve la saveur et préserve la valeur nutritive des légumes. Dans le cas des légumes verts, il est conseillé de les cuire à découvert, sinon les acides qu'ils contiennent se concentrent, détruisant ainsi la chlorophylle, ce qui les décolore.

Il est aussi recommandé de plonger tous les types de légumes dans une eau à pleine ébullition, ce qui permet de neutraliser rapidement les enzymes qui éliminent les vitamines. Le temps de cuisson des légumes doit être le plus bref possible. Des légumes encore croquants possèdent plus de saveur et de valeur nutritive.

La meilleure méthode pour cuire les légumes demeure la cuisson à la vapeur. Le four micro-ondes donne aussi de bons résultats. Plusieurs cependant ont peur des ondes que dégage le four. Apparemment, le danger n'est pas si grand. J'entendais récemment un spécialiste en sciences ondulatoires qui expliquait à la télévision que le seul danger à craindre proviendrait de l'utilisation d'un contenant qui n'est pas fait pour le micro-ondes. Sous l'effet des ondes, le matériau du contenant peut subir une transformation et dégager des substances cancérigènes.

Quant aux produits surgelés, ils sont tout aussi bons que les frais, et même parfois plus nutritifs que les produits frais qui ont été entreposés pendant des semaines ou des mois dans des conditions empêchant leur maturation. Les fruits et légumes en conserve sont généralement bons, bien que certains soient trop salés ou contiennent du sucre ajouté. L'idéal demeure de consommer des fruits et des légumes cueillis en saison.

Les jus, élixir de vie

J'aimerais apporter ici un témoignage personnel montrant comment je suis arrivé à découvrir la vertu des jus. J'avais l'habitude de prendre régulièrement depuis quelques années des suppléments alimentaires. Je me sentais relativement bien, jusqu'au jour où, regardant une démonstration d'extracteur de jus à la télévision, l'animateur fit si habilement voir les bienfaits des jus de légumes et de fruits que je me suis laissé convaincre et je m'achetai un extracteur de jus.

Dans l'émission publicitaire, on expliquait que les personnes qui boivent régulièrement des jus frais reconnaissaient se sentir pleines d'énergie, qu'elles avaient la peau plus jeune, le teint plus éclatant, les cheveux plus brillants et qu'elles jouissaient d'une résistance accrue aux infections. L'animateur qui faisait la promotion des extracteurs de jus était lui-même un monsieur de plus de 80 ans qui paraissait dans une forme splendide. Bénéficiait-il des ruses de l'esthétique pour paraître aussi bien ? Je ne le sais. Chose certaine, c'est que je n'ai pas tardé à faire moi-même l'expérience des jus de légumes et de fruits et je n'ai pas été déçu. Les avantages que j'en ai retirés sont nombreux.

Les jus de légumes et de fruits sont une véritable fontaine de jouvence. Ils renforcent les fonctions du corps et aident à prévenir la dégénérescence prématurée de la peau, de la chair, des glandes et des organes. Par ailleurs, il est reconnu que manger des légumes verts crucifères et à feuilles vertes comme le brocoli, le chou, le chou-fleur, la laitue, l'épinard, donne plus de vivacité à la mémoire, favorise grandement l'habileté verbale et l'attention. À titre d'exemple, je vous dirai qu'avant chacune de mes conférences je me fais un bon jus de légumes et je suis étonné du dynamisme mental qu'il me procure.

Les jus frais sont en outre un merveilleux remontant en cas de surmenage et de fatigue. Je ne connais pas une déprime personnelle qu'un bon verre de jus de légumes n'ait dissipée. Lorsque vous ressentirez l'effet d'une fatigue faite de lassitude, de morosité, de dégoût, faites-vous un bon verre de jus de légumes. Les légumes ont ce don de modifier les humeurs de façon étonnante. Les soirs, par exemple, où je suis las de ma journée, c'est avec un jus que j'amorce la soirée. Je redeviens alors dynamique ; c'est comme si je recommençais ma journée. Et effectivement, je puis travailler jusqu'à une heure avancée. Contrairement au café ou au thé, les légumes ont cet avantage de dynamiser sans exciter.

Les avantages des jus de fruits et de légumes sont nombreux. On s'accorde à penser que les jus de fruits et de légumes crus représentent la meilleure et la plus accessible source de vitamines, de minéraux et d'enzymes. Cela va de soi. Les jus renferment la quintessence du travail de la nature. La seule chose qui leur manque, c'est les fibres. Mais alors, pourquoi ne pas manger des légumes entiers une fois par jour pour en bénéficier ?

L'un des avantages non négligeables des jus, c'est qu'ils sont faciles à digérer. Ils passent rapidement dans le sang, car ils ne subissent qu'une très légère transformation dans l'appareil digestif. Les jus frais, pris à jeun surtout, commencent à entrer dans le flot sanguin par le processus de la digestion moins d'un quart d'heure après leur consommation. Ainsi, les glandes, les organes et toutes les cellules du corps peuvent bénéficier rapidement d'une bonne quantité de nutriments nécessaires.

Lorsqu'ils sont consommés immédiatement après leur extraction – ce qui est fortement recommandé pour bénéficier de leur dynamisme –, les jus de fruits et de légumes crus représentent un moyen extraordinaire d'utiliser le pouvoir des plantes. Lorsque les jus sont extraits des cellules des plantes, ils deviennent de purs liquides vitaux et sont dotés d'un grand pouvoir de guérison.

À quoi tient ce pouvoir? On peut l'expliquer de la façon suivante. Pour que l'usage thérapeutique des aliments soit efficace, il faut que tous les éléments normalement présents existent en quantité suffisante. Or, il est physiquement difficile de manger des fruits et des légumes frais en quantité suffisante pour obtenir un tel effet. Normalement, on ne peut en manger qu'une quantité limitée quotidiennement. Par exemple, il serait impossible pour la plupart des gens de consommer la quantité de chou cru indispensable afin d'obtenir les deux ou trois litres nécessaires quotidiennement pour combattre les ulcères d'estomac. Mais il est possible d'en consommer suffisamment sous forme de jus.

Un petit conseil! Pour faire votre jus, commencez par le persil, la salade et le chou, car le jus de ces légumes, plus épais, demeure en grande partie dans le compartiment de votre extracteur; le secret est de liquéfier ces légumes pâteux avec le jus de légumes plus aqueux comme la carotte, le céleri, le navet, la betterave, qui possèdent une forte teneur en eau.

Jusqu'ici, nous avons surtout parlé des légumes. Voici quelques précisions concernant les jus de fruits, ceux achetés à l'épicerie. La plupart de ces jus sont excellents, mais ils contiennent à la fois du fructose et du glucose. Cela signifie qu'en consommant de ces jus de fruits on ajoute un nombre considérable de calories à notre alimentation quotidienne. Par exemple, dans une canette de jus d'orange de 355 ml, on compte pas moins de 168 calories – l'équivalent de trois biscuits de brisures de chocolat. C'est beaucoup de calories quand on veut simplement étancher sa soif!

Autre chose. Méfiez-vous des réflexions du genre : « Peu importe ce que je mange, ça va tout à la même place ! » L'estomac n'est pas un fourre-tout. Voilà pourquoi il ne faut jamais combiner des fruits avec d'autres aliments. Ne mélangez pas les fruits avec les légumes ou avec les féculents. La loi des bonnes combinaisons alimentaires enseigne que les féculents – les légumes sont des féculents, le pain, les céréales également – se digèrent en grande partie dans la bouche, sous l'action de la ptyaline de la salive, tandis que les fruits se digèrent dans l'intestin. Ils n'ont pratiquement pas à subir de digestion stomacale. Ils doivent par conséquent passer rapidement de l'estomac à l'intestin, sinon ils risquent de fermenter. S'ils sont pris à la fin du repas, on peut comprendre jusqu'à quel point leur passage dans l'intestin est retardé par la présence des autres aliments. C'est la raison pour laquelle on doit prendre les fruits au début du repas, et non à la fin, comme la coutume le veut. Pour consommer les fruits, le mieux serait une quinzaine de minutes avant le repas, ou idéalement deux ou trois heures après le repas.

Par ailleurs, mélanger fruits et féculents fait que les acides des fruits détruisent la ptyaline de la salive et la pepsine de l'estomac, entravant la digestion des aliments comme les céréales, les aliments farineux, les légumes, les légumineuses et les aliments protéinés, comme la viande, le lait, le fromage, etc. Mais le corollaire est aussi vrai : mélanger des fruits aux légumes ou aux céréales, c'est les stocker indûment dans l'estomac, les soustrayant ainsi à leurs sucs digestifs spécifiques, ce qui occasionne de la putréfaction. J'observe ici le conseil que saint Bernard de Clairveaux donnait à ses moines dans son *Super Cantica Canticorum* : « S'il est vrai que les aliments créés par Dieu sont bons, tu les rends dangereux si en les prenant tu ne respectes pas la manière et l'ordre. »

Nous pourrions conclure cette partie avec quelques conseils que je qualifierais de judicieux. Le premier consiste à faire votre jus vous-même plutôt que de l'acheter en bouteille. Les jus achetés contiennent des agents de conservation, parfois des produits chimiques et du sucre, et ils dorment sur les tablettes pendant des mois. Même s'ils sont réputés bio et entièrement naturels, ces jus sont la plupart du temps pasteurisés, c'est-à-dire élevés à un très haut degré de température, ce qui en dit long sur la conservation des éléments nutritifs. Il y a en tout cas une perte importante d'enzymes.

Par ailleurs, comme la plupart des légumes sont diurétiques et désintoxicants, attendez-vous à uriner plus souvent, surtout après 50 ans. Mais cela semble bon pour la purification de l'organisme.

Manger est un plaisir, mais il se peut qu'en modifiant vos habitudes d'alimentation une rééducation du goût soit nécessaire. Vous constaterez alors que votre ancien régime vous procurait un «faux» plaisir comparé à l'état de bien-être, voire d'euphorie, que procure une saine alimentation. Dans le même ordre d'idée, il faut savoir que passer brusquement d'une mauvaise alimentation à un régime nutritif et thérapeutique comme celui du jus frais de fruits et de légumes troublera probablement votre digestion. Il est possible alors que vous ressentiez des gaz et que vous subissiez des diarrhées ou autres malaises. Rassurez-vous, car ces réactions ne sont pas nécessairement le signe d'un échec ou d'une incompatibilité du traitement au jus. Elles font tout simplement partie du processus de désintoxication au cours duquel le corps doit s'ajuster pour reprendre le chemin de la santé.

Venez dans mon jardin sacré

Toutes les considérations précédentes n'avaient qu'un but: vous préparer à entrer dans mon jardin sacré. Comme mot de bienvenue, j'aimerais vous rappeler le passage du livre de Daniel, dans la Bible, que j'ai cité au début. Il s'agit d'un passage étonnant, lequel, bien qu'il ait été écrit des centaines d'années avant notre ère, pourrait figurer dans n'importe quelle revue de santé: «‹Je t'en prie, mets tes serviteurs à l'épreuve pendant dix jours: qu'on nous donne des légumes à manger et de l'eau à boire…› Au bout de dix jours, ils avaient belle mine et bonne santé plus que tous les enfants qui mangeaient des mets du roi… À ces quatre enfants, Dieu donna science et intelligence en matière des lettres et en sagesse.»

Pour bien comprendre ce passage, il faut le situer dans le contexte de l'histoire biblique. Cela se passait aux alentours de 164 avant Jésus-Christ. Nabuchodonosor, roi de Babylone, dominait le peuple d'Israël. Il fit choisir quelques jeunes hommes de la race royale israélite, dont Daniel, pour faire partie de sa cour. Ces jeunes gens devaient être instruits en toute sagesse, devenir savants en science et être de belle apparence. Afin qu'ils aient bonne mine, le roi ordonna de leur servir chaque jour des mets et du vin de sa table. Mais la religion de Daniel lui interdisait de manger les mets du roi, composés de viandes et de vin.

Devant cette interdiction, le tuteur de Daniel et de ses compagnons devint fort embarrassé et craignit de subir les foudres du roi. C'est alors qu'ils convinrent d'un stratagème. Daniel dit au garde du roi qui servait de tuteur : « Je t'en prie, mets tes serviteurs à l'épreuve pendant dix jours : qu'on nous donne des légumes à manger et de l'eau à boire. Tu verras notre mine et la mine des enfants qui mangent des mets du roi, et tu feras de tes serviteurs selon ce que tu auras vu. » Ce qui fut dit fut fait, et au bout de dix jours, ils avaient belle mine et bonne santé, plus que tous les enfants qui mangeaient des mets du roi. On ne peut mieux faire l'éloge du régime de fruits et de légumes. Déjà, bien des années avant Jésus-Christ, on connaissait les propriétés nutritives et rajeunissantes de ces végétaux.

Dans la Genèse, on lit : « Dieu dit : voici, je vous donne toute herbe portant de la semence et qui est à la surface de toute la terre, et tout arbre ayant en lui du fruit d'arbre et portant de la semence : ce sera votre nourriture » (1,29). Un peu plus loin, il est écrit : « L'Éternel Dieu prit l'homme et le plaça dans le jardin d'Éden pour le cultiver et pour le garder. L'Éternel Dieu donna cet ordre à l'homme : ‹ Tu pourras manger de tous les arbres du jardin › » (2,15). Mais le point culminant pour notre propos, à mon sens, arrive au moment où l'homme reçoit la consigne de « donner des noms » aux éléments de la nature (2,20).

Les fruits et les légumes, parce qu'ils sont porteurs de vie, acquièrent une dimension sacrée. En parler avec amour et admiration, c'est reconnaître ce caractère sacré. Dans cette perspective, nous pouvons comprendre comment le premier langage d'Adam fut un langage essentiel et comment il dut avoir valeur magique et religieuse. Non pas simple désignation, mais réaffirmation du geste dénominateur et créateur de Dieu lui-même.

Aussi, à l'instar du premier homme, avec le même amour et la même conscience de poser un geste sacré, nous prendrons plaisir à notre tour à nous adonner au rituel de présentation des valeurs nutritives que recèlent ces merveilleux aliments que sont les fruits et les légumes. Nous commencerons par les légumes.

LA SECTION LÉGUMES

Dans la section *légumes* de mon jardin figurent les légumes les plus connus, les plus faciles à trouver et les plus nutritifs. Je les ai choisis parce qu'ils donnent tous un jus abondant, leur teneur en eau (environ 90 %) étant pour la plupart très élevée. Il va sans dire que l'eau dont il s'agit ici n'a évidemment rien de comparable avec l'eau du robinet.

L'eau des légumes est bien davantage un élixir nutritif que l'on pourrait appeler le *sang végétal* de la plante. Ce liquide pur, véritable sérum de vie, regorge d'éléments vitaux. Il renferme la quintessence du travail de la nature. Aussi cette eau jouit-elle d'un véritable pouvoir de nutrition et de guérison.

Personne ne niera que la meilleure nourriture, la plus complète, est celle qui est préparée par la nature. Dans l'histoire, de célèbres naturalistes et de grands chercheurs en nutrition ont montré que l'être humain n'a pas la constitution d'un carnivore, mais qu'il est constitué pour s'alimenter de végétaux et de fruits. Nous n'avons ni les dents acérées, ni les griffes, ni même le système digestif des prédateurs. Pour appuyer ce fait, on évoque le cas des millions d'êtres humains dans le monde qui vivent sans viande. Il paraîtrait même que le grand sprinter Carl Lewis, huit fois médaillé d'or aux Jeux olympiques, était végétalien, c'est-à-dire qu'il ne mangeait aucun produit ou sous-produit d'origine animale.

Nonobstant le point de vue des naturalistes, il faut admettre que les habitants des pays nordiques sont liés à une longue tradition de consommation de viande. Leur métabolisme doit s'adapter au froid et aux intempéries de l'hiver, ce qui place l'habitant du Nord dans des conditions bien différentes de celles des pays ensoleillés. Aussi ne doit-il pas se priver totalement de la viande.

Il faut souligner aussi la grande difficulté, quand on est végétarien ou végétalien, de respecter l'équilibre nutritionnel de façon à éviter les carences en protéines, en fer, en zinc et en vitamine B12, ce dont la viande est particulièrement riche.

Le fer en particulier mérite qu'on s'y arrête. Cet élément est d'une importance primordiale pour le corps humain. Il contribue à la formation de l'hémoglobine, la substance principale des globules rouges. Il est indispensable pour le transport des nutriments et de l'oxygène dans le sang. Il est donc essentiel à la santé et à la beauté en maintenant la peau bien oxygénée. Bien sûr, trop de fer est aussi dommageable que pas assez. Mais encore faut-il en consommer vraiment trop. Il paraîtrait que nombre de fatigues nerveuses et de maladies qui traînent en longueur ne seraient dues qu'à une carence en fer[3].

Le fer que nous absorbons est de deux sortes : riche ou pauvre en hématine. Le fer riche en hématine se trouve dans la viande, le poisson et la volaille ; le corps l'absorbe plus facilement. Le fer provenant des légumes ne contient pas d'hématine et par conséquent est moins riche. Le fer animal est plus facilement absorbé lors de la digestion, tandis que celui des végétaux, comme celui des épinards, par exemple, malgré le mythe qui les accompagne, s'avère presque inefficace. C'est la raison pour laquelle il faut consommer de temps en temps un bon steak ou une bonne portion de dinde (au moins trois fois par semaine).

Par ailleurs, les enfants et les adolescents ne doivent d'aucune façon être privés de viande. Le développement et la qualité même de leur cerveau en dépendent. Les protéines de la viande et le gras animal en particulier sont nécessaires au développement du cerveau de l'enfant. C'est ce qu'affirmait une pédiatre dans un débat télévisé avec des partisans du végétarisme : dans son mot de conclusion, la pédiatre suppliait les parents de ne pas verser dans le végétarisme absolu.

---

3. Évidemment, la meilleure façon de savoir si l'on souffre d'une carence en fer est de consulter son médecin.

Par ailleurs, dans un reportage sur l'évolution de l'homme, des savants expliquaient que la race humaine s'est développée à partir du moment où elle a découvert le feu et qu'elle a pu ainsi consommer de la viande. Grâce aux protéines de la viande, l'être humain est devenu, à partir de ce moment, plus fort et plus créatif. Pour ma part, quand je me sens fatigué, j'oublie un moment les hormones du bœuf et le gras qu'il contient et je déguste un bon steak, à la suite de quoi je me sens inévitablement ragaillardi.

Tous les légumes que je présente ci-après ont un air de famille. Ils possèdent des affinités, c'est-à-dire des vertus qui se complètent, contrairement à beaucoup de végétaux qui s'opposent. Ces légumes sont tonifiants, nutritifs, minéralisants, alcalinisants et recèlent des propriétés curatives exceptionnelles.

J'irais même jusqu'à dire que ces légumes ont une «âme végétale». Ce concept peut surprendre à première vue, mais il correspond à quelque chose de réel. L'âme d'un légume est faite tout à la fois de son identité propre, de ses qualités nutritives et de son action spécifique sur la santé et les humeurs.

Dans cet esprit, il me fait plaisir de vous présenter chacun des légumes que j'ai choisis pour agrémenter, entretenir et fortifier la vie. Ce sont les hôtes privilégiés de mon jardin sacré, de mon Éden de vie.

En guise d'introduction, j'aimerais préciser qu'en plus de favoriser la santé ces légumes permettent de refléter la beauté, valeur qui n'est pas négligeable de nos jours. On sait jusqu'à quel point la peau et les plantes ont des affinités. Tous les peuples du monde les ont associées naturellement. La loi de la beauté physique est simple : la qualité de la peau ne peut provenir que d'un corps bien nourri ; le teint reflète l'état général de la santé du corps. Retenez cette loi : la beauté de la peau irradie de l'intérieur vers l'extérieur et non le contraire. Aucun cosmétique ne peut aller aussi loin dans la régénération de la peau que le sang porteur des principes régénérateurs. La véritable beauté ne se trouve pas d'abord dans les pots et les bouteilles. Elle est dans la nourriture vivante.

Heureusement, le temps des molécules chimiques à outrance constituant les cosmétiques est aujourd'hui révolu. Les laboratoires les plus prestigieux conçoivent maintenant des produits à base de plantes naturelles capables de donner une peau plus jeune, plus ferme et éclatante. Par exemple, on utilisera volontiers l'aloès vera (riche en vitamines et en acides), le concombre pour la peau assoiffée, l'iris pour l'hydratation, la prêle des champs et sa forte teneur en silice pour l'élasticité et la fermeté de la peau, la melaleuca inégalable contre l'acné, le thé vert contre le vieillissement, la guimauve pour adoucir, le raisin et surtout le pépin de raisin qui est capable à lui seul de procurer une véritable cure de jouvence. C'est avec raison que la nouvelle génération de cosmétiques, au lieu de flatter uniquement l'épiderme, va à la source en favorisant la régénération cellulaire.

Faut-il manger biologique ?

La question du biologique ne peut être contournée, car le mythe de l'alimentation *bio* est très fort dans la mentalité actuelle et ne laisse personne indifférent. Les craintes sont fondées, étant donné qu'à l'heure actuelle on utilise dans l'agriculture un très grand nombre de produits chimiques industriels (appelés xénobiotiques), et environ 1000 nouveaux produits apparaissent à travers le monde chaque année.

On sait que le principal risque dans l'alimentation n'est pas d'origine bactérienne comme autrefois, mais provient de l'intoxication aux polluants. C'est la raison pour laquelle la culture biologique vise à éliminer les pesticides et les métaux lourds. Dans l'agriculture biologique, par exemple, les producteurs ne doivent recourir ni aux engrais ou fertilisants de synthèse ni aux pesticides d'origine chimique, et doivent utiliser des semences non génétiquement modifiées. Contrairement à l'agriculture conventionnelle, les fruits et les légumes ne subissent pas d'arrosage incessant qui gorge les fruits d'eau et les fait grossir. Toute cette technique fait que les fruits et les légumes biologiques sont plus coûteux,

Mais cela ne règle toutefois pas la question des légumes et des fruits purs à cent pour cent. Le sont-ils vraiment? Pas nécessairement. Par exemple, les pluies acides contamineront indifféremment un champ biologique et un champ ordinaire.

Parallèlement, il faut savoir que les gouvernements établissent des normes pour assurer une protection certaine contre les herbicides et les pesticides. Les normes d'utilisation sont fixées de façon à ce que ces produits ne représentent aucun danger pour la santé. Bien plus, une étude à partir de données du gouvernement fédéral concluait que ces produits sont même difficilement détectables. Et pour cause. Afin de déterminer la dose quotidienne sécuritaire pour l'humain, Santé Canada fixe la norme bien en dessous du seuil de risque. Cet organisme établit la quantité la plus élevée de pesticides qui ne provoque aucun effet nocif et cette portion est ensuite divisée par 100. Dans cette perspective, les risques sont minimes, sinon presque inexistants.

Si vous voulez diminuer encore davantage les risques même minimes, lavez les fruits et les légumes à l'eau courante, brossez-les si possible ou pelez-les et vous enlèverez une bonne partie des pesticides. Dans le cas des pommes, des poires, des raisins, des fraises, des cerises, des framboises et des pêches, il est préférable de choisir des fruits biologiques, car ces fruits sont les plus susceptibles de contenir des résidus de pesticides. On sait que les légumes et les fruits les plus contaminés sont par ordre : fraise, pêche, céleri, concombre, poivron, tomate, patate douce, cantaloup, raisin, laitue, pomme.

Par ailleurs, vous serez peut-être étonné d'apprendre qu'en ce qui a trait à la qualité nutritive des fruits et des légumes biologiques il y a très peu de différences démontrées avec ceux de la culture traditionnelle. Il est, de plus, difficile de prouver les qualités nutritives des aliments, car de nombreux facteurs externes interviennent : climat, emballage, conditions d'entreposage, etc.

Il ne faut surtout pas en faire une maladie. Pensez que les bénéfices pour la santé d'une alimentation riche en fruits et en légumes sont de beaucoup supérieurs aux risques que représentent les résidus de pesticides. D'autre part, ne pensez pas que les nombreux antioxydants que recèlent les fruits et légumes demeurent inactifs devant ces corps étrangers. Et puis, il y a toujours le fait reconnu que le corps doit être habitué à se défendre contre des ennemis potentiels qui le menacent. Selon les biologistes, vivre dans un milieu totalement aseptisé n'est pas mieux. Ici, la célèbre formule de Claude Bernard est toujours la meilleure : « Le microbe n'est rien, c'est le terrain qui est tout. » Ce qui signifie que le terrain l'emporte sur toute autre chose dans l'évolution des maladies.

Procédons maintenant à la nomenclature des légumes choisis. Vous serez étonné des propriétés nutritives et curatives de ces légumes.

La carotte, reine des légumes

La carotte figure en tête de liste de mes légumes préférés. Si je n'avais qu'un seul légume à cultiver sur mon île, je choisirais certainement la carotte. Je ne crois pas qu'il existe un légume possédant autant de propriétés nutritives et curatives. Rien ne la surpasse pour assurer l'équilibre général de l'organisme. Elle est à la fois un aliment et un remède. C'est la raison pour laquelle je la place en tête de mes légumes.

La carotte ne passe pas inaperçue dans les présentoirs des légumes. Son orangé frappe l'œil. Cette couleur est due à la forte teneur en carotène qu'elle possède. Et pensez que cette belle couleur est élaborée en catimini, dans l'intimité de la terre, en l'absence de toute lumière. Chaque fois que je prépare mes carottes pour le repas, je pense à cette belle leçon que la nature me donne, à savoir que l'on peut paraître épanoui même lorsque la vie se fait sombre et que le soleil n'est pas au rendez-vous.

Plusieurs nutritionnistes présentent la carotte comme un légume « parfait », un légume santé par excellence qui est loin d'être estimé à sa juste valeur. Sa teneur en vitamine C n'est pas très élevée, mais elle contient en revanche une mine de substances nutritives, d'antioxydants, de vitamines A et B, de précieux minéraux dont le fer, le calcium et un apport très important en potassium.

On peut dire que la carotte est en général l'aliment de la peau et de la vision. À ce niveau, elle prévient le vieillissement. Pour la peau, elle n'a pas sa pareille, grâce à la présence de son « carotène », appelé aussi provitamine A, qui est un remarquable rajeunisseur et raffermisseur des tissus. Elle contribue au renouvellement des cellules. Elle atténue également les taches cutanées déclenchées par l'âge et redonne de la couleur à un visage pâle et anémié. Elle assure une bonne protection cutanée contre le soleil et les dermatoses en renforçant la résistance de l'épiderme à l'agression des rayons ultraviolets. Elle possède de nombreuses propriétés à action tissulaire. Elle favorise la dilatation des vaisseaux sanguins, ce qui augmente la fluidité de la circulation du sang vers le cerveau et les autres parties du corps.

Ajoutons à ces qualités sa légendaire efficacité pour améliorer la santé oculaire, propriété qu'elle partage d'ailleurs avec les poivrons, les courgettes et les concombres. Elle agit sur l'acuité visuelle en améliorant la vision crépusculaire et nocturne et l'état général des yeux.

Consommée de façon régulière, la carotte devient un excellent reconstituant, en particulier pour qui se sent faible et peu résistant. Elle excelle dans le cas de convalescence. On souligne sa capacité de régénérer le sang. Le fer qu'elle contient accroît le taux d'hémoglobine et aide à combattre l'anémie. Elle présente ainsi un bon pouvoir hématopoïétique (stimulation de la formation des globules rouges du sang) dont découlent ses propriétés anti-anémiques. Pour cette raison, elle assure un meilleur rendement physique et intellectuel.

La carotte est recommandée chaque fois qu'il est nécessaire de renforcer la résistance de l'organisme de façon à prévenir les maladies infectieuses et dégénératives. Elle augmente donc la résistance générale du «terrain», en renforçant les défenses naturelles de l'organisme. Il est reconnu que la carotte stimule le système immunitaire et la production d'anticorps. Associée au chou qui a les mêmes propriétés, elle constitue un bon moyen de combattre les infections bactériennes et virales.

La carotte facilite, régularise ou rétablit les fonctions digestives grâce à ses nombreuses propriétés digestives. Elle aiguise l'appétit et favorise la sécrétion des sucs gastriques. C'est à juste titre qu'on la qualifie de «meilleure amie de l'intestin». Rien ne la surpasse dans le traitement des plus graves affections intestinales. Elle régularise le transit intestinal et le fonctionnement normal de l'intestin. Elle est un remède contre la constipation autant que contre la diarrhée.

La carotte protège, panse et cicatrise les parois de l'estomac, stoppant les hémorragies possibles. Ses propriétés cicatrisantes sont particulièrement appréciées par ceux qui sont affligés d'un ulcère de l'estomac ou du duodénum. Les guérisons tiennent parfois du miracle.

La carotte est en outre considérée comme anticancérigène. C'est avec raison qu'on dit familièrement : « Une carotte par jour éloigne le cancérologue. » Des recherches récentes ont en effet démontré que le bêta-carotène permet d'inhiber le développement de tumeurs, en particulier dans les cas de cancer du poumon ou du pancréas provoqués par le tabac.

Précisons cependant qu'une autre expérience menée sur des fumeurs et des ex-fumeurs n'a pas été concluante au sujet de l'utilisation du bêta-carotène dans le traitement du cancer. Le bêta-carotène a même produit dans ce cas l'effet contraire. On parle même de toxicité. Mais il faut dire que l'expérience n'a pas été faite avec du bêta-carotène obtenu en mangeant des carottes ou de la salade, mais avec du bêta-carotène en comprimés ingérés en grande quantité et sans le soutien synergique des autres nutriments. Pour cette raison, certains fabricants de suppléments alimentaires ont retiré le bêta-carotène de leurs comprimés multivitamines.

Tout nutriment, fût-il très riche, ne produit jamais de bons effets s'il est pris en doses massives ; il n'est pas mieux d'en prendre trop que de ne pas en prendre du tout. L'équilibre ici, comme dans d'autres domaines, a bien meilleur goût. Le même phénomène se produit avec des antioxydants pris en grande quantité dans des suppléments alimentaires. Ce danger n'existe pas quand on consomme des fruits et des légumes croquants ou en jus.

Soulignons qu'il existe dans la carotte un autre élément fort prometteur pour juguler le cancer, il s'agit du falcarinol, substance que fabrique la plante pour se protéger des pesticides.

On pourrait écrire un livre entier sur les bienfaits de la carotte. Elle est réputée pour son action favorable sur le taux de cholestérol sanguin et intervient dans la prévention des problèmes cardio-vasculaires. On dit que la consommation d'une ou deux carottes chaque jour peut faire baisser de plus de 10 % le taux de cholestérol, ce qui reste cependant à prouver.

La carotte est aussi excellente pour le foie. La cure de jus de carotte est une thérapie reconnue pour nettoyer le foie, soulager des troubles hépatiques ou de la vésicule biliaire. Elle stimule conjointement les intestins et le foie. Ayant la propriété de fluidifier la bile, la carotte est à recommander dans toutes les affections du foie et notamment dans l'insuffisance hépatique. De même, la carotte présente une action diurétique et contient des substances hypoglycémiantes qui la font recommander dans le régime des diabétiques.

L'une des fonctions privilégiées de la carotte se situe sans aucun doute dans la préparation des jus de légumes et de fruits, dont elle constitue la base. Dans toutes les préparations de jus, la carotte donne au nectar son bon goût et tempère l'amertume et la fadeur de certains végétaux. Voilà pourquoi elle entre dans à peu près tous les cocktails de jus de légumes et un bon nombre de jus de fruits. Mais alors, il faut n'utiliser que deux carottes par portion et prendre d'autres légumes comme du cresson, des concombres, pour ne pas augmenter la quantité de sucre (calories). Il faut toujours éplucher la carotte, sauf si elle provient de l'agriculture biologique.

Un dernier détail important. Une consommation exagérée de carottes peut provoquer ce que l'on appelle une hypercarotinémie, caractérisée par une couleur jaune-orangé du teint. Il suffit de cesser d'en prendre pendant quelques jours pour que la peau retrouve sa couleur normale.

Le chou, cadeau des dieux

Dans mon jardin sacré, je choisirais en second lieu de cultiver le chou. J'ai toujours été fasciné par ce légume constitué d'un grand nombre de feuilles tendrement et amoureusement enlacées. On croirait que le *cocooning* a été inspiré par le chou.

J'ai adopté le chou pour ses nombreuses propriétés curatives et nutritives. Qu'on se rappelle la fameuse choucroute traditionnelle allemande (alsacienne) servie aux repas pendant les mois d'hiver. À elle seule, elle fournissait les précieux nutriments que l'on trouve dans les légumes d'été.

Si le chou n'existait pas, il faudrait l'inventer. Somptueusement pourvu en éléments nutritifs, il s'avère un revitalisant de premier ordre et un agent efficace pour renouveler l'énergie et procurer une sensation de bien-être.

« Médecin des pauvres », « cadeau des dieux », tels sont les qualificatifs que l'on attribuait jadis au chou pour ses vertus thérapeutiques. Les Égyptiens de l'Antiquité lui vouaient un véritable culte. Chez les Grecs, on se servait du chou cru pour soigner les maladies nerveuses et mentales. Et de fait, le chou semble particulièrement bon pour « les nerfs », possédant quelques vertus hypnotiques et analgésiques. Depuis fort longtemps d'ailleurs, on l'utilise pour traiter les céphalées et plus particulièrement le « mal de bloc » ou « céphalée du lendemain » qui suit inévitablement les soirées copieusement arrosées.

Qu'il s'agisse du chou, du chou-fleur, du chou de Bruxelles, de nombreuses études ont démontré les qualités incomparables du chou qui lui confèrent une excellente réputation sur le plan diététique. Le chou est l'un des légumes les plus minéralisants qui soient. Le chou est riche en potassium, en calcium, en fer, en bêta-carotène, en acide folique (indispensable à la formation des globules rouges et au développement du fœtus). Il possède un très bon rapport calcium/phosphore, ce qui rend le calcium particulièrement assimilable par l'organisme.

La valeur en nutriments et en antioxydants du chou est étonnante. On y trouve des bioflavines et des vitamines A, C et E (il contient deux fois plus de vitamine C que l'orange et autant que le citron). On connaît l'importance de la vitamine C dans la fabrication du collagène pour la peau et de l'élastine qui l'empêche de se rider. Toutes ces vitamines sont en même temps antioxydantes, ce qui garantit une certaine protection contre les attaques des radicaux libres susceptibles d'endommager les tissus cellulaires. Elles empêchent par le fait même la dégénérescence et le vieillissement précoce de la peau.

Le chou est, par ailleurs, un stimulant du système immunitaire favorisant la production d'anticorps. C'est, de plus, un excellent agent pour combattre les infections bactériennes et virales, en particulier le rhume et la grippe. Voilà pourquoi les naturopathes conseillent d'en faire des cures, en hiver. Pour bénéficier de tous ces nutriments, choisissez de préférence les choux verts.

Le chou est aussi un excellent antiseptique. On croit que c'est le soufre contenu dans le chou qui est en grande partie responsable de son action antiseptique, antibiotique et désinfectante, notamment dans les voies respiratoires. Voilà pourquoi le jus de chou peut servir de gargarisme antiseptique pour soigner les maux de gorge et de rince-bouche pour traiter les ulcères buccaux. Il est excellent pour toutes les faiblesses pulmonaires également. Mais il faut le consommer cru pour profiter de son essence sulfurée qui est très volatile. Remarquons au passage que le soufre est aussi un bon remède interne contre la séborrhée grasse de la peau et de certains eczémas.

Le chou a été utilisé pendant des siècles comme remède pour soulager l'arthrose et les rhumatismes. C'est la teneur élevée en soufre organique sous forme de molécules complexes, ainsi que le fluor, le phosphore et le calcium qui permettent aux tissus cartilagineux de se refaire. C'est pour cette raison également que le chou embellit le teint, en favorisant le drainage du foie et en facilitant l'exonération intestinale, ce qui donne lieu à une action dépurative générale.

Une forte consommation de chou dans une population donnée est associée à un plus faible taux de cancers que la moyenne, notamment ceux de l'estomac, du côlon, du poumon et de la peau. Le chou, tout comme le chou de Bruxelles et les autres crucifères, réunit un grand nombre de composés naturels qui peuvent prévenir le cancer. Chez les femmes, le chou accélère la production d'hormones œstrogènes susceptibles d'offrir certaines protections contre les cancers du sein ou des ovaires.

Les choux, quelle que soit leur variété, sont peu caloriques, sauf celui de Bruxelles qui est plus sucré. Ils regorgent tous d'anti-oxydants. Les choux contiennent une autre substance fort intéressante qui a la propriété d'augmenter le glutathion, antioxydant qui joue un rôle très important dans la protection de l'organisme contre les oxydations et tout particulièrement contre les radicaux libres de l'oxygène.

Le chou contient de la vitamine U (Ulcère) qui favorise la cicatrisation de l'ulcère. Non seulement il calme les ulcères, tant internes qu'externes, mais il accélère leur guérison. Ses substances mucilagineuses préviennent l'irritation des muqueuses des voies intestinales, et un acide aminé, la méthionine, hâte la guérison. Le jus peut toutefois engendrer des gaz intestinaux, provoquant ballonnements et flatulences. Mais ce n'est rien en comparaison des bienfaits qu'il procure, notamment en stimulant la sécrétion d'enzymes et en renouvelant la flore intestinale.

Comme de toutes bonnes choses, il ne faut pas abuser du chou, car une consommation excessive peut perturber le fonctionnement de la glande thyroïde et entraîner l'apparition d'un goitre. Comme le chou est riche en iode, il active le fonctionnement de la glande thyroïde. Nonobstant ce fait, il ne faut pas avoir peur de l'iode. Ce dernier est un minéral dont on ne parle pas beaucoup, mais vous seriez étonné de l'importance de l'iode dans l'organisme. Il est vrai que le corps en requiert de petites quantités seulement, mais sa présence est vitale. Des ouvrages entiers sont écrits sur l'iode. Ce minéral agit sur la thyroïde, glande qui règle la production d'énergie de l'organisme et qui contrôle le métabolisme des graisses. La carence en iode engendre la fatigue, ce qui fait que l'on tombe parfois en panne d'énergie. L'iode «brûle» les graisses en excès et augmente l'énergie, non seulement physique, mais également psychique et mentale. L'iode participe directement au fonctionnement cérébral et par conséquent joue un rôle dans l'intelligence. Un manque d'iode rend moins alerte mentalement.

Le chou nous a amenés à parler de l'iode. Il faut savoir que certains autres aliments chassent également l'iode. Par exemple, une consommation régulière et trop abondante de soja, de brocoli, de navet entraîne une perte d'iode, ce qui peut causer une diminution secondaire de l'énergie. Pour ma part, au lieu de me priver de ces précieux légumes si nécessaires à la santé, je compense en prenant quelques gouttes d'iode végétal dans un peu d'eau chaque fois que je consomme ces aliments en grande quantité, par exemple sous forme de jus. En outre, je sais que la fabrication de l'hormone thyroïdienne dans la thyroïde nécessite la présence de sélénium. Je m'assure donc d'absorber de ce minéral pour bénéficier complètement de l'iode.

Un dernier mot sur l'iode. Il exerce une action fortifiante sur les cheveux, la peau, les ongles et les dents. Son action est étonnante. Il est un élément indispensable à la beauté.

Certes, nous avons profité de la présentation du chou pour parler de l'iode, mais il ne faudrait pas penser que ce légume est néfaste, au contraire. Il est des plus minéralisants et des plus bienfaisants pour la santé. Il faut savoir que, lorsqu'on consomme plusieurs légumes en même temps, les avantages de l'un compensent les désavantages de l'autre. Mieux encore, leur action nutritive spécifique fait que ces aliments se renforcent mutuellement.

La laitue, en vert et contre tout

«Mettez-vous au vert», disent certaines annonces naturistes. Avec raison, car les légumes verts contiennent beaucoup de nutriments et d'antioxydants. Ils tiennent d'ailleurs leur couleur verte de la chlorophylle, un produit phytochimique antioxydant très puissant. Plus une plante est verte, plus elle contient de la chlorophylle. Aussi faut-il choisir de préférence les laitues qui sont vertes. À cet égard, la laitue romaine s'avère la meilleure, notamment pour sa valeur en vitamines et en minéraux. On conseille d'éviter la laitue iceberg, qui est privée de chlorophylle.

Avant de parler plus longuement de la laitue, il faut dire un mot de la chlorophylle qui est un nutriment exceptionnel. La chlorophylle pourrait être comparée à un véritable «sérum de jouvence» en enrichissant le sang. Il existe d'ailleurs une grande ressemblance entre le sang et la chlorophylle: dans leur molécule respective, alors que le sang contient un atome de fer, la chlorophylle possède un atome d'oxygène. Par le processus de la digestion, la chlorophylle se transforme en globules rouges, ce qui génère un sang nouveau. En d'autres termes, le «sang vert» de la chlorophylle est transformé en «sang rouge» dans notre organisme.

Les propriétés de la chlorophylle sont étonnantes : elle nettoie, vivifie et rajeunit l'organisme ; elle reminéralise le corps surtout en fer, en magnésium et en cuivre, si utile dans les cas d'anémie ; elle protège contre les infections, les rhumes, les sinusites, les éruptions cutanées ; elle contribue à faire baisser la pression sanguine ; elle possède bien d'autres avantages, entre autres, celui de maintenir l'équilibre acido-basique si important pour la santé. Voilà pour la chlorophylle, dont la laitue est si bien pourvue.

Mais revenons justement au légume lui-même, si important qu'il devrait figurer au menu de chaque repas, tellement il est riche en minéraux et en oligo-éléments. La laitue est une importante source d'eau organique, de fibres, de bêta et d'alpha-carotène, de vitamines A, C, E et du complexe B, de calcium, de fer, de potassium, de magnésium et de manganèse.

Les variétés vert foncé de laitue contiennent, en outre, une coenzyme exceptionnelle appelée Q10 (ou ubiquinone), au sujet de laquelle la documentation ne tarit pas d'éloges. Tous ceux qui en parlent disent qu'elle appartient à l'élite des antioxydants. Le rôle de cette coenzyme est important en ce qui concerne la transformation des aliments en énergie pour le corps tout entier ; en particulier l'énergie du muscle cardiaque, ce qui fait de cette coenzyme l'un des plus puissants protecteurs du cœur. C'est en quelque sorte la «bougie d'allumage» du moteur humain. Au point que l'on pourrait établir l'équation *Co Q10 = Énergie = Vie*. Et ce rôle, elle l'exerce de façon tout aussi importante dans le travail et la régénération du cerveau, dont elle apparaît le premier protecteur contre les maladies neurologiques dues au vieillissement. En fait, son effet est souvent présenté comme un miracle anti-vieillissement. C'est la raison pour laquelle elle entre maintenant comme un élément important dans les crèmes de beauté, car on lui fait une totale confiance pour le rajeunissement des tissus.

Si l'on prend cette coenzyme en comprimé, il est préférable de l'absorber avec une cuillerée d'huile (d'olive, de carthame ou de lécithine), car elle se métabolise mieux en présence d'une matière grasse. Si on la prend dans la laitue, on peut y adjoindre de l'huile d'olive.

Outre la précieuse coenzyme Q10, la laitue renferme une substance blanche assez originale qui s'écoule de la salade lorsqu'on la coupe. Cette substance laiteuse (d'où le nom laitue) s'appelle *lactucarium* et ses effets se rapprochent légèrement de ceux de l'opium, sans en présenter les inconvénients (toxicité, inhibition de centres nerveux, constipation, etc.). C'est cette substance d'ailleurs qui la dote de ses vertus calmantes que l'on utilise volontiers dans les cas d'insomnies, de spasmes viscéraux ou génitaux, d'incontinence urinaire, de douleurs névralgiques, de palpitations cardiaques, d'excitation nerveuse, de toux nerveuse, de spermatorrhée, de coqueluche, d'excitation nerveuse ou sexuelle. De plus, des chercheurs ont trouvé que la consommation de laitue exerçait un effet bénéfique sur le métabolisme du cholestérol et protégeait contre les maladies cardio-vasculaires.

On dit que la laitue apaise le désir sexuel, tempère la libido. Il semble que cette observation soit vraie, car elle est, avec les dattes, un aliment qui favorise la vie spirituelle. C'est la raison pour laquelle la tradition religieuse monastique, de même que les bouddhistes et les membres de beaucoup de mouvements religieux, qui cherchent tous à libérer l'âme des désirs matériels ou physiques pour l'orienter vers l'expérience mystique, adoptent le végétarisme en général comme règle alimentaire.

Pour tout dire, la laitue est le légume de la beauté, aussi bien celle du corps que celle de l'âme. Elle est dépurative et déconstipante, ce qui lui confère la propriété d'éclaircir le teint. Mais il y a plus : on a isolé dans la feuille de laitue une vitamine qui pigmente la prunelle des yeux. Mangez de la laitue régulièrement si vous voulez avoir un regard vif.

La meilleure façon de manger de la laitue est de le faire dans une salade, enrobée d'huile d'olive biologique pressée à froid. Comme nous l'avons dit, la laitue romaine est la plus vitaminée. La laitue se conserve très bien au réfrigérateur dans un sac de polyéthylène ouvert pour que la laitue respire. Avant de la consommer, il faut toujours la laver minutieusement, feuille par feuille, afin d'éliminer une partie des pesticides et des bactéries, telles que la «listeria».

Le céleri, légume fétiche

Dans la grande famille des légumes, le céleri apparaît comme un légume fétiche. Qui ne connaît le mythe du céleri pourvoyeur de la libido et générateur du sentiment amoureux? Mais, paradoxalement, on pourrait parler aussi du céleri pour favoriser la fonction spirituelle. On dit que le céleri prédispose à l'éveil spirituel, car au lieu d'alourdir, il libère: c'est l'un des légumes les moins caloriques qui soient.

Pour apprécier toute la valeur du céleri, il faut cependant dissiper un préjugé. On pense que le céleri est peu nutritif parce qu'il renferme près de 95 % d'eau. Mais, précisément pour cette raison, cela en fait un candidat idéal pour le jus. Il ne faut pas oublier que le jus des légumes et des fruits est un véritable sang végétal et qu'à ce titre il possède de grandes vertus reconstituantes et curatives.

Le sang végétal du céleri provient de ses feuilles et de sa tige qui sont riches en nutriments actifs. Les feuilles, plus que les branches, contiennent une profusion de sels minéraux, entre autres du calcium, du fer, du potassium et des vitamines A et C. Ne jetez donc jamais les feuilles, même si elles sont peu abondantes; il faut chercher à les utiliser le plus possible.

En plus de son contenu équilibré en minéraux, en vitamines et en éléments nutritifs de base, il contient une concentration importante d'hormones de plante et d'huiles essentielles qui lui donnent son odeur particulière. Ces huiles ont un effet régulateur et calmant sur le système nerveux. Il tonifie les nerfs, le cœur et les poumons.

C'est aussi un fortifiant de l'estomac, un draineur des reins, des poumons et du foie: il élimine les toxines du corps, neutralise les acides, freine la fermentation et purifie le sang. C'est un stimulant des glandes endocrines (les surrénales surtout). Il est réputé pour être un des meilleurs antirhumatismaux qui soient. Grâce à son pouvoir diurétique, il élimine l'eau et aide ainsi à combattre l'arthrite et les rhumatismes. Par exemple, un bon jus de céleri et de carotte n'a pas son pareil pour freiner toutes les maladies articulaires provoquant une inflammation. Par ailleurs, le céleri, associé au persil, contient une multitude de substances à effets détoxifiants et inhibiteurs des tumeurs. Consommé sous forme de jus, l'efficacité du céleri augmente.

Mais là ne s'arrêtent pas les vertus de ce légume. On dit que, plusieurs années avant notre ère, les peuples asiatiques utilisaient le céleri pour traiter l'hypertension. En médecine chinoise, par exemple, le céleri est recommandé depuis longtemps pour abaisser la tension artérielle, et c'est ce que confirment les recherches. Associé à l'ail et surtout à la marjolaine, il devient un hypotenseur dont la réputation n'est plus à faire : son efficacité et son action sur la pression sanguine sont étonnantes. Quand vous vous sentirez survolté, faites-vous un bon jus de céleri comprenant au moins deux branches de ce légume et vous serez étonné des effets obtenus. Vous pouvez l'associer également au persil, qui a la propriété de faire baisser la tension artérielle et le taux de cholestérol. Mais le persil présente un inconvénient : à moins de posséder un extracteur de jus de grande qualité, il est difficile d'extraire le sang végétal de ce légume.

Le concombre, légume de la beauté

Le concombre serait l'une des plus vieilles plantes potagères du monde. Les Égyptiens l'offraient à leurs dieux. Les Hébreux le consommaient dans leur voyage vers la Terre promise. Les Grecs et les Romains en faisaient l'un de leurs légumes favoris.

Le concombre possède un goût merveilleusement tendre et rafraîchissant. On pourrait dire du concombre – qui est un fruit et non pas un légume, même si nous le traitons dans cette section – la même chose que pour le céleri : comme il renferme beaucoup d'eau (96 %), on croit trop souvent qu'il a peu de valeur nutritive ; c'est une erreur, et rien n'est plus précieux, justement, que cette eau de constitution pour compenser les déperditions en eau et en minéraux du corps humain. De plus, c'est dans son eau que se cachent les minéraux, ce qui en fait un élément de choix pour les jus. Mais il ne faut pas négliger sa peau qui est riche également en vitamines, en fibres et en pepsine, une substance qui facilite la digestion.

Comme nous l'avons annoncé, le concombre contient une profusion de nutriments. Ceux-ci comprennent des vitamines antioxydantes comme les vitamines A et C, des minéraux comme le calcium, le potassium, le manganèse et le soufre. Peu calorique, le concombre est un bon aliment pour «garder la ligne», et son action diurétique peut aider à perdre du poids dans les cas de rétention d'eau.

C'est un aliment alcalinisant, nutritif, qui offre des capacités dépuratives générales facilitant la désintoxication physiologique de l'organisme. Le jus en particulier est reconnu pour ses propriétés d'accroissement du débit urinaire favorisant l'élimination de l'acide urique dans l'organisme; dans ces conditions, il peut être avantageusement utilisé comme complément au jus de céleri et de carotte pour le traitement des rhumatismes. C'est en outre un aliment qui peut grandement aider à la digestion d'autres aliments.

Le concombre est un allié de la beauté. Il est traditionnellement utilisé pour éclaircir le teint. Depuis fort longtemps, les femmes se couvrent le visage de fines tranches de concombre pour hydrater leur peau et lui redonner de l'éclat. Pour résorber également les rides du visage, on applique des rondelles de concombre, directement sur les endroits du relâchement. Les propriétés astringentes et vitalisantes du jus de concombre cru employé comme lotion pour la peau sont reconnues. La pulpe du concombre en particulier s'avère efficace pour régulariser les sécrétions sébacées.

On pourrait dire la même chose de l'avocat, riche en vitamines et en minéraux et qui renferme en plus du squalène, une substance souvent utilisée en cosmétologie pour rendre la peau lisse et favoriser l'oxygénation. Tout comme le concombre, l'avocat peut être avantageusement utilisé en masque hydratant, cicatrisant et adoucissant.

Toutes les propriétés cosmétiques du concombre sont aussi efficaces en usage interne qu'externe. Pour profiter pleinement des qualités nutritives et cosmétiques du concombre, il est préférable de le manger avec la peau.

Une place d'honneur au brocoli

Dans la panoplie des légumes, je fais une place d'honneur au brocoli. Le brocoli, coiffé de milliers de petits boutons floraux, présente une morphologie qui ressemble au champignon. Sa forte coloration est due à sa teneur en bêta-carotène. Il est l'un des légumes les plus riches en vitamine C et il recèle une multitude d'antioxydants, entre autres la lutéine, un caroténoïde essentiel pour protéger la vision. Le brocoli est reconnu actuellement comme l'un des aliments les plus efficaces pour se défendre contre le cancer.

Le brocoli contient une substance phytochimique appelée sulforophane, qui a la propriété d'inhiber la croissance des tumeurs et de prévenir notamment le cancer du côlon. Mais il ne livre cette précieuse substance anticancérigène en quantité suffisante que s'il est cuit à la vapeur. Le brocoli est également riche en glutathion, une substance complexe antioxydante qui prévient, entre autres, l'arthrite.

Le brocoli protège de l'ostéoporose, réduit les risques de cataracte et de maladies cardio-vasculaires. Plus le brocoli est vert foncé, plus il est riche en micronutriments. Mais attention, si vous en prenez beaucoup, le brocoli réduit l'absorption d'iode. Il faut alors lui associer des aliments riches en iode, comme le chou, ou prendre quelques gouttes d'iode végétal. Mais n'allez pas vous priver pour autant de ce précieux légume, ce serait un péché!

Le persil, une plante décorative?

Quelle merveille que cette petite plante toute menue, frêle, délicate! Sa beauté tient aux centaines de petites tiges porteuses de minuscules feuilles s'épanouissant en arborescence. Pour cette raison, on se demande parfois si sa place ne serait pas plus indiquée dans un ensemble floral plutôt que dans une assiette. Et pourtant, c'est bien dans une assiette qu'il accomplit le plus souvent sa mission décorative, laquelle, une fois terminée, fait du persil un grand solitaire, un laissé-pour-compte.

Qu'il s'agisse du persil frisé ou du persil plat, il regorge de nutriments. Conscient de la grande valeur nutritive et curative de ce petit légume, c'est avec beaucoup de vénération que je mâche régulièrement ses feuilles soit en travaillant à mon bureau, soit en marchant. J'en place même quelques branches devant moi dans un verre d'eau pour apprécier la beauté délicate de ses feuilles qui ont le don d'éveiller ma créativité.

Sa composition est tout simplement prodigieuse. Le persil est riche en sels minéraux et en carotènes. Il contient plus de vitamine C que tous les autres légumes comestibles et trois fois plus que l'orange. La présence de la vitamine C aide à absorber la grande quantité de fer qu'il contient, voilà pourquoi il possède une action anti-anémique certaine. Il contient aussi une grande quantité de flavonoïdes antioxydants. Il est une excellente source de potassium et de calcium. Sa teneur en manganèse est aussi élevée. On parle très peu de l'effet bénéfique du manganèse pour les yeux et la vue, et pourtant le rôle de ce minéral est essentiel dans le fonctionnement oculaire.

Le persil fait partie des plantes qui sont de véritables « alicaments », c'est-à-dire des plantes qui ont la propriété de guérir, à condition d'en consommer régulièrement et en quantité suffisante. Une simple pincée ne suffit pas.

Quand on veut énumérer toutes les propriétés curatives du persil, la liste est longue. Le persil est excellent pour combattre les pierres aux reins, les rhumatismes. Il exerce une importante action diurétique et dépurative générale, facilitant la désintoxication organique. Il joue ainsi un rôle important dans la prévention et le traitement des maladies infectieuses en général, tout particulièrement en période d'épidémie (grippale entre autres).

Il possède, en outre, des propriétés vasculaires notables, comme vasodilatateur et spasmolytique avec abaissement de la tension artérielle en cas d'hypertension artérielle. Il combat l'asthénie en général et facilite la convalescence. C'est un stimulant général. Il provoque, facilite ou régularise le flux menstruel (emménagogue).

Il possède la très précieuse vitamine B12 si rare dans les végétaux et si importante dans la formation des globules rouges du sang.

Il améliore l'appétit, apaise l'estomac et favorise la digestion gastrique. Il est utile dans les cas d'anorexie. En prime – et ce n'est pas peu dire –, il retarde la sénescence.

Pour conserver longtemps le persil, il faut le mettre au réfrigérateur dans un récipient d'eau, autrement, il se fanera vite. De temps en temps, changez l'eau et aspergez-en les feuilles, il se conservera frais et plus longtemps.

Le navet, un légume vital

Je n'ai jamais vraiment compris pourquoi l'on dit de quelque chose qui n'a pas de valeur : « C'est un navet ! » Cette association ne tient pas la route, puisque ce légume est remarquable. Lorsqu'on mange des légumes et qu'il n'y a pas de navet, on a toujours l'impression qu'il manque quelque chose. Que ce soit en jus ou comme légume cuit, le navet, à l'instar de la carotte, donne un excellent goût aux autres légumes. Qui n'a jamais mangé cette délicieuse purée faite de patates, de carottes et de navets ? En ce qui me concerne, j'en mangerais comme dessert, tellement je m'en délecte.

On dit que le navet, mangé cru, contient tous les éléments nécessaires à la vie, à la santé et à la vitalité. Exagérée ou pas, cette affirmation signifie à tout le moins que le navet vaut son pesant d'or. L'expression m'est inspirée par sa belle couleur dorée. Son apport énergétique est peu élevé, car il contient beaucoup d'eau et très peu de glucides, ce qui en fait un excellent légume à conseiller dans les régimes hypocaloriques.

Le jus de navet est un bon remontant général lorsqu'on est épuisé ou déprimé. Il se révèle précieux dans les cas d'asthénie, notamment pendant les convalescences. Il faut dire que le navet, grâce à ses sels minéraux, est l'un des meilleurs reconstituants du sang. Il contient beaucoup de calcium, également du magnésium et beaucoup d'autres minéraux. Il est une bonne source de vitamine C. Nous consommons le légume, mais il faut dire que c'est surtout les feuilles qui sont riches en éléments vitaux. N'importe, le légume n'en est évidemment pas dépourvu.

Le navet est un aliment alcalinisant nutritif, tonifiant et minéralisant qui possède des propriétés pectorales et émollientes qui le rendent précieux dans les affections broncho-pulmonaires en général et pour calmer la toux en particulier. Le jus est efficace contre la toux de poitrine et la bronchite, car il possède un léger effet expectorant. Pour la même raison, il exerce une action bienfaisante sur les voies respiratoires. On pourrait le comparer au jus de citron, qui est aussi un excellent bactéricide. Le navet présente une action légèrement diurétique ; il est bon pour les reins et spécialement pour combattre les pierres. Vous serez peut-être étonné d'apprendre que ce légume est aussi bénéfique pour la peau et les cheveux, étant donné sa bonne teneur en soufre.

Un peu de rouge avec la betterave

Dans mon assiette de légumes, il manque une couleur, le rouge. On sait que les couleurs ont une importance dans la vie. On parle beaucoup des effets thérapeutiques des couleurs. Alors que le vert apporte équilibre et harmonie au système nerveux, que le bleu favorise le sommeil et aide à lutter contre le stress, que le violet éveille à la dimension spirituelle en élevant l'âme, que le jaune favorise les activités mentales en les stimulant, le rouge quant à lui vivifie, réchauffe le corps en activant la circulation sanguine.

La betterave doit sa couleur foncée à un pigment rouge, la bétacyanine, qui est une véritable teinture et un colorant utilisé en pharmacie et en alimentation. Certaines personnes ne parviennent pas assimiler ce pigment, de sorte qu'ils l'excrètent dans l'urine et les selles qui prennent alors une couleur rougeâtre, mais cela est sans dommage.

La betterave rouge possède de multiples vertus. Elle est un aliment alcalinisant à la fois nutritif, énergétique, tonifiant et reminéralisant. Les feuilles sont comestibles et sont riches en bêta-carotène, en acide folique, en calcium et en fer. D'où la capacité de résistance qu'elle confère à l'organisme, notamment dans les cas d'asthénie en général et de convalescence en particulier. Malheureusement, on ne consomme pas les feuilles, qui sont les plus riches en éléments vitaux. Mais il faut bien penser qu'il en reste beaucoup dans le légume, puisqu'on lui reconnaît une richesse en vitamines A, C, en vitamines du groupe complexe B, la vitamine B9 en particulier et l'acide folique, vitamine qu'on ne trouve pas en grande quantité dans les aliments. Elle est aussi riche en minéraux, notamment en potassium et en magnésium, en manganèse, en fer et en phosphore.

Grâce à l'abondance des sucres naturels (fructose) qu'elle contient et qui sont d'assimilation facile, la betterave fournit rapidement de l'énergie en même temps que des nutriments essentiels qui permettent à l'organisme de récupérer, de se reconstituer et de repousser les dommages du vieillissement. Cette propriété justifie sa réputation de légume revivifiant et rajeunissant. Malgré l'abondance de ses sucres, la betterave apporte cependant peu de calories.

La betterave est imbattable quant à ses qualités qui se révèlent des plus toniques pour le système immunitaire. Le jus de betterave, en particulier, est un moyen délicieux de parer au rhume et à la grippe tout au long de l'hiver. La betterave possède de grandes propriétés nettoyantes et, si vous la consommez régulièrement, vous ne devriez pas tarder à vous sentir plus en forme et de meilleure apparence.

Facile à digérer et à absorber, la betterave soulage des dérèglements liés à la stagnation et à la toxicité des aliments, tels les problèmes cutanés, les maux de tête et la léthargie. Elle régularise les fonctions hépatiques (action liée à la présence de bétacyanine) et est un bon stimulant de la digestion.

En activant le foie, les fonctions rénales et intestinales, elle accroît l'élimination des toxines et des déchets organiques. Elle stimule également le système lymphatique et lui vient en aide dans le récurage du système immunitaire.

La betterave est régénératrice de la substance fibreuse des nerfs et exerce une action sédative sur le système nerveux. Riche en potassium, en vitamines et en minéraux, elle aide à réguler la pression sanguine et le rythme cardiaque, et à soutenir le système nerveux.

Son effet calmant sur l'appareil digestif permet de soulager l'indigestion, l'acidité, la gastrite et les brûlures d'estomac. Elle favorise en outre la régénération sanguine.

Avec toutes ces qualités, il est facile de conclure qu'on ne peut absolument pas se passer de la betterave, qui doit faire partie des cinq légumes quotidiens recommandés. Mais de grâce, évitez de la maltraiter en la faisait mariner dans le vinaigre... Ouf! Quelle mauvaise combinaison alimentaire! Le vinaigre contrecarre sa digestion. La betterave n'est pas livrée avec du vinaigre par la nature.

Les épinards, mythe ou réalité?

À une certaine époque, les épinards jouissaient d'une grande réputation due au célèbre personnage de Popeye. Chaque fois qu'Olive, sa bien-aimée, se trouvait en difficulté, il avait toujours dans ses poches une boîte d'épinards qui le dotaient d'une force herculéenne, ce qui lui permettait de la délivrer de toutes les situations. D'où l'association naturelle et spontanée entre la présence du fer dans les épinards et la force qui en émanait. Mais ce n'est qu'un mythe. On a découvert par la suite que les épinards ne sont pas aussi riches en fer qu'on le croyait, même s'ils n'en sont pas dépourvus. Ils possèdent cependant un avantage : la richesse en vitamine C qu'ils contiennent favorise grandement l'assimilation du fer.

Les épinards sont aussi source de folate[4], cette vitamine si importante pour produire l'ADN, le matériel génétique de la cellule. En cas de carence en folate, il se produit le même phénomène que dans le cas de carence en vitamine B12 : les globules sanguins ne parviennent pas à maturité. Cette vitamine joue aussi un

---

4. Les folates tirent leur nom du latin *folium,* qui veut dire feuille. Cela vient du fait qu'ils sont présents abondamment dans les légumes verts à feuilles vert foncé, comme les épinards, le brocoli, la laitue romaine. On les trouve aussi dans les légumineuses, le foie et le jus d'orange. Les folates sont aussi appelés vitamine B9 ou acide folique. L'acide folique est la forme synthétique des folates. Il joue un rôle très important dans la synthèse des acides nucléiques (ADN et ARN), dans le métabolisme de certains acides aminés, dans la formation des globules rouges. C'est donc dire jusqu'à quel point les folates sont importants.

rôle dans la dépression. On sait que les personnes déprimées sont souvent en déficit de ce nutriment.

Les épinards contiennent aussi de nombreux caroténoïdes, dont le bêta-carotène. Ils sont riches en lutéine, un pigment caroténoïde aux effets antioxydants, si important pour la santé de l'œil. Plusieurs études tendent à prouver que la consommation régulière d'un tel légume pourrait protéger contre divers types de cancer.

Une étude menée par la Harvard Medical School en 1994 a montré qu'un régime riche en bêta-carotène limitait le risque d'une certaine forme de dégénérescence de la rétine, qui cause souvent la cécité chez les personnes âgées. Or, les épinards sont riches en caroténoïdes, en lutéine et en zéaxanthine.

Les épinards sont aussi une source de potassium qui joue un rôle important dans la régulation de la tension artérielle[5]. Voilà pourquoi ils sont recommandés en cas d'hypertension.

Les vertus minéralisantes des épinards sont encore rehaussées par la chlorophylle. La chlorophylle, comme nous l'avons déjà dit, est un régénérateur du sang. Mais elle est aussi un accélérateur de l'énergie du muscle cardiaque.

Les épinards contiennent malheureusement de l'acide oxalique qui peut contrecarrer l'assimilation du calcium et du fer. On peut en consommer, mais pas en grandes quantités à la fois.

La tomate, pomme d'amour

On appelait jadis la tomate «la pomme d'amour». L'image est pleinement justifiée du fait de ses formes plantureuses, rondes et de sa couleur rouge, couleur évoquant le feu de l'amour. La tomate est considérée le plus souvent comme un légume, mais en réalité elle est un fruit. Respectant la tradition, nous la traiterons cependant avec les légumes.

La tomate est l'un des meilleurs légumes produits par la nature. Il n'est pas surprenant qu'elle figure parmi les aliments de base du régime méditerranéen, et de la cuisine italienne en particulier. Il

---

5. Les trois minéraux du cœur sont le calcium, le magnésium et le potassium.

faut préciser cependant que la valeur de la tomate, plus que celle de tout autre légume, tient à sa fraîcheur.

La tomate fraîche est cueillie en saison et dans la pleine terre. Elle est meilleure non seulement au goût mais aussi nutrition-nellement. La culture hors sol (en serre), même si on affirme faire pousser la tomate dans un environnement nutritif contrôlé, ne produit absolument pas la valeur nutritive et le goût de la tomate fraîchement cueillie dans son milieu naturel. Pour obtenir des nutriments de qualité, et cela vaut également pour tous les légumes et les fruits, la plante a besoin de terre, d'air et de soleil, et non pas d'une infrastructure artificielle qui distribue les nutriments.

Quelle est la valeur nutritive de la tomate? La tomate est peu calorique et représente une très bonne source de potassium, sans oublier le magnésium et le fer, ce qui la rend excellente dans le traitement des cas d'hypertension. Elle contient également de la bêta-carotène, de la vitamine C, de la vitamine E et des folates (acide folique), particulièrement lorsqu'elle est crue. Elle apporte surtout des antioxydants comme la quercétine (flavonoïdes) et, le plus connu, le lycopène, pigment caroténoïde qui donne sa couleur rouge à la tomate.

On sait que le lycopène a un fort pouvoir anticancérigène. Il pro-tège des effets mutagènes responsables de la cancérisation de la cel-lule, notamment dans les cas de cancer de la prostate, du sein, du poumon et la cécité. Récemment, des chercheurs ont démontré que le lycopène prévenait le cancer du pancréas chez les hommes. Le lycopène constitue une véritable fontaine de jouvence en agissant au niveau du collagène et de l'élastine de la peau, qu'il protège contre les effets délétères des radicaux libres. J'utilise présentement une crème pour homme composée de silicium, un minéral indis-pensable à la formation du collagène, et de lycopène, et j'en suis très satisfait. Rappelons que d'autres fruits contiennent aussi du lycopène, comme la goyave (un fruit exotique), le melon d'eau et le pamplemousse rose.

L'effet le plus spectaculaire du lycopène demeure la protection qu'il assure contre le cancer de prostate. Il a été clairement établi que les grands consommateurs de tomates souffrent moins d'affections de la prostate que les autres. Une étude menée à Harvard a démontré que les hommes qui mangeaient des tomates ou des plats cuisinés à base de tomate – incluant la pizza! – au moins quatre fois par semaine avaient 20% moins de risques de contracter le cancer de la prostate.

Une restriction cependant. Les antioxydants que la tomate contient, comme les carotènes et le lycopène, ne sont libérés du légume que s'il est cuit, contrairement à la vitamine C qui s'accommode davantage du fruit cru. La cuisson, en effet, favorise la libération des caroténoïdes emprisonnés dans les fibres.

La tomate est un aliment alcalinisant nutritif et minéralisant qui renforce globalement les défenses biologiques naturelles; elle est apéritif et eupeptique, c'est-à-dire qu'elle favorise la digestion; elle possède une action diurétique; elle est utile dans le traitement de l'asthénie sous toutes ses formes et durant la convalescence; elle est efficace également pour combattre l'artériosclérose et les rhumatismes chroniques. Pour traiter l'anémie, on suggère un mélange de jus de carotte, d'épinard et de tomate.

La tomate est un légume antifatigue: elle accélère la formation du sucre dans le sang, ce qui produit une dose d'énergie. Autre avantage de la tomate: elle est tout indiquée pour combattre les effets négatifs d'un copieux repas où l'on a mangé gras: elle aide alors le foie à dissoudre les graisses.

Terminons par une remarque: le jus de tomate en conserve, même s'il n'est pas mauvais, ne peut pas être comparé au jus fraîchement pressé.

Soyez aux petits oignons

On ne fera jamais assez l'éloge de l'oignon, auquel il faut ajouter l'ail, son digne émule, qui figurent parmi les aliments les plus doués de la nature. L'oignon possède plusieurs des caractéristiques de l'ail sans être aussi désagréable sur le plan social. Mais chacun des deux légumes a ses effets spécifiques, de sorte que l'un ne remplace pas l'autre.

L'oignon est qualifié de roi. L'expression «être aux petits oignons» signifie d'ailleurs être bien traité. Dans la Bible, on dit que les Hébreux dans le désert regrettaient «les oignons d'Égypte». C'est parce que les oignons leur procuraient énergie et force et constituaient un rempart contre la maladie et les infections. Ce que confirme le vieil adage: «Un oignon par jour, en santé pour toujours.» Il paraîtrait même que sa majesté l'oignon aurait à son crédit des sujets centenaires. En fait, il est reconnu pour favoriser la croissance et retarder la vieillesse.

Son titre royal se justifie aussi, sans doute, à cause de son goût piquant qui le distingue nettement des autres légumes, sans compter son adaptabilité culinaire et ses incontestables propriétés antiseptiques. Mais, à ce niveau, bien que l'oignon possède des vertus antiseptiques extrêmement efficaces, il faut admettre que son compère l'ail demeure l'un des bactéricides naturels les plus puissants qui soient. Des tests ont démontré en effet que l'ail pouvait anéantir à lui seul pas moins de 72 types de bactéries.

L'oignon est reconnu comme un «alicament» naturel. C'est la raison pour laquelle, depuis des temps immémoriaux, il a toujours été considéré comme un aliment et comme un médicament. Les échalotes, dérivés de l'oignon, ont une composition nutritionnelle très voisine et offrent les mêmes caractéristiques médicinales.

L'oignon cru est un antibiotique naturel et il se révèle en même temps un puissant antiseptique capable de combattre les bactéries infectieuses, dont le *E. coli* et la salmonelle. Il agit efficacement contre la tuberculose et les infections urinaires, dont la cystite. Son action antiseptique et anti-infectieuse peut même venir à bout d'infections gastriques, de toux, de rhumes ou de bronchites.

Dans cette foulée antiseptique, l'oignon dilue les mucosités qui encombrent les voies respiratoires: le jus d'oignon, en particulier, soulage à merveille le système respiratoire, les maux de gorge, les pharyngites, les rhinites, les rhumes, les enrouements, les bronchites et les sinusites. Il est donc très précieux pour renforcer les défenses de l'organisme dans le cadre de la prévention des maladies infectieuses, tout particulièrement en période d'épidémie (grippale entre autres). Il a, en outre, un effet stimulant sur la croissance des bactéries les plus bénéfiques qui agissent dans l'estomac. L'astringent de l'oignon accélère la circulation sanguine et favorise la sudation. Il est donc utile pour faire baisser la fièvre et éliminer par la transpiration les toxines du rhume ou de la grippe.

Par l'iode qu'il renferme, l'oignon décongestionne les ganglions lymphatiques, contribue à l'équilibre glandulaire, à la stimulation du système défensif du corps humain et à l'augmentation des échanges cellulaires.

Son action sur le cholestérol et le cœur est immense. L'oignon cru est l'un des meilleurs traitements qui soient pour stimuler la production de «bon cholestérol» et régulariser les triglycérides. On a reconnu que les oignons protégeaient le sang des effets nocifs produits par la graisse des aliments. Par exemple, il va bloquer la hausse du cholestérol sanguin lorsqu'il est associé à un plat riche en graisses. Ajouter donc des oignons lorsque vous consommez des aliments riches en matières grasses. Glissez une tranche d'oignon dans votre hamburger, ajoutez de l'oignon à une omelette ou à une pizza. En prime, le goût de votre aliment sera passablement rehaussé.

L'oignon renferme une substance qui fluidifie le sang, le nettoie des matières grasses insalubres, contribuant ainsi à prévenir la coagulation et à accélérer la désagrégation des caillots. L'oignon se révèle ainsi un précieux adjuvant pour prévenir les maladies circulatoires telles que les affections cardio-vasculaires, les thromboses et les infarctus. Sa consommation régulière fait aussi baisser la tension artérielle.

Tout comme l'ail, c'est un remarquable antioxydant. À tel point que des chercheurs s'intéressent sérieusement aux propriétés protectrices des oignons contre le cancer. Ail, oignon et échalote apparaissent à cet égard de véritables boucliers contre le cancer de l'estomac.

L'oignon est un puissant antirhumatismal. Rien de mieux que l'oignon pour dissoudre et éliminer l'acide urique. L'oignon renferme au moins trois types d'anti-inflammatoires capables de lutter contre les mécanismes de l'asthme.

De récentes observations scientifiquement menées viennent de confirmer les propriétés de l'oignon dans le traitement du diabète.

Il est un rééquilibrant glandulaire et un hypoglycémiant qui le fait recommander dans le régime des diabétiques.

Autre propriété non négligeable confirmée par l'épreuve scientifique : celle d'agir efficacement sur la prostate, lorsque le fonctionnement de cette glande est troublé. On peut soigner les prostatites avec des extraits d'oignon, celui-ci augmentant la sécrétion glandulaire et agissant favorablement sur tout le système urinaire. Il présente par ailleurs une action emménagogue (qui provoque ou régularise le flux menstruel).

Le contenu de l'oignon en vitamines et minéraux est très riche. Il est l'une des meilleures sources de flavonoïdes, substances reconnues contre le risque du cancer, des maladies cardiaques et du diabète. Mais alors, il faut choisir les oignons les plus forts. Ce sont eux qui contiennent le plus de substances et de vitamines. L'oignon est bien pourvu en vitamines A, B, C, en fer, magnésium, soufre, calcium, phosphore, silice, iode, chaux, potassium, sodium, etc. Le soufre, en particulier, est un antiseptique du sang, un régénérateur du système nerveux, qui prend également soin de la peau et du système pileux. Le phosphore pour sa part favorise le travail cérébral. La silice de son côté fait des os solides et assouplit les artères (y penser en cas d'artériosclérose, notamment). La chaux fortifie le squelette, les muscles, etc.

Pour bénéficier de toutes les vertus de l'oignon, il faut le consommer cru, de préférence, ne serait-ce que pour préserver ses diastases et oxydases que la chaleur stérilise. Une fois cuit, l'oignon perd presque la totalité de ses constituants les plus précieux, dont les essences sulfurées qui lui donnent sa saveur. Ces essences cependant, qui s'avèrent un remarquable désinfectant naturel, sont très volatiles. Mais il n'y a pas que l'oignon qui contient ces composés sulfureux. Le radis, que j'affectionne particulièrement, en contient aussi. Il renferme en outre de l'iode en notable proportion.

Les vertus de l'oignon sont innombrables. Dans l'Égypte ancienne, on avait recours à l'oignon pour favoriser la relaxation et le sommeil. L'oignon contient de la quercétine, substance antioxydante, anti-inflammatoire et légèrement sédative, qualités auxquelles certains ajoutent aphrodisiaque.

Un inconvénient cependant: l'oignon peut donner des migraines à certains sujets sensibles, et les glucides (ou hydrate de carbone) qu'il renferme risquent de favoriser les flatulences et de donner mauvaise haleine. Pour parer à ce dernier inconvénient, on peut consommer l'oignon au repas du soir quand on n'a pas de sortie. De grâce, ne vous privez pas de ce superbe légume pour autant.

Ici se termine ma présentation des légumes. Il existe évidemment beaucoup d'autres légumes possédant de grandes qualités nutritives et curatives. Mon but n'est pas de faire un ouvrage complet sur la nutrition, mais de présenter un certain nombre de légumes qu'il est facile de se procurer, qui ne coûtent pas cher, surtout en saison, et dont on peut bénéficier quotidiennement.

Une chose est certaine, consommer régulièrement ne serait-ce que ces quelques légumes peut transformer radicalement votre existence et vous procurer une qualité de vie exceptionnelle. Ces légumes sont très nutritifs et riches en antioxydants. Les consommer, c'est comme se donner une chimiothérapie quotidienne.

LA SECTION FRUITS

Qu'est-ce qui décore le mieux une table de salle à manger qu'un beau plat de fruits variés? Un bon assortiment de fruits témoigne du goût de la personne et de l'importance qu'elle accorde à la santé comme valeur. Les fruits sont symboles de vie, de richesse et de santé. Il est vrai que Michel Montignac démythifie catégoriquement ce point de vue et l'importance des fruits dans l'alimentation (il conseille carrément de s'abstenir d'en consommer), mais je préfère m'en tenir ici au sentiment général des nutritionnistes et des diététistes en la matière.

Commençons par un conseil fort important: les fruits doivent être consommés seuls, sans être mélangés à quoi que ce soit d'autre, quelque temps avant le repas ou deux à trois heures après les repas. Le mieux est d'avoir complètement terminé la digestion du repas précédent ou encore être à jeun. Le moment idéal pour consommer les fruits s'avère le petit déjeuner du matin. Autrement, il vaut mieux, comme le conseille Michel Montignac, ne pas en manger du tout. Rien n'est plus mauvais pour la digestion. Pourquoi? Simple question de physiologie digestive. Les fruits ne se digèrent pas dans l'estomac, mais dans les intestins. Les mélanger à des aliments qui, eux, doivent séjourner dans l'estomac pour y être digérés serait provoquer inutilement des perturbations, des irritations et des malaises multiples, puisque les fruits entrent en fermentation au contact de l'estomac.

Pour une raison de digestibilité, ne mélangez pas les fruits avec les féculents, qui se digèrent principalement dans la bouche. Ne mélangez pas non plus les fruits acides (par exemple les agrumes) avec les fruits doux comme la banane, la datte, la figue, etc. Partisan depuis plusieurs années des bonnes combinaisons alimentaires telles qu'elles sont proposées par le célèbre docteur Shelton, je suis très réfractaire à ces cocktails de fruits acides mélangés à des fruits doux ou à des légumes.

Le fruit, dans la Bible, est très présent, soit comme image ou symbole, soit comme aliment. La Bible, autant dans l'Ancien que dans le Nouveau Testament, rappelle constamment le devoir de «fructifier»: le grain semé en terre, la vigne, le figuier, les talents confiés, etc. Produire du fruit témoigne de la conversion: il faut être comme l'arbre de vie qui produit sans cesse des fruits (Apocalypse 22,2). «Tout arbre qui ne produit pas de bon fruit va être coupé et jeté au feu» (Matthieu 3,6). L'expression «on juge l'arbre à ses fruits» symbolise les résultats heureux et l'abondance. Dans la Bible, le fruit est synonyme de croissance et de fécondité. La Genèse parle aussi du «fruit défendu». Mais rassurez-vous, car ce fruit défendu évoqué par la Genèse ne figure pas parmi ceux que je vous présente ci-après.

Tombez dans les pommes!

Si la carotte est la reine des légumes et l'oignon le roi, on pourrait dire sans exagérer que la pomme est la reine des fruits. Quelle merveille de voir au printemps les pommiers en fleurs, signe avant-coureur de la belle saison ! Ne dit-on pas alors spontanément qu'il y a de l'amour dans l'air ? Peut-être que l'utilisation de l'expression «tomber dans les pommes» au sens de «tomber amoureux» vient de là. Dans la Bible, en tout cas, le livre du Cantique des cantiques l'évoque en ces termes :

Comme le pommier parmi les arbres d'un verger,
Ainsi est mon bien-aimé parmi les jeunes hommes.
À son ombre désirée je me suis assise,
Et son fruit est doux à mon palais (2,3-5).

Si le Cantique des cantiques associe la pomme à l'amour, l'imagination populaire l'a liée au «fruit défendu» qui a occasionné la chute d'Adam. Mais il faut dire ici qu'il s'agit d'une pure invention, car la Genèse ne mentionne aucunement la pomme. Si tel était le cas, on peut dire que la pomme s'est bien rachetée par la suite, comme en témoignent les adages : «Pomme du matin éloigne le médecin», ou encore : «Une pomme par jour vous tient éloigné du médecin.» L'imagination populaire a depuis longtemps reconnu les propriétés salvatrices de la pomme. Ce que confirment toutes les études effectuées sur ce fruit, reconnu pour sa capacité réelle de procurer la santé.

Les bienfaits de la pomme sont tels qu'ils pourraient faire l'objet d'un volume entier. De fait, il existe plusieurs volumes sur la pomme et l'un de ses dérivés, le cidre.

La réputation qui veut que la pomme soit un remède est parfaitement fondée. On reconnaît les vertus exceptionnelles de la pomme, qui aide à la digestion, purifie le sang et les bronches, stimule l'activité du foie, des reins et de l'intestin. Elle réduit l'acidité de l'estomac et les fermentations, elle combat la constipation, favorise la sécrétion d'urine contribuant à débarrasser l'organisme des toxines qui l'empoisonnent. La pomme contient peu de sucre, ce qui en fait un fruit tout désigné dans le cas de troubles hépatiques et diabétiques, surtout le diabète de type 2.

Depuis des siècles, la pomme est reconnue pour favoriser le retour à la santé à la suite d'une maladie et pour traiter la fièvre, la toux, la sinusite, l'anémie, l'anxiété, l'insomnie et pour augmenter la capacité respiratoire. Elle a également des vertus antifatigues connues.

Si l'on voulait résumer les vertus de la pomme, on pourrait dire que tout ce qui est vivant dans l'organisme peut en bénéficier. Consommée régulièrement, elle aide à la diminution du cholestérol, régularise le transit intestinal, soulage les problèmes articulaires, améliore la fonction pulmonaire, renforce la résistance aux maladies.

La pomme est très dépurative, c'est-à-dire qu'elle exerce une action nettoyante et désintoxicante dans l'organisme. C'est la pectine surtout qui joue le rôle de désintoxication, en neutralisant les métaux toxiques tels que le mercure et le plomb, et permet de les évacuer par les selles.

Son action nettoyante exerce un effet également bénéfique sur le foie et aide à nettoyer les reins. En contribuant à l'élimination des liquides et des toxines excédentaires, la pomme est un bon remède pour les personnes atteintes de goutte, d'arthrite, de rhumatisme, de rétention d'eau et d'affections cutanées.

En plus d'être un bon nettoyant et de purifier le sang, la pomme aide la peau à se maintenir en bon état. À ce titre, elle s'avère un « rajeunissant » cellulaire de premier ordre. Elle n'a pas sa pareille pour entretenir la jeunesse tissulaire en général et prévenir les rides en particulier.

Pour la même raison, la pomme consommée avec régularité renforce l'immunité contre les infections et, grâce à son action antivirale, permet d'éloigner passablement le rhume, la grippe et d'autres virus tels que l'*Herpes simplex*.

La pomme est en outre un bon reconstituant du muscle cardiaque, elle abaisse l'hypertension artérielle et réduit le cholestérol grâce à sa pectine. Elle est un tonique de l'estomac et un draineur des reins. La pomme régularise le taux de sucre sanguin, ce qui en fait un aliment bienfaisant pour les diabétiques. Elle stimule le fonctionnement gastro-intestinal en sollicitant les sécrétions de suc gastrique et facilite tout ce qui regarde la digestion. D'ailleurs, l'acidité de la pomme prévient les risques de développement de micro-organismes dans l'estomac. Elle aide dans les cas de gastrites, d'ulcères de l'estomac et dans le syndrome du côlon irritable. Son action astringente peut empêcher la diarrhée.

Les acides contenus dans la pomme facilitent la digestion des protéines et des matières grasses que l'on trouve dans les aliments lourds et gras, c'est la raison pour laquelle on accompagne traditionnellement de pommes cuites le porc et l'oie.

Mais l'une des propriétés importantes de la pomme, confirmée d'ailleurs par de sérieuses études, tient au fait qu'elle confère une protection importante contre les troubles pulmonaires. Elle serait capable de guérir la plupart des maladies respiratoires. Une étude effectuée auprès de 2 500 hommes âgés entre 45 et 59 ans révèle que ceux qui mangeaient cinq pommes et plus par semaine (si l'on fait une cure, on peut en prendre quatre ou cinq par jour) présentaient des conditions pulmonaires nettement supérieures à ceux qui n'en consommaient pas. On croit que l'efficacité de la pomme est due à la présence des bioflavonoïdes, en particulier la quercétine, un puissant antioxydant comme nous l'avons vu plus haut. La quercétine a la propriété de limiter les dommages causés aux tissus pulmonaires, entre autres par la fumée de tabac et la pollution atmosphérique. À ce niveau, pomme et poumons semblent constituer un tandem inséparable.

L'avantage de la pomme est qu'elle est disponible en toute saison, mettant à notre portée la grande abondance de minéraux, de flavonoïdes, d'antioxydants qu'elle recèle. Elle renferme de la vitamine C et P, de la vitamine A, de la thiamine, de la riboflavine, de l'acide nicotinique, du carotène, de la vitamine B6, de la biotine et de l'acide folique. On y retrouve un peu de sodium, du calcium, du magnésium, de la silice, du fer, du soufre et beaucoup de potassium et de phosphore. Parmi les nombreux bioflavonoïdes qu'elle contient, il faut mentionner les phénols et un peu du précieux tanin (qui fait la richesse du raisin rouge), sans compter les multiples substances diverses qu'on n'a pas encore mises au jour.

On sait que la plus grande partie des nutriments est concentrée à la périphérie du fruit et dans la pelure. Ainsi, la pelure des pommes et celle des poires contiennent des nutriments de grande valeur. On pourrait dire la même chose de la pomme de terre, dont la plupart des nutriments logent directement sous la pelure. Il est donc préférable de la brosser sous l'eau avant de la faire cuire. Quant à la pomme, c'est sous sa pelure que se trouve la pectine en grande quantité. Il est donc préférable de manger autant que possible la pomme entière. Si vous digérez mal la peau, pelez le fruit le plus finement possible. Mais de grâce, ne vous privez pas pour autant de ce fruit si vous ne pouvez pas manger la pelure; pensez qu'il n'y a pas que de l'eau dans les 99 % du fruit qui restent. Si vous choisissez de ne pas peler le fruit, il faut bien le laver pour éliminer tout résidu éventuel de pesticides et autres substances dues aux manipulations.

L'orange soleil

Quand je vois une belle orange, dodue, juteuse comme c'est le cas pour les oranges de Californie, je ne puis m'empêcher de penser au soleil et à la vie qu'elle représente. Sa couleur orangée me dynamise. Quelle sensation que de mordre dans ce fruit et de sentir le jus sucré gicler dans la bouche! On a l'impression de croquer un morceau de soleil.

L'orange douce est un aliment alcalinisant nutritif, énergétique, minéralisant, rafraîchissant et tonifiant qui livre son contenu nutritif partie par partie. L'orange est traditionnellement consommée le matin à jeun, avant le repas, mais elle peut aussi être avantageusement prise au cours de la journée en laissant s'écouler au moins deux à trois heures après le repas ou une heure avant – c'est le cas d'ailleurs pour tous les fruits.

L'orange est un fruit peu calorique, qui présente une excellente richesse vitaminique. Elle contient peu de minéraux, mais beaucoup de substances qui en font un «aliment-médicament» (ou alicament) contre le cancer en raison de sa haute teneur en «principes actifs»: caroténoïdes, terpènes, limonoïdes (contenus aussi dans la lime), coumarines, vitamine C. Il paraîtrait que l'orange contient pas moins de 56 agents anticancérigènes.

Le fruit recèle aussi beaucoup de flavonoïdes importants, dont la rutine et l'hespéridine. L'activité de la vitamine C est renforcée par la présence de ces flavonoïdes et la présence aussi d'anthocyanes, ces deux derniers jouant un rôle fortifiant et protecteur des capillaires sanguins et du système vasculaire. L'orange présente en même temps des propriétés anti-infectieuses, tout en renforçant globalement les défenses naturelles de l'organisme.

L'orange accroît aussi l'activité cutanée et représente ainsi un incontestable facteur de rajeunissement cellulaire et tégumentaire. En augmentant la vitalité des cellules, en intensifiant la force nerveuse et en activant la plupart des fonctions de l'organisme, l'orange devient ainsi un atout inestimable pour la santé.

Le pamplemousse, apéro du matin

Le pamplemousse est habituellement pris à jeun le matin ou avant le repas du midi, parce qu'il possède une action apéritive et eupeptique. Son jus est délicieux. Mais de grâce, n'allez jamais le contaminer en y ajoutant du sucre.

Le pamplemousse est un aliment alcalinisant nutritif, rafraîchissant et tonifiant. Il possède un pouvoir antihémorragique et dépuratif facilitant la détoxication générale de l'organisme; à cet égard, c'est un excellent purificateur du sang et un draineur des reins et du foie. Il permet à l'organisme de dissoudre les gras et de se débarrasser des toxines, ce qui le rend très utile pour perdre du poids et favoriser la beauté du teint et de la ligne.

En parlant de la pomme, j'ai souligné l'importance de la pectine. Le pamplemousse en contient tout autant et, à ce titre, il peut être considéré comme un fruit qui protège le système cardio-vasculaire. La pectine, en effet, permet de réduire le cholestérol, ce qui protège le cœur.

Il apporte à l'organisme du sucre et ses huiles volatiles qui fortifient les poumons et l'estomac; il stimule l'appétit et active la digestion en agissant sur la sécrétion biliaire et gastrique. Choisissez de préférence le pamplemousse rose, à cause du lycopène qu'il contient.

La pamplemousse est un fruit délicieux et très utile, mais il comporte cependant un inconvénient qui ne concerne évidemment pas tout le monde: le pamplemousse peut modifier la manière de métaboliser certains médicaments. Entre autres, il peut interférer avec les antihistaminiques. En cas de doute, consultez un médecin ou un pharmacien. Mais choisissez toujours le pamplemousse rose, bien dodu et charnu.

Le citron, santé sans pharmacie

On dit familièrement, pour déprécier un objet: «C'est un citron!» Quelle erreur! Tout dans le citron invite au contraire à la pensée positive et à la valorisation. Sa couleur soleil et sa courbure évoquent la joie et la fécondité. Sa forme ovoïde ressemble étrangement à celle du cœur. Son goût piquant et vivifiant rappelle qu'il faut, pour l'équilibre organique du corps, de l'amer aussi bien que du sucré et du salé.

Au moment de sa floraison, le citronnier est paré de magnifiques fleurs odorantes, blanches, teintées de violet. Son fruit présente des vertus curatives très précieuses. On dit volontiers: «Le citron sans parcimonie, c'est la santé sans pharmacie.» Et cette réputation n'est pas surfaite, croyez-moi!

Dans la grande famille des agrumes, le citron n'a pas son pareil pour renforcer le système immunitaire et prévenir les maladies infectieuses en général, tout particulièrement en période d'épidémie (grippale ou autres). Excellent antiseptique, il prémunit contre le rhume, la toux, les maux de gorge et la grippe, et il décongestionne les voies respiratoires. Il fait baisser la fièvre par son action sudorifique. Pour la même raison, il est recommandé contre la rétention d'eau et l'arthrite. Son action diurétique et dépurative, en effet, accélère l'élimination des liquides et des toxines par les reins et la vessie. Son jus fait aussi office d'antiseptique pour l'appareil urinaire et son action est efficace dans le traitement des infections vésicales et rénales. Il aide aussi à l'élimination des déchets de l'organisme. Son action antiseptique s'étend jusqu'à l'intestin, contribuant à préserver l'appareil digestif des infections, dont la diarrhée souvent contractée en voyage.

C'est pour ses grandes propriétés dépuratives que plusieurs font des cures de citron. Ils y trouvent un excellent moyen de purifier l'organisme, notamment pour améliorer les fonctions du foie. Mais alors il faut être prudent. Il est conseillé de commencer d'abord par absorber le jus d'un demi-fruit tous les deux jours, pour progressivement atteindre de six à dix citrons, puis de redescendre en diminuant d'un ou d'un demi-citron chaque fois.

Contrairement à ce qu'on pense, le citron ne produit pas un milieu acide dans l'estomac, mais plutôt alcalin. Il peut ainsi contribuer à l'équilibre acido-basique si important pour la santé. Pour la même raison, il n'est pas décalcifiant, bien au contraire.

Comme tout agrume, le citron est relativement riche en calcium. Ce dernier aide à neutraliser l'excès d'acidité dans l'estomac et protège les parois de l'appareil digestif, soulageant certains problèmes de digestion ainsi que le hoquet, les brûlures d'estomac, les nausées, la constipation, les hémorroïdes et les parasites intestinaux. Il stimule les fonctions digestives.

Le citron contient, en outre, les vitamines A et B, ainsi que de la riboflavine, précieux antioxydants qui permettent de prévenir le vieillissement vasculaire. Il possède aussi du limonène, substance susceptible, croit-on, de neutraliser l'action cancérigène de certains produits chimiques.

Comme tous les agrumes, le citron représente une excellente source de vitamine C. Cette vitamine est bien protégée par la peau épaisse du fruit et préservée par le milieu acide dans lequel elle est en solution. Mais, dès que le jus entre au contact de l'air, la vitamine C s'oxyde et se transforme rapidement en un composé qui ne possède plus aucune propriété vitaminique. C'est pourquoi il est préférable de ne presser le citron qu'au dernier moment avant de l'utiliser. Notons que la vitamine C favorise grandement l'assimilation du calcium dont il est bien pourvu.

Le citron peut être aussi avantageusement associé à l'ail et à l'oignon, dont les principes actifs ont des effets extrêmement favorables, tant sur le cœur que sur les vaisseaux en général.

En prime, le citron est excellent pour la beauté de la peau. Il joue le rôle de régulateur de la vaso-motricité cutanée. Cette propriété a pour effet d'améliorer la circulation capillaire. Jointe à son action hautement dépurative, cette fonction contribue fortement à l'éclat du teint et constitue un atout important dans la beauté de la peau.

J'en profite ici pour souligner au passage un avantage important concernant les agrumes en général dont ne parlent pratiquement pas les ouvrages qui traitent des fruits. Il s'agit de leur rôle dans le fonctionnement de l'intelligence. Cela est dû à la présence de la vitamine C. Habituellement, on associe la vitamine C à la fonction immunitaire et à la formation du collagène dans l'organisme. Mais il faut savoir qu'elle joue aussi un rôle fort important pour le mental. Plusieurs études l'ont démontré. On comprend alors pourquoi le citron s'avère précieux pour obtenir un meilleur rendement physique et intellectuel.

Quel beau et bon fruit que l'ananas !

Ce qui frappe en premier lieu chez l'ananas, c'est la beauté de sa forme. Ce fruit ovale, buriné par la nature, coiffé de tiges qui lui donnent l'air hirsute et frondeur, n'a pas son pareil pour décorer une table. Il fait merveille et crée tout de suite une impression d'aisance et de santé. C'est la raison pour laquelle les gens l'exhibent avec fierté sur leur table.

L'ananas est disponible tout au long de l'année, mais son prix varie en fonction de la saison. Pour choisir un bon ananas frais, il faut se fier à son poids et à son odeur. Il ne faut pas espérer qu'il mûrisse davantage, car une fois séparé de sa tige, l'ananas ne mûrit plus.

L'ananas est un fruit juteux et sucré. Il contient une enzyme qui aide la digestion des protéines, la broméline. Cette enzyme est utilisée en pharmacie pour traiter certaines déficiences du pancréas et des troubles de la digestion. Mais cette substance est surtout présente dans la tige et très peu dans le fruit lui-même. Aussi, pour vraiment bénéficier de la broméline, il vaut mieux la consommer en capsule.

L'ananas est considéré comme bénéfique dans les cas de maladies cardiaques. Il contient du potassium, du bêta-carotène et de la vitamine C. Le jus d'ananas peut aussi soulager les maux de gorge et les bronchites. Il possède en outre une action diurétique facilitant la détoxication organique. Il est aussi antiseptique et anti-inflammatoire. Il est riche en calcium, en fer, en magnésium, en phosphore, en potassium, en vitamines V, B, C, E.

On dit souvent que l'ananas fait maigrir et favorise la perte de poids, mais cette opinion ne fait pas l'unanimité.

Toute la beauté du kiwi est à l'intérieur

S'il est un fruit qui ne paie pas de mine, c'est bien le kiwi. Il n'a pas la couleur flamboyante de l'orange ni l'aspect esthétique de l'ananas. Sur les étagères de l'épicerie, timidement blotti entre d'autres fruits plus colorés et plus séduisants que lui, il faut faire un effort pour l'apercevoir. En fait, on pourrait comparer le kiwi à la jeune fille du Cantique des cantiques, de laquelle il est dit que toute sa beauté est à l'intérieur. À ce titre, il est le symbole même de l'être plutôt que du paraître.

Quand on consent à l'ouvrir, ce petit fruit réserve cependant des surprises. Son intérieur frappe par sa couleur d'un vert tendre. La configuration de sa pâte révèle une arborescence d'une symétrie parfaite, pigmentée de petits points noirs qui attirent tout de suite l'attention.

Originaire de Chine, le kiwi a été découvert chez nous il y a seulement quelques années, mais il s'est vite fait adopter et pour cause. À poids égal, il contient deux fois plus de vitamine C que l'orange et le citron. Il renferme aussi du potassium et des quantités importantes de fibres solubles qui font baisser le cholestérol. Les fibres, comme on le sait, se lient au cholestérol dans le sang et le forcent à regagner les intestins. Il exerce par le fait même des effets bénéfiques sur la tension artérielle.

Le kiwi contient aussi beaucoup de nutriments non encore découverts. Ce petit fruit sans prétention cache peut-être même des ingrédients miraculeux, qui sait. Heureusement, le corps humain est bien équipé pour aller chercher tous ces nutriments pour son plus grand bien.

En consommant le kiwi le matin ou en collation, vous vous sentirez à la fois nourri et léger. Ce fruit est mûr et à point lorsqu'il se révèle souple sous la pression des doigts.

La banane, fruit de la bonne humeur

L'âme de la banane réside dans la bonne humeur qu'elle procure. Ce fruit, en effet, est réputé pour améliorer le sommeil et l'humeur. Cela s'explique. La banane favorise la production par l'organisme d'une substance appelée sérotonine. Cette substance stimule les terminaisons nerveuses du cerveau, produisant un sentiment de joie et de bonheur.

Du point de vue nutritif, la banane a beau ne pas avoir la faveur de certains régimes et être la mal-aimée d'un certain gourou du régime amaigrissant, elle n'en demeure pas moins un fruit de très bonne compagnie. Par sa teneur élevée en glucides (sucres simples ou hydrate de carbone), la banane est un fruit plus calorique que les autres. Voilà pourquoi elle peut constituer une excellente collation pour ceux et celles qui dépensent de l'énergie. Pour la même raison, elle est fortement conseillée aux sportifs et aux étudiants.

Très bien pourvue en vitamines, en fibres, en pectine et en divers éléments minéraux, dont le fer, l'iode, le soufre, le zinc et le magnésium, elle permet de compenser les pertes en minéraux. Sa haute teneur en potassium la rend très bénéfique dans les cas de haute pression. Mais pour profiter de tous ces précieux nutriments et bien la digérer, il faut la mastiquer beaucoup; autrement, avaler une banane, c'est comme s'envoyer du plomb dans l'estomac.

La banane laisse dans l'organisme un excellent résidu alcalin. Elle convient donc aux personnes qui souffrent d'affections arthritiques et rhumatismales, à celles qui souffrent d'ulcère d'estomac, d'hyperacidité stomacale, de diabète, etc.

Il y a cependant quelques précautions à prendre avec ce fruit. La banane se conserve à la température ambiante. Il ne faut donc pas la mettre au réfrigérateur, car elle noircit rapidement au froid. Sitôt épluchée, il faut la consommer, sinon elle s'oxyde rapidement au contact de l'air.

Le raisin, fruit divin de la vigne

Le raisin, «fruit de la vigne et du travail des hommes», chante la liturgie chrétienne. Ce fruit est tellement valorisé dans la religion chrétienne qu'il a été élevé à la dimension de sacrement, représentant le sang même du Christ. Et cela ne relève pas du hasard, car il possède des qualités exceptionnelles pour reconstituer l'organisme et le sang.

Le raisin est considéré comme l'un des meilleurs fruits existants, un aliment presque complet et parfait. Il est fortifiant, tonique, nourrissant, purifiant. Mais ces qualités relèvent davantage du raisin noir que du raisin blanc.

Le raisin est aussi un fruit relativement énergétique en raison de sa forte proportion en glucides divers, ce qui en fait un excellent régénérateur d'énergie musculaire. Pour une raison voisine, on en fait un aliment du système nerveux, soulignant à ce niveau ses effets remarquables. Grâce à la purification du sang, les nerfs sont stabilisés et la maîtrise de soi grandement favorisée. Il est aussi reconnu que le raisin est un excellent dépuratif et laxatif.

Le raisin fortifie le muscle cardiaque et contribue à la disparition des troubles causés par l'hypertension artérielle. Il faut dire que cette action bénéfique est due en grande partie aux sels de potassium renfermés dans le raisin qui exercent une action tonicardiaque importante. On croit aussi qu'un pigment qu'il contient, la quercétine, aurait la particularité de régulariser les taux de cholestérol dans le sang et que, en réduisant l'action des plaquettes sanguines, le raisin préviendrait par le fait même la formation des caillots. C'est aussi en vertu de la quercétine sans doute qu'on attribue au vin les mêmes effets bénéfiques que le raisin sur la santé cardiaque, à condition, bien sûr, d'être bu avec modération.

Le raisin noir surtout est riche en bioflavonoïdes et en antioxydants. La peau du raisin contient du resveratrol, un produit phytochimique efficace dans la lutte contre le cancer; on a démontré en effet qu'il pouvait arrêter le développement de tumeurs précancéreuses et cancéreuses.

Le raisin noir contient un autre antioxydant puissant, le polyphénol, qui protège le cerveau et les tissus conjonctifs du vieillissement. Le polyphénol est actuellement présenté comme le secret de la jeunesse. L'effet protecteur des polyphénols sur les cellules de la peau a été beaucoup étudié : on a conclu qu'il protégeait du vieillissement de façon plus efficace encore que les enzymes endogènes et la vitamine E, qui figurent pourtant parmi les antioxydants les plus efficaces connus à ce jour.

Quand on parle de la valeur du raisin, il faut faire une place de choix aux pépins, qui se sont révélés ces dernières années d'une grande richesse pour la santé et d'une grande efficacité dans la lutte contre le vieillissement. Les pépins du raisin contribuent à bloquer les enzymes destructrices des cellules et à réduire l'affaiblissement du collagène provoqué par les radicaux libres. Voilà pourquoi, pour régénérer la peau en profondeur, rien de mieux qu'une cure de pépins de raisin. Quand le sang est pur, la peau du visage devient lisse, transparente et éclatante. L'efficacité des pépins de raisin est telle qu'ils valent à eux seuls presque tous les cosmétiques. J'exagère ? Pas tellement. Si vous pouviez conjuguer la valeur du pépin de raisin avec celle du lycopène, de la coenzyme Q10, du silicium et de la vitamine C, vous bénéficieriez d'une vraie cure de jouvence ! Je vous mets au défi de trouver un meilleur régénérateur tissulaire sur le marché.

Les fameux polyphénols se trouvent dans la peau du raisin, mais surtout dans les pépins ; ce sont eux qui contribuent pour une large part à la lutte contre le vieillissement. Comme il est difficile d'avaler des pépins, il est préférable de les prendre en capsules ou en comprimés. Plusieurs compagnies offrent d'excellents produits.

En ce qui a trait aux raisins, il est important de bien les laver avant de les consommer, car ils sont presque toujours traités avec des produits chimiques.

Le bleuet, aliment miracle !

On ne tarit pas d'éloges au sujet du bleuet. On parle de lui comme d'un « aliment miracle », d'une « fontaine de jouvence pour le cerveau », du « meilleur antioxydant naturel » qui soit. Ce sont, en tout cas, quelques-uns des titres qui coiffent habituellement les articles écrits sur le bleuet. Qui pourrait penser que ce petit fruit à la robe bleue, perdu dans la forêt – je parle ici du bleuet sauvage –, recèle autant de vie ?

Le bleuet fait partie de la famille des airelles. Il est cultivé surtout au Canada et aux États-Unis. Il est plus sucré que sa petite cousine d'Europe, la myrtille, qui ressemble étrangement au bleuet. Ils ont des propriétés comparables, si bien que dans la pratique on parle tantôt de bleuet, tantôt de myrtille.

Ce n'est que récemment qu'on a découvert les propriétés exceptionnelles de ce petit fruit. On dit que le bleuet apporte plus de bienfaits à l'organisme que tout autre fruit. Il vient en tête de liste des fruits les plus riches en antioxydants et l'on y trouve, entre autres, les puissants anthocyanes appartenant à la famille des flavonoïdes.

Avec toute cette richesse, on comprend facilement pourquoi les écrits prolifèrent sur les bienfaits de ce fruit et ne tarissent pas d'éloges à son sujet. On l'a surnommé la « baie miraculeuse ». On l'a présenté comme une véritable « centrale naturelle d'antioxydants ». Les domaines où se révèlent sa force et son efficacité ne se comptent plus : maladie de l'œil, dégénérescence maculaire, virus, grippe, système immunitaire, arthrite (il se révèle un puissant anti-inflammatoire), diabète, cholestérol, hypertension, fibromyalgie, fatigue, cancer, maladie cardiaque, vieillissement, perte de mémoire, de motricité, maladie d'Alzheimer (excellent pour le cerveau). Il améliore l'équilibre et la coordination, etc. Le bleuet assure une meilleure communication entre les cellules. Avec sa digne émule, la myrtille, il apparaît comme une véritable fontaine de jouvence. Il est présenté comme un fruit qui prolonge la vie. Et, soit dit en passant, tout cela est appuyé par des études fort sérieuses effectuées par d'éminents chercheurs et biochimistes.

Le bleuet est une mine de flavonoïdes qui renforcent les vaisseaux capillaires et améliorent la circulation. Par ailleurs, les anthocyanes présents dans les flavonoïdes sont à la fois antioxydants, anti-inflammatoires et anti-infectieux. Ces substances sont douées de propriétés antibiotiques efficaces contre certaines souches de E. coli, bactéries souvent à l'origine de la diarrhée tropicale et d'autres infections semblables (grippe intestinale, fièvre typhoïde, dysenterie, etc.).

Une autre grande spécialité de ce petit fruit est de combattre les infections urinaires. Le bleuet contient une substance qui fortifie la paroi urinaire contre les bactéries. Il augmente, en outre, l'acidité de l'urine, aidant ainsi à détruire les bactéries qui envahissent la vessie et l'urètre.

Les puissants produits phytochimiques que sont les pigments appelés anthocyanidines renforcent les parois des capillaires, ce qui facilite l'adaptation de l'œil quand on passe de l'obscurité à la lumière et vice versa. La réputation du bleuet dans la préservation d'une excellente vision n'est plus à faire.

De tout temps, les vertus astringentes des bleuets (ou myrtilles) les ont fait recommander chaque fois qu'il s'agit de resserrer les tissus, de combattre la dysenterie, de réduire le flux menstruel. Ces vertus se confirment contre les diarrhées, même tuberculeuses, là où toutes les autres médications échouent.

Une demi-tasse de bleuets apporte autant d'antioxydants que cinq portions de fruits ou de légumes. C'est dire les propriétés exceptionnelles de ce fruit. Si vous prenez le bleuet en comprimés ou en capsules, une capsule ou un comprimé contiennent l'équivalent d'une demi-tasse de bleuets. Choisissez de préférence les comprimés ou capsules qui contiennent le bleuet entier, c'est-à-dire comprenant aussi les feuilles. Privilégiez le bleuet sauvage; là-dessus, le bleuet de la région du Saguenay–Lac-Saint-Jean, au Québec, est particulièrement recommandé.

Un choix judicieux de fruits et légumes

Nous avons présenté jusqu'ici un choix de fruits et légumes. Comme choisir, c'est sacrifier, je suis conscient de ne pas avoir fait le tour de tous les légumes et fruits excellents pour la santé. Mais le lecteur qui veut en savoir davantage a tout le loisir de consulter l'un ou l'autre des nombreux ouvrages de nutrition offerts sur le marché.

En ce qui concerne la composition des jus de fruits, il n'est pas nécessaire d'utiliser chaque fois sept à huit fruits. Les cocktails trop compliqués à faire découragent. Vous pouvez simplifier en adoptant ce que j'appelle *la formule des trois fruits*. Il suffit d'alterner:

pomme / orange / cantaloup;
pomme / orange / kiwi;
pomme / orange / melon;
pomme / orange / pêche;
pomme / orange / pamplemousse;
pomme / orange / fraise;
pomme / orange / framboise;
pomme / orange / bleuet;
pomme / orange / citron, etc.

Comme vous l'avez remarqué, la formule des trois fruits adopte comme base la pomme et l'orange, deux fruits exceptionnels que l'on doit prendre quotidiennement, et le troisième fruit relève d'un choix personnel. Mais pas de banane, de datte avec les fruits acides ou mi-acides.

Les critères qui ont motivé notre choix de fruits et de légumes sont simples. Nous avons choisi des fruits et des légumes du quotidien, qui ont, pour la plupart d'entre nous, marqué notre enfance, avec lesquels nous avons grandi, et qui ont accompagné les hauts et les bas de notre existence. Ils font partie de notre culture, au sens littéraire et agricole du terme. Leur saveur nous est familière et, surtout, ils se prêtent bien à être consommés en jus. Quand on mange trop compliqué, trop complexe, genre cocktails exotiques ou fantaisistes (qui ont quand même leur mérite), croyez ma parole, on se décourage rapidement et on abandonne tout.

Ces légumes et ces fruits ont l'avantage d'être bon marché et ont fait pour la plupart l'objet de sérieuses recherches sur leur teneur élevée en nutriments, en vitamines et en antioxydants.

Nous poursuivrons, en complément, avec quelques autres aliments qui ont une valeur alimentaire et nutritive exceptionnelle. Tous ces aliments pourraient figurer dans la liste des 10 meilleurs aliments au monde.

Le soja, parmi les meilleurs aliments

Dans la liste des 10 meilleurs aliments, le soja figurerait en premier. Il est l'aliment végétal le plus nourrissant qui soit et celui qui se prête au plus grand nombre de transformations. Les multiples façons de l'utiliser en témoignent : farine, tofu, miso, yogourt, tamari, sauce, lait de soja, etc.

Les propriétés nutritives du soja sont telles qu'on l'appelle l'incontournable anti-âge. Les isoflavones de soja, qui sont des phyto-œstrogènes, empêchent la dégradation du collagène de la peau due à la réduction du taux d'œstrogènes. Appliqués sur la peau, les isoflavones de soja stimulent le renouvellement cellulaire et aident à redensifier la peau vieillissante du cou et du visage. Il existe d'ailleurs de nombreux produits de beauté qui vont en ce sens.

Le haricot de soja est la légumineuse la plus cultivée sur la planète. C'est aussi la plus riche en protéines. Certains affirment même que la protéine que renferme le soja se compare à celle de la viande, du poisson et des œufs. Les spécialistes, cependant, s'accordent à dire qu'il en possède autant que la viande, mais que sa protéine est de moins bonne qualité que celle de cette dernière.

Pour se faire une idée de la valeur des aliments du point de vue protéique, j'ai retenu l'opinion de deux biochimistes, le docteur Réjean Daigneault et Cornelius G. Bulik, auteurs d'un excellent ouvrage intitulé *Encore jeune à 100* ans. Ces auteurs classent ainsi les protéines : les protéines du blanc d'œuf et celles du lait sont cotées avec un coefficient de 100, c'est-à-dire qu'elles sont idéales ; celles du riz complet obtiennent 75, celles du soja 70, et celles du blé 50. Mais deux sources de protéines végétales incomplètes peuvent se compléter mutuellement. Par exemple, le riz complète le soja, le maïs complète les haricots, le blé complète les pois chiches et les lentilles, etc. Leur combinaison permet de se rapprocher du coefficient maximal 100.

En fait, ce qui se produit dans le cas des protéines végétales, c'est qu'elles ont un ou plusieurs acides aminés essentiels qui sont quantitativement déficitaires, ce qui constitue donc un facteur limitant la synthèse protéique dans les organes. L'absence ou la réduction importante d'un seul de ces acides aminés essentiels altère, au moins partiellement, l'utilisation de tous les autres, perturbant ainsi la synthèse protéique. Voilà pourquoi, pour obtenir des protéines végétales comparables aux protéines animales, il faut associer des protéines d'origines différentes, ce qui permet éventuellement de compenser leurs insuffisances respectives.

Nonobstant ce point, le soja est un aliment exceptionnel et ses vertus sont très diverses. Les plus récentes recherches tendent à démontrer que la consommation de soja protège contre les maladies coronariennes et réduit le taux de cholestérol sanguin. À ce titre, il est vraiment reconnu comme l'ami du cœur. Les recherches dans ce domaine prouvent d'ailleurs son efficacité.

Le soja aide également à réguler le taux de glycémie chez les diabétiques et à réduire les risques de calculs rénaux. Il diminue les symptômes de la ménopause et est efficace dans le traitement du syndrome prémenstruel, mais il n'y a pas d'étude scientifique là-dessus. On se base sur le fait que les femmes asiatiques, qui consomment de grandes quantités de soja dans leur alimentation quotidienne, ne ressentent presque aucun des maux liés à la ménopause. Voilà pourquoi ses propriétés phyto-œstrogéniques sont les plus connues et de plus en plus utilisées pour contrer les déséquilibres hormonaux.

On a aussi remarqué qu'en Asie, là où le soja fait partie de l'alimentation de base, les taux de cancers du sein et de cancers de la prostate étaient de beaucoup inférieurs à ceux de l'Occident. Certains chercheurs ont attribué ce fait à la génistéine et aux isoflavones du soja, substances chimiques qui réduiraient l'action des œstrogènes. Le soja se révélerait ainsi un agent anticancéreux très efficace. Mais dans le domaine précis du cancer du sein, d'autres recherches récentes invitent à la prudence, car le soja pourrait au contraire stimuler la croissance des cellules cancéreuses[6].

---

6. Une étude récente effectuée par l'Association américaine du cœur met fortement en doute les affirmations de la documentation scientifique traditionnelle concernant les propriétés du soja de réduire le cholestérol, les symptômes de la ménopause et les bouffées de chaleur.

Les isoflavones auraient par ailleurs la propriété de réduire la perte osseuse après la ménopause, ce qui rendrait la graine de soja utile pour prévenir l'ostéoporose.

Le soja aurait également une action favorable sur le métabolisme des cellules cérébrales, augmentant la résistance à la fatigue sous toutes ses formes : asthénie physique et asthénie intellectuelle. Il agit sur l'artériosclérose et ses conséquences : hypertension artérielle, infarctus, accidents vasculaires cérébraux, artérite, etc.

Dans tout ce concert de louanges, il faut cependant poser un bémol. Le tofu solide, le soja et les produits du soja contiennent un élément qui réduit l'activité de la thyroïde. Si vous prenez beaucoup de soja (ou des dérivés du soja), pour contrebalancer l'effet antithyroïdien, consommez en même temps des aliments riches en iode ou prenez quelques gouttes d'iode végétal marin que vous pouvez vous procurer dans un magasin d'aliments naturels.

Par ailleurs, des études ont montré que la richesse du soja en phytates en fait un piège pour le calcium et le fer ; il faut donc veiller à compléter son alimentation avec d'autres sources de calcium, de protéines et de fer. Mais, s'il vous plaît, ne vous privez pas pour autant de ce merveilleux aliment, un prodige de la nature.

Le gruau d'avoine, céréale de l'énergie

L'avoine est une céréale beaucoup moins utilisée que le blé. Et pourtant, sa valeur nutritionnelle est immense. Voulez-vous être fort, avoir de l'énergie à revendre ? Voulez-vous avoir un teint clair, éclatant, une peau ferme ? Consommez chaque jour du gruau d'avoine. Cette céréale mérite d'être sortie des greniers et replacée sur les tables. Il faut absolument faire connaître cette céréale, véritable cadeau de Dieu aux humains.

Je pourrais apporter ici ma propre expérience. Jeune, j'appartenais à une famille très pauvre. La pauvreté va souvent de pair avec une alimentation déficiente. Mais, grâce au ciel, chaque matin je mangeais un copieux bol de gruau d'avoine et je me souviens d'avoir toujours eu de l'énergie à revendre, une mémoire et un dynamisme mental exceptionnels.

En fait, l'avoine est une céréale dont beaucoup ignorent la valeur. Consommée en gruau (grain d'avoine) ou en crêpe (farine d'avoine), c'est un aliment nourrissant et très énergétique. Si vous la consommez en gruau, de grâce n'utilisez pas d'eau dans la préparation, comme le font les restaurants. C'est vraiment trop fade. Préparez votre gruau avec du lait, ajoutez-y une cuillère d'huile d'olive et n'hésitez pas à le saupoudrer légèrement de cassonade, comme on le faisait traditionnellement. Quelles délices !

Je me rappelle que mon grand-père – excusez la comparaison ! – donnait de l'avoine à ses chevaux quand ils avaient une grosse journée à faire ou quand ils devaient parcourir un long trajet ou qu'ils avaient à se défendre contre le froid de l'hiver. L'une des raisons qui font de l'avoine un aliment énergétique concerne en partie son action sur la glande thyroïde. L'avoine stimule le fonctionnement de cette glande et permet ainsi d'améliorer la résistance de l'organisme au froid.

Le gruau est un aliment énergétique, mais aussi un excellent reconstituant physique et mental. Il donne de l'endurance intellectuelle aussi bien que physique. Il est antidépresseur, tonique et reconstituant du système nerveux. L'avoine qu'il contient fournit en outre un nutriment qui stimule le travail physiologique. Ce nutriment s'appelle « avénine » (avena : avoine) et est responsable de son action restauratrice incomparable. Ajoutons que l'avoine est aussi très recommandée pour faire baisser le taux de cholestérol. Elle possède à cet égard une étonnante efficacité.

Toute cette panoplie d'avantages nutritionnels est à votre portée, mais à une condition. Le gruau ne peut procurer ces bienfaits revitalisants que s'il est bien mastiqué. Le travail principal pour digérer le gruau commence dans la bouche en le mélangeant avec la salive, comme c'est le cas pour tous les hydrates de carbone ou féculents (pain, gâteau, céréales, pomme de terre, etc.). Trop vite avalé, il produit des lourdeurs d'estomac accompagnées de fermentation intestinale. Bien assimilé, c'est un aliment très nourrissant pour ne pas dire un aliment de longévité.

Les noix, gardiennes du cœur

Les noix figurent également dans la liste des 10 meilleurs aliments. Il est reconnu que les personnes qui consomment régulièrement des noix risquent moins de subir une crise cardiaque ou de mourir d'une maladie coronarienne. Les noix renferment, de plus, des substances inhibitrices du cancer, tout comme le brocoli et le chou-fleur.

On dit même que la consommation de trois à cinq noix par semaine, en particulier les noix de Grenoble, suffit pour avoir un bon cœur. Même avantage avec les amandes. Un article que j'ai lu récemment dans une revue de santé portait le titre significatif « Faites ‹amande› honorable ». Et l'article était destiné aux cardiaques.

Cela est dû en partie aux graisses mono-insaturées qui diminuent le taux de «mauvais» cholestérol (LDL) et à la vitamine E qui protège les artères. Mais la présence de mélatonine et d'oméga-3 pourrait jouer un rôle de première importance dans la lutte contre plusieurs maladies, en réduisant l'incidence de certains cancers et de maladies associées au vieillissement comme le Parkinson ou l'Alzheimer. Mais il y a probablement aussi bien d'autres nutriments inconnus dans les noix qui contribuent aux mêmes résultats.

Qu'il s'agisse des noix de Grenoble, de cajou ou de pécan, des amandes, des noisettes et des cacahuètes, toutes sont excellentes pour la santé. Il faut en consommer au moins trois fois par semaine. Les noix sont très riches en calcium et en phosphore, en cuivre, en zinc, mais l'un de leurs avantages importants, dont on parle très peu, concerne le cerveau. Les noix sont une excellente source de bore, un oligoélément très peu connu qui est essentiel à la bonne marche du cerveau et qui intervient dans l'activité électrique des neurones. Le bore améliore la réception des neurotransmetteurs à la surface des cellules. Voilà pourquoi le manque de bore ralentit le cerveau. Inutile de dire que les noix sont très recommandées à ceux qui s'adonnent à un travail intellectuel intense et aux étudiants en période d'examens.

Les noix sont toutefois difficiles à digérer. Il est donc préférable de les manger au début du repas, de bien les mastiquer et d'éviter les excès le soir. Pour votre santé, ayez toujours à portée de la main une boîte de noix mélangées.

La levure de bière, une force vitale

Une force vitale exceptionnelle! Un aliment pratiquement complet! Un aliment régénérateur! Une alliée incomparable pour lutter contre le vieillissement! Un aliment-beauté! Voilà en quels termes on pourrait présenter la levure de bière vivante, véritable cadeau des dieux.

Il y a quelques décennies, la levure de bière constituait l'un des produits naturels les plus populaires. Cette popularité lui est venue au moment où l'on a pris conscience de la piètre qualité de la nourriture industrielle, dévitalisée, vidée de ses éléments les plus nutritifs. On s'est tourné alors vers les suppléments alimentaires naturels, qui n'existaient pas en aussi grande quantité qu'actuellement. Parmi ces aliments figurait la levure de bière. La levure mérite vraiment d'être remise à l'honneur, car elle peut rivaliser avec beaucoup de produits présentement à la mode dont on vante les vertus exceptionnelles. Mais alors, il ne faut pas confondre la levure de bière avec la levure alimentaire et encore moins avec la levure que l'on trouve dans la bière populaire, qui ne sont aucunement comparables à la levure de bière vivante.

Des livres entiers ont été écrits sur les bienfaits de la levure de bière. Elle renferme tous les éléments dont le métabolisme a besoin pour bien fonctionner. Son analyse biochimique démontre, en effet, qu'elle contient: protéines, glucides, lipides, sels minéraux, vitamines et surtout les vitamines du complexe B dont elle est très riche. Elle recèle aussi en abondance des enzymes qui favorisent la digestion, sans parler de sa flore de saprophytes solubles qui permettent de lutter contre les germes de putréfaction dans l'intestin.

Lorsqu'on prend de la levure de bière vivante pendant une période suffisamment prolongée, une véritable armée de cellules pénètre dans notre organisme. Cette armée non seulement s'attaque aux toxines circulant dans le sang, mais elle augmente également l'efficacité du système immunitaire. De plus, la levure de bière vivante peut renouveler la flore intestinale malmenée par les antibiotiques et les médicaments.

La levure de bière contient également de l'acide nucléique en abondance. On sait que cet élément est responsable de la formation des nouvelles cellules qui viennent remplacer les cellules endommagées. Lorsqu'on vieillit, l'acide nucléique perd progressivement sa capacité de commander aux cellules de se renouveler. C'est ce qui explique principalement pourquoi la peau perd, avec le temps, son élasticité et sa souplesse et devient ridée. À cet égard, il est reconnu que la levure de bière vivante peut ralentir les effets du vieillissement cellulaire. Elle permet de retrouver la jeunesse de la peau, des organes, de lutter contre les infections, l'anémie, etc.

La levure est connue depuis l'Antiquité comme un remède efficace contre de nombreuses maladies de peau. On dit qu'elle travaille au niveau de la profondeur des tissus de la peau. Comme la peau est le reflet de la santé, la levure de bière mérite une place importante en dermatologie. À l'instar du gruau d'avoine, la levure de bière vivante est un aliment de jeunesse et de longévité.

Dans cette foulée, selon le nutritionniste américain Paul Bragg, l'acide nucléique contenu dans la levure de bière vivante posséderait la mystérieuse capacité d'aider à remonter l'horloge biologique, de retarder le vieillissement prématuré et de recharger les batteries des cellules fatiguées. Cette action se reflète sur les principales fonctions du corps. La peau, comme nous l'avons vu plus haut, en bénéficie, tout comme le muscle cardiaque et la circulation, la digestion, les principales glandes, le système nerveux et les systèmes d'élimination. On sait que la santé de la peau est tributaire du bon ou du mauvais fonctionnement de tous les organes du corps, y compris l'intestin, le foie et le système immunitaire.

Mais pour bénéficier de tous les avantages de la levure, il faut absolument prendre de la levure de bière «vivante», et aucune autre. Elle se vend surtout dans les magasins d'aliments naturels sous forme de poudre, de comprimés ou de gélules. Comme le gruau d'avoine, la levure de bière vivante est facile à prendre, absolument inoffensive et sans contre-indication.

Une chose est sûre, l'utilisation régulière et préventive de la levure de bière vivante peut contribuer largement à maintenir en excellente santé. C'est la clé d'une vie longue et heureuse, car la levure ne fait pas qu'embellir la peau. Par ses ingrédients nutritifs, elle permet aussi d'embellir la vie.

Le thé, « élixir de l'immortalité »

Le thé demeure la boisson la plus consommée après l'eau. En Chine, on l'a surnommé *l'élixir de l'immortalité*. En fait, le thé est un trésor de vie. Pas une revue de santé qui ne parle régulièrement des vertus anticancérigènes du thé.

Il y a deux sortes de thé : le thé noir et le thé vert. La différence tient au traitement que l'on fait subir au thé après sa cueillette. Selon le procédé utilisé, on obtient du thé noir (fermenté) ou du thé vert (non fermenté). Le thé produit sans fermentation (thé vert) est chauffé par la torréfaction pendant quelques minutes à la vapeur, puis roulé et asséché comme le thé noir.

Le thé vert est plus astringent que le thé noir. Astringent signifie qu'il resserre les tissus. Il est donc excellent pour la jeunesse de la peau et c'est la raison pour laquelle il est fortement recommandé en cosmétologie. Il apparaît souvent d'ailleurs dans les produits de beauté et dans les suppléments alimentaires. Le thé noir provient de feuilles fraîchement cueillies, c'est-à-dire exposées à l'air, ce qui brunit la plante ; les feuilles de thé vert sont rapidement torréfiées, ce qui bloque toute fermentation.

Que l'on parle du thé vert ou du thé noir, il s'agit du même thé. L'un serait aussi nutritif que l'autre. Les deux protègent le cœur grâce à leur activité antithrombotique, ainsi que le foie ; ils diminuent le taux de cholestérol et de triglycérides. Leur pouvoir antioxydant est très élevé. Cette action est principalement due aux polyphénols et aux tanins, les mêmes que ceux du vin rouge dont on chante les louanges, mais sans l'inconvénient de l'alcool et les calories !

La réputation des polyphénols aujourd'hui est immense. À tel point que, dans la catégorie des antioxydants, certains spécialistes les considèrent comme supérieurs à la vitamine E et à beaucoup d'autres antioxydants. L'action de ces polyphénols est variée : elle est antivirale, antibactérienne, ce qui fait du thé vert un excellent remède contre la grippe et toute infection. Le thé vert est aussi puissamment anticancéreux. Il est reconnu comme celui qui combat le mieux les radicaux libres. Il prévient certains cancers, notamment ceux des appareils digestif et urinaire et celui de la peau.

Mais il faut savoir que, plus le thé vert est infusé, plus il contient de la caféine. Comme cette substance est un peu agressive pour la muqueuse de l'estomac, il vaut mieux s'abstenir de thé ou le consommer décaféiné en cas d'ulcère ou de reflux gastro-intestinal. Même punition si vous souffrez d'hypertension artérielle. Le thé peut faire augmenter la tension.

En terminant, retenez que le thé figure parmi les meilleurs aliments et les meilleures boissons au monde. Il est à prendre chaque jour si vous n'avez pas d'intolérance, car c'est une boisson de santé et de longévité.

La flore intestinale

On entend beaucoup parler de la flore intestinale. On la présente comme une condition essentielle pour être en santé. Mais qu'en est-il exactement ?

La flore intestinale est constituée de micro-organismes qui pourraient se comparer à une armée de bactéries luttant contre d'autres bactéries toxiques. Elles logent dans les intestins par centaines de milliards.

Nous venons d'évoquer la lutte. Nous avons déjà montré comment le corps humain est l'objet d'une lutte constante entre des forces contraires : les oxydants contre les antioxydants, les bonnes bactéries contre les mauvaises. On pourrait comparer le milieu biologique du corps humain à un champ de bataille en alerte 24 heures sur 24. Mais l'important n'est pas tant la présence des ennemis – il y en aura toujours et ils seront toujours envahissants –, comme les victoires remportées contre eux. Tant que le corps se défend, il n'y a pas de problème. Rappelez-vous cet adage : « Le microbe n'est rien, c'est le terrain qui est tout. » Cela signifie que la qualité du terrain l'emporte sur les microbes dans l'évolution des maladies.

Bien plus, on peut dire que chaque fois que l'organisme est agressé et qu'il se défend, il devient plus fort. Le philosophe allemand Arthur Schopenhauer a écrit pertinemment : « Chaque assaut qui ne détruit pas l'homme le renforce. » Cela est aussi vrai pour ce qui se passe à l'intérieur du corps humain.

Nous avons montré plus haut comment l'adulte est formé de dizaines de milliers de milliards de cellules. Son intestin abrite cependant en permanence encore dix fois plus de bactéries vivantes. Or, la muqueuse intestinale est le lieu où se fait l'absorption des aliments et, par voie de conséquence, des substances toxiques. Comme les bactéries vivent aux dépens des restes d'aliments qui séjournent dans l'intestin, notamment dans le côlon, elles participent donc à la dégradation des aliments. Les bactéries s'avèrent à cette étape essentielles à la digestion.

L'écologie bactérienne de notre intestin demeure encore bien mystérieuse, mais une chose est certaine : le fait d'augmenter la flore intestinale augmente le taux de lymphocytes naturels dont les effets accroissent la production d'interféron, qui détruit les cellules cancéreuses. Les bactéries assurent ainsi une protection vis-à-vis des corps étrangers et nuisibles à l'organisme, notamment les virus.

On connaît depuis longtemps le rôle du yogourt et de ses bactéries lactiques. Le yogourt renforce les fonctions immunitaires mieux que n'importe quel médicament créé à cet effet ; il guérit plus vite la diarrhée que n'importe quel antidiarrhéique et renferme des antibiotiques plus puissants que la pénicilline. On dit, en outre, que la bactérie lactique *Lactobacillus acidophilus* est excellente pour le teint. Elle donne un visage lumineux.

Récemment, on a mis sur le marché le lait probiotique contenant des milliards de bactéries actives, ce qui en fait un aliment aussi important que le yogourt. Il est recommandé de consommer chaque jour une à deux tasses de lait fermenté, en « culture vivante » (ou acidophile), ou de culture probiotique (bactéries actives saines).

Le kéfir est également apparu dans certaines épiceries. Le kéfir vient des habitants du Caucase (Russie centrale) et du Moyen-Orient, qui le préparent avec du lait de différents animaux (vache, chèvre, brebis, etc.). Comme pour le yogourt, le kéfir est préparé à partir d'une culture spécifique qui le rend légèrement gazeux et alcoolisé. Les micro-organismes propres au kéfir sont différents de ceux du yogourt. Il est conseillé d'en consommer tous les jours, parce que les bactéries du kéfir (comme celles du yogourt) ne sont pas normalement présentes dans le corps humain. On conseille d'en consommer de préférence le matin et le soir, après les repas. Comme le yogourt, le kéfir n'empêche pas de dormir ; au contraire, il favorise notre digestion et notre bien-être pendant que nous dormons, ce qui allège considérablement notre sommeil.

Le kéfir est très nourrissant et facilement digestible. Il est présenté comme un aliment de vie qui serait responsable de plusieurs centenaires dans le Caucase. La documentation médicale et scientifique russe se fait abondante sur les bienfaits du kéfir et démontre ses effets bénéfiques contre une multitude de maladies.

L'importance des micro-organismes dont nous venons de parler est immense pour la digestion. Si, par exemple, vous souffrez de lenteurs et de lourdeurs digestives, consommez des bactéries lactiques et vous serez étonné des résultats. Ces micro-organismes digèrent les fibres alimentaires non dégradées par les enzymes, ils stimulent la régénérescence des cellules intestinales, participent à la synthèse de certaines vitamines (A, B1, B2, B3, B5, B6, B12, K1) et d'acides gras essentiels ; ils aident également à neutraliser diverses toxines présentes dans les aliments.

Récemment, les spécialistes ont souligné les propriétés exceptionnelles, voire miraculeuses, du Bio-K fait de cultures d'*acidophilus* et de *casei* pour combattre des bactéries réfractaires aux antibiotiques et renforcer le système immunitaire. À titre d'exemple, le Bio-K s'est révélé plus efficace que tous les antibiotiques pour traiter la bactérie *C. difficile* (on pourrait ajouter le *E. coli* et la salmonelle). Quant aux antibiotiques, on sait qu'ils détruisent la flore intestinale. Voilà pourquoi il est fortement conseillé de consommer beaucoup de yogourt.

Le fondateur du célèbre Institut Rossel, il y a quelques années, considérait le yogourt comme l'«un des meilleurs aliments à la disposition des humains». De fait, le yogourt passe pour être un aliment de longévité, tout comme le thé vert dont nous avons parlé précédemment.

Le gras et le sucre, moutons noirs de la santé

On ne peut pas parler de santé sans aborder la problématique soulevée par les gras et le sucre dans l'alimentation. Le gras, comme le sucre, a bien mauvaise réputation de nos jours. Ces deux aliments sont allègrement diabolisés, rendus responsables de tous les maux. Le sucre en particulier est présenté comme un aliment meurtrier, le plus nocif de la nature, voire un poison. On allègue que nous n'avons pas besoin de sucre, étant donné que l'organisme, en cas de besoin, le fabrique directement à partir des graisses de réserve. Les graisses sont transformées en glucose.

Nonobstant l'épouvantail que l'on brandit au sujet de ces deux aliments, permettez-moi de me faire quelques instants l'avocat du diable. D'entrée de jeu, je dirai, à l'instar des biologistes, que, s'il y a quelque chose de nécessaire à la vie – et qui contribue au bonheur de l'existence –, c'est bien le gras et le sucre. Il semble y avoir un lien entre le gras, le sucre et la bonne humeur. Enlevez ces deux aliments et vous sacrifiez une partie importante de ce qui fait la «poésie» de l'existence. En ce qui me concerne, j'avoue que c'est avec un immense plaisir que j'applique, une fois par semaine, la règle des 20 % d'écart permis, en les appliquant aux gras et aux sucres.

Je n'hésite pas alors, sous l'œil complaisant de mon Créateur, à consommer quelques aliments issus de la famille des «fruits défendus», par exemple une bonne crème glacée, un bon gâteau forêt noire, une bonne pizza, ou encore je me paie un plantureux repas «terre et mer» au resto.

Mais je sais que ce qui est bon au goût n'est pas nécessairement bon pour la santé. Je prends alors des précautions. J'accompagne ces mets d'antioxydants, rehaussés de deux ou trois comprimés de levure de bière et de yogourt; parfois j'ajoute des enzymes digestives – tout dépendant de la quantité d'aliments ingurgités –, que je prends de préférence avant le repas.

C'est pour cette même raison qu'il faut s'assurer d'avoir en permanence des vitamines et des substances antioxydantes dans les tissus, pour que, au moment d'une agression, elle soit neutralisée. L'absorption de ces antioxydants après l'agression n'a plus la même efficacité, les dégâts étant déjà faits. Par exemple, il est recommandé de prendre des vitamines C, A et E avant d'aller passer une radiographie, avant de prendre un copieux repas ou encore avant de s'exposer au soleil.

Mais revenons aux gras. Sans gras, lipides ou graisses, ou sans le précieux cholestérol, la vie serait impossible. Pas plus qu'une automobile ne pourrait fonctionner longtemps sans huile. Sans graisses – et sans sucre –, la vie serait triste, triste, triste ! Je plains les personnes à qui on interdit formellement les gras et les sucres. Si mon médecin m'annonçait un jour que je ne peux pas manger de gras et de sucre, ce serait pour moi un véritable deuil. On aura beau parler de succédanés, il reste que, sans ces aliments, la qualité de la vie n'est absolument pas la même. Rien ne les remplace pour cultiver la bonne humeur. De plus, les corps gras interviennent à tous les niveaux de la vie : ils fournissent de l'énergie, participent à l'élaboration des cellules et des hormones, assurent le bon fonctionnement du cerveau.

On sait maintenant que les précieux antioxydants que contiennent les légumes ne sont pas bien absorbés par l'organisme s'ils ne sont pas accompagnés d'un peu de gras. Mais parlons un peu de l'importante famille des gras.

Les gras (ou lipides) peuvent être classés en deux catégories : il y a les gras d'origine animale (viande, poisson, beurre, fromage, crème, etc.) et les gras d'origine végétale (huiles d'olive, d'arachide, margarine, etc.). On classe également les gras selon leur degré de saturation. On a ainsi les gras saturés, c'est-à-dire ceux qui deviennent solides à l'air : viande, charcuterie, œuf et tout ce qui est fait avec le lait comme le beurre, le fromage, la crème ; on a aussi les gras mono-insaturés ou polyinsaturés, c'est-à-dire qui demeurent liquides ou semi-liquides à la température de la pièce : huiles d'olive, d'arachide, de tournesol, huiles tropicales (coprah, coco, palmiste, etc.), incluant toutes les graisses de poisson.

Le mot *insaturation* est le mot clé de toute l'histoire des gras. C'est le mot qu'il faut retenir et qu'il faut rechercher sur les étiquettes des produits alimentaires, car il s'agit d'une porte ouverte sur la maladie ou la santé. Le terme *insaturation* est composé d'un préfixe *in* (privatif), joint au mot *saturation* et il signifie «non saturé». Mais il existe divers degrés de saturation. L'échelle va de saturé, mono-insaturé à polyinsaturé. Il faut tendre le plus possible vers les aliments polyinsaturés, c'est-à-dire complètement insaturés (pas saturés du tout).

Les gras sont souvent associés au mauvais cholestérol. Il est vrai que certains gras sont responsables du taux de mauvais cholestérol sanguin (HDL); mais d'autres gras ont au contraire tendance à le faire diminuer considérablement. C'est le cas de l'huile d'olive, de l'huile de tournesol, de l'huile de maïs, etc. Les gras provenant des poissons ont peu d'effet sur le cholestérol, mais agissent favorablement sur les triglycérides. Plusieurs spécialistes disent que le gras provenant des œufs, des volailles (sans la peau) et des crustacés, contrairement à ce que l'on pense, a également peu d'influence sur le cholestérol; d'autres affirment le contraire.

Les gras sont passablement décriés dans la mentalité actuelle. Pourtant, selon les biologistes, les gras alimentaires exercent une action vitale sur les cellules de l'organisme. Les gras construisent le corps et le soignent. Quand le corps reçoit des matières grasses, de quelque origine qu'elles proviennent, il se déclenche dans les cellules du corps une activité biochimique et communicative qui a l'effet d'une explosion. Sitôt le gras arrivé dans l'organisme, les messagers que sont les hormones s'activent fébrilement, répandant la bonne ou la mauvaise nouvelle selon le cas.

Voici d'abord la mauvaise nouvelle: le sang a tendance à se coaguler, les vaisseaux sanguins à se contracter; des maux de tête peuvent apparaître, l'endolorissement s'installer, des tumeurs malignes se développer, sans compter les réactions inflammatoires et immunitaires. Voici en revanche la bonne nouvelle: les bons gras incitent les cellules à fabriquer des produits chimiques qui dissolvent les caillots sanguins indésirables, ils combattent les douleurs articulaires et s'opposent à l'action des cellules cancéreuses. Ils agissent aussi dans le cas du diabète et de ses complications, pour fluidifier le sang, pour prévenir les thromboses et les infarctus, pour diminuer les états inflammatoires et les allergies, pour augmenter l'efficacité du système immunitaire. Les bons gras jouent également un rôle capital dans le système hormonal. On sait que les hormones augmentent la résistance au froid, accroissent la vitesse et l'efficacité de l'influx nerveux, donc des réflexes, ainsi que les capacités de la mémoire.

Il faut donc retenir que les gras sont particulièrement importants pour le cerveau, qui se compose de 60 % de matières grasses. Nous sommes probablement ici en présence de l'un des facteurs les plus importants concernant la santé du cerveau : les bons gras donnent un « bon » cerveau et les mauvais gras un « mauvais » cerveau.

Et ici, on ne peut passer sous silence l'importance de la lécithine (en huile ou en granules) pour le cerveau et le système nerveux. La lécithine peut générer une grande force mentale et nerveuse. Elle dynamise le cerveau et calme les nerfs irrités. On n'insistera jamais assez sur l'importance de la lécithine, non pas uniquement pour la santé mentale ou pour le système nerveux, mais aussi en raison de son rôle comme agent protecteur du foie (elle est un émulsifiant naturel des graisses), des reins, du cœur, des glandes endocrines, de l'intestin, etc. On la dit aussi efficace pour réduire le cholestérol. Le foie, évidemment, en fabrique, mais l'organisme en manque souvent.

Et là ne s'arrêtent pas les avantages de la lécithine pour le cerveau. Les phospholipides et le phosphore qu'elle contient en font l'aliment numéro un du travail intellectuel et de la mémoire. Des recherches ont montré qu'en vieillissant nos réserves de lécithine diminuaient. Beaucoup de personnes âgées disent qu'elles perdent la mémoire, alors que dans bien des cas elles sont plutôt carencées en lécithine.

Il se produit le même phénomène lorsque nous passons à travers des périodes de surmenage ou de tension nerveuse. Dieu sait jusqu'à quel point l'idéologie de la performance qui caractérise notre civilisation mine nos réserves d'énergie profonde. Notre système nerveux finit par ne plus pouvoir répondre aux exigences de la vie moderne. Dans ces conditions, la lécithine peut contribuer à la stabilité émotive de la personne et favoriser la maîtrise de soi.

Une propriété de la lécithine est souvent ignorée : son pouvoir régénérateur exceptionnel de la peau, notamment dans les cas de plaques sur le visage, de cernes autour des yeux, de maladies dues au vieillissement. La lécithine s'avère essentielle à l'intégrité des tissus cellulaires et est considérée par les scientifiques comme un aliment régénérateur par excellence. Certes, elle ne remplace pas le médecin, auquel il faut recourir dans les cas plus sérieux. L'adage : « Sois toi-même ton propre médecin » doit toujours être interprété avec discernement. Chaque fois, cependant, que nous parlons des propriétés curatives des aliments, nous nous basons évidemment sur des études sérieuses.

Revenons au rôle du gras dans la santé du cerveau. Le cerveau est le chef d'orchestre de notre organisme. Il contient tout le matériel à penser. Comme nous l'avons déjà souligné, le cerveau est en même temps la construction la plus complexe et la plus mystérieuse de l'univers, dépassant des milliers de fois la construction du cosmos. Ce que l'on sait jusqu'à maintenant du cerveau représente tout au plus l'abc de ce prodigieux organe. Le cerveau est le théâtre de la vie mentale, intellectuelle, créatrice, émotionnelle et du plaisir. Or, toutes les substances dont il a besoin pour se construire et se maintenir proviennent de l'alimentation (et de l'air aussi, bien sûr).

Ainsi, nous savons que le cerveau est un organe qui a surtout besoin d'une alimentation riche en nutriments comme les acides aminés, dont le rôle est de favoriser les neurotransmetteurs, les acides gras, les oméga-3 et les précieux phospholipides dont la lécithine est particulièrement riche. S'ajoute le magnésium dont l'importance est telle pour le cerveau que l'on en fait une question de vie ou de mort. On sait que le magnésium contribue à réguler la croissance cellulaire. Le cerveau a aussi besoin du précieux iode, dont on ne parle pas beaucoup, estimant que l'alimentation quotidienne en est bien pourvue, et qui contribue directement à l'activité cérébrale, en jouant un rôle essentiel dans le fonctionnement même de l'intelligence.

Si les gras jouent un rôle vital dans le fonctionnement du cerveau, le carburant de notre moteur psychique demeure le sucre ou le glucose (sucre simple). Le cerveau s'en sert comme source d'énergie. Lorsque cette substance se trouve en quantité insuffisante dans le sang, le cerveau et l'ensemble du système nerveux ne sont pas en mesure de fonctionner correctement. L'attention s'effrite et la fatigue cérébrale s'installe. Et non seulement l'attention, mais aussi l'humeur s'en trouve affectée. Les recherches ont démontré que, lorsqu'une personne souffrant de troubles de l'humeur consomme des glucides, les symptômes s'atténuent, deviennent faciles à gérer ou disparaissent complètement.

On sait par ailleurs que la meilleure source de sucre se trouve dans les fruits de toutes sortes, en particulier la figue et la datte qui sont incomparables pour procurer de l'énergie cérébrale ou mentale. Par exemple, lorsque vous devez vous adonner à une activité intellectuelle ou créatrice, mangez des figues ou des dattes. Bouddha recommandait une alimentation à base de figues, de dattes, de grenades et de noix pour atteindre un état de conscience supérieur. Cela n'est cependant pas une raison pour en abuser.

On dit souvent qu'on a l'âge de son cœur et de ses artères, mais on peut dire aussi qu'on a l'âge de son cerveau. Les personnes qui demeurent créatives ont une espérance de vie utile et active plus grande, ce qui témoigne de l'importance de la santé du cerveau. Et dans cette perspective, il existe des études scientifiques sérieuses sur les effets cumulatifs de divers types de matières grasses sur les fonctions cérébrales et notamment la mémoire. Mais le gras n'agit pas que sur le cerveau.

L'œil et l'oreille, tout autant que le cerveau, sont fortement tributaires des gras. La rétine en particulier est l'un des tissus vivants de l'organisme les plus riches en acides gras polyinsaturés. On sait que la vision et l'audition peuvent être perturbées par une carence en acide alpha-linolénique.

Disons un mot maintenant sur une autre façon de désigner les mauvais gras. Cette façon utilise l'expression « gras *trans* ». Ces gras proviennent des produits transformés, d'où le nom « trans ». Les huiles polyinsaturées qui ont été traitées et hydrogénées (par exemple la margarine, les shortenings d'huile végétale, les biscuits, biscottes, gâteaux, etc.) sont des gras «trans», c'est-à-dire qu'on ne les trouve pas naturellement dans les aliments. Mais alors, il faut distinguer entre les gras «trans» obtenus chimiquement et les gras «trans» qu'on obtient par la transformation de produits naturels comme le lait. Ces derniers s'avèrent beaucoup moins nocifs que les premiers.

Les gras «trans» ont été mis sur le marché parce qu'ils permettent de conserver les aliments plus longtemps. Si l'on veut se libérer de ce type de gras, il faut donc adopter une nouvelle mentalité et abandonner l'idée de vouloir conserver à tout prix les aliments frais plus longtemps, ce pour quoi les gras «trans» ont été créés.

Les gras «trans» sont très nocifs pour la santé. Ce sont des gras qui envoient en général de mauvais messages aux cellules, brouillant la communication, déclenchant des avalanches de «radicaux libres». Les attaques par ces derniers transforment les acides gras polyinsaturés en radicaux eux-mêmes. Ils font augmenter le mauvais cholestérol. En outre, plusieurs études récentes ajoutent à la liste des méfaits occasionnés par ce type de gras des troubles de mémoire et d'apprentissage.

Nous venons de mentionner quelques sources de gras «trans». Rappelons que les gras «trans» sont naturellement présents dans les viandes et les produits laitiers. Mais le gras de poulet est beaucoup plus riche en gras insaturé, donc en bon gras, que le gras de bœuf, ce qui explique sans doute pourquoi le remplacement de la viande rouge (le bœuf aux hormones) par du poulet semble réduire le risque de maladie coronarienne. D'autant plus que la viande rouge en excès a été liée récemment au cancer du côlon.

On trouve les gras «trans» en quantités plus importantes encore dans certains autres aliments, principalement du fait qu'ils passent par des processus industriels d'hydrogénation utilisés, par exemple, pour rendre solides les huiles végétales afin d'en faire des margarines.

Bien que les acides gras se présentent sous forme de structures moléculaires variées et complexes, trois catégories d'acides gras méritent notre attention. Ils constituent la famille des oméga-3. Ce sont ceux qui interviennent dans la fabrication de l'acide alpha-linolénique (ALA), l'acide eicosanoïde (AEP) et l'acide docosa-hexaénoïque (ADH). L'ALA est d'origine végétale. On le trouve dans les aliments tels que les graines de lin, les noix et les légumes à feuilles vertes. L'AEP et l'ADH sont présents dans les produits marins (saumon, thon, sardine, maquereau, anchois).

Les oméga-3 et les oméga-6 cohabitent dans les aliments, mais il se produit ici un phénomène important : ils se nuisent les uns aux autres. Du fait de leur cohabitation, les cellules reçoivent conti-nuellement des ordres contradictoires, ce qui crée un climat de lutte constante. Les enjeux sont de taille ! Les cellules deviennent en quelque sorte un champ de bataille où les oméga-3 et les oméga-6 se disputent la suprématie. Les premiers ou les seconds prévaudront selon les proportions dans lesquelles ils seront présents. Notre état de santé dépend donc de ceux qui sortiront vainqueurs de cette bataille.

Chez la plupart des Américains, comme chez les habitants des autres pays occidentaux, on observe à ce niveau des déséquilibres continuels, c'est-à-dire une alimentation trop riche en oméga-6 provenant de la viande (jaune d'œuf et gras d'animaux), de cer-taines huiles (maïs, tournesol, soja, carthame, bourrache, onagre, cassis) et de gras saturés et hydrogénés et trop pauvres en oméga-3. Ces deux types d'oméga forment ce que l'on appelle les « acides gras essentiels » (AGE). Ils sont essentiels parce que l'organisme ne les fabrique qu'en petite quantité ou alors pas du tout. Il faut donc lui en procurer. Les oméga-9 (ou acide oléique) sont dits au con-traire non essentiels, car l'organisme peut en produire. On trouve les oméga-9 dans l'huile d'olive, l'huile de colza, l'huile d'arachide, l'amande, la noisette, l'avocat, etc. Les oméga-6 se trouvent dans les huiles de soja, de tournesol, d'arachide, de colza, de maïs, les noix, les pépins de raisin et les germes (blé).

La grande faveur des spécialistes en nutrition va évidemment aux oméga-3 (EPA et ADH). Et pour cause. Ils sont présentés presque comme une panacée. Les écrits à leur sujet ne tarissent pas d'éloges envers les ressources inépuisables de ce nutriment. On trouve les oméga-3 dans les poissons gras, les légumineuses, les fromages de brebis ou de chèvre, les oléagineux, etc. Beaucoup d'aliments, comme les œufs et le lait, sont maintenant pourvus d'oméga-3. Et la plupart des aliments en seront probablement dotés d'ici quelques années, car la présence d'oméga-3 est maintenant devenue la référence alimentaire, pour ne pas dire la marque d'excellence, de plusieurs catégories d'aliments. L'importance des oméga-3 est principalement due au fait qu'ils sont très peu présents dans notre alimentation. L'agriculture d'aujourd'hui révèle un déficit catastrophique en oméga-3, aggravé par le fait que le corps ne les fabrique pas. Heureusement que les compagnies alimentaires en introduisent de plus en plus dans les aliments qu'ils mettent sur le marché.

Les oméga-3, surtout ceux provenant d'huile de poisson, celle du thon en particulier – qu'il ne faut pas confondre avec les huiles de foie de morue ou de flétan –, sont présentés comme un véritable vaccin contre les maladies cardiaques et s'avèrent aussi efficaces que beaucoup de médicaments : on dit qu'ils abaissent la tension artérielle, empêchent la formation du mauvais cholestérol, fluidifient le sang, agissent contre la formation des caillots, un peu à la manière de l'aspirine. S'ajoute à cela, selon les études récentes, une action tout à fait bénéfique sur la fonction visuelle.

Les personnes dont le sang contient des acides oméga-3, à l'état naturel ou parce qu'on leur en a administré sous diverses formes (huile de poisson, comprimés, etc.), affichent des profils plutôt réjouissants : moins de risques de démence, de troubles bipolaires et de mort subite par maladie cardio-vasculaire, moins d'arythmie cardiaque, de réactions inflammatoires et triglycérides dans le sang, et un pouls plus lent.

Contre le cancer, les oméga-3 empêchent la formation de nouveaux vaisseaux sanguins qui alimentent les tumeurs cancéreuses. Ils sont aussi précurseurs de beaucoup d'hormones qui agissent contre les inflammations et aident la grossesse. Bref, ils ont des propriétés stupéfiantes. On ne s'étonne pas qu'ils soient présentés comme un vaccin naturel contre les maladies cardiaques, le mauvais cholestérol, l'hypertension artérielle, les maladies mentales.

Et ce n'est pas tout. Les oméga-3 pourraient faire partie bientôt de la «pilule du bonheur». Un psychiatre français, le docteur

David Servan-Schreiber, fait état des nombreuses études scientifiques traitant des effets positifs des oméga-3. Seuls cependant les AEP agissent sur l'équilibre émotionnel et le traitement des maladies psychiatriques en facilitant la transmission de la sérotonine et de la dopamine. Mais alors, il en faut des doses importantes. Chez nous, il se fait également des recherches en ce sens (CHUM). On admet – et c'est maintenant reconnu – que le fait de ne pas consommer suffisamment d'oméga-3 peut exposer à des troubles de type déprime, dépression, hyperactivité et difficultés d'apprentissage chez l'enfant, voire la schizophrénie. Évidemment, ces maladies ne relèvent pas uniquement d'une carence en oméga-3. Leurs causes sont parfois complexes et multifactorielles. Mais ce type d'acide gras semble y détenir une responsabilité importante.

Pour bien profiter des oméga-3, il faut cependant tenir compte des nutriments qui exercent une interaction favorable à leur assimilation, comme le sélénium, les vitamines C et E, le zinc, etc. Il faut tenir compte aussi des interactions défavorables, causées par exemple par la présence de mercure, de pesticides, de gras « trans » et saturés. Mais l'une des interactions les plus défavorables provient de la présence excessive d'oméga-6 – cette sous-famille d'acides gras polyinsaturés qu'on trouve surtout dans la viande et certaines huiles végétales – qui nuit à l'action des oméga-3. Pour éviter cet inconvénient, il faut équilibrer l'apport d'oméga-6 et d'oméga-3 dans une proportion n'excédant pas 5 pour 1. Or, les Occidentaux ingèrent en moyenne de 15 à 20 fois plus d'oméga-6 que d'oméga-3.

Les meilleures sources d'oméga-3 d'origine animale sont : la sardine, le maquereau, le saumon (rose), l'aiglefin, la truite, l'anchois, le hareng, l'esturgeon noir et le thon. Du côté des végétaux, les oméga-3 logent volontiers dans les graines de lin, de soja, dans les noix de Grenoble et dans les huiles comme l'huile de lin, les huiles de colza et de chanvre, les noix, les feuilles de pourpier, les épinards, les algues marines et la spiruline. Les huiles doivent être pressées à froid et faites à partir de graines certifiées biologiques.

Le docteur Servan-Schreiber, ci-dessus nommé, recommande de combiner la prise d'huile de poisson avec des suppléments de vitamines C ou E et d'un oligo-élément important, le sélénium, pour éviter l'oxydation dans l'organisme. Les acides gras polyinsaturés oméga-3 constituent par eux-mêmes des protecteurs contre les radicaux libres.

La fonction des oméga-3 s'exerce aussi à un autre niveau, et non le moindre. Les esthéticiens savent combien la peau est gourmande en acides gras, particulièrement en oméga-3 et en acide alpha-linolénique (GLA). Ces composantes permettent une bonne hydratation de la peau et lui conservent sa souplesse, ce qui est primordial, car une peau sèche vieillit prématurément. Or, ces acides gras améliorent considérablement le passage des nutriments essentiels à la peau.

Nous ne ferons pas le tour de tous les membres de la nombreuse famille des acides gras, mais nous nous attarderons à une huile en particulier, aux propriétés exceptionnelles, et qui est probablement la plus recommandée par les nutritionnistes, autant pour la cuisson que pour ses propriétés nutritives : l'huile d'olive.

L'huile d'olive et l'immortalité

Depuis des temps immémoriaux, on attribue à l'huile d'olive le secret de l'immortalité [7]. Dans la Bible, l'olivier est appelé « arbre de vie » et ses rameaux sont le symbole de la paix. On dit que l'olivier est immortel. S'il est malade, son tronc disparaît tandis que de jeunes pousses surgissent sur son pied.

Depuis quatre mille ans, l'huile d'olive a été considérée comme un véritable élixir de santé, en particulier autour du bassin méditerranéen. L'huile d'olive servait pratiquement de panacée : on l'utilisait pour adoucir les plaies, fortifier les malades, faire resplendir le visage et réjouir le cœur. On y recourait chaque fois qu'on avait mal quelque part. Elle servait autant de baume sur les blessures que de cordial pour la vie. Et pour cause.

La vertu d'immortalité de l'huile d'olive commence avec le cœur qu'elle protège de plusieurs manières. Ses acides mono-insaturés favorisent la baisse du cholestérol total et du cholestérol LDL, tout en augmentant le taux de « bon » cholestérol HDL. Elle possède des

---

7. Le mot « huile » vient du grec *elaia*, qui veut dire « olivier ».

antioxydants puissants qui renforcent le système cardio-vasculaire. Par ailleurs, l'huile d'olive est le corps gras le plus digeste. Les spécialistes affirment qu'elle est l'huile la plus physiologique qui soit, car ses acides gras sont similaires à ceux du lait maternel.

Les propriétés de l'huile d'olive sont nombreuses. Elle fluidifie le sang, protège contre le cancer (celui du sein, selon une récente étude) et prévient le vieillissement, elle réduit le risque de mortalité (toutes causes confondues) et diminue la tension artérielle (surtout chez les hommes). On dit qu'une simple cuillerée à table d'huile d'olive suffit à faire disparaître l'élévation du taux de cholestérol dû à l'absorption de deux œufs. Elle améliore considérablement les résultats des analyses sanguines des malades qui ont subi une crise cardiaque.

L'huile d'olive est aussi excellente pour la revitalisation et la jeunesse de la peau. Ne dit-on pas familièrement : « L'huile d'olive pour un teint de jouvencelle » ? L'huile d'olive exerce, en effet, une action naturelle contre le dessèchement de la peau. Elle permet de lutter contre le vieillissement de l'épiderme, grâce à son action régénératrice. Elle réhydrate et nourrit la peau en l'alimentant d'acides gras essentiels. On dit que l'une des composantes de l'huile d'olive est équivalente au sébum humain, la « matière grasse » qui permet à notre épiderme de rester hydraté et de se protéger contre les agressions (vent, froid, etc.). Il n'est pas surprenant de voir présentement l'huile d'olive entrer dans beaucoup de produits cosmétiques.

L'huile d'olive est aussi polyvalente que le beurre, qu'elle remplace avantageusement à peu près partout. Mais pour les fritures, l'huile de pépins de raisin est préférable parce qu'elle résiste à un haut degré de chaleur. Pour ceux et celles qui ne veulent pas se passer du beurre, il existe un excellent compromis : mélanger une livre de beurre à une tasse d'huile d'olive assaisonnée de fines herbes. Vraiment délicieux !

Loué sois-tu pour notre Sœur l'Eau !

Loué sois-tu, mon Seigneur, pour notre Sœur l'Eau,
Laquelle est très utile et humble et précieuse et chaste.
                                        – François d'Assise

Qui ne connaît pas le célèbre *Cantique des créatures* de saint François d'Assise, duquel est extraite cette louange en l'honneur de l'eau ? L'eau est la matière première et l'origine de la vie.

Prenons un exemple. Dans le désert du nord du Chili, on dit que la température est telle qu'il peut s'écouler des années avant que ne tombe la pluie. Mais quand elle arrive, le sol desséché et caillouteux se transforme en un véritable tapis multicolore de fleurs qui attire les touristes de tout le pays.

Il est facile de constater qu'en période de sécheresse l'herbe des prairies jaunit, puis devient grise ; elle se dessèche et dépérit. Vienne la pluie et, en quelques jours, en quelques heures mêmes, les prairies changent d'aspect et redeviennent verdoyantes. La raison ? Elles ont été revitalisées avec l'eau.

L'eau est une véritable fontaine de jouvence. Elle est à la base même de la vie humaine. Toute vie prend naissance dans l'eau. Presque toutes les réactions chimiques du corps se font en présence de l'eau. Le corps est composé de 75 % d'eau et il a besoin d'un apport constant de cette substance vitale pour fonctionner. Il en rejette constamment par les poumons et les pores de la peau lors de la transpiration. Le fait d'uriner élimine également une bonne quantité d'eau.

L'eau a pour fonction de régulariser la température du corps, d'oxygéner chacune des cellules et d'éliminer les toxines. À titre d'exemple, c'est le manque d'eau, surtout chez les personnes âgées, qui contribue pour une bonne part à l'assèchement de l'œil et des glandes lacrymales chargées de le lubrifier. L'eau agit à la fois comme solvant et transporteur, favorisant les échanges chimiques dans l'organisme. Lorsque, dans le corps humain, les réserves en eau ne répondent plus aux besoins, le maître régulateur et répartiteur d'eau du corps relaie les signaux en provenance des parties carencées. Ces signaux peuvent être divers : un élancement soudain à la hanche, des dérangements d'estomac, un début d'allergie, l'apparition de rides, la formation de calculs urinaires, la constipation et l'intoxication générale de l'organisme. Ce sont tous des signes potentiels de déshydratation, témoignant que l'eau est un élément essentiel au fonctionnement et à la purification du corps. Voilà pourquoi on peut parler de l'eau qui guérit.

Dans bien des cas, les signaux de déshydratation sont interprétés comme des maladies et traités avec des médications qui étouffent le cri d'alarme sans toutefois régler le problème. Aussi longtemps que la partie du corps en souffrance ne reçoit pas l'eau dont elle a besoin pour s'hydrater et favoriser les échanges chimiques, on a beau prendre toute la médication du monde, le corps continuera à crier avec de plus en plus d'insistance.

L'eau est tellement importante pour la santé que la première chose à vérifier dans un désordre biologique est l'eau. Un médecin témoignait que l'eau avait réussi chez un patient à faire diminuer rapidement, et même à faire disparaître des douleurs dont les médicaments les plus actifs n'avaient pu venir à bout.

L'eau est nécessaire pour toutes les réactions se produisant au cœur des cellules qui constituent le corps humain. On sait que les réactions au sein des cellules, dans la grande majorité des cas, se produisent dans une solution aqueuse et à un degré d'acidité ou d'alcalinité bien précis. Voilà pourquoi l'équilibre acido-basique est tellement important pour la santé.

En général, il est nécessaire de boire entre 1,5 et 2 litres d'eau par jour ou encore un verre ou deux par heure. Ces quantités peuvent cependant varier en fonction du type de nourriture, de l'activité physique, du degré de transpiration, de la température ambiante et de bien d'autres facteurs.

Certains croient remplacer avantageusement l'eau par des boissons telles que les jus de fruits, les eaux gazeuses, le café, le thé, la bière ou le vin, lesquels contiennent en effet beaucoup d'eau. Cela donne l'impression de boire suffisamment d'eau. Cette croyance est cependant erronée. Certes, il y a de l'eau dans ces boissons, mais la plupart d'entre elles chassent du corps dix fois plus d'eau qu'elles n'en apportent. Ce sont au fond des substances asséchantes qui ont vite fait d'éliminer du corps l'eau qu'elles contiennent, en plus de puiser dans les réserves. Ce qui revient à dire qu'après avoir bu du café ou une boisson gazeuse nous nous retrouvons avec moins d'eau dans le corps qu'auparavant. On dit qu'une seule tasse de café chasse du corps environ un litre d'eau. Il faut dire que le café est très diurétique. Il possède, cependant, un avantage important. En effet, une étude récente a démontré qu'il contient un grand nombre d'antioxydants. Il est même présenté dans cette étude comme la substance qui en contiendrait le plus.

Les inconvénients de ces liquides asséchants (boisson gazeuse, café, bière, etc.) sont aussi d'un autre ordre. Les papilles gustatives, désormais habituées et dépendantes de ces saveurs prononcées, ne recherchent plus l'eau. De plus, prendre l'habitude d'arroser les repas avec ces boissons augmente l'apport calorique, l'un des principaux facteurs qui accélèrent le vieillissement et abrègent la vie. Toutes ces boissons contiennent de l'eau, mais aucune n'a la valeur d'une eau de bonne qualité, aucune ne peut la remplacer avantageusement. C'est pourquoi nous devons adopter avant tout l'eau comme boisson.

Le fait d'admettre l'importance de l'eau pour l'organisme ne signifie pas qu'il faille boire constamment comme le font certains adeptes de la bouteille d'eau qui traînent leur contenant partout comme un objet fétiche. Le premier critère en ce domaine est la soif. Fournir à son organisme plus d'eau qu'il n'en a besoin impose aux reins un travail inutile, surtout si l'eau embouteillée contient une forte teneur en sels minéraux.

Le meilleur critère en ce domaine est le discernement. Il est évident que, si vous vous adonnez à des exercices physiques qui font beaucoup suer, cela requiert plus d'eau. Il faut dans ce cas boire préventivement pour éviter la déshydratation. Si vous prenez des diurétiques, vous devez également boire beaucoup d'eau. Si vous consommez beaucoup de légumes – plusieurs légumes sont diurétiques –, vous devrez consommer plus d'eau. Si vous avez une grippe, il vous faut boire beaucoup d'eau. Par ailleurs, il arrive que certaines personnes n'éprouvent jamais la soif. Dans ce cas, il faut fournir de l'eau à son organisme même s'il n'a pas soif. En temps normal, on convient que la quantité idéale d'eau à fournir à son organisme se situerait entre 1,5 et 2 litres par jour.

Il faut veiller aussi à la qualité de l'eau. L'eau du robinet peut contenir, selon les lieux, des contaminants comme le mercure, le cuivre, du cadmium, du benzène, du toluène, du tétrachloréthylène et du plomb, dont il a été reconnu récemment qu'il pouvait entraîner l'apparition d'une cataracte. La meilleure façon d'obtenir une eau de qualité consiste à utiliser un purificateur d'eau doté d'un bon système de filtration. Mais, même dans ce cas, les filtres à base de charbon laissent échapper une certaine quantité de sel. On conseille alors de laisser l'eau filtrée reposer dans une bouteille un certain temps, pour ensuite la consommer en gardant environ un centimètre au fond de la bouteille, quantité que l'on jette.

Il existe évidemment d'autres procédés de purification de l'eau comme la distillation et la méthode «osmose». On peut, par ailleurs, enrichir l'eau en y versant quelques gouttes de chlorophylle, élément très riche de la nature que l'on trouve dans les légumes à feuillage vert et que l'on peut acheter dans un magasin naturiste.

Mangez varié !

Pour fonctionner adéquatement et harmonieusement, notre corps a besoin d'aliments diversifiés. Plusieurs biologistes vont même jusqu'à dire que le déséquilibre alimentaire causé par le manque de diversité dans l'alimentation fait courir à notre santé dix mille fois plus de risques que les toxines présentes dans les aliments. Exagéré ? La véritable assurance en ce domaine serait de pouvoir accéder à tous les nutriments, dans leur diversité.

Plusieurs raisons nous amènent à penser ainsi. D'abord, l'aliment magique qui contiendrait tout ce qu'il faut pour se maintenir en santé n'existe pas. Sur le plan nutritionnel, il n'y a pas d'aliment complet, car aucun d'entre eux n'est capable, à lui seul, de fournir tous les nutriments dont l'homme a besoin. Tous les légumes et tous les fruits ne naissent pas égaux. Les uns complètent les autres et vice versa. Ce que l'un n'a pas, l'autre le possède.

Par ailleurs, un fort pourcentage de l'activité biologique vient de nutriments qui n'ont pas encore été identifiés. Quand j'étais jeune, en dehors des vitamines, des minéraux et des oligo-éléments, on ne savait pas grand-chose d'autre. On ne connaissait aucunement l'existence des oméga-3, de la coenzyme Q10, de la lutéine, du lycopène, etc. La science et la recherche ont mis en évidence l'importance des acides gras essentiels (AGE) et des antioxydants qui ont apporté une véritable révolution dans la nutrition. On peut même dire que les antioxydants sont l'une des découvertes les plus importantes pour la santé jusqu'à maintenant; aussi importante en tout cas que la découverte des virus au XIXe siècle. Ce que nous savons présentement de la valeur nutritive des aliments n'est pourtant que le A de l'ABC de la nutrition. Il reste probablement à découvrir des nutriments plus importants encore que ceux que nous connaissons. Voilà pourquoi la variété alimentaire est une nécessité pour assurer la santé. C'est la raison pour laquelle on conseille de manger varié.

Mangez lentement !

Il existe une loi élémentaire de la nutrition dont on ne parle pratiquement jamais et qui, pourtant, est l'une des lois les plus importantes qui soient pour la santé. Cette loi pourrait s'énoncer comme suit : nous sommes ce que nous *assimilons* et non pas ce que nous mangeons. Le meilleur aliment du monde n'a aucune utilité s'il n'est pas bien assimilé et digéré. Or, pour bien assimiler et digérer, il faut mastiquer. Il faut insaliver, mastiquer et réduire les aliments en bouillie au point de les fluidifier. Comme l'enseignait un ascète hindou : « Il faut mastiquer vos boissons et boire vos aliments. »

Cette loi a son fondement dans la chimie même de la digestion qui consiste à incorporer les nutriments aux cent milliards de cellules de notre organisme. La mastication devient alors bien plus qu'une simple opération de broyage des aliments. Elle contribue chimiquement à leur digestion grâce aux enzymes qui se trouvent dans la salive. Et pour qu'un aliment puisse être adéquatement imbibé de salive, il faut qu'il soit mastiqué. La mastication permet ainsi d'aller chercher tous les nutriments de la nourriture.

Dans le cas des aliments qui contiennent des féculents comme les pommes de terre, le pain, les céréales, les pâtes alimentaires, la digestion débute au niveau de la bouche. Il existe dans la salive une enzyme appelée amylase. Secrétée pendant la mastication, elle est responsable de la digestion des féculents. Quand on avale tout rond ou que l'on ne mastique pas suffisamment, la première partie de la digestion des féculents se trouve ratée. Les autres étapes de la digestion ne peuvent plus alors s'accomplir normalement. Les féculents qui ne sont pas bien mastiqués fermentent dans le tube digestif, ce qui entraîne des gaz et des ballonnements que l'on appelle communément flatulences, lourdeurs d'estomac ou de digestion. Cela engendre de l'acidité dans tout l'organisme et provoque l'intoxication. On sait que les maladies se développent de préférence dans un corps dont l'acidité est trop élevée.

Par ailleurs, c'est bien connu que mastiquer fait moins manger. Mais ce qu'on perd en quantité, on le gagne en qualité. En mangeant mieux, on a besoin de moins de nourriture : les cellules de notre corps étant mieux nourries, elles deviennent moins gourmandes.

Un autre phénomène important dont il faut tenir compte est la dégustation des aliments. Il faut faire de l'acte de manger non pas un simple geste répétitif, mais une véritable activité gustative. Lorsque vous mangez, savourez chaque bouchée. Goûtez chaque met. Distinguez chaque saveur. La sécrétion gastrique est en étroite relation avec les sensations gustatives. Les secrétions de sucs gastriques commencent dans l'estomac aussitôt que la bouche a goûté les aliments et en a apprécié la saveur. Lorsque le goût n'a qu'une très faible part dans le processus digestif, les sécrétions de sucs gastriques se produisent en quantité insuffisante, des fermentations anormales se produisent dans l'estomac et les intestins, et les microbes pathogènes pullulent par millions dans le foie et le suc du pancréas.

La mastication est si importante pour la santé et la vie qu'elle peut faire l'objet d'un véritable rituel, comme en témoigne l'écrivain Soljenitsyne qui décrit l'acte de manger comme une « célébration » du mystère de la vie :

Pour comprendre la nature du bonheur, il faut d'abord analyser la satiété. Tu te rappelles la loubyanka? Tu te rappelles cette soupe d'orge diluée ou cette bouillie au gruau d'avoine sans une once de matière grasse? Peux-tu dire que tu manges une chose pareille? Non, tu communies avec. Tu la prends comme un sacrement! C'est comme le «prana» des yogis. Tu le manges lentement du bout de la cuillère de bois, tu le manges en t'absorbant totalement dans le processus de manger, en pensant au fait de manger... Et cela se répand à travers ton corps. Tu trembles en sentant la douceur qui s'échappe de ces petits grains trop cuits et du liquide opaque dans lequel ils flottent. Et puis, sans presque aucune nourriture, tu continues à vivre six mois, douze mois. Peux-tu vraiment comparer ça avec la façon grossière dont on dévore les steaks?...

C'est ainsi que, dans nos pauvres carcasses, nous apprenons la nature de la satiété. La satiété ne dépend absolument pas de la quantité que nous mangeons, mais de la façon dont nous mangeons.

La signification que Soljenitsyne confère à «l'acte de manger» contraste singulièrement avec nos habitudes alimentaires parfois gloutonnes, quand nous mangeons tantôt pour nous débarrasser d'une corvée, tantôt par caprice, souvent dans le seul but de satisfaire notre appétit ou de nous rassasier.

La signification spirituelle de la nutrition

Pour l'être spirituel, l'acte de se nourrir est un rituel au même titre que celui par lequel il prie, il communie, il rend un culte à Dieu. Aussi, chaque repas doit-il être précédé d'une prière d'action de grâce. L'une des plus belles que je connaisse est inspirée de la liturgie chrétienne: «Béni sois-tu, Dieu de l'univers, qui nous donnes ce pain, fruit de la terre et du travail des hommes; nous te le présentons pour qu'il devienne le pain de la vie.» Le pain symbolise ici tous les aliments qui figurent sur la table. Dieu est remercié pour avoir doté la terre de la fécondité par laquelle elle donne généreusement son fruit. Grâce à la nourriture, l'être humain obtient ainsi l'énergie créatrice nécessaire au prolongement de l'œuvre de la création.

L'être spirituel est conscient du caractère sacré des aliments qui procurent et entretiennent la vie. Goûter et mastiquer font partie du rite essentiel par lequel toute la vie cellulaire se maintient et se régénère. On sait que la cellule est le point de départ de toute la vie. Tant que le nutriment n'est pas rendu à la cellule, tout le travail qui précède n'est qu'un préliminaire. C'est au moment de la rencontre intime, mystérieuse, de l'aliment avec la cellule que se joue véritablement la vie. Si la cellule n'accepte pas le nutriment, les conditions de la vie ne peuvent se trouver réunies. C'est la raison pour laquelle les recherches actuelles, autant en biologie que dans le domaine des cosmétiques, portent sur le métabolisme cellulaire.

« Dis-moi ce que tu manges, je te dirai ce que tu es. » C'est tout le composé humain, corps, esprit, âme, qui dépend de la nutrition. Cela signifie que nous sommes ce que nous mangeons. Nous pensons avec ce que nous mangeons. Nous sommes forts dans la vie dans la mesure où nous sommes bien nourris. Nous pouvons être patients, magnanimes, dans la mesure où nous bénéficions des nutriments qui assurent notre équilibre en tant qu'humains. Nous pouvons même atteindre des niveaux de conscience spirituelle élevés, de sorte que c'est aussi l'âme qui est rejointe par la nutrition.

Il est facile de se rendre compte que plusieurs des qualités qui ressortissent à l'expérience spirituelle relèvent aussi de la santé du corps : équilibre, harmonie, quiétude, force devant la vie, etc. Parallèlement, beaucoup de « maladies de l'âme » proviennent souvent d'un corps mal nourri, mal entretenu, mal soigné. L'âme souffre aussi du « mal du corps ». Souvent, le corps exprime les refoulements de l'âme, que celle-ci n'ose s'avouer, consciente qu'elle est de représenter fièrement la partie noble de l'être.

Habituellement, c'est l'âme qui est garante de la santé corporelle. Quand le corps est malade, faible, sans énergie, nous nous confions volontiers à l'âme à qui nous demandons de l'aide. L'âme devient le médicament du corps. Mais l'inverse est aussi vrai. L'âme peut grandement bénéficier de la santé du corps. Ce qui n'empêche aucunement de reconnaître le rôle spécifique qu'elle joue dans le composé humain. L'âme demeure le principe éternel et immuable, la partie immortelle de l'homme. Elle est en quelque sorte le cordon ombilical qui le relie au divin. Elle désigne à la fois le principe spirituel de l'être et ses origines célestes. Mais elle a aussi comme rôle d'être la semence de l'être, son principe vital. D'elle aussi provient la vie.

La conception de l'âme comme principe vital est un concept clé dans la Bible. Les auteurs de la Genèse présentent l'âme comme le « souffle de Dieu ». Dans la Bible, le mot « âme », traduction du mot hébraïque *souffle* (de vie) ou *haleine*, peut aussi désigner la vie du corps physique. C'est ainsi que l'âme, par extension, en est venue à désigner l'*être vivant*. Cet aspect est bien mis en évidence par l'étymologie latine du mot « âme » *(anima)*, qui peut être traduit par le mot « vie [8] ».

Dans son sens primitif, l'âme désigne le *souffle* qui habite l'homme vivant, par opposition à l'homme mort, où c'est le souffle qui l'abandonne. La Genèse nous apprend que ce souffle n'est pas la propriété de l'homme, mais un don de Dieu. L'homme est devenu « âme vivante » parce que Dieu, seul vivant, a insufflé en ses narines un souffle de vie. Ce geste témoigne du grand mystère de la création, par lequel notre vie corporelle est devenue la plus évidente conséquence de l'acte créateur.

Dans ces conditions, nous pouvons comprendre que ce « souffle » joue un rôle déterminant dans notre vie, comme nous le verrons au prochain chapitre. La vie est tributaire de ce premier souffle de Dieu. Nous expérimentons ce souffle comme un appel constant en nous à *respirer librement*. C'est ce qui explique pourquoi ce souffle nous hante toute notre vie. Nous sommes essentiellement des êtres en quête de souffle. Nous en éprouvons d'autant plus le besoin que nous vivons dans une civilisation où les consignes et les contraintes de la vie quotidienne nous rendent facilement *essoufflés*. Nous nous retrouvons constamment « à bout de souffle ». Nous vivons comme si nous étions continuellement à la recherche d'un « second souffle ». Or, retrouver ce souffle constitue précisément l'un des buts importants du pèlerinage aux sources que nous entreprenons.

---

8. L'âme est une notion religieuse qui ne doit pas être confondue avec l'esprit, au sens où la littérature universelle l'entend. Celle-ci utilise fréquemment le terme « âme » pour désigner l'activité de la matière grise du cerveau, à savoir certaines opérations de l'esprit ou de l'intelligence.

CHAPITRE 3

Le souffle de vie

PENSÉES

« Respirer, ô invisible poème !
Échange pur et qui jamais ne cesse
entre notre être propre
et les espaces du monde... »

                – R. M. Rilke

« D'où vient le souffle ?
Et toi, tu me réponds :
‹ Le vent te dit quelle est sa route.
Écoute seulement. › »

        – Hymne de la liturgie chrétienne

« Je respire !
Je respire l'haleine de Dieu.
Dieu respire en moi.
Je suis l'haleine de Dieu.
Le rythme éternel du souffle divin vibre en moi. »

« Je dois, avant de mourir, trouver le moyen de
dire la chose essentielle qui est en moi, que je n'ai
encore jamais dite, une chose qui n'est ni
l'amour, ni la haine, ni la pitié, ni le mépris,
mais le souffle même de la vie, ardent et venu de
loin, qui apporte dans la vie humaine l'immen-
sité, l'effroyable, l'admirable et implacable force
des choses non humaines. »

            – Bertrand Russell

L E SOUFFLE est d'origine divine. Aussi bien le souffle qui anime nos poumons que celui qui fait que nous ne sommes pas seulement matière. Il y a en nous un « souffle », c'est-à-dire un principe qui transcende le monde matériel. Ce « souffle » est parfois désigné comme l'« âme » immortelle, celle qui permet de reconnaître que les plus évolués des êtres de la création sont ceux qui portent en eux ce souffle, c'est-à-dire le souffle qui les fait *âmes vivantes*.

Chez tous les peuples, qu'il s'agisse du *pneuma* (en grec), du *spiritus* (en latin) ou de la *Ruah* (chez les Hébreux), le souffle possède le même sens : *il est porteur de vie*. Les expressions « avoir du souffle », « reprendre son souffle » témoignent de cette réalité vitale et peuvent être mises en parallèle avec l'expression « perdre le souffle », qui signifie à la limite mourir. Qu'on se rappelle la course du célèbre soldat marathonien, dans l'Antiquité, qui avait été chargé d'annoncer aux habitants d'Athènes plongés dans l'angoisse que leur armée, contre toute attente, était victorieuse. En arrivant à destination, à bout de souffle, il mourut. L'homme naît en recevant le premier souffle et meurt en rendant le dernier.

Le souffle originel

Le souffle fait partie des dons vitaux. Il évoque en premier lieu l'air et la respiration. Pour les anciens, l'air représentait « le premier de tous les êtres» et la respiration le «véhicule de l'esprit et de la raison». Le souffle évoque également le mouvement créateur par lequel l'être humain a fait son entrée dans l'univers. Le souffle prend alors une valeur originelle, archétypale.

Tous les récits fondateurs comportent un passage sur le souffle. Le plus célèbre est celui de la Genèse où on lit: «Alors, Yahvé Dieu modela l'homme avec la glaise du sol, il insuffla dans ses narines une haleine de vie et l'homme devint un être vivant» (Genèse 2,7-8; 6,3). La Bible nous dit que Dieu créa toute chose par sa parole, mais que c'est par son propre souffle qu'il créa l'homme. C'est du souffle de sa bouche que la vie lui fut donnée. Ce souffle initial de Dieu constitue le principe premier de notre existence.

La Genèse ajoute qu'ayant insufflé son souffle dans l'homme, Dieu lui confia la pleine maîtrise sur la création. Par voie de conséquence, toute création humaine est animée par ce souffle, à l'image même du souffle divin. La Genèse nous dit qu'avec ce souffle de Dieu, nul ne saurait périr, car Dieu s'est engagé à le soutenir. Voilà pourquoi le souffle de Dieu est en perpétuel mouvement dans l'univers. Si ce souffle manquait, ce serait la fin du monde. Aussi les signes de la présence de ce souffle dans l'histoire humaine sont-ils constants.

Déjà, dans l'Ancien Testament, l'action du souffle de Dieu a consisté à redonner constamment à son peuple élu l'élan qui lui manquait pour accomplir son destin. Par ce souffle, des hommes comme les prophètes, les rois, ont trouvé des forces extraordinaires pour accomplir leur mission. Qu'on se rappelle cette très belle histoire du prophète Élie, à qui le Seigneur dit un jour: «Sors et tiens-toi sur la montagne, je vais y passer.» Il y eut alors un vent fort et puissant qui érodait les montagnes et fracassait les rochers; mais le Seigneur n'était pas dans le vent. Après le vent, il y eut un tremblement de terre; le Seigneur n'était pas non plus dans le tremblement de terre. Après le tremblement de terre, il y eut un feu; le Seigneur n'était pas dans le feu. Et après le feu se fit entendre *le bruissement d'un souffle ténu*. Élie comprit que Dieu se trouvait dans ce souffle. À un moment crucial de son destin, Dieu enseigne à son prophète qu'il n'est ni «dans la tempête», ni dans le tremblement de terre, ni dans le feu, mais dans le souffle silencieux et doux (1 Rois 19,11-14).

L'histoire biblique nous enseigne cependant que ce souffle, à l'origine si frêle et si ténu, recèle une puissance telle qu'il peut transformer radicalement l'histoire d'un peuple et celle des personnes.

L'un des exemples les plus caractéristiques est celui de Samson, que l'on peut lire dans le livre des Juges (chapitres 13 et 14). On raconte que Samson, ayant reçu le souffle de Dieu, déchira un lion et, armé d'une mâchoire d'âne, tua mille Philistins. Le jeune David, qui tua le géant Goliath, reçut également le souffle de Dieu. Beaucoup d'autres exemples pourraient être apportés de la force et du pouvoir que conféra à son peuple le souffle divin.

Mais le plus bel exemple nous est donné dans le Nouveau Testament. Il s'agit de l'événement de la Pentecôte, qui a littéralement transformé les apôtres à un moment crucial de l'histoire de la chrétienté. Devenus peureux et craintifs à la mort de leur maître, les apôtres se terraient dans le Cénacle en proie à l'angoisse et à l'anxiété. Mais voilà que l'Esprit fit irruption sur eux et leur communiqua une force indicible. On reconnaît maintenant que c'est ce souffle de la Pentecôte (ruah) qui est à l'origine de l'Église.

Notre mission spirituelle consiste à prendre conscience à notre tour que nous sommes porteurs du souffle de Dieu, et que c'est précisément ce souffle qui nous fait exister. Nous tenons notre vie de ce souffle premier. Ce souffle, en se mêlant au nôtre, exerce une action mystérieuse : non seulement il nous donne la vie, mais il peut nous transformer physiquement, psychiquement et spirituellement. C'est par la présence du souffle divin en nous que nous pouvons devenir vraiment hommes et réaliser notre destin. Aussi peut-on parler de la racine «pneumatique» de notre être.

Le souffle vital

La racine pneumatique de notre être est d'abord d'origine biologique. Elle est représentée par le souffle physique relié à la respiration, dont le corps est fortement tributaire. La santé aussi bien physique que psychique dépend directement de ce souffle. Son influence se fait sentir dans toutes les composantes de la personne : le corps, le mental et l'âme.

Mais de quoi est fait ce souffle vital ? Il est fait d'une matière transparente, volatile, éthérée, qu'on pourrait presque qualifier de spirituelle : cette matière s'appelle *l'oxygène*. Tous les êtres vivants, y compris les plantes, ont besoin d'oxygène pour vivre. L'être humain, en particulier, vit dans l'air comme le poisson dans l'eau. C'est avec raison que l'on désigne l'oxygène sous le nom d'air vital. À chaque étape de la vie, sa diffusion depuis l'atmosphère jusqu'au sein des tissus conditionne tous les processus vitaux.

Chaque cellule, sans exception, a besoin d'oxygène pour assurer son métabolisme et demeurer vivante. Privées d'oxygène, les cellules meurent. On peut mesurer l'importance du souffle en pensant qu'il a la fonction d'oxygéner les 100 000 milliards de cellules de l'organisme et de libérer les déchets de dioxyde de carbone qui se trouvent dans chacune d'elles. Ce travail se fait à travers la respiration régulière et profonde au niveau du diaphragme. La respiration active la circulation du sang, influence le rythme cardiaque lié aux émotions, masse doucement les organes intérieurs, renforce le cœur et les poumons. L'oxygénation stimule également les cellules du cerveau et augmente la capacité de penser, de percevoir et d'agir. Respirer à fond nous aide à nous sentir plus calmes et plus en possession de nos moyens sur les plans physique et émotif. On peut même penser que la respiration influence favorablement notre tempérament.

La plupart des réactions chimiques de notre organisme font appel à l'oxygène. Ce dernier doit donc être disponible dans la profondeur des tissus, au niveau des cellules, puisque environ 90 % de l'énergie produite par le corps dépend de lui. Les activités du corps, celles des fonctions cérébrales jusqu'aux fonctions d'élimination, sont régularisées par l'oxygène. Il est donc essentiel, pour conserver une bonne santé, de s'assurer que toutes les cellules de notre corps soient bien oxygénées. Plus l'oxygène sera disponible dans notre système, plus nous pourrons produire l'énergie nécessaire à son bon fonctionnement.

Pour vivre, le corps humain doit brûler les éléments nécessaires à la production de l'énergie. Cette activité se fait grâce à l'oxygène. Pas d'oxygène, pas d'énergie. Une mauvaise oxygénation entraîne toutes sortes de problèmes de santé allant de la fatigue générale aux maladies chroniques graves. On parle ici de maladies aussi disparates que des otites, des infections des voies respiratoires, des malaises au cœur, aux reins, aux intestins, au système nerveux, etc. Et si, en plus, on considère le phénomène de la pollution, aussi bien intérieure qu'extérieure, on peut s'attendre à rencontrer, surtout chez les enfants, des crises d'asthme et d'allergie.

La respiration pourrait être comparée à la nutrition : respirer, c'est se nourrir. L'aliment de la respiration est l'air – ou plutôt l'oxygène de l'air. C'est un aliment gratuit, par surcroît. Un aliment dont, contrairement à la nourriture, on ne peut se passer plus de quelques secondes et qui ne peut être emmagasiné dans le corps. Les besoins en ce domaine sont donc permanents et constants : on peut rester des jours sans manger, mais pas plus de quelques secondes sans respirer.

Le jour où j'ai pris conscience que l'air – ou plutôt l'oxygène – était une nourriture aussi importante, et même plus importante à certains égards, que la nourriture végétale ou animale, j'ai compris qu'il fallait absolument inclure le processus de la respiration dans ma conception de la santé. L'oxygène est même l'élément le plus important à considérer. Malheureusement, nous entendons parler de tout, sauf de l'importance de la respiration.

Combien de personnes meurent sans avoir jamais respiré adéquatement ? Je pense ici à l'inconscience de certains individus sédentaires dont la fonction respiratoire reste en veilleuse pendant pratiquement toute leur existence. Les cinq sixièmes de leur capacité thoracique ne sont presque jamais utilisés.

En Occident, la respiration est l'un des rythmes vitaux les plus négligés. En Orient, en particulier chez les yogis de l'Inde, la respiration fait partie de la philosophie de la vie. Les yogis s'exercent à conquérir la maîtrise parfaite de leur corps, maîtrise qui leur paraît la condition même de la sagesse, et cette maîtrise s'applique particulièrement au processus de la respiration consciente. Pour ces maîtres, la respiration est plus qu'un moyen d'obtenir de l'oxygène pour alimenter le sang et éliminer le gaz carbonique : elle représente l'*énergie vitale* permettant à l'homme de puiser au pouvoir cosmique de l'univers. Plus qu'une science, ils ont fait de la respiration un rite mystérieux et magique, inventant jusqu'à 25 façons de respirer, dont certaines sont d'un raffinement étonnant.

Pour les yogis, il existe un art mystique de la respiration. La force vitale du souffle devient une réalité sacrée qui est omniprésente, une essence subtile qui donne la vie. L'art mystique de la respiration implique la maîtrise de cette énergie qui pénètre tout, et c'est dans les exercices de rétention du souffle que l'individu développe le pouvoir et la volonté lui permettant de parvenir à la maîtrise du corps, à la conscience cosmique ou à l'illumination spirituelle, selon le cas.

Évidemment, nous ne proposerons pas au lecteur de devenir des mystiques de la respiration, mais au moins de prendre conscience qu'une respiration profonde, complète et à pleins poumons aide à établir l'harmonie entre le corps et l'esprit. Dans les grands courants de sagesse, le souffle est ce qui engendre l'harmonie et le mouvement. À ce titre, la respiration se présente comme un régulateur du système nerveux. Elle agit directement sur un plexus important, le «plexus solaire», situé au creux épigastrique. On sait que ce plexus, appelé «cerveau abdominal», régit les émotions, les mouvements passionnels, la peur, le chagrin, le désir, la colère, la timidité et le trac. Le candidat à la maîtrise de soi doit être très soucieux de la respiration.

L'autre élément que je retiens de la philosophie orientale de la respiration est la maîtrise du souffle, reconnue comme le principe de toute transformation. Le grand maître Lanza Del Vasto enseignait que c'est grâce à la maîtrise du souffle que les yogis parviennent à pénétrer leur chair de tant d'air vital qu'elle tend à se soulever d'elle-même. Ils réussissent aussi à exalter leur chaleur interne au point qu'ils brûlent comme des braises dans les glaces de l'Himalaya; ou bien à se réduire à l'état de pierre, à se faire enterrer et à ressusciter au jour prescrit.

Dans la philosophie qui sous-tend le yoga, cette énergie porte le nom de *prana*. Ernest Wood, qui a étudié les diverses techniques du yoga (*cf. La pratique du yoga*, Payot), explique que les yogis suffisamment instruits sont censés reconnaître cinq «airs vitaux» dans le corps et les maîtriser. Ils affirment que quatre d'entre eux exercent leur action dans les régions du cœur, de l'anus, du nombril et de la gorge, tandis que le cinquième est censé circuler dans toutes les régions du corps. Certains auteurs attribuent au premier une action de vitalisation et une zone partant du nez pour s'étendre jusqu'au cœur ; le second régule les excrétions, son action part du nombril pour descendre jusqu'à la plante des pieds ; le troisième concerne la digestion et opère entre la région du cœur et du nombril ; le quatrième, opérant de bas en haut, est en lien avec la parole et se manifeste entre le cœur et la tête ; enfin, le cinquième agit dans le corps entier comme un distributeur d'énergie.

On ne propose pas ici d'expérimenter chacun de ces « airs vitaux ». L'expérience s'avérerait difficile sans le soutien d'un maître compétent. Mais nous nous attarderons plutôt à prendre conscience de l'importance de bien respirer à travers la physiologie de la respiration.

La respiration

De même que, par manque d'eau, le corps devient déshydraté, de même, par manque d'oxygène, le corps devient atrophié, notamment les systèmes sanguin et pulmonaire. On dit que la capacité vitale d'un individu se mesure à la contenance de ses poumons. Voyons d'un peu plus près.

L'air contient des propriétés chimiques qui nettoient le corps et renouvellent les cellules nerveuses et organiques. Les poumons ressemblent à des éponges. Si vous remplissez les poumons d'air, l'oxygène passe dans le sang et le purifie. On dit que le souffle nettoie non seulement les poumons et le sang, mais par extension l'âme. Le souffle est thérapeutique. Voilà pourquoi respirer est l'une des fonctions les plus importantes de la vie.

La respiration renouvelle en nous l'oxygène et libère le corps des impuretés. Le souffle bien dirigé nettoie l'intérieur du corps, y compris les organes, comme l'eau lave la peau. Il nettoie aussi les pensées et calme le mental. On peut alors comprendre pourquoi, dans les traditions religieuses, le souffle symbolise à la fois la force et la purification. Plus encore, il permet d'acquérir des niveaux supérieurs de conscience.

La respiration est de toutes les fonctions du corps la seule qui soit à la fois volontaire et involontaire. Le but recherché est de la rendre volontaire le plus possible. Cela est grandement facilité par le fait que le processus respiratoire constitue la seule fonction biologique sur laquelle peut agir la volonté. On ne peut contrôler les phases de la digestion ni les battements du cœur, mais on peut agir sur la respiration. Aussi est-ce possible d'apprendre à respirer correctement.

Je vous ferai grâce de toutes les techniques compliquées dont plusieurs se modèlent sur le rythme cardiaque. Souvent, d'ailleurs, des maîtres déconseillent aux débutants de s'y attaquer d'emblée, car, en confondant le rythme des secondes avec celui des battements du cœur, on risque, en travaillant seul et sans supervision, de respirer à contretemps, lésant ainsi des artères coronaires.

Physiologie de la respiration

La méthode exposée ici est simple. Elle est naturelle et basée sur la physiologie même de la respiration. Elle ne suppose aucun entraînement particulier et peut être pratiquée par tout le monde. Elle nécessite trois conditions : une connaissance sommaire de la physiologie de la respiration ; un endroit où l'air est pur ; des mouvements profonds de respiration.

Rappelons brièvement le processus respiratoire. L'air pénètre dans les poumons par les fosses nasales, le pharynx, le larynx et la trachée-artère pour arriver aux bronches, dont les diverses branches se ramifient elles-mêmes en une multitude de loges, appelées alvéoles. Ces alvéoles existent en très grand nombre et seule une bonne respiration peut les nourrir d'air.

Il est important de préciser *le rôle des fosses nasales*, point de départ d'une bonne respiration. Les fosses nasales sont constituées pour la respiration, tandis que la bouche ne l'est pas. On a dit avec beaucoup de vérité : *il est aussi insensé de respirer par la bouche que de manger par le nez*. Pourquoi ?

Le nez est l'organe le plus perfectionné des appareils à «conditionner» l'air. Il soumet l'air inspiré à un processus d'humidification, de dépoussiérage, de réchauffement qui le rend particulièrement apte à la fixation de l'oxygène dans les poumons.

Mais le plus important se joue au niveau des *alvéoles*. À cet endroit, l'air et le sang se rencontrent, déclenchant un phénomène chimique qui *purifie le sang*. Vient ensuite l'acte d'expiration par lequel l'organisme élimine les résidus de la respiration : le gaz carbonique et la vapeur d'eau.

L'air doit être pur

Si la nature a doté l'homme d'une véritable petite usine de filtration et de purification de l'air, cela ne nous dispense nullement de veiller à la qualité de l'air respiré. En effet, l'un des principaux ennemis d'une bonne respiration est l'air souillé, mauvais et sec. L'air sec et contaminé est reconnu pour être un ennemi de la santé et l'une des principales causes des rhumes. On sait maintenant que la pollution n'agit pas seulement sur les poumons, mais aussi sur les hormones, notamment sur la qualité du sperme chez l'homme.

On se préoccupe beaucoup de la pollution extérieure, mais très peu de la pollution intérieure des maisons. Certaines sont littéralement empoisonnées et intoxiquent les personnes qui y vivent. La pollution est souvent due à des substances chimiques sécrétées par les matériaux de construction. On a beaucoup parlé ces dernières années de la mousse d'urée formaldéhyde. Mais il existe aussi le gaz carbonique exhalé par les personnes vivant dans la maison, souvent augmenté par la fumée éminemment toxique de la cigarette. On pourrait comparer cet air intérieur à une mare d'eau stagnante, infecte, remplie de bactéries.

La pureté de l'air est vitale. Son importance est légitimée par la théorie des «radicaux libres». Ah! ces radicaux, chassez-les, ils reviennent au galop. Partout, toujours, en tout temps. Nous n'avons pas le choix. Il faut savoir composer avec eux, car ils représentent l'une des réalités qui ont le plus d'incidence sur la santé, la maladie et le vieillissement. Rappelons que ces radicaux ont de tout temps existé, mais ce n'est que récemment qu'on en a découvert les effets pervers sur l'organisme. Comme la plus grande source de radicaux est provoquée par l'oxydation de l'air, nous pouvons comprendre jusqu'à quel point la respiration participe à leur fabrication. Aussi faut-il prendre conscience que l'air peut être aussi nocif que bienfaisant. Il en va avec l'air comme avec la nourriture.

Cela fait que nous vivons dans un paradoxe constant. Nous avons absolument besoin de nourriture, d'air et de soleil pour vivre. Pourtant, ces éléments, si nécessaires à la vie, sont les plus grands responsables du vieillissement et de nombreuses maladies. Heureusement, nous bénéficions d'une grande protection. Cette protection est la même que celle dont nous avons parlé au chapitre précédent : les antioxydants. Sous l'effet combiné de l'oxygène et des rayonnements (solaires en particulier), il se forme en nous des radicaux libres. Ceux-ci sont le produit des réactions que nécessite la combustion de l'oxygène. Il en va ici comme dans la combustion des gras et des glucides qui génèrent un grand nombre de sous-produits à base d'oxygène.

Les radicaux libres et les agents oxydants peuvent provenir de plusieurs sources. Ils se trouvent dans l'air que nous respirons, dans les aliments que nous consommons et dans l'eau que nous buvons. Ils abondent dans la fumée de cigarette. Une seule bouffée de cigarette produit un million de milliards de radicaux libres! Le stress et la pollution en accélèrent également la production.

Le rayonnement solaire sur la peau ou dans les yeux peut aussi générer des radicaux libres. Selon un biologiste moléculaire de l'Université de la Californie à Berkeley cité dans l'ouvrage de Réjean Daignault et de Cornelius G. Bulik *Encore jeune à 100 ans*, dans chaque cellule humaine, le matériau génétique est atteint par environ 10 000 «attaques oxydantes» par jour. Multipliez ces chiffres par les milliards de cellules qui composent l'organisme, ajoutez les autres éléments cellulaires susceptibles d'être endommagés par les radicaux libres et les agents oxydants, et vous aurez une idée de l'extraordinaire ampleur de l'agression. Heureusement que, comme de valeureux soldats, les antioxydants se tiennent prêts à les neutraliser.

Voici une donnée étonnante confirmée par les biologistes. L'hyperventilation générée par la pratique des sports qui exigent beaucoup de souffle provoque une production massive de radicaux libres. Les exercices physiques, par exemple, qui nécessitent une énergie et des efforts soutenus, augmentent considérablement le taux de radicaux. Ces derniers accroissent par le fait même l'oxydation du cholestérol, facteur de risque pour les maladies cardiaques. Cela signifie que le sport de haut niveau et la compétition sont déconseillés, de même qu'un entraînement intensif. Selon des spécialistes, il n'est pas rare de voir des champions de 30 ans posséder un âge physiologique de 60 ans.

Un autre facteur important concernant la respiration est l'air domestique. Il est facile de vérifier combien l'air de nos maisons contient d'innombrables petites poussières dont on peut facilement déceler la présence lorsqu'un rayon de soleil traverse une pièce. En respirant par le nez, les cils vibratiles empêchent ces poussières de pénétrer plus avant dans les voies respiratoires.

Il existe cependant des moyens de purifier l'air ambiant, comme la ventilation des locaux. Ce procédé est simple, il suffit d'aérer en ouvrant les fenêtres. L'aération permet ainsi d'éliminer les produits intérieurs nocifs. On alléguera que l'air extérieur est aussi nocif. Cela est vrai, mais l'air intérieur l'est très souvent encore plus. À cet égard, on conseille fortement de limiter l'usage des désodorisants, des encens, des aérosols (spray), etc. Malgré tout cela, l'ennemi numéro un demeure la fumée de cigarette. En bannissant la cigarette, on contribue déjà à la purification d'un fort pourcentage de l'air ambiant.

Le second moyen pour purifier l'air est l'utilisation d'un bon purificateur d'air qui absorbe, grâce à un filtre, les particules en suspension comme la poussière, le pollen et les polluants industriels. Certains filtres sont si perfectionnés qu'ils éliminent même les bactéries, les champignons et les microbes contenus dans l'air. La plupart des purificateurs d'air sont dotés en plus d'un producteur d'ions négatifs, véritables petites vitamines de l'air. Pour que l'air soit équilibré, les ions négatifs doivent être supérieurs aux ions positifs.

Un troisième moyen consiste à purifier l'air à l'aide de plantes. En principe, toutes les plantes vertes purifient l'air en absorbant les substances toxiques et en les neutralisant. Certaines plantes sont cependant plus efficaces que d'autres. C'est le cas notamment de la fougère, du philodendron et de la plante-araignée. En plaçant deux ou trois plantes dans chaque pièce, on arrive à purifier l'air de façon significative. Mais en hiver, il faut en plus surveiller l'humidité, car un air sec est aussi nocif pour la santé qu'un air non purifié. Après cela, il ne reste plus qu'à s'exercer à bien respirer. Et si l'on est vraiment dans l'impossibilité de vivre dans un endroit où l'air est sain, il faut être alors réaliste : il faut compenser en prenant plus d'antioxydants.

La respiration yogique

Les manuels de biologie nous enseignent qu'il y a plusieurs types de respiration : la respiration abdominale, la respiration costale et la respiration haute. Parmi ces trois types de respiration, je m'attarderai à la *respiration abdominale* – ou diaphragmatique –, qui constitue la meilleure façon de respirer ; la respiration normale, en effet, est de type abdominale et c'est elle qui répond le mieux au critère de la respiration profonde.

Nous pratiquons une respiration diaphragmatique (ou abdominale) lorsque nous inspirons profondément et que le ventre est repoussé vers le bas et vers l'extérieur. La respiration abdominale se fait surtout au moyen du diaphragme : le mouvement s'effectue principalement au niveau du ventre. Par son mouvement de soufflet, le diaphragme exerce un massage doux sur tout l'abdomen dont les muscles se détendent. Il est impossible de se sentir crispé si l'on pratique la respiration abdominale. De plus, ce genre de respiration facilite la digestion et procure une excellente détente nerveuse.

Mais la meilleure façon de respirer est la respiration yogique. Elle intègre les trois types de respiration en un seul mouvement ample et rythmé et place sous le contrôle de la conscience le rythme de la respiration qui d'ordinaire s'effectue automatiquement. Je présente ici la technique selon une méthode simple et pratique.

Choisissez un endroit où l'air est pur. Couchez-vous sur le dos, dans votre lit ou sur le sol. Utilisez un tapis ou une couverture pour être plus à l'aise. Relaxez complètement votre corps. Fermez les yeux pour favoriser la concentration sur le mouvement respiratoire. La respiration se fait toujours par le nez pour les raisons évoquées plus haut.

Dans un premier temps, on vide complètement les poumons dans un mouvement d'expiration lent et continu. À la fin de l'expiration, les muscles abdominaux sont contractés pour évacuer ce qui reste d'air emprisonné dans l'organisme. Les poumons ainsi complètement vidés, retenez votre souffle quelques secondes.

Il est très important de commencer par vider les poumons. Autrement, comment y faire pénétrer l'air, s'ils sont déjà pleins ? Comment y introduire l'air pur, si on n'expulse pas auparavant l'air vicié ?

Dans un deuxième temps, on inspire l'air. Par un mouvement lent et continu, on laisse entrer l'air en gonflant progressivement l'abdomen, puis le bas des poumons. On poursuit en laissant l'air envahir le plus grand nombre possible d'alvéoles pulmonaires et gagner le sommet de la cage thoracique. Pendant le mouvement, les côtes sont écartées, sans forcer. Tout au long du processus de respiration, il est très important de garder l'esprit entièrement concentré sur l'acte respiratoire.

Les poumons une fois remplis, l'air est expiré, dans un troisième temps, toujours lentement, sans effort et sans saccade, en contractant d'abord l'abdomen puis en laissant la cage thoracique s'abaisser progressivement vers le haut.

Le mouvement respiratoire peut être comparé à une vague qui, à l'inspiration, pénètre en gonflant le ventre, écarte les côtes et finalement envahit toute la cage thoracique. À l'expiration, cette vague se retire, le ventre s'affaisse, les côtes reprennent leur position et le haut de la cage thoracique descend.

Afin d'obtenir des effets permanents, il est bon de se réserver quelques minutes plusieurs fois par jour pour faire des exercices de respiration complète sur le modèle yogique. Même si la station allongée est recommandée lors des séances, ce type de respiration peut se pratiquer également dans la position assise ou debout, pendant le travail ou lors d'activités diverses. Assurez-vous alors que le buste soit bien droit pour dégager les poumons.

En plus de ces exercices de respiration, il faut, au moins hebdomadairement, si votre état le permet, provoquer une activité respiratoire et circulatoire plus intense, mais pas au même degré d'effort que nous dénoncions plus haut. Ce peut être la course, le saut à la corde, le tennis, etc. La pratique hebdomadaire d'exercices physiques plus vigoureux, sans verser dans l'excès, permet d'utiliser la partie habituellement inactive des poumons, d'oxygéner le sang et d'éliminer une grande quantité de gaz carbonique. Mais cela doit se faire dans un environnement sain pour éviter l'oxydation.

Dans cette optique, imaginez ce qui arrive lorsque l'exercice est pratiqué dans un studio ou un environnement fermé, mal aéré, et que nous carburons au CO_2 abondamment fourni par les voisins qui rivalisent d'effort avec nous.

Malgré tout cela, l'importance de respirer à fond demeure vitale. Après s'être assuré d'une certaine qualité de l'air ambiant, il faut créer l'habitude ou le réflexe de respirer. Respirer à fond avant d'entreprendre une tâche quelconque, ou avant de monter un escalier, ou pour lutter contre le froid en hiver. Respirer en travaillant physiquement et intellectuellement. Il est étonnant de constater l'énergie récupérée, de même que l'endurance et la force que l'on en retire. En toute circonstance fastidieuse ou pénible, qu'il s'agisse d'une réunion ennuyeuse ou d'une interview où le trac vous paralyse, expirez avec lenteur; vous rechargerez ainsi votre système nerveux en suivant les voies de la nature.

Quand nous respirons dans la journée, nous le faisons machinalement. Mais lors des séances de respiration, il faut bien comprendre le processus respiratoire. Ce dernier est essentiellement basé sur un rythme binaire: expiration et inspiration. Cela semble une vérité de La Palice, mais avez-vous remarqué que j'ai mentionné l'expiration d'abord ? En effet, la respiration régénératrice va de l'intérieur vers l'extérieur, et non l'inverse. En Occident, c'est l'inspiration qui est importante, tandis que, dans la tradition orientale, c'est l'expiration qui se fait en premier. «Aspirez!» conseillent les gymnastes; «Expirez!» conseillent les yogis hindous, «afin de vider vos poumons en vue d'un apport d'oxygène beaucoup plus important». Plus l'expiration est profonde, plus l'inspiration sera puissante.

Dans le yoga, on suggère que le temps de l'expiration soit le double de celui de l'inspiration, car il faut deux fois plus de temps pour sortir des poumons le sang non purifié. Si nous n'exhalons pas complètement, nous ne pourrons pas faire entrer dans nos poumons une nouvelle provision d'air à la prochaine inspiration et l'air neuf sera contaminé par l'air vicié, comme cela se produit dans le cas des eaux stagnantes qui contaminent l'eau de la pluie.

Il ne faut pas oublier que la respiration ne se fait pas uniquement par l'appareil respiratoire : la surface du corps est couverte de millions de poumons minuscules que l'on appelle les pores. Ce qui signifie que l'on respire aussi par tous les pores de notre peau. On dit qu'un septième de la respiration se fait par la peau. D'où l'importance de porter des vêtements qui permettent la libre circulation de l'air. Vous expérimenterez ainsi l'effet magique de l'aération du corps. On peut utiliser aussi la brosse à friction pour stimuler les pores et les débarrasser de l'accumulation de substances inorganiques.

Le processus respiratoire peut être associé à une véritable philosophie de la purification et de la régénération. Cette philosophie pourrait se formuler ainsi : par l'expiration, nous nous délestons de toutes nos tensions psychologiques, physiques et mentales; par l'inspiration, nous laissons entrer la «régénérescence», la vie.

La respiration et la prière

Le souffle, la respiration, l'âme ont quelque chose de commun : ils se retrouvent tous les trois dans un exercice spirituel universellement pratiqué, la prière. Thérèse de l'Enfant-Jésus définissait la prière comme «la respiration de l'âme». Prier, c'est respirer l'air infiniment pur du souffle de Dieu, de la *Ruah*. C'est reconnaître que nous avons reçu notre existence par et dans ce souffle même. Comme nous l'avons déjà expliqué, dès l'instant de notre conception, le Dieu tout-puissant intervenait pour insuffler en nous son souffle vital. Chaque fois que nous prions, nous nous replongeons dans ce souffle même qui nous a créés.

Pour expérimenter ce souffle, voici une petite prière que j'enseigne dans mes conférences. Des milliers de personnes l'ont déjà adoptée et les témoignages à son sujet ne tarissent pas d'éloges. La voici : «Viens, Esprit de lumière, de force et de paix!»

Quelles que soient vos croyances ou votre appartenance à une religion, vous pouvez en bénéficier. Je l'appelle ma prière-mantra, car elle peut être récitée sans cesse, des centaines de fois par jour, peu importe ce que l'on fait. Je peux vous assurer que cette courte prière produit vraiment ce qu'elle signifie, c'est-à-dire qu'elle procure lumière, force et paix. Récitée plusieurs fois par jour, elle calme et apaise vraiment l'être tout entier. Elle dissipe la peur, l'anxiété, l'angoisse. C'est la raison pour laquelle je l'appelle ma prière miraculeuse. Voici comment la pratiquer avec la respiration.

Il s'agit de l'associer mentalement et consciemment au rythme de chaque inspiration et expiration. La parole est alors guidée par le souffle. En inspirant, on dit : «Viens, Esprit de lumière…»; et en expirant, on dit : «… de force et de paix». Le mot «Esprit» écrit avec une majuscule représente évidemment celui que chaque personne reconnaît comme le Dieu de sa vie.

Toute prière formée d'une phrase divisible en deux parties peut être utilisée. En voici un autre exemple. En inspirant, on dit : «Dieu tout-puissant…»; en expirant : «… sois le Dieu de ma vie.» La prière doit être consciente et non formulée mécaniquement. Relier ainsi sa respiration à la prière constitue une excellente forme d'intériorisation.

La personne qui s'adonne à cette pratique sent à chacune de ses respirations une énergie qui se propage dans tout son corps, une énergie qui guérit et renouvelle. En respirant facilement et profondément, nous affirmons que seul Dieu peut guérir. Nous reconnaissons l'énergie créatrice de guérison de Dieu en nous. En expirant, nous relâchons toute pensée négative ou limitative qui se logerait dans notre esprit. Nous nous libérons de toute crainte ou inquiétude à propos de notre guérison. Chaque atome, chaque cellule, chaque tissu et chaque organe peuvent grandement bénéficier de cette puissance de guérison. Nous respirons et nous sommes rafraîchis, revitalisés et guéris.

À chaque respiration, nous nous remplissons d'une dose de confiance qui reflète notre bien-être et notre vitalité. Nous ressentons un lien éternel avec Dieu! Nous savons qu'au fond de nous il y a cette certitude que Dieu fait partie de chacune de nos cellules, qui sont le noyau de toutes nos artères.

Inspirer profondément, lentement, sachant que l'air même que nous respirons fait partie de la présence aimante de Dieu qui est en nous et partout autour de nous. Cette présence nous soutient et nous calme. À chaque respiration purifiante et restauratrice, nous éprouvons un profond sentiment de sécurité. Dieu est là et tout est bien. Forts de cette assurance, nous ouvrons notre cœur à la paix infinie de Dieu. L'amour de Dieu en nous est notre sanctuaire de paix. Nous en prenons conscience en pensant que «tout tourne au bien de celui qui aime Dieu» (Romains 8,28). Bref, dans l'inspiration, nous prenons conscience que l'air que nous respirons et qui revitalise notre corps est un don de Dieu; dans l'expiration, nous retournons à Dieu ce don dans un geste de gratitude et de louange; et pendant la pause, nous nous abandonnons à lui sans réserve.

Comme on peut le voir, l'expérience spirituelle suscitée par la pratique de la respiration se révèle d'une grande richesse et possède une valeur hautement symbolique. Aucune image ne décrit mieux l'intimité avec Dieu que l'image du souffle. Nous pourrions parler comme saint Augustin et dire que Dieu est plus proche de nous que notre souffle même. Plus qu'un symbole, le souffle peut devenir un lieu de vie intérieure avec Dieu.

Nous avons vu que le rythme respiratoire renvoie à la Genèse et au souffle même de Dieu. Les Pères de l'Église ont fréquemment témoigné que le souffle de Dieu est à l'œuvre dans tout le processus de la création. « Dieu a donné à la terre le souffle qui la nourrit », écrivait Théophile d'Antioche. Il ajoutait : « C'est son haleine qui donne la vie à toute chose. » Et si Dieu retenait son souffle, tout s'anéantirait. Ce même Père de l'Église écrivait encore : « Ce souffle vibre dans le tien, dans ta voix. C'est le souffle de Dieu que tu respires, et tu ne le sais pas » (*Trois livres à Autolycus*, 1, 7).

Nous pourrions terminer en situant la pratique du souffle et de la respiration consciente dans la perspective de l'expérience spirituelle. Celle-ci pourrait consister à cultiver le « souffle » originel reçu à la naissance, par lequel l'être humain a fait son entrée dans l'univers et dans la vie. Cultiver, entretenir, développer ce souffle, c'est grandir sur les plans physique, mental et spirituel. Le souffle divin attire vers Dieu et nous amène à nous dépasser. Il est en nous présence invisible de Dieu qui nous fait peu à peu le découvrir et le reconnaître à mesure qu'il prend corps et grandit en nous.

CHAPITRE 4

Le culte du moment présent

PENSÉES

« *Le grand malheur est d'exister sans vivre.* »
— Victor Hugo

« *Deux divinités auxiliaires : le silence et la lenteur.* » — Saint-Exupéry

« *Ne crains pas d'être lent, seulement de t'arrêter.* »
— Confucius

« *Donner du temps au temps.* » — Cervantès

« *Quand un esprit est simple et reçoit la sagesse divine, le passé disparaît – les moyens, les maîtres, les textes, les temples tombent ; l'esprit vit maintenant, et passé et futur se fondent dans le moment présent. Toutes les choses deviennent sacrées par rapport au présent.* » — R. W. Emerson

« *Le moment présent est le moyen de faire de l'infini avec du fini.* »

« *Le passé ne nous appartient pas, le futur appartient à Dieu, seul le présent nous appartient.* »
— Thérèse de l'Enfant-Jésus

LE GRAND VIOLONCELLISTE espagnol Pablo Casals avouait à ses parents et amis qui le félicitaient à l'occasion de son 93ᵉ anniversaire de naissance : « Le secret de ma longévité est simple, j'ai eu un culte pour le moment présent. Chaque jour, pour moi, c'est une nouvelle naissance et je me répète : ‹ Sois heureux, aujourd'hui commence une vie nouvelle. › » Les êtres exceptionnels sont ceux qui possèdent à un haut degré la conscience du moment présent. C'est l'une des caractéristiques du génie, c'est-à-dire la capacité de se perdre dans le moment présent et d'investir toutes ses potentialités dans la chose à faire.

C'est dans la matrice du présent que naissent toutes les grandes œuvres. Mozart a écrit ses chefs-d'œuvre dans le présent. Chaque note représentait un instant qui abritait toute la pureté de son génie et toute la créativité de son âme d'artiste. Qu'est la grande muraille de Chine, si ce n'est une suite ininterrompue de milliards d'instants au cours desquels chaque pierre a été posée par des générations de travailleurs conscients de l'importance de la durée et du patient labeur journalier ?

Si les grandes œuvres se font dans le présent, combien plus la vie humaine, chef-d'œuvre de la création ! C'est dans le creuset de l'instant que s'élabore la vie. Nous marchons pas à pas vers notre destinée. La trame de notre santé se tisse de repas en repas. C'est dans le souffle conservé et entretenu à chaque instant que nous maintenons dans l'existence notre âme et notre corps. C'est aussi dans l'instant que se révèle et se manifeste Dieu. On comprend pourquoi le concept du moment présent fait partie de toutes les philosophies, de toutes les sagesses et de toutes les spiritualités du monde. L'instant acquiert ainsi une dimension sacrée. Aussi peut-on parler du « culte » du moment présent.

L'instant se révèle un matériau indispensable à la vie, tout comme le mouvement, les aliments, l'air, le soleil. Impossible d'atteindre la plénitude sans une conscience du temps présent. La pratique du « moment présent » est l'un des plus beaux cadeaux que nous puissions nous offrir. Le mot « présent » n'a-t-il pas le sens de cadeau ?

Quand nous comprenons la richesse du moment présent, nous nous y adonnons tout entiers. Nous apprenons à relativiser le temps et nous découvrons en lui une nouvelle source de force, d'équilibre, d'harmonie et de plénitude. Nous entrons alors dans le domaine de la sérénité.

La sagesse du moment présent

Le « moment présent » apparaît à travers l'histoire comme l'une des plus belles philosophies de la vie, en même temps que l'une des plus belles sagesses. Dans le bouddhisme, le moment présent fait partie des enseignements essentiels. Le *Digha Nikaya*, canon bouddhiste du profès, enseigne :

> Le yogi est conscient de ses allées et venues, ses regards sont conscients, il remue et bouge consciemment, tous ses mouvements sont parfaitement conscients ; il mange, bois, mâche, déguste et accomplit tous ses travaux matériels parfaitement consciemment ; il marche, se tient debout et assis en étant parfaitement conscient ; il s'endort et se réveille, il parle et se tait, toujours parfaitement conscient de ses actes.

Personne ne niera que l'un des grands maux de la civilisation actuelle est la dispersion mentale. L'être humain est ballotté par le flux et le reflux incessant des pensées et des sensations qui l'assaillent. On dit qu'environ soixante mille pensées de toutes sortes envahissent l'esprit quotidiennement. Ces pensées proviennent de diverses sources, dont la principale est les stimuli sensoriels, de nature sonore (radio, bruits urbains de toutes sortes) et de nature visuelle (publicité, télévision, imprimés, enseignes lumineuses, etc.). Ce sont de puissants facteurs de dispersion qui minent inexorablement nos forces nerveuses et fatiguent inutilement le corps et l'esprit. Toutes ces fébrilités nuisent à l'équilibre humain.

Ce qui n'arrange pas les choses, c'est que le moment présent ne représente pas une valeur dans notre société. Nous vivons constamment dans la peur, la crainte de ne pas réussir, de ne pas arriver; nous nous en remettons toujours à nos mécanismes de défense; nous subissons les pressions successives de notre entourage, de notre milieu, de notre métier, de notre profession. La vie ressemble à une course fiévreuse et continuelle pour rattraper le temps perdu, pour le doubler et le dépasser. Jadis, les anciens avaient fait le même constat et l'avaient traduit dans une formule devenue célèbre: *Tempus fugit* (Le temps fuit). Cette formule semble traverser les siècles sans s'émousser, puisque nous la retrouvons encore de nos jours, mais avec cette nuance que, maintenant, c'est nous qui fuyons le temps.

On dirait que la société a horreur du temps consacré simplement au bonheur de vivre. Quand trouve-t-on du temps pour la solitude, l'intériorité, la prière, la méditation ? Tout est calculé pour empêcher l'être humain de rentrer en lui-même et de penser aux choses spirituelles. Tout est orienté pour fuir Dieu. Toute la journée, il faut travailler. Dans les moments libres, il faut faire du jogging. En fin de semaine, il faut recevoir les amis. Pas de temps pour nourrir une relation amoureuse. Pas de temps pour la solitude créatrice. Pas de temps à perdre pour les rêves qui préludent pourtant aux grandes réalisations.

Nous vivons à contretemps

En fait, nous savons mieux gérer l'espace (environnement, architecture, plans urbains, etc.) que le temps. Nous vivons déphasés par rapport au temps. Nous vivons «ailleurs», bref nous sommes absents du moment présent.

Le moment présent constitue pourtant l'un des points d'appui les plus importants de l'existence. On peut se faire une image du présent à partir de la roue qui roule sur une surface représentant la réalité. Le seul point de contact serait le présent. Qu'arrive-t-il quand on enlève ce point d'appui? C'est la perte d'équilibre. La roue ne tarde pas à vaciller et à tomber. Cela se produit quand on mise exclusivement sur la vitesse, la compétition, l'efficacité, le « toujours plus vite » qui nous arrachent littéralement au temps. Les événements ne tardent pas à nous enseigner qu'il ne faut pas accélérer le temps. Le temps doit prendre son temps. Le temps ne pardonne pas ce que l'on fait sans lui. Accélérer le temps, c'est brûler sa vie.

Comment ne pas citer à ce propos un joyau de la sagesse évangélique : « Qui gagne sa vie la perd, et qui perd sa vie la gagne » (Luc 9,24). Pour profiter pleinement du temps, il faut paradoxalement consentir à le perdre. Il est plus important qu'on le pense de savoir perdre son temps. Pour perdre son temps, il y a des choses à sacrifier. On doit faire table rase de ses soucis, de ses préoccupations, de ses craintes. On doit accepter de vivre pour ces instants où rien n'existe que ce moment lui-même. Laisser les instants s'égrener à leur propre rythme. Comme le poète, s'efforcer de cueillir toute la magie que ces instants recèlent et s'écrier comme Faust devant la minute qui passe : « Tu es si belle !... Arrête-toi. » C'est ce qu'on appelle retrouver l'instant originel. Henri Troyat conseille de vivre chaque minute en pensant au charme que nous lui trouverons lorsqu'elle ne sera plus qu'un souvenir.

Il n'est pas bon que l'arc soit toujours tendu. Un sage chinois nommé Tranxu enseignait :

> Lorsque l'archer tire sans aucune intention de gagner, il est en possession de tous ses moyens; lorsqu'il tire pour gagner une boucle de cuivre, il est nerveux; lorsqu'il tire pour gagner un objet en or, il est aveugle, voit deux cibles et perd l'esprit. Son talent est toujours le même, mais la perspective des prix à gagner le neutralise. Il pense beaucoup plus à la récompense qu'au tir; le besoin de gagner lui ôte son pouvoir.

N'est-ce pas là une image très représentative du comportement de la plupart des gens aujourd'hui?

L'être humain se croit volontiers «vivant» dans la mesure où il extrapole, se projette au-dehors, dans le futur. À cet égard, notre époque se révèle instable. C'est pour cela qu'elle a besoin de l'expérience du présent. Le moment présent n'est pas un luxe de l'existence. Il est l'essence même de la vie. Ce que nous recevons de la vie à chaque instant est fortement tributaire de notre comportement devant la vie à tel instant précis. Aussi est-il important de revenir au présent comme à un port d'attache.

Vivre au présent

Pourquoi profitons-nous si peu du présent? Pour plusieurs, le présent n'est pas accepté. Il est un mal-aimé. Il apparaît comme un surplus indésirable qui vient s'insérer entre le poids de deux énormes réalités: le passé et le futur. Cela rend l'instant frêle, infirme, insaisissable et difficile à vivre. Nous sommes constamment partagés entre deux appels: celui du passé et celui du futur. Combien de perles de sagesse ont exprimé cette réalité. «L'homme, a dit Rivarol, passe sa vie à raisonner sur le passé, à se plaindre du présent, à trembler pour l'avenir.» Un sage enseignait: «Ce que l'on craint arrive plus facilement que ce qu'on espère.» Le poète Goethe, parlant de lui-même, témoigne: «Je souffre de ce qui n'arrivera pas et je crains de perdre ce que je n'ai pas perdu.» Beaucoup oscillent de cette façon entre la dérive dans le passé, lieu d'expériences souvent malheureuses, et la projection dans l'avenir truffé de mystères et de craintes.

Combien de découragements puisent ainsi leurs racines dans les regrets ou la peur de l'avenir! Il n'y a rien qui provoque autant la dégradation de la vie et fait autant vieillir que toutes ces secondes gâtées par nos esclavages du passé et nos peurs du futur. Pourtant, la psychologie nous enseigne que 90% des choses appréhendées ne se produisent pas ou n'arrivent pas comme nous l'avions imaginé. Aussi, la plus élémentaire sagesse nous invite-t-elle à regarder le présent avec attention, au lieu de regarder l'avenir avec appréhension.

Certes, il existe une référence au passé et un regard sur l'avenir qu'il ne faut pas éliminer. Il ne serait pas bon, par exemple, de renier le passé historique dans lequel s'inscrivent notre vie et notre existence, ou de bannir l'avenir qui ouvre des voies et des perspectives nouvelles. Il serait insensé de vouloir rayer de la carte du temps le moment de notre naissance, les amitiés dont nous sommes tributaires et nos rêves d'avenir. L'expérience de l'instant nous invite plutôt à donner un sens nouveau au présent.

Pour nous y aider, prenons une comparaison. Quand nous allons au cinéma pour voir un film captivant, nous savons bien que notre motivation pour le film provient d'une certaine lassitude, de notre ennui, de notre besoin de nous évader dans un autre monde. Nous savons également qu'après le film nous retournerons à notre vie. Mais au moment du film, nous oublions tout. C'est comme si nous arrêtions l'horloge du temps et que nous choisissions de vivre ce moment dans toute sa richesse et sa plénitude.

C'est ainsi que le présent devient le temps de la vie. Qu'est le présent si ce n'est une succession de moments pendant lesquels nous ressentons, nous agissons, nous parlons et nous pensons ? Nul n'a le pouvoir de revivre hier et nul ne peut vivre demain. Il n'y a qu'un seul temps où nous pouvons vivre, et c'est maintenant, en cet instant précis ; ce que nous sommes, en ce moment, c'est cela qui constitue notre vie. Puisque le passé ne nous appartient plus, et que le futur est encore inconnu, le présent demeure notre seule richesse. Il est la seule partie du temps sur laquelle nous pouvons vraiment exercer une influence directe. Le moment présent devient ainsi le barème de notre existence.

L'un des avantages que nous donne le présent, c'est le pouvoir d'agir. Le présent est intimement lié à l'acte. Tant que les idées ne sont pas traduites en agir, instant par instant, elles sont sans consistance, elles n'existent pas, elles sont de purs êtres de raison, parfois des chimères. Pour cette raison, seul le présent permet de maîtriser notre vie.

Un seul coup de barre à la vie dans le présent peut parfois changer la trajectoire de toute une existence. Comme cet alcoolique que j'ai rencontré un jour et qui me confiait qu'un bon matin il s'était levé et avait décidé de ne plus jamais prendre d'alcool. Or, il en était à sa dixième année d'abstinence. On trouve dans l'Évangile des exemples semblables de retournement. N'a-t-il pas suffi d'un regard, l'espace d'un instant, vers son Sauveur pour que le bon Larron voie tout son passé criminel effacé et qu'il gagne le ciel : « Aujourd'hui même, tu seras avec moi dans le paradis » ?

Le présent nous est donné pour nous bâtir, pour évoluer. À chaque instant, nous pouvons ajouter un morceau au puzzle de notre vie. D'instant en instant, tel le ver à soie, nous pouvons tisser le fil de notre destinée. Chaque jour, il nous est possible d'écrire un nouveau chapitre de notre histoire personnelle. Le présent, c'est la table de travail de notre vie. Là s'accumulent toutes les petites choses du quotidien qui ont un effet déterminant sur tous les demains.

La nature nous sert à ce sujet d'admirables leçons. La lumière du soleil nous éclaire et nous savons qu'elle est la somme des millions de rayons qui la composent ; il en est ainsi d'un grand rêve qui est formé d'une multitude d'ingrédients du présent. Dans le présent d'une graine minuscule se cache un arbre, une fleur, un légume, un fruit. De la même façon, la vie tout entière se cache dans la graine du présent. Le présent recèle les énergies de la vie. Tout ce qui est fort en nous, tout ce qui est durable est un don de l'instant. Chaque instant du présent comporte sa lumière et sa force. Il en va un peu comme lorsque nous avons à parcourir une grande distance en automobile la nuit. Les phares de notre auto n'éclairent pas toute la distance d'un seul jet, mais une portion suffisante de la route, instant après instant, pour que nous puissions nous rendre à destination.

Nous pourrions poursuivre notre analogie avec la lumière. Lorsqu'on diffuse la lumière, on l'affaiblit dans des proportions géométriquement croissantes. Si, au contraire, on la concentre à l'aide d'une loupe pour la faire converger en un seul point – comme la lumière du soleil par exemple –, elle peut allumer un incendie. Quand la conscience du moment présent n'est pas divisée, dispersée, toutes les puissances de notre psychisme convergent vers un seul point. Quelle force alors nous obtenons !

Et que dire lorsque cette concentration contribue à rendre chaque moment qui passe aussi parfait que possible. Tout l'art du moment présent pourrait être contenu dans cet enseignement du sage hindou Swami Sivananda : « Mettez tout votre cœur, votre esprit, votre intelligence et votre âme dans le moindre de vos gestes, tel est le secret de la réussite. » La sagesse populaire le dit autrement : « Tout ce qui mérite d'être fait mérite d'être bien fait. » Une telle attitude n'est pas possible si le présent est contaminé par le passé et le futur.

Vivre l'instant présent, c'est s'exercer à faire chaque chose paisiblement sans se préoccuper de celle qui est passée et de celle qui va suivre. Le temps des semailles n'est pas celui de la moisson. Vivre l'instant présent, c'est ne pas se laisser ronger par le regret du passé et le souci du lendemain. L'être spirituel sait qu'il a en lui une force intérieure qui s'appelle l'espérance.

Une spiritualité du présent

Aucune spiritualité authentique ne peut échapper au culte du présent, car le moment présent, c'est le temps de Dieu. Dieu vit dans un éternel présent. Chez lui, il n'y a ni passé ni futur. L'instant acquiert de ce fait une dimension d'éternité. Pas étonnant que le premier don – la grâce – que Dieu fait aux saints et aux saintes soit celui de l'instant. C'est ainsi qu'il faut comprendre l'attitude d'abandon que l'on trouve chez les grands spirituels. Une telle attitude ne peut faire autrement que combler l'âme. On comprend pourquoi un grand maître spirituel, Jean-Pierre de Caussade, parle du moment présent en termes de « plénitude divine ». La conscience du moment présent favorise au plus haut point la profondeur, l'intériorité, l'épanouissement.

Cela ne signifie pas cependant que le moment présent se ferme totalement au futur. Il considère l'avenir, mais pas en terme d'appréhension ; plutôt en terme d'espérance. Voilà pourquoi l'espérance est indispensable à qui veut vivre pleinement dans l'instant présent. L'espérance donne la possibilité d'assumer le passé et d'envisager l'avenir avec sérénité. Pourquoi ? Parce que l'espérance identifie la volonté de la personne à la volonté divine. L'espérance, c'est l'espoir humain qui se fait présent au don de Dieu, maître de la vie et de notre destinée. Cette espérance nous fait dire : «En toi, Seigneur, j'espère, je ne serai jamais déçu» (Psaume 25,3). Nous pouvons nous détendre complètement, car nous savons que Dieu s'occupe de chacun de nos soucis. La Bible est parsemée d'exemples de la tendre sollicitude de Dieu à l'égard des humains. Dans l'Exode, par exemple, nous voyons Dieu gratifier les Hébreux, en marche dans le désert, de l'eau d'un rocher pour étancher leur soif et de la manne pour rassasier leur faim. Or, cette manne ne leur était donnée que pour une journée à la fois seulement.

Dans le grand livre de l'Évangile, nous trouvons de très belles formules qui se réfèrent à l'instant présent. L'une, entre autres, pourrait figurer dans les perles de sagesse. On la trouve dans le discours de Jésus sur la montagne, où il donne ce conseil : «N'ayez point souci du lendemain, le lendemain aura soin de lui-même. À chaque jour suffit sa peine» (Matthieu 6,34). Ce passage est précédé d'une autre recommandation : «Regardez les oiseaux du ciel : ils ne sèment ni ne moissonnent, ils n'amassent point dans les greniers ; et votre Père céleste les nourrit !» (Matthieu, 6,26). Encore dans l'Évangile, plus précisément dans la prière que Jésus nous donne en modèle, le *Pater*, la notion du présent est totalement mise en valeur, à travers cette demande : «Donne-nous aujourd'hui notre pain quotidien» (Matthieu 6,11). Aussi paradoxal que cela puisse paraître, l'Évangile tient le langage de l'imprévoyance et il en fait même un devoir.

C'est dans la foulée évangélique sans doute que beaucoup de spiritualités chrétiennes développent le culte du moment présent en lien avec la divine Providence. Cela signifie que l'être spirituel doit apprendre à faire confiance à son Créateur et à ne pas dissiper les instants dont sa vie est faite, parce qu'ils recèlent l'éternité. Pour en mesurer l'importance, imaginons la situation où, en raison d'une maladie grave, nos jours seraient comptés. Chaque minute, chaque seconde n'acquerraient-elles pas une valeur infinie ?

Dans sa petite voie d'enfance, Thérèse de l'Enfant-Jésus fait cette réflexion : «Si l'on se désespère parfois, c'est parce qu'on pense au passé ou à l'avenir. Le passé ne nous appartient pas et l'avenir appartient à Dieu.» Dieu donne sa grâce pour le moment présent seulement. C'est ce qu'a expérimenté l'apôtre Paul lorsque, en proie à une grande difficulté, il reçut cette révélation : « Ma grâce te suffit» (2 Corinthiens 12,9). Avec Dieu, nous trouvons à chaque instant la grâce et la force proportionnées à l'effort exigé. Dans chaque instant, nous pouvons puiser l'énergie pour réussir.

Quand nous parvenons à nous concentrer sur le présent dans cet esprit, aucune force négative ne peut nous troubler. Quand nous pensons au passé, nous pouvons éprouver des regrets ou de la joie, et quand nous envisageons le futur, nous pouvons ressentir de la hâte et de l'appréhension. Avec Dieu dans le présent, nous trouvons la paix. Le présent reflète la stabilité et la sérénité. Et lorsque ces moments sont vécus en harmonie avec la volonté divine, ils apparaissent comme autant de points d'eau dans l'aridité de l'existence. Voici une magnifique prière que l'on peut méditer dans cet esprit.

Seigneur, faites-moi ralentir

Faites-moi ralentir, Seigneur.
Apaisez les battements de mon cœur
en tranquillisant mon esprit.
Calmez mon allure pressée
avec une vision de la portée éternelle du temps.
Donnez-moi, malgré la confusion de l'époque,
le calme des collines immortelles.
Réduisez la tension de mes nerfs et de mes muscles
avec la musique apaisante des rivières chantantes
qui coulent dans ma mémoire.
Aidez-moi à profiter pleinement
du pouvoir reposant et fortifiant du sommeil.
Enseignez-moi l'art de prendre de petites vacances d'un instant
pour admirer une fleur,
causer avec un ami, flatter un chien
ou lire quelques pages d'un bon livre.
Faites-moi ralentir, Seigneur,
et aidez-moi à faire pousser mes racines en profondeur
dans le sol des valeurs permanentes de la vie
pour que je puisse un jour atteindre
les étoiles de ma destinée finale.
(Auteur anonyme)

Déchiffrer les signes du quotidien

Lorsque notre esprit est uniquement sollicité par le passé et l'avenir, nous ne prêtons pas suffisamment attention aux signes quotidiens qui jalonnent notre route. L'existence nous interpelle constamment, elle nous questionne, mais elle nous donne aussi des réponses.

Dans la vie, il n'y a pas de hasard, tout est signe. Le monde est rempli de signes révélateurs de notre destin. Une croyance existe selon laquelle l'histoire de chacun d'entre nous est inscrite dans le grand livre de l'univers. C'est ce que Paulo Coelho appelle la « légende personnelle ». La légende personnelle, c'est cette voix intérieure et extérieure qui nous indique ce que nous avons à faire sur terre. Cette voix nous trace également notre voie spirituelle.

Pour comprendre le message des signes du quotidien, il ne faut rien négliger, car les grandes choses de l'existence peuvent se manifester par de tout petits signes, en apparence insignifiants, qui habitent chacun des instants de notre vie. Ces instants n'ont rien de décousu. C'est dans leur continuité que se cache le sens de notre vie. Nous pouvons recevoir des réponses par l'intermédiaire des personnes, du monde extérieur, des événements et même des objets. Tout peut devenir signe d'une présence en apparence cachée.

Dans les célèbres *Prophéties des Andes* de James Redfield, la première prophétie nous enseigne que, derrière toute la floraison d'événements, de personnes, d'idées qui surgissent dans la vie, se cache un sens profond. Beaucoup d'événements qui tapissent notre histoire personnelle, même si leur sens nous échappe, ne sont pas là par hasard, mais s'inscrivent dans une « coïncidence significative », phénomène que Carl Jung a appelé la « synchronicité [1] ». C'est par ce terme que Jung qualifiait l'apparition simultanée de deux événements liés par la signification, mais sans relation causale. Pour Jung, même s'il n'y a pas d'explication causale, ces « coïncidences » doivent être regardées comme des arrangements significatifs.

---

1. C. G. Jung, « La synchronicité, principe de relations acausales », dans *Synchronicité et Paracelsica*, Paris, Albin Michel, 1988.

James Redfield explique que des événements en apparence aussi banals qu'une rencontre imprévue, un train manqué, un livre resté ouvert à une page donnée, un message qui apparaît sur notre bureau, un article de journal qui attire notre attention, la rencontre d'un inconnu, un pressentiment, une sensation physique, le cou qui se raidit, sont tous des signes qui sont là pour donner une orientation à notre vie. Dans sa huitième prophétie, Redfield affirme que c'est dans nos relations avec les autres que l'on peut recevoir le plus de messages. D'où l'importance de ne pas nous arrêter à la surface des êtres et surtout de ne pas entrer dans une lutte de pouvoir ou dans un rapport de force avec eux. Certes, il ne s'agit pas de devenir paranoïaque ou superstitieux, mais dans toutes les coïncidences qui jaillissent des événements quotidiens il y a des clés mystérieuses pour notre vie et notre avenir. Aussi devons-nous être attentifs aux événements qui surviennent dans notre vie, événements que nous sommes tentés d'attribuer au « hasard », mais qui sont en réalité porteurs de messages.

Savoir gérer le présent

Le temps a été comparé au vol de l'oiseau. Qui ne connaît ces vers célèbres du poète romantique Alphonse de Lamartine ?

Ô temps, suspends ton vol ! et vous, heures propices,
Suspendez votre cours !
Laissez-nous savourer les rapides délices
Des plus beaux de nos jours !

Le temps passé ne se rattrape pas. Impossible de reculer dans le temps. On ne se baigne jamais deux fois dans la même eau, dit un proverbe oriental. Schiller a écrit : « Ce que l'on n'a pas su saisir dans l'instant, nulle éternité ne nous le rendra. » Le temps est fluide. Il court, il vole. Le défi est de l'arrêter et de lui imposer le rythme de la marche humaine, de l'amener à troquer ses ailes pour des jambes.

Nous avons dit plus haut que le présent était le temps de l'agir. Bien sûr, nous pouvons employer notre temps à transformer le monde, mais nous pouvons aussi nous occuper à le regarder, comme le poète ou l'être spirituel – il y a une poétique de la vie spirituelle –, à travers la contemplation et la méditation. L'adepte du présent vaque à ses occupations matérielles, mais il cherche également à établir le contact intime avec l'âme du monde, à travers le repos et la contemplation.

Pour comprendre une fleur, on peut se servir de la méthode analytique; mais on peut aussi le faire par l'observation-osmose, dans laquelle la plante dévoile son intimité et son âme. Pour étudier un papillon, on peut le disséquer, mais on peut aussi l'observer, s'amuser de son évolution joyeuse, savourer l'ivresse de son vol: il se pose, il repart, à l'exemple de la vie qui s'exprime dans la totale liberté. Quelle merveille que de voir son vol l'emporter sur sa propre pesanteur et participer à l'agilité du désir! La contemplation devient ainsi compréhension, pénétration intime de la vie.

Pour vivre une telle expérience, il faut évidemment une certaine passivité qui est le fruit du détachement. Le détachement est reconnu comme le point de départ de toute expérience spirituelle. Certains mystiques l'appellent l'abandon. Ce qu'il s'agit d'abandonner, c'est d'abord l'attachement aux biens matériels qui empêchent de voir la vie telle qu'elle nous est donnée dans la nature. Il n'y a pas d'expérience spirituelle sans la prise de conscience que la possession matérielle ne peut représenter toute l'essence de l'activité humaine. Rappelons-nous l'épisode du jeune homme riche de l'Évangile. Il était parvenu à une certaine perfection humaine qui a séduit Jésus. Pourtant Jésus lui dit: «Il te manque une chose: va, vends ce que tu as...» (Marc 10,21).

Les sagesses de l'Orient et de l'Afrique, du tao, du zen, du yoga, de même que la tradition spirituelle chrétienne, nous apprennent que le bonheur commence avec la dépossession de soi et des biens matériels illusoires pour réaliser la communion avec le Tout. Alors que dans le monde matériel la richesse se confond avec la possession, dans le monde spirituel la richesse réside au contraire dans le dépouillement: *moins tu possèdes, plus tu es riche*.

Dans notre culture occidentale, nous trouvons normal que notre relation au monde s'établisse selon les critères de possession et de propriété. L'homme idéal, dans la mentalité actuelle, est celui qui produit et consomme. Dans ce type de culture, nous nous définissons uniquement à partir de ce que nous avons : « Je possède, donc je suis » ; ou encore : « Je suis ce que je possède. » L'ensemble de nos propriétés (choses et personnes) constitue notre identité propre. Quand nous raisonnons ainsi, le but de la vie ne peut être que celui d'accumuler et d'économiser. Nous vivons constamment en dehors de nous-mêmes, c'est-à-dire dans l'action, dans ce que nous nous approprions.

La course effrénée vers la performance et le succès fait oublier l'essentiel, nous vide de notre substance. Trop pressés, trop fatigués, nous ne voyons plus où se trouve la vraie richesse, alors qu'elle est à l'intérieur de nous, dans le regard contemplatif porté sur l'univers. La véritable culture réside dans l'ouverture au monde, plutôt que dans la fermeture sur soi et ses possessions. Et cette ouverture ne va pas sans un certain détachement.

Pour y parvenir, l'une des premières attitudes à développer réside dans ces périodes d'utilisation du temps où l'on ne fait rien de rentable, selon les critères de la société actuelle. Cela suppose un vide, de l'ennui peut-être, une perte de temps, une capacité de ne rien faire et de laisser être toutes choses qui ne sont pas au palmarès de nos valeurs matérielles. Ce temps spontané, non structuré, se révèle essentiel au goût de vivre, à la régénération, à la réflexion et à la créativité. Sans cet entre-deux non productif, il n'y a pas d'espace pour élaborer des visions.

Montaigne, ce grand maître de la Renaissance, écrivait dans ses *Essais* : « Pour moi, j'aime la vie et la cultive telle qu'il a plu à Dieu de nous la donner. » À quelqu'un qui lui reprochait de s'abandonner de cette façon, il répondit : « Nous sommes de grands fous : ‹ Il a passé sa vie en oisiveté ›, disons-nous ; ‹ Je n'ai rien fait aujourd'hui. › Quoi ! N'avez-vous pas vécu ? C'est non seulement la plus fondamentale, mais la plus illustre de vos occupations. » L'invitation de Montaigne peut être interprétée dans une perspective hédoniste, c'est-à-dire axée uniquement sur la jouissance et le plaisir de la vie. Mais il y a une différence entre l'être spirituel qui cherche à percevoir la vie dans toute sa richesse et sa profondeur, et le « bon vivant » qui se contente d'une approche purement « naturaliste » de la réalité.

Pour l'être spirituel, l'expérience de la vie s'enrichit d'une finalité sacrée : il vit en ce monde en usant des bonnes choses de la vie et en les appréciant sans inquiétude, anxiété ou passion. Il reconnaît que la valeur de la vie vient de ce qu'elle est un don de Dieu. La vie ne devient vraiment féconde que lorsque nous sommes reconnaissants de la vie, consentons à vivre, et dans un élan de gratitude nous reconnaissons qu'elle est un don de Dieu. Pour cela, l'être spirituel prend conscience que la vie *est* un miracle et que cette vie « telle qu'il a plu à Dieu de nous la donner » mérite d'être célébrée.

Célébrer la vie !

Avons-nous déjà pris conscience du don de la vie ? Dans tout ce qui a été créé, rien ne surpasse la vie. La vie représente le chef-d'œuvre de la création. Il va de soi que célébrer cette vie en reconnaissant qu'elle est un don du Créateur constitue un rite d'action de grâce éminemment liturgique.

Déjà, la vie elle-même, sous sa forme végétale ou animale la plus simple, est un prodige qui tient à un concours de circonstances exceptionnelles. À travers la description des phénomènes vitaux, la biologie met en évidence la merveille que constitue le corps humain. Cette merveille s'affirme dans la plus petite cellule qui dépasse en complexité et en ingéniosité les plus grandes inventions de l'homme. Une seule cellule humaine peut contenir dans son ADN des informations qui pourraient remplir des livres entiers. Quelle merveille qui nous permet de célébrer le caractère grandiose de l'intelligence qui est en nous !

Mais il existe une autre façon de célébrer la vie, c'est de prendre conscience de son existence même, à travers le temps et la durée. Nous sommes tellement habitués au fait que nous existons que nous ne nous étonnons même plus de notre présence sur Terre. Prendre le temps de vivre signifie alors ne pas escamoter les précieux instants qui composent la trame de nos journées. Savoir distinguer les moments où nous vivons des moments où « nous sommes vécus ». Participer au rite de l'accord de l'être et de l'existence. Le but et le sens de la vie, c'est de vivre. Il existe « un art de vivre » comme il existe un art d'aimer, un art d'être heureux, un art des bonnes manières.

Cet art paraît malheureusement un anachronisme dans une société où dominent la vitesse et la compétition. Où la vie est entièrement coulée dans le schéma « métro-boulot-dodo ». Même notre éducation nous fait souvent hésiter à profiter de ces instants apparemment perdus où l'on n'a d'autre souci que d'être soi-même. Nous sommes comme des enfants qui voudraient jouer, mais qui sont trop timides pour le faire. Nous finissons par penser que notre vie exige de s'exprimer constamment en actes, que nous cessons d'être en cessant d'agir. Or, la sagesse nous apprend que notre vie n'est pas plus remplie parce que nous agissons, parce que nous voyons, parce que nous sentons et apprenons davantage. Le grand nombre d'actions mal faites, d'expériences à demi vécues, épuise notre être et le vide de sa substance, ce qui conduit bien souvent au désespoir. Le monde regorge d'hommes d'affaires, de politiciens, d'artistes, de sportifs ratés parce qu'ils n'ont pas pris le temps de vivre.

La fécondité de notre vie passe paradoxalement par le courage d'accepter de se reposer, de méditer, de contempler. Mais cela demande beaucoup d'humilité. Le célèbre moine américain Thomas Merton écrit : « Il n'est pas nécessaire de réussir en tout. On peut être parfait et ne recueillir aucun fruit de son travail, et un homme capable seulement d'une activité très réduite peut avoir beaucoup plus de valeur qu'un autre qui semble agir beaucoup. » Il faut se corriger de la manie de vouloir absolument tirer quelque chose de tout dans la vie.

Il faut savoir non seulement « passer » le temps, mais savoir prendre conscience de ces moments heureux où la vie nous offre ce que Dieu nous donne de plus beau. Voir la vie dans toute sa réalité et sa richesse à la fois symbolique et poétique. La voir comme le lieu premier de la prière et de la contemplation. La voir comme le lieu où Dieu parle aux humains avec le langage des humains. La vie spirituelle ne devient féconde que lorsque nous acceptons de vivre dans un élan de gratitude envers notre Créateur qui nous a si généreusement octroyé l'existence. Voir la vie de cette façon n'est pas neutre. Un tel art de vivre pourrait être classé parmi les arts sacrés.

L'expérience spirituelle du moment présent

Il serait facile de montrer le rapport qui existe entre le manque de conscience de la vie et la perte d'âme dans notre société. Pour retrouver son âme, il faut d'abord faire l'expérience d'être soi-même et d'«exister» devant le mystère de Dieu et de son œuvre. Le septième jour, Dieu ne se reposa-t-il pas pour contempler ce qu'il avait créé? À la manière de Dieu, nous sommes invités à notre tour à prendre le temps de contempler son œuvre à travers le culte de l'instant.

André Gide, bien que fortement ancré dans «les nourritures terrestres», sentait le besoin de garder «une ouverture d'âme à tout ce que lui apportait l'instant présent». C'est cette ouverture d'âme qui fait de l'instant le «lieu théologique» de l'expérience spirituelle, c'est-à-dire le lieu privilégié de la rencontre avec Dieu. Dieu nous livre sa présence dans l'instant présent. C'est à ce moment que se révèle son action dans le tissu de notre vie. Nous rejoignons ici l'une des données importantes de la tradition chrétienne, qui a toujours eu le souci d'inviter à remplir parfaitement et avec amour chaque instant qui passe; vivre l'instant présent dans la fidélité à la tâche quotidienne, au devoir d'état et aux exigences du moment. Accomplir sa tâche en conformité avec la volonté divine, laquelle, à chaque minute précise, veut nous voir accomplir telle action.

Dieu est dans le moment présent comme l'amande est dans la noix. Dans la Bible, Dieu ne parle jamais au passé. Il se définit comme étant «celui qui est». Aussi l'instant présent devient-il le signe de la présence divine cachée, et ce signe se révèle à travers les choses, les personnes et les événements.

Thérèse de l'Enfant-Jésus disait: «Celui qui a l'instant présent a Dieu…» Si nous savions puiser dans chaque minute à l'inépuisable source de l'instant d'éternité, auquel notre vie est en suspens, elle nous donnerait Dieu. Voilà pourquoi tout gaspillage du temps devient une profanation du caractère sacré de l'existence.

Certes, un tel niveau de conscience ne dépend pas entièrement de nous. Il est en grande partie une grâce divine, mais cette grâce est donnée à ceux et à celles qui la demandent. La partie qui relève de nous consiste à manifester l'ouverture à recevoir une telle conscience. Cette ouverture est faite de la volonté de cultiver le moment présent à travers des gestes concrets et de s'exercer à prendre conscience de ce que l'on fait et de ce que l'on sent. Tel est le but de l'entraînement que je présente ci-après.

J'ai longuement hésité à présenter ces pratiques, pensant qu'on pourrait les confondre avec un hors-d'œuvre. Puis je me suis ravisé. Il n'y a pas de meilleure façon de s'entraîner à la pratique du moment présent que de le faire à travers les «cinq portes» qui nous ouvrent sur la réalité, le monde et l'univers, c'est-à-dire les *cinq sens*.

Les résultats obtenus en pratiquant ces exercices sont étonnants. Beaucoup de personnes qui avaient tendance à «dégraviter» de la réalité pour diverses raisons sont allées chercher dans cette méthode un équilibre et un ressourcement prodigieux. Cela fut pour elles, en tout cas, une façon de «réenchanter la vie».

Après cette expérience, la vie n'est plus pareille. La réalité nous apparaît dans toutes ses dimensions. Les gestes les plus banals prennent une importance singulière, des objets qu'on ne voyait plus frappent le regard, des senteurs nouvelles alertent l'odorat, des couleurs éveillent la vue, etc. Nous sentons le besoin de toucher les objets, de les voir, de les observer. C'est un peu comme si nous nous retrouvions à l'aube de la création, au moment où les sens étaient à leur premier éveil. Pensez au papillon au moment où il sort de sa chrysalide et qu'il découvre pour la première fois la nature, les couleurs, l'air, le soleil, le vent. Quelle émotion! Quelle sensation!

N'est-ce pas la première mission de l'homme sur terre que celle de voir, de sentir, d'entendre, de toucher, de goûter? Mission essentielle, fondamentale, archétypale, de laquelle dépend la qualité même de la vie. Toute cette belle nature, tout cet univers prodigieux ne serait qu'une splendeur obscure si nous n'avions pas les sens pour en percevoir l'existence. Pour bien remplir cette mission, il est nécessaire de se rééduquer à l'être, à la vie et à l'existence. C'est ainsi que l'expérience peut devenir un véritable mode de vie.

Je conseille fortement d'ajouter aux exercices ci-après une intention spirituelle, en les pratiquant dans l'esprit de l'exhortation de l'apôtre Paul: «Votre corps est le temple de l'Esprit Saint… glorifiez donc Dieu dans votre corps» (1 Corinthiens 6,19).

L'entraînement au moment présent

La méthode d'entraînement au moment présent que je propose ici a fait largement ses preuves. Elle permet de reprendre contact avec la réalité dans toutes ses dimensions : tactile, visuelle, sonore, olfactive, gustative, kinésique, etc. Pratiquée quotidiennement, cette méthode conduit à un état d'équilibre émotionnel étonnant. Elle est extrêmement régénératrice du système nerveux, du cérébral, et est tout indiquée dans les cas de fatigue chronique, burnout, dépression, etc.

• *L'autosurveillance de ses actes*

Cette approche rejoint celle du célèbre docteur Roger Vittoz qui a jadis développé une méthode faisant appel aux sensations conscientes du corps, en particulier les cinq sens : prise de conscience des bruits, de la lumière, des couleurs, des senteurs, des objets qu'on touche ; prise de conscience de la pesanteur de son corps en procédant par chacune de ses parties, de la respiration, de la relaxation, etc. La formule est : « Oubliez votre esprit et reprenez contact avec vos sens. »

Le docteur Vittoz s'appliquait ainsi à réadapter les personnes neurasthéniques, dépressives et anxieuses. L'efficacité de cette méthode tient au fait que le contrôle cérébral commence avec la maîtrise d'un mouvement, d'un geste, ce qui est beaucoup plus facile que la maîtrise d'une idée ou d'un état psychique. D'autre part, le contact direct avec le monde, la nature telle qu'elle est, permet d'accomplir de façon naturelle l'unité de la personne dans l'espace et le temps et d'atteindre ainsi l'harmonie, toutes des attitudes visées également par l'expérience spirituelle. Cette méthode peut devenir en même temps un véritable mode de vie.

Pour le docteur Vittoz, la réceptivité, c'est la sensation pure, c'est établir un contact immédiat avec ce qui est là dans mon corps, c'est accueillir d'une façon directe ce qui parvient à mes sens, ces portes ouvertes de mon corps par où je prends contact avec l'extérieur. La réceptivité est la conscience de soi et de l'environnement. Elle se rééduque en prenant conscience des actes, en sentant l'acte que l'on fait (non en le pensant). C'est dans la sensation que le cerveau enregistre, ce qui facilite la mémoire.

Ce que je propose au lecteur rejoint jusqu'à un certain point cette méthode. Je l'appelle «l'autosurveillance de ses actes», qui s'avère une forme pratique et efficace d'entraînement au moment présent. Il s'agit de ramener ses actes dans le champ de la conscience. Je précise tout de suite que cette autosurveillance doit être sensorielle et non pas intellectuelle. Il faut sentir au lieu de penser. On n'a pas à penser à ses actes, à les analyser ou à les disséquer, mais uniquement à les regarder, à se voir agir, à s'intéresser aux plus insignifiants d'entre eux, à être attentif aux plus petits mouvements.

Par exemple, je m'applique à prendre conscience des gestes les plus ordinaires que je pose. Ainsi : «je me lève de mon lit», «je me rends à la toilette», «je me lave la figure, «je me rase», et j'en suis pleinement conscient. Quand je me mets en marche, je dois avoir la sensation nette du pied qui se pose, de la jambe qui bouge, de tout mon corps qui se déplace.

Cela constitue un excellent exercice contre le vagabondage cérébral qui entraîne la pensée dans toutes les directions, sans ordre : association d'idées successives, parenthèses jamais fermées, film d'images ne se fixant plus, hyperactivité allant jusqu'à la surexcitation.

• La marche consciente

La marche consciente est une excellente application du principe de l'autosurveillance de ses actes en même temps qu'un exercice fort simple. Elle est proposée par le docteur Vittoz. Elle peut être exécutée en tout temps, en plein air, au travail, etc. Voici comment procéder : commencez par sentir à chaque pas le contact du sol et de la plante des pieds qui se pose ; puis le mouvement des genoux ; celui de toute la jambe ; ajoutez les sensations du tronc, des bras, des épaules et éventuellement de la tête ; enregistrez une sensation globale du mouvement de tout le corps.

Enfin, en prenant conscience du lieu, on doit arriver à une réceptivité générale, ouverte au décor et aux bruits qui nous environnent. L'impression vécue est celle de la souplesse, de la sûreté, sentie comme un accord parfait entre le corps et son centre directeur: le cerveau. On doit sentir que le premier obéit au second.

L'idéal serait d'ajouter à cet exercice de la marche consciente la respiration consciente telle que nous l'avons exposée au chapitre précédent.

• *Les sensations conscientes*

Chaque sens offre un domaine privilégié de sensations conscientes et revitalisantes. Voici quelques exemples.

La concentration tactile, le toucher: elle consiste à porter attention aux sensations que procure l'objet. Touchez consciemment des objets de matière différente. Palpez-les; sont-ils froids, chauds ou durs? De quelle nature sont les matériaux qui les composent?

La concentration auditive: portez attention aux différents bruits de votre environnement. Essayez d'être attentif à la nature, de capter le murmure de la source, le souffle de la brise, les trilles des oiseaux, les vibrations des feuilles. Laissez-vous pénétrer par le son naturellement. Soyez simple récepteur de sons. Écoutez avec plaisir et détente.

Une variante plus raffinée de cet exercice consiste à écouter une belle pièce de musique, de préférence orchestrale à cause de l'infinie diversité des sons et des nuances qu'elle présente. Choisissez des pièces évocatrices, comme les *Quatre saisons* de Vivaldi, une *Sérénade* de Mozart, la *Pastorale* de Beethoven, le *Clair de lune* de Debussy, etc. Assis confortablement dans votre fauteuil, laissez-vous couler dans le mouvement, le rythme, les sonorités, en oubliant tout autour de vous. On connaît les propriétés thérapeutiques de la musique. Si elle apaise les mœurs, elle peut aussi rendre l'âme et le corps à eux-mêmes.

La concentration visuelle: placez-vous devant un paysage pictural ou naturel. Observez-le en le détaillant par plans successifs ou par fractions. L'expérience peut se faire avec un objet familier. Regardez-le en détail. Détendez complètement vos muscles faciaux, ceux du front, ceux des yeux. Soyez attentif uniquement à ce que vous regardez. N'acceptez aucune autre idée dans le champ de votre conscience. Dissipez toute tension mentale. L'exercice doit se dérouler dans le calme et la passivité. Laissez l'objet entrer de lui-même dans votre œil.

Si, durant de longues périodes, votre œil doit se concentrer sur un objectif rapproché, regardez de temps en temps au loin. L'œil est fait pour la vision à distance. La nature n'a pas créé le mécanisme visuel humain pour le travail prolongé à courte distance. Or, les demandes de notre civilisation toujours plus complexe entraînent de plus en plus le travail rapproché. Il en résulte donc un « stress » ou une tension dans les mécanismes visuels.

Surtout, cillez souvent. Battez souvent des paupières. (Les paupières servent à étendre sur l'œil le fluide lacrymal aussi nécessaire à la santé de l'œil que la circulation du sang à la vie. Il faut réapprendre à ciller toutes les trois ou quatre secondes.) Puis ouvrez-les normalement et fixez l'objectif, en laissant l'image de l'objet pénétrer d'elle-même et normalement par les yeux.

Ces séances de concentration et de détente sont d'excellents moyens d'améliorer l'acuité visuelle. Elles aident à prévenir et à corriger les déficiences les plus courantes dues à une tension excessive imposée aux yeux et qui entraînent des modifications compensatrices dans le système oculaire.

Inutile de dire combien ces exercices et ces conseils sont recommandés aux personnes travaillant dans un bureau, aux personnes exerçant un travail intellectuel, celles qui font de la recherche et qui doivent lire beaucoup ou qui doivent travailler en station immobile pendant des périodes prolongées. Ils éliminent la fatigue et augmentent le pouvoir de concentration intellectuelle.

Mais l'un des avantages les plus pertinents de la concentration visuelle reste la rééducation de la perception. L'intellectuel, habitué à conceptualiser, ne sait plus voir. La plupart des gens, nous dit Paul Valéry, voient par l'intellect bien plus souvent que par les yeux. Au lieu d'espaces colorés, ils prennent connaissance de concepts. Une forme cubique, blanchâtre, haute et trouée de reflets de vitres est immédiatement une maison pour eux: la maison. C'est dire que nous substituons aux choses, telles qu'elles s'impriment sur notre rétine, une image abstraite et conventionnelle: « l'idée » telle une étiquette collée sur ce que nous voyons, et qui, en réalité, nous empêche de voir. Nous sommes, par exemple, au bord de la mer. Une forme paraît à l'horizon. Qu'est-ce ? Telle est la question qui se posera naturellement à notre esprit en quête de savoir. La réponse ne se fera pas attendre. Un bateau, dira notre esprit. Et ayant *su*, nous aurons nommé, et nous aurons cessé de *voir*. Si, au contraire, nous savons voir et qu'au lieu de vouloir identifier nous laissons nos yeux «errer» contemplativement, c'est-à-dire avec détachement, sur cette forme, nous pourrons, dans notre naïve ignorance, y voir ce que nous voudrons. Nous sommes dans un domaine purement sensoriel – féerique –, où les choses ne sont que ce qu'elles paraissent être et n'ont pas encore de nom.

La concentration olfactive : ici, l'attention s'attarde aux odeurs. Je me rappelle cette très belle page d'Albert Camus qui ouvre son essai intitulé *Noces*. On ne peut trouver meilleur exemple de l'attitude réceptive que nous préconisons. L'auteur témoigne d'une acuité sensorielle peu commune. Il fait preuve d'un degré de raffinement extraordinaire dans ses facultés de sentir et de percevoir. Je vous livre ici un passage d'une étonnante beauté, où l'auteur déifie la nature qu'il découvre lors de son passage à Tipasa, ville d'Algérie. Lisez ce texte comme un exercice de détente et de pratique du moment présent, en savourant chaque mot, chaque image. C'est un foyer de sensations conscientes et cosmiques.

> Au printemps, Tipasa est habitée par les dieux et les dieux parlent dans le soleil et l'odeur des absinthes, la mer cuirassée d'argent, le ciel bleu écru, les ruines couvertes de fleurs et la lumière à gros bouillons dans les amas de pierres. À certaines heures, la campagne est noire de soleil. Les yeux tentent vainement de saisir autre chose que des gouttes de lumière et de couleurs qui tremblent au bord des cils. L'odeur volumineuse des plantes aromatiques racle la gorge et suffoque dans la chaleur énorme. À peine, au fond du paysage, puis-je voir la masse noire du Chenoua qui prend racine dans les collines autour du village, et s'ébranle d'un rythme sûr et pesant pour aller s'accroupir dans la mer…

> Que d'heures passées à écraser les absinthes, à caresser les ruines, à tenter d'accorder ma respiration aux soupirs tumultueux du monde ! Enfoncé parmi les odeurs sauvages et les concerts d'insectes somnolents, j'ouvre les yeux et mon cœur à la grandeur insoutenable de ce ciel gorgé de chaleur. Ce n'est pas si facile de devenir ce qu'on est, de

retrouver sa mesure profonde. Mais à regarder l'échine solide du Chenoua, mon cœur se calmait d'une étrange certitude. J'apprenais à respirer, je m'intégrais et je m'accomplissais.

Cet extrait d'Albert Camus nous situe au cœur même de l'expérience du « moment présent » que nous poursuivons.

C'est précisément cette présence à la réalité que visent les exercices de concentration sensorielle que nous venons de présenter. Non pas uniquement présence, mais aussi qualité dans la présence : présence *dans* l'instant présent et présence *à* l'instant présent. L'être spirituel est celui qui vit tout entiers ces instants et qui a conscience de les vivre. On demanda un jour à Bouddha : « Quel est celui qui est saint ? » Il répondit : « Chaque heure se divise en un certain nombre de secondes, et chaque seconde en un certain nombre de fractions. Celui qui est capable d'être totalement présent à chaque fraction de seconde – voilà, en vérité, celui qui est saint. »

Le chrétien pourrait ajouter qu'il s'efforce de vivre tous ces instants comme un don de Dieu. La tradition chrétienne invitait jadis à remplir parfaitement et avec amour chacun des instants qui passent comme s'il était le dernier de notre vie. Elle révélait assurément une grande sagesse. C'était une façon de mesurer la valeur de ces instants. Bien sûr, il n'est pas nécessaire d'être rendu à l'extrémité de la vie pour vivre une telle expérience. Nous pouvons prendre conscience quotidiennement que le plus petit instant dans l'être est plus fort que la mort et qu'à ce titre chaque instant devient un don ineffable de la vie.

Quand nous sommes en contact avec la vie, nous en retirons inévitablement des dividendes. Quand nous favorisons la vie en nous, en lui donnant les conditions favorables à son maintien et à sa croissance, nous en retirons une énergie nouvelle. La vie ne se laisse jamais vaincre en générosité. Et comme la vie est contagieuse, l'être spirituel, dans la mesure où il la possède, ne craint pas de laisser échapper généreusement sur sa route quelques-uns de ces meilleurs instants de vie comme des semences pouvant revitaliser tout son entourage.

DEUXIÈME PARTIE

Les sources spirituelles de santé et de guérison

Quand la santé du corps passe par celle de l'âme

« Tu auras moins mal à la tête et au corps si tu soignes ton âme. » – Anonyme

CHAPITRE 5

La foi qui guérit

PENSÉES

« *Va, ta foi t'a sauvé.* »   – Marc 10,52

« *Car, je vous le dis en vérité, si vous avez de la
foi gros comme un grain de sénevé, vous direz à
cette montagne :* ‹ *Déplace-toi d'ici à là* ›, *et elle se
déplacera, et rien ne vous sera impossible.* »
                              – Matthieu 17,20

« *Mon fils, quand tu es malade ne te révolte pas,
mais prie le Seigneur et il te guérira.* »
                              – Siracide 38,9

« *Il rend des forces à l'homme épuisé, il développe
la vigueur de celui qui est faible. Les jeunes gens
se fatiguent, se lassent, et les athlètes s'effon-
drent, mais ceux qui mettent leur espérance dans
le Seigneur trouvent des forces nouvelles ; ils
prennent leur essor comme des aigles, ils courent
sans se lasser, ils avancent sans se fatiguer.* »
                              – Isaïe 40,29-31

« *Honore le médecin pour ses services, car c'est le
Seigneur qui l'a créé.* […] *Le Seigneur a créé des
remèdes issus de la terre, l'homme sensé ne les
rejette pas.* »   – Ecclésiastique 38,1 et 4

O N DÉCÈLE PRÉSENTEMENT un immense besoin de croire. De plus en plus de personnes s'ouvrent à la foi. Certaines personnalités affirment même fièrement leur croyance en public. Le phénomène n'est pas le fruit du hasard. Il fait penser à une graine qui rencontre tout à coup les conditions favorables à sa croissance.

C'est la raison pour laquelle on parle volontiers de « réveil » plutôt que d'« éveil » de la foi. Il n'est pas certain que la foi soit morte pendant toutes les années d'obscurantisme religieux. Beaucoup ont conservé une petite flamme qui couvait sous la cendre. Il suffit maintenant de l'attiser.

Pour rallumer la foi, il faut d'abord considérer la personne qui en est la dépositaire. On ne peut parler de la foi en Dieu sans parler de la foi en l'homme. On ne peut croire en Dieu si on n'a pas cette aptitude naturelle à croire en quelque chose, en quelqu'un, et surtout en sa propre réalité. Si on ne croit pas en soi, comment peut-on croire en l'Autre ?

La foi en l'être humain d'abord

La foi en l'homme s'appelle la « foi anthropologique » ; la foi en Dieu s'appelle la « foi théologale » ou « surnaturelle ». La première amène à parier sur la condition humaine. Elle consiste moins à adhérer à un catalogue de vérités qu'à engager résolument son existence dans la ligne de son destin. C'est la raison pour laquelle on trouve cette foi dans toutes les grandes réalisations humaines.

Vous connaissez de ces individus qui ont bouleversé l'histoire, qui ont accompli des projets grandioses, qui ont réalisé un destin incroyable ? Tous ceux qui dominent dans un secteur d'activité, qui s'investissent dans une cause, une ambition, une idéologie, ont tous un point commun : ils ont au départ une foi indéfectible en eux-mêmes et dans un idéal. La foi, comme le dit Paul Ricœur, provoque « un surcroît d'agir ». Elle anime l'effort, donne la force nécessaire à la réussite d'une action, d'un idéal. Elle est ce qui nous met en marche : « Lève-toi et marche ! »

Par-dessus tout, la foi communique la volonté de vivre. Quand on ne croit pas en la vie, on ne tarde pas à expérimenter la peur, l'anxiété, l'angoisse, trois maladies caractéristiques de notre monde occidental. L'absurdité de la vie n'est d'ailleurs qu'un écho du manque de foi en l'homme.

La foi représente une dynamique humaine exceptionnelle. Il y a dans la foi quelque chose qui s'apparente au principe même de la vie. Sans la foi, la vie ne serait pas possible. On a besoin de la foi comme on a besoin de pain, d'eau et d'air. Dans l'Évangile, on compare la foi au germe qui fait pousser la plante et qui porte la promesse de fruits abondants. C'est pour cette raison que la foi est si naturelle.

Le second regard de la foi

Qu'elle soit humaine ou surnaturelle, la foi apparaît toujours comme un second regard qui permet de voir les choses, les personnes, les événements d'une manière différente.

Quand elle concerne Dieu, la foi permet de découvrir des réalités différentes de celles qui nous entourent, projetant la vue sur un monde autre que le monde matérialiste, ou celui de la matière. Dans la Bible, il existe une expression particulièrement significative pour traduire cette foi. On la trouve dans l'Exode à propos de Moïse qui guida le peuple hébreu dans sa longue traversée du désert et dont l'apôtre Paul dit qu'il marchait «comme s'il voyait l'invisible».

Plus que toute autre, la foi confère une sensibilité particulière aux choses divines. Avec la foi, c'est comme si nous observions la réalité d'un point de vue privilégié, comme si nous étions sur une haute montagne, d'où la vue se porte à l'infini, embrassant du regard le paysage jusqu'aux limites de l'horizon.

Il ne faut pas penser, cependant, que le fait de ne pas croire en Dieu signifie que la vie est impossible. L'homme peut vivre sans la foi surnaturelle. Dieu l'a créé libre et lui a donné tout ce qu'il faut pour évoluer sur Terre: la liberté, l'intelligence, la volonté, la créativité. Mais il faut aussi admettre que la vie qui ne postule pas l'existence de Dieu débouche inévitablement sur le néant: le néant de l'être, le néant de l'existence, le néant de la mort. Dans ces conditions, la vie ne tarde pas à paraître «absurde», comme en ont témoigné plusieurs écrivains de l'époque existentialiste, en particulier Jean-Paul Sartre et Albert Camus. L'absurdité qui forme la thématique générale de leurs ouvrages porte aujourd'hui des noms très significatifs: «vide existentiel», «névrose de sens», «angoisse du destin». C'est le «vide» que connaissent tôt ou tard tous ceux pour qui la dimension transcendantale est un leurre. Il est relativement facile de se rendre compte que l'être humain, coupé de sa source divine, se trouve facilement dépassé par les événements de la vie. C'est alors qu'il connaît la peur et l'angoisse.

La foi surnaturelle ouvre des horizons de sens insoupçonnés. Nous serions portés à croire que c'est le sens que l'on donne à sa vie qui ouvre sur la foi, mais c'est le contraire: c'est la foi qui donne un sens à la vie.

La foi apporte des réponses au vide de l'existence, à nos sentiments de culpabilité, à nos inquiétudes, à nos angoisses, à nos peurs. La foi apporte des réponses à ce que l'on appelle les grandes questions existentielles de la vie: la souffrance, la maladie, le mal, l'amour, la mort, la vie après la mort, pour lesquelles il existe un énorme déficit de sens. La foi, c'est la lumière qui guide dans la nuit: la nuit des sens, la nuit du cœur, la nuit de l'intelligence. La foi, c'est une façon de vivre le mystère de la vie, avec son cortège de peines, de souffrances et de joies. C'est probablement pour cette raison que l'homme et la femme d'aujourd'hui ressentent profondément la nécessité de croire et c'est ce qui explique sans doute le «réveil» de la foi dont nous avons parlé au début.

Mais ce réveil semble motivé davantage par un phénomène très présent dans la société actuelle et qui ne laisse personne indifférent: *la guérison*. Autrefois, on se résignait à la maladie. On se disait: «C'est le bon Dieu qui veut ça.» Maintenant, on veut guérir. Y a-t-il désir plus naturel? Nous allons voir comment la foi possède un pouvoir étonnant de guérison.

La foi qui guérit

La foi qui guérit est fortement tributaire de la foi anthropologique. Il y a quelques années, un journaliste, Norman Cousins, a écrit un ouvrage qui a suscité beaucoup d'intérêt partout dans le monde. Cet ouvrage s'intitule *La volonté de guérir*. Atteint d'un cancer pour lequel les médecins ne lui donnaient qu'une chance de guérison sur 500, Norman Cousins refusa de baisser les bras. Il se prit en main, fortifié par l'idée que «toute personne souffrant d'une maladie ou d'un handicap doit assumer une part de responsabilité dans sa propre guérison». Cette part de responsabilité, Cousins l'a assumée à tel point qu'il guérit envers et contre tous les pronostics médicaux.

L'impact de sa guérison fut si grand que, simple journaliste, il fut invité à enseigner à la faculté de médecine de l'Université de Californie à Los Angeles. En fait, il n'y avait rien de sorcier dans le phénomène de sa guérison, elle tenait tout entière dans cette faculté que possède naturellement le corps humain de se régénérer et de guérir.

Les spécialistes estiment qu'il existe dans le cerveau un «centre» qui possède un réel pouvoir physiologique de guérison. Dans une récente émission de télévision qui portait sur l'effet placebo, des médecins expliquaient la nécessité de croire qu'une pilule favorise la guérison pour que ses effets se fassent sentir. Chose étonnante, l'expérience menée avec des comprimés de placebo s'est révélée aussi concluante qu'avec les autres comprimés. Pourquoi? La raison est simple. Le placebo, tout comme le médicament, a la propriété d'activer le « centre » de guérison du corps humain. Ce centre obéit à un processus à la fois biologique et mental, lequel est fortement conditionné par l'association comprimé-croyance.

Comprimé ou pas, le pouvoir de guérison que recèle le corps humain est une réalité. Les mécanismes de guérison sont à l'intérieur de nous; tout le reste (régime, médicaments, traitements, etc.) ne fait que stimuler ces mécanismes de guérison. Si le corps refuse de guérir, aucun médicament ne sera efficace.

Prenons un exemple: que se passe-t-il lorsque la peau est égratignée ou coupée? Il se déclenche automatiquement un processus que l'on appelle cicatrisation. Nous sommes tellement habitués à ce phénomène que nous le considérons comme banal et sans importance. Pourtant, il obéit à une intelligence merveilleuse, celle-là même qui a édifié le corps à partir d'une particule microscopique de protoplasme. C'est cette même force intelligente qui peut refaire le corps en lui restituant son intégrité momentanément perdue. La même chose se produit à la suite d'une fracture ou lorsqu'une épine entre dans la chair; celle-ci est rejetée progressivement par le corps, et les os finissent par se ressouder. Il en ainsi également quand la force nerveuse est affaiblie. Cette force se reconstitue naturellement pendant le repos, particulièrement au cours du sommeil. On ne se demande pas alors comment le corps se guérit. Quand, dans une maladie, toutes les fonctions du corps sont alertées et coordonnées par le cerveau, ce dernier met en place ce qu'il faut pour guérir. Sans refuser, évidemment, les bons soins d'un praticien de la santé, on peut dire que notre corps est notre meilleur médecin.

C'est aussi vrai pour les maladies de l'âme. Carl Jung a admis plusieurs fois que, dans bien des cas de guérison d'une personne malade, ce n'était pas lui, en tant que psychiatre, qui avait agi, mais qu'il avait simplement été l'agent déclencheur d'une force intérieure, sise dans la psyché du malade, qui avait été source de guérison.

Ce même pouvoir guérit un nombre incalculable de cancers. Je connais une personne qui a été guérie d'un cancer alors qu'elle était arrivée en phase terminale pour la deuxième fois. Or, cette personne est aujourd'hui bien vivante et très active. Il faut dire qu'elle avait intégré la dimension spirituelle dans sa vie de façon peu commune.

Quand on observe la façon de guérir de Jésus, on remarque que toutes les guérisons qu'il pratiquait faisaient d'abord appel à la foi de la personne. Il exigeait au minimum la même confiance que celle que l'on accorde normalement à son médecin. Personne ne se confierait à son médecin, s'il ne croyait pas qu'il soit capable de l'aider. C'est cette même foi humaine, sans doute, qu'exigeait Jésus pour guérir. Son pouvoir de guérison semblait même dépendre de cette foi. Il ne pouvait agir sans elle.

La Bible enseigne que la foi gros comme un grain de sénevé peut transporter une montagne. Pour l'apôtre Paul, «la foi est une manière de posséder déjà ce qu'on espère...» (Hébreux 11,1). C'est dire jusqu'à quel point il faut faire confiance au pouvoir de guérison qui opère dans la foi.

Considérée ainsi, l'association *foi-guérison* n'est pas un phénomène exclusivement chrétien. Elle fait partie de toutes les cultures. Les peuples des anciennes civilisations le savaient: il existe une force supérieure, fondement de la vie, qui peut amener la guérison, pour peu qu'on s'y connecte. On lui a donné, selon les cultures, différentes appellations: force de vie, Prana, Chi, force divine, etc. Certains parlent de «courant guérisseur» (Bruno Gröning). Combien d'ouvrages et de mouvements religieux parlent de guérison par «l'énergie divine»! La foi dans la guérison est l'une des données les plus universellement présentes dans les religions.

Il existe aux États-Unis un courant important appelé *Healing by Faith* («Guérir par la foi»). On s'est aperçu que toutes les thérapies basées sur la simple médecine ou la simple psychologie ne rejoignaient pas le fond de l'homme et ne résolvaient pas les véritables questions qu'il se posait. On a constaté également que, tant qu'un certain niveau de profondeur dans la foi n'était pas atteint, rien ne se produisait. Certes, les symptômes étaient atténués, mais on ne s'attaquait pas aux véritables causes du mal. Or, seule la foi permettait une véritable guérison.

Un spécialiste de la question, Magella Potvin, psychologue éthicien, émet un point de vue intéressant là-dessus. Il explique que la maladie est en quelque sorte « un enlisement dans l'existence, une négation de soi-même, souvent à notre insu, un refus d'entrer en relation avec ce qui nous entoure. Le corps malade reflète et actualise un mal de l'existence, un mal-à-vivre ou un mal-à-l'âme intérieur. » Il est clair pour ce spécialiste que tout traitement véritable d'une maladie, cancer ou autre, doit dépasser le curatif (médication et intervention médicale) et s'étendre jusqu'à la dimension spirituelle de l'homme.

De plus en plus à notre époque, notamment dans le monde médical, on reconnaît le pouvoir de guérison que recèlent la foi et la prière. Jusqu'au dernier siècle, le curatif a été considéré en grande partie comme étant la prérogative exclusive de la profession médicale ; mais ces dernières années, la religion et en particulier la foi, la prière et la méditation connaissent une vague de popularité sans précédent. Plusieurs universités, surtout aux États-Unis, créent dans leur faculté de médecine des équipes multidisciplinaires pour étudier l'impact de la religion et de la foi dans le processus de guérison [1]. Chez nous, de plus en plus d'universités instaurent des chaires de recherche en ce domaine. On essaie d'évaluer l'importance de la foi d'une personne dans le processus de guérison.

Un neurologue parlait récemment, dans une entrevue, des effets *chimiques* de la prière. On pourrait en dire tout autant de la méditation. Le constat est scientifiquement établi que la prière et la méditation rééquilibrent la chimie du cerveau. Ces activités spirituelles provoquent dans le cerveau des sécrétions neurochimiques très favorables à la guérison. Dans sa pratique médicale, le neurologue reconnaissait que la foi était « un plus » dans le phénomène de la guérison.

Toutes les études en arrivent à cette conclusion : *la religion est bonne pour la santé.* L'esprit religieux permet de guérir plus rapidement de diverses maladies et de surmonter plus facilement les

---

1. *Cf.* revue *L'Actualité*, septembre 2002.

maladies même très graves. On constate également que les risques d'accidents cardio-vasculaires sont moins forts après la soixantaine chez les croyants que chez les athées et les agnostiques. Les patients cardiaques qui prient ont un plus grand sentiment de pouvoir et d'espoir, disent des chercheurs de l'Université du Michigan. Cette étude a également montré que la même constatation s'applique aussi à la récupération dans les cas de blessures.

Le bulletin *Health After 50*, de l'Université Johns Hopkins, rapporte les résultats d'une recherche montrant que les personnes qui pratiquent une religion organisée présentent une plus faible incidence de dépression, de suicide, de toxicomanie et même de troubles cardiaques. Les gens de foi et de prière sortent en général de leur pathologie plus vite que les autres.

Il est relativement facile d'expliquer le phénomène. La foi coïncide avec la volonté de vivre. Elle correspond à l'instinct profond de survie qui peut opérer des miracles. Norman Cousins, que nous citions plus haut, relate le fait suivant :

> Nos résultats à l'hôpital Johns-Hopkins étaient des plus satisfaisants. La foi en *saint Johns Hopkins*, comme nous l'appelions, associée à l'optimisme et à la bonne humeur des infirmières, réussissait à guérir de la même façon qu'Esculape à Épidaure. L'expression « la foi qui guérit » signifiait les influences psychologiques qui déclenchent les mécanismes de rétablissement de l'autoguérison.

Les exemples de guérisons par la foi sont nombreux. On relève des cas de maladies incurables guéries au nez de la médecine traditionnelle, qui en reste bouche bée. Ce qui prouve que les médicaments ne sont pas toujours nécessaires, mais la foi en la guérison oui. La foi surpasse même souvent l'action des médicaments. La volonté de vivre, l'espoir, la confiance et l'amour sont importants du point de vue biochimique et contribuent fortement à la guérison et à la santé. Il est reconnu que les émotions positives sont porteuses de vie. La faculté du corps humain de transformer l'espoir en modifications biochimiques tangibles est réelle.

Mais qu'arrive-t-il lorsque cette foi et cette volonté de guérir sont rehaussées par la foi en celui qui est l'Auteur même de la vie ? Par celui qui, en tant qu'architecte et ingénieur du corps humain, a le pouvoir d'agir sur toutes les cellules humaines pour les reprogrammer au besoin? On peut le voir dans le cas des miracles qui servent à la canonisation des saints et des saintes. Les deux critères du caractère miraculeux d'une guérison sont : une attestation par trois médecins du caractère incurable de la maladie, une guérison instantanée et sans convalescence. Jésus a sans doute opéré de nombreux miracles de ce genre. On dit de lui : « En quelque endroit qu'il arrivât, dans les villages, dans les villes ou dans les campagnes, on mettait les malades sur les places publiques, et on le priait de leur permettre seulement de toucher le bord de son vêtement. Et tous ceux qui le touchaient étaient guéris » (Marc 6,56).

Deux mille ans après Jésus, comment fait-on pour être guéri? Il faut demander la guérison et la susciter par la prière ou des réflexions du genre :

« Je suis immergé dans le flot restaurateur de l'amour divin. »

« La miraculeuse puissance régénératrice de Dieu coule dans mes veines tel un puissant courant énergétique qui renouvelle chacune de mes cellules. »

« Je suis rempli de la vie divine qui irrigue tout mon corps. »

Prononcées plusieurs fois par jour, de façon consciente, ces réflexions spirituelles produisent des résultats étonnants.

Entendons-nous, cependant. Cela ne veut pas dire qu'on doit remplacer les médicaments par ces formules de guérison, mais il est certain que la conjugaison des deux peut agir en synergie. Affirmer d'avance sa guérison, même avant qu'elle n'arrive, attire fortement les ondes positives et les bénédictions de Dieu sur sa santé. Par exemple, on peut dire : « Je serai en bonne santé parce que l'énergie vitale divine circule en moi. »

C'est précisément sur cette attitude que l'on se base pour parler de « guérison par la foi ». Dès le début de la révélation chrétienne, Dieu s'est fait connaître à l'humanité comme un guérisseur : « Je suis le Seigneur, ton guérisseur » (Exode 15,26). Et tout au long de l'Ancien Testament, cette image du Dieu guérisseur ne se dément jamais. Les références à ce sujet sont très nombreuses. En voici quelques-unes :

«Guéris-moi, Seigneur, et je serai guéri, sauve-moi, et je serai sauvé, car tu es ma gloire» (Jérémie 17,14).

«‹Je vais panser tes plaies, guérir tes blessures›, dit le Seigneur» (Jérémie 30,17).

«Je vais panser leurs plaies et les guérir; je vais leur faire voir une abondance de bonheur et de sécurité» (Jérémie 33,6).

«Le Seigneur écartera de toi toute maladie et ne te laissera toucher par aucune de ces funestes épidémies d'Égypte» (Deutéronome 7,15).

«Mon fils, quand tu es malade, ne te révolte pas, mais prie le Seigneur et il te guérira» (Siracide 38,9).

«C'est lui qui pardonne toutes fautes, c'est lui qui guérit toutes tes infirmités» (Psaume 103,3).

«Seigneur, mon Dieu, j'ai crié vers toi, et tu m'as guéri» (Psaume 30,3).

Dès le début de l'Exode, il y a un fait que j'aime beaucoup me rappeler et qui illustre bien le désir de Dieu de guérir les humains. Au cours de sa longue marche dans le désert, le peuple d'Israël, à bout de force, récriminait contre Dieu et contre Moïse:

«Pourquoi nous avoir fait monter d'Égypte? Était-ce pour nous faire mourir dans le désert, où il n'y a ni pain ni eau? Nous sommes dégoûtés de cette nourriture misérable!»

Alors, le Seigneur envoya contre le peuple des serpents à morsure brûlante, et beaucoup en moururent. Le peuple revint alors vers Moïse et lui dit: «Nous avons péché, en récriminant contre le Seigneur et contre toi. Intercède auprès du Seigneur pour qu'il éloigne de nous les serpents.»

Moïse intercéda alors pour le peuple et le Seigneur dit à Moïse: «Fais-toi un serpent, et dresse-le au sommet d'un mât; tous ceux qui auront été mordus, qu'ils le regardent, et ils vivront!» Moïse fit un serpent de bronze et le dressa au sommet d'un mât. Quand un homme était mordu par un serpent, et qu'il regardait vers le serpent de bronze, il conservait la vie! (Nombres 21,4b-9).

Le serpent qui donne la vie! Il y a de quoi être étonné. Ce serpent n'avait rien d'une herbe médicinale. Que signifiait-il alors? Évidemment le mal et la maladie. En choisissant le serpent, symbole même du mal, Dieu montrait sans équivoque qu'il pouvait agir directement à la racine du mal – ou de la maladie –, et non pas seulement sur les effets. Le serpent comportait l'idée d'une victoire radicale du bien sur le mal. À ce titre, il préfigurait la résurrection du Christ qui est essentiellement une victoire sur la mort; autant la mort ontologique que toutes les morts quotidiennes qui tissent la trame de notre vie.

Le serpent guérisseur annonçait aussi la mission de Jésus venu guérir l'humanité de ses maux. Dans l'Évangile, Jésus est présenté comme celui qui apporte le salut par la guérison des corps, de l'esprit et de l'âme. L'évangéliste Luc relate que «la puissance du Seigneur le poussait à opérer des guérisons» (5,17).

Dès le début de sa vie publique, Jésus s'annonce comme un guérisseur. Luc raconte que Jésus est revenu en Galilée avec la puissance de l'Esprit: «Une rumeur se répandit par toute la région à son sujet» (4,14). Ce qui explique cette rumeur, c'est l'abondance des guérisons et des miracles opérés. Jean-Baptiste et ses disciples se posèrent d'ailleurs des questions à ce sujet. Sur quoi ils décidèrent de clarifier la situation. Jean-Baptiste envoya quelques-uns de ses disciples rencontrer Jésus, qui reçurent la réponse suivante: «Allez rapporter à Jean ce que vous avez vu et entendu: les aveugles voient, les boiteux marchent, les lépreux sont purifiés, les sourds entendent, les morts ressuscitent, la bonne nouvelle est annoncée aux pauvres» (Luc 7,22). C'est comme si Jésus donnait à Jean-Baptiste sa marque de commerce, sa carte de visite, son charisme en quelque sorte. Or, toute l'histoire évangélique est une histoire de guérison.

Selon les indications du Nouveau Testament, la mission de Jésus était accompagnée dès le début de nombreuses guérisons miraculeuses qui confirmaient la puissance de l'annonce messianique: «La puissance du Seigneur se manifestait par des guérisons» (Luc 5,17). Plusieurs malades se tournaient vers Jésus, directement ou par l'intermédiaire de leurs amis ou de leur conjoint, pour solliciter le rétablissement de leur santé, comme dans le cas de la guérison du paralytique.

Un jour, Jésus était chez Pierre. On lui amena des dizaines de malades. L'un d'eux, paralytique, ne pouvant entrer en raison de la foule, fut descendu par des porteurs qui pratiquèrent une ouverture dans le toit. On rapporte que Jésus, voyant leur foi, dit au paralysé : « Tes péchés te sont remis », signifiant par là que la maladie de l'âme était plus importante que la paralysie du corps. Mieux encore, en guérissant l'âme, Jésus savait qu'il guérissait en même temps le corps. Devant les protestations des pharisiens et des scribes, il dit au paralytique : « Lève-toi, prends ton grabat et marche ! » Dans la vie publique de Jésus, les contacts avec les malades n'étaient pas sporadiques, mais continus. Jésus avait tellement le désir et la volonté de guérir qu'il l'a fait une fois le jour du sabbat, ce qui était contraire à la loi. Les pharisiens s'en offusquèrent au plus haut point. C'est là que Jésus répondit que le sabbat était fait pour l'homme, et non l'homme pour le sabbat.

Du temps de Jésus, comme c'est encore le cas de nos jours, les méthodes classiques de guérison étaient bien souvent impuissantes. Voici le cas d'une femme que Jésus a guérie, alors que la médecine traditionnelle avait complètement échoué. Cette femme souffrait d'hémorragie depuis 12 ans. Elle avait beaucoup souffert entre les mains de plusieurs médecins. Elle avait même dépensé tout ce qu'elle possédait sans obtenir aucun soulagement. Bien plus, son état avait empiré. Mais dans sa foi, elle se disait : « Si j'arrive seulement à toucher son vêtement, je serai sauvée. » Après qu'elle l'eut touché, Jésus, se retournant, lui dit : « Confiance, ma fille ! Ta foi t'a sauvée. » Et la femme fut sauvée dès cette heure-là (*cf.* Matthieu 9,21-22). Sans déprécier évidemment la médecine, combien, de nos jours, comme cette femme, ne sont pas guéris malgré le progrès médical ! Pourtant, beaucoup de guérisons sont signalées, même après que le malade eut été abandonné par la médecine.

Toutes ces guérisons doivent être placées dans le contexte de la volonté de Jésus de guérir les humains. Elles manifestent la victoire du règne du Dieu sur toutes sortes de maux et deviennent symboles de la guérison de l'homme tout entier, corps, cœur et âme. Or, ce pouvoir de guérir, Jésus ne l'a pas gardé pour lui. Il l'a transmis intégralement à ses 12 apôtres. On dit qu'il les envoya en mission avec les instructions suivantes : « N'allez pas chez les païens et n'entrez dans aucune ville des Samaritains. Allez plutôt vers les brebis perdues de la maison d'Israël. Sur votre route, proclamez que le Royaume des cieux est tout proche. Guérissez les malades, ressuscitez les morts, purifiez les lépreux, chassez les démons. Vous avez reçu gratuitement : donnez gratuitement » (Matthieu 10,5-8). Jésus envoya ses apôtres avec la même puissance spirituelle de guérison que la sienne : « Dans quelque ville que vous entriez, et où l'on vous recevra, mangez ce qui vous sera présenté. Guérissez les malades qui s'y trouveront ! » (Luc 10,8).

Et après sa résurrection, Jésus envoie non pas uniquement ses apôtres, mais tous ses disciples revêtus de la même puissance du Saint-Esprit, avec la mission de guérir par l'imposition des mains et de témoigner ainsi de sa victoire sur la corruptibilité du corps : « Voici les miracles qui accompagneront ceux qui auront cru : ils imposeront les mains aux malades et les malades seront guéris » (Marc 16,17). Il entrevoyait d'ailleurs l'établissement du Royaume promis comme étant essentiellement une terre de guérison : « Guérissez les malades et dites aux gens : ‹ Le Royaume de Dieu est proche de vous › » (Luc 10,9).

Or, il faut comprendre que la mission de guérison de Jésus ne se limite pas au temps de sa présence terrestre, mais se poursuit encore aujourd'hui. Jésus demeure bien présent dans notre histoire, aussi bien collective que personnelle, désirant nous libérer, nous guérir, nous remettre debout et en marche. Si Jésus ne guérit pas de la mort ultime qui fait partie de la condition humaine, il nous fait comprendre qu'il peut cependant vaincre nos morts quotidiennes et nous guérir de toute maladie.

C'est dans cet esprit qu'il faut redécouvrir aujourd'hui le pouvoir de guérison qu'a légué Jésus. On lit, dans l'épître de saint Jacques :

> Quelqu'un parmi vous souffre-t-il ? Qu'il prie. Quelqu'un est-il joyeux ? Qu'il entonne un cantique. Quelqu'un parmi vous est-il malade ? Qu'il appelle les presbytres de l'Église et qu'ils prient sur lui après l'avoir oint d'huile au nom du Seigneur. La prière de la foi sauvera le patient et le Seigneur le relèvera. S'il a commis des péchés, ils lui seront remis. Confessez donc vos péchés les uns aux autres et priez les uns pour les autres, afin que vous soyez guéris. La supplication fervente du juste a beaucoup de puissance (Jacques 5,13-16).

C'est un fait que, souvent, l'aveu de ses fautes fait lever l'obstacle à la guérison.

On dit que le ministère de la guérison s'affirma avec éclat dès les premiers temps de l'Église. Mais il se perpétue encore de nos jours. La consigne de Jacques n'en demeure pas moins d'actualité. C'est sur elle, d'ailleurs, que se base la longue tradition chrétienne de la guérison par la foi : « Quelqu'un parmi vous est-il malade ? Qu'il appelle les presbytres de l'Église et qu'ils prient sur lui après l'avoir oint d'huile au nom du Seigneur. »

Que sont les presbytres ? Ce sont les prêtres, les diacres, les pasteurs, auxquels il faut adjoindre des laïcs investis de la mission par l'Église. Mais alors, attention aux charlatans ! L'histoire a montré combien d'arnaqueurs ont utilisé des subterfuges pour tromper les gens ! Beaucoup parmi eux ont réussi à convaincre des personnes malades d'abandonner leurs médicaments. Il faut bien comprendre que la foi en la guérison ne signifie aucunement qu'il faille arrêter de consulter son médecin traitant. Il ne faut jamais favoriser la prière au détriment des soins médicaux. De la même façon, il ne sert à rien de prier pour sa guérison si l'on bafoue les lois de la santé. La santé est l'état naturel de l'être humain, mais dans le contexte du message évangélique, elle devient une exigence importante de la vie spirituelle, et même un devoir moral. Beaucoup considèrent leur corps comme une machine dont il faut tirer le maximum en tout lieu et en tout temps ; le garage est là s'il y a défaillance mécanique. Il faut s'assurer que notre organisme ait une alimentation adéquate, tel est notre premier devoir moral envers nous-mêmes.

Dans ces conditions, la personne qui cherche la guérison peut compléter avec profit ses efforts de santé et le traitement du médecin par la prière qui la met en contact avec la puissance curative de Dieu. Et ici, il faut tenir compte d'une donnée importante : le médecin est le premier instrument choisi par Dieu pour assurer la guérison. À ce titre, il détient quelque chose du pouvoir transmis par Jésus pour guérir. Je ne sais si tous les médecins sont conscients de leur vocation divine, mais il suffit que le malade qui prie soit conscient que Dieu, pour guérir, peut fort bien utiliser la science du médecin ou l'habileté du chirurgien, et ce, même si ces derniers ne

sont pas croyants. L'enseignement biblique, dans le livre de l'Ecclésiastique, est clair à ce sujet.

Honore le médecin pour ses services,
car c'est le Seigneur qui l'a créé.
C'est en effet du Très-Haut que vient la guérison,
comme un cadeau qu'on reçoit du roi.
La science du médecin lui fait porter la tête haute,
il fait l'admiration des grands.
Le Seigneur a créé des remèdes issus de la terre,
l'homme sensé ne les rejette pas.
N'est-ce pas une baguette de bois qui rendit l'eau douce,
manifestant ainsi sa vertu ?
C'est le Très-Haut qui donne aux hommes la science
pour que ceux-ci le glorifient dans ses merveilles.
Par elles, il soigne et apaise la douleur.
Le pharmacien en fait des mixtures,
il en fait des onguents utiles à la santé,
et par lui le bien-être se répand sur la terre.

Mon fils, si tu es malade, ne te néglige pas toi-même,
mais prie le Seigneur et il te guérira.
Renonce à tes fautes, garde tes mains nettes,
de tout péché purifie ton cœur.
Offre de l'encens et un mémorial de fleur de farine,
et fais de riches offrandes selon tes moyens.
Puis aie recours au médecin, car le Seigneur l'a créé, lui aussi,
ne l'écarte pas, car tu as besoin de lui.
Il y a des cas où la santé est entre leurs mains.
À leur tour en effet ils prieront le Seigneur
qu'il leur donne de réussir à soulager
et à trouver un remède pour te sauver la vie.
Celui qui pèche aux yeux de son Créateur,
qu'il tombe entre les mains du médecin !
(Ecclésiastique 38,1-15).

Dans la très grande majorité des cas, la guérison emprunte les
voies normales de la médecine. Je connais le cas d'une femme où,
après examen, le médecin découvrit qu'elle avait un problème de
glande thyroïde. Le médecin la traita alors médicalement. La
femme connut un rétablissement spectaculaire. Et la guérison
divine dans tout cela ? Grâce à ses prières pour la guérison, Dieu la
dirigea vers un médecin compétent. Certes, Dieu pouvait guérir sa

thyroïde instantanément, mais il ne l'a pas fait de cette manière. Il a préféré, comme il le fait dans la plupart des cas, utiliser les instruments mis à sa disposition.

Quand Jésus faisait des « miracles », il ne renversait pas nécessairement les lois de la nature. À travers la foi qu'il exigeait de ceux qu'il guérissait, il faisait appel au pouvoir de guérison inscrit dans la nature elle-même. On dit que saint Augustin ne trouvait rien d'étonnant à ce que le Christ changeât l'eau en vin, puisque la nature le fait, chaque année, à travers la vigne. Peut-être Jésus utilisait-il des lois de la nature encore inconnues pour nous ?

Par ailleurs, il faut bien prendre conscience d'une réalité inexorable à laquelle sont soumis tous les humains : peu importe notre degré de santé, de richesse, de pouvoir, de créativité et d'habileté dans la vie, nous savons que nous sommes mortels et que nous mourrons un jour ; aucune prière ne peut nous faire vivre au-delà du cycle de vie fixé par le Créateur. Voici une anecdote à ce sujet.

Un jour, une amie vint me trouver pour me demander de prier à l'intention de son fils de 16 ans atteint d'un cancer très rare. Je priai beaucoup pour lui. Il s'est accroché ainsi à la vie pendant quelques années. Mais un dimanche, mon amie m'appela, désespérée, en me disant que les traitements ne produisaient plus les résultats escomptés. J'allai chez elle et je fis au Seigneur cette prière : « Seigneur, tu n'as pas appelé son fils à la vie pour la lui enlever si tôt. Par la puissance de ta résurrection, guéris-le, Seigneur. » Puis je leur recommandai de faire cette prière pour eux-mêmes plusieurs fois par jour.

Or, un soir, quelqu'un me téléphona de l'hôpital – c'était une religieuse hospitalière – pour me dire que le jeune homme était décédé. Je fus littéralement renversé. Je n'en revenais pas. Puis tout à coup, une illumination traversa mon esprit : je pensai en moi-même que Dieu, au fond, l'avait guéri définitivement en lui enlevant ses souffrances à tout jamais. Le Créateur l'avait emmené dans ce lieu où il « essuiera toutes larmes, où la mort ne sera plus, où il n'y aura plus ni deuil, ni cri, ni souffrance » (Apocalypse 21,3-4). Les voies de Dieu sont insondables. Dieu ne guérit pas toujours, mais donne toujours la force d'assumer sa maladie jusqu'au bout.

Dans d'autres cas, Dieu accorde la guérison, mais exige de prier dans la foi avant de l'accorder. La difficulté, c'est alors de prier quand il n'y a pas d'émotion, que l'on semble s'adresser à un mur. C'est le plus difficile de la prière. La partie la plus négligée aussi. Dans la prière, l'émotion ne doit aucunement entrer en ligne de compte, car elle n'est absolument pas nécessaire pour son efficacité. La prière de la foi est une prière offerte à Dieu, grâce à laquelle la personne qui prie croit vraiment qu'elle recevra dans la foi ce pour quoi elle prie. Si nous venons à Dieu pour être guéris et si nous croyons qu'il va nous guérir, alors nous devrions croire ce que la Bible enseigne. Selon l'apôtre Paul : « La foi vient de ce qu'on entend, et ce qu'on entend vient de la parole du Christ » (Romains 10,17). Voici un fait à ce sujet.

Un jour, je fus invité auprès d'une malade. Je m'assis près de son lit et je lui lus des passages de la Bible, après quoi nous en parlâmes ensemble. Puis je lui posai cette question : « Que voulez-vous que je demande au Seigneur de faire pour vous ?

– J'aimerais que vous priiez pour que le Seigneur me guérisse. »

Je lui demandai alors : « Croyez-vous que Dieu va vous guérir quand je vais prier ?

– Eh bien ! je ne suis pas certaine que Dieu va me guérir. »

À cela, je répliquai : « Pourquoi donc m'avez-vous demandé de prier pour votre guérison ?

– Parce que j'aimerais guérir.

– Mais, dis-je, vous ne pouvez pas me dire que vous croyez que Dieu va vous guérir ?

– Non ! » répondit-elle.

– « Qu'est-ce que vous croyez que Dieu peut faire ? » répliquai-je.

Et de fait, elle ne fut jamais guérie : elle n'avait pas la foi pour être guérie.

Pourquoi tant de personnes prient-elles sans jamais être guéries ? Nous devons en conclure qu'elles ne font pas nécessairement la prière de la foi. Mais il y a aussi une autre raison à cela : souvent, Dieu veut nous faire comprendre que ce qu'il peut faire *en* nous est plus important que ce qu'il peut faire *pour* nous. Nous comprenons alors que Dieu peut triompher de la maladie soit en l'enrayant, soit en la vainquant sans l'enrayer. Mais qu'est-ce donc que la prière de la foi ?

On lit dans l'évangile de Marc : « En vérité je vous le dis, si quelqu'un dit à cette montagne : ‹ Soulève-toi et jette-toi dans la mer ›, et s'il n'hésite pas dans son cœur, mais croit que ce qu'il dit va arriver, cela lui sera accordé » (11,23).

Comment puis-je avoir cette foi dont parle Jésus ? Nous savons que la foi simplement humaine peut déjà amorcer le processus de guérison. Mais dans la foi que recommande Jésus, il ne s'agit pas seulement d'une simple foi naturelle qui agit comme un talisman. Il s'agit d'une foi surnaturelle. À ce niveau, la foi n'est pas réductible uniquement à une simple disposition positive de l'esprit, mais elle fait appel à la puissance même de Jésus qui guérit, comme il le faisait sur les routes de la Palestine et de la Judée. Jésus a le pouvoir de guérir toute maladie, parce qu'il participe au pouvoir créateur de Dieu son Père, qui est le grand ingénieur du corps et de l'âme. À ce titre, il peut « recréer » le composé humain selon sa volonté. Et alors, la guérison ne devient plus seulement l'œuvre de l'esprit humain, mais celle conjointe de l'homme et de Dieu.

Ce qui veut dire que la foi capable de transporter les montagnes dont parle l'Évangile dépasse nos forces. Aussi bien dire qu'elle est un don. Seul Dieu peut l'accorder au cœur de la personne. Pour atteindre cette foi, il faut que ce soit Dieu lui-même qui pense en nous par notre esprit, avec sa propre certitude. L'apôtre Paul ne dit-il pas : « Nul ne peut dire : ‹ Jésus est Seigneur ›, si ce n'est par l'Esprit Saint » (1 Corinthiens 12,3) ? Et comment cela se produit-il ? Jésus accepte de prier en nous quand notre volonté est entièrement soumise à la sienne, et quand notre esprit est ouvert et sensible à l'action de son Esprit.

Après avoir prié, il faut alors attendre le temps de Dieu, qui n'est pas le temps humain, et s'abandonner à lui en toute confiance. Dans ces conditions, il est absolument certain que Dieu peut guérir n'importe quelle maladie. Encore une fois, n'est-il pas l'ingénieur du corps humain, l'architecte du cosmos, le maître de l'univers ? Lorsque la guérison a lieu, c'est alors qu'elle prend tout son sens, nous donnant un avant-goût du pouvoir de la résurrection, c'est-à-dire de la victoire de la vie sur la mort. C'est la résurrection qui nous assure que, lorsque nous prions pour une guérison, nous ne le faisons jamais en vain. Toute prière est exaucée. Si elle n'apporte pas la guérison, elle apporte toujours un réconfort et une force morale qui parfois dépassent nos attentes.

Une autre caractéristique de la foi exigée par Jésus est la foi pure. La foi pure, c'est l'aptitude surnaturelle qui consiste à croire, dans une situation donnée, que Dieu peut accomplir l'impossible. Il y eut un personnage dans l'Ancien Testament qui manifesta pleinement cette attitude. C'est Abraham, parfait modèle de la foi pure, aveugle et inconditionnelle. L'apôtre Paul en parle avec admiration dans sa lettre aux Romains (4,18-21) :

> Espérant contre toute espérance, il crut et devint ainsi père d'une multitude de peuples, selon qu'il fut dit : « Telle sera ta descendance. » C'est d'une foi sans défaillance qu'il considéra son corps déjà mort – il avait quelque 100 ans – et le sein de Sara, mort également [car elle était trop vieille pour enfanter]. Appuyé cependant sur la promesse de Dieu, sans hésitation ni incrédulité, mais avec une foi puissante, il rendit gloire à Dieu, certain que tout ce que Dieu a promis, il est assez puissant pour l'accomplir.

Ce que confirme l'évangéliste Marc quand il affirme : « Aux hommes, c'est impossible, mais non à Dieu ; car à Dieu tout est possible » (Marc 10,27).

Comment Dieu s'est-il révélé dans l'Exode ? Essentiellement comme le Dieu de l'impossible. On connaît les trois impossibles à travers lesquels est passé le peuple d'Israël : le premier fut la libération des pharaons qui ne voulaient absolument pas les laisser partir ; le second impossible, c'est le passage à pied sec de la mer Rouge ; le troisième impossible, c'est la traversée du désert qui dura quarante ans. Chaque fois, les Hébreux se sont heurtés à un mur infranchissable, et chaque fois, Dieu les a secourus et délivrés.

Rappelons une fois de plus ce qui est exigé pour la guérison : « Confessez donc vos péchés les uns aux autres et priez les uns pour les autres, afin que vous soyez guéris. La supplication fervente du juste a beaucoup de puissance » (Jacques 5,13-16).

Bien souvent, le péché, c'est-à-dire le mal, entrave la guérison. Pourquoi? Parce que, dans bien des cas, la maladie est la conséquence directe du péché. Elle provient de la non-observance des lois morales. L'apôtre Paul dit: «Celui qui se livre à l'inconduite pèche contre son propre corps» (1 Corinthiens 6,18). Voilà pourquoi la foi active suppose la mise en ordre des fautes reconnues. En fait, c'est le principe de la guérison du corps par la purification de l'âme.

Cela ne veut pas dire pour autant que Dieu ne guérit jamais une personne dont la vie ne correspond pas à la rectitude morale. J'ai déjà vu des personnes pas très ferventes guéries par la main de Dieu. Dieu leur donnait alors un signe de sa présence et de son amour inconditionnel. Aussi ne faut-il pas s'étonner quand la puissance de Dieu s'exerce même chez des personnes dans le péché. Jésus n'est-il pas venu précisément pour les malades et les pécheurs? Attitude qui faisait trépigner les pharisiens et leurs scribes, qui murmuraient et disaient à ses disciples: «Pourquoi mangez-vous et buvez-vous avec les publicains et les pécheurs?» Prenant la parole, Jésus leur répondit: «Ce ne sont pas les gens en bonne santé qui ont besoin de médecin, mais les malades; je ne suis pas venu appeler les justes, mais les pécheurs, au repentir» (Luc 5,30-32). Jésus vient essentiellement pour les malades et les pécheurs. L'une des plus belles figures que je retiens de Jésus est celle du médecin envoyé par le Père pour guérir l'humanité malade. Le nom de Jésus est à cet égard significatif, puisque en araméen il signifie «sauveur», alors que dans la langue grecque il veut dire «médecin».

Dans la guérison par la foi, il n'est pas difficile de croire en la capacité de Dieu de guérir, car il est tout-puissant. Il peut guérir la maladie et même délivrer de la mort. Le doute porte davantage sur la volonté de Dieu de guérir. Est-ce que cela entre dans les desseins de Dieu pour moi de guérir? La pratique nous révèle que, dans beaucoup de cas, les personnes qui acceptent leur maladie et leur souffrance avec résignation, même quand elles souffrent d'un cancer avancé, connaissent la guérison. L'acceptation de sa condition de malade semble plaire à Dieu qui, très souvent, accorde la guérison. Nous verrons dans le chapitre sur la prière qu'il est possible d'influencer la volonté de Dieu. Il y a des attitudes auxquelles

Dieu ne résiste pas. Il est toujours possible de fléchir le cœur de Dieu et même de le faire revenir sur sa décision.

La foi et le sens de la vie

La foi est incomparable pour trouver un sens à sa vie. Elle agit comme un remède, un antidote à l'angoisse et au désespoir qui affligent le monde contemporain. Il est facile de se rendre compte jusqu'à quel point notre civilisation est en déficit de sens. Qu'arrive-t-il à celui qui perd la foi dans la vie? C'est l'angoisse et la mort. Beaucoup se retrouvent dans la situation de ce personnage de Victor Hugo, dans *Les Misérables*, dont on dit: «Son agonie suprême fut la disparition de la certitude, et il se sentit déraciné... Quelle chose épouvantable! Le projectile homme, ne connaissant plus son chemin, et reculant!»

À travers la foi, beaucoup retrouvent le goût à la vie, la confiance en eux-mêmes. Cette foi en soi, qui est bien plus que la confiance personnelle se limitant aux activités du faire, du dire et de la pensée, est essentielle pour découvrir le sens de sa vie. La foi est acceptation de son être, de la vie, de son destin. Nous avons dit au tout début que l'absurdité de la vie n'est souvent que l'écho du manque de foi en l'homme. La foi est liée à la force, au courage et à la puissance. Elle aide à surmonter les difficultés de l'existence, les incertitudes, les désappointements et les échecs. La foi permet même en certaines circonstances de dépasser ses limites personnelles.

Le grand psychanalyste Viktor E. Frankl donne l'exemple suivant. Il commence par la question:

Qu'est-ce qui fait qu'un individu, confronté aux pires atrocités, réussit malgré tout à survivre? Comment expliquer que, parmi les prisonniers qui échappèrent à la chambre à gaz, certains aient pu sortir vivants des camps de concentrations nazis et d'autres pas? N'étaient-ils pas tous logés à la même enseigne? Soumis aux mêmes conditions de détention, à la faim, aux mauvais traitements, à l'horreur quotidienne?

Apparemment oui, bien sûr. Mais certains avaient un avantage sur les autres, explique le psychiatre, qui fit en sorte de compter parmi ceux-là: ils avaient une raison de vivre! Cette raison différait suivant les individus : ce pouvait être l'espoir de revoir sa famille, le désir de mener à bien une tâche ou de réaliser un projet le jour où ils sortiraient du camp... Tout motif de *croire en l'avenir* était bon pourvu qu'il correspondît à quelque chose d'authentique chez le prisonnier. Si les circonstances voulaient que sa *foi* fût déçue, il n'y résistait pas.

C'est le cas de cet homme qui avait mis toute son espérance dans un rêve qu'il avait fait. Au cours de ce rêve, il avait entendu une voix lui annoncer la libération pour le 28 mars. Il voulut y voir une pré-monition. Lorsqu'il fut évident que rien ne se passerait à la date prévue, il attrapa le typhus et mourut. Chaque fois qu'un prison-nier pouvait conserver intacte sa raison de vivre, il tenait bon. C'est la foi qui donne un sens à la vie et qui permet de survivre quand tout s'effondre autour de soi.

Quand un individu perd la foi en sa vie, il devient comme un bateau sans gouvernail. Le secret d'une vie harmonieuse et réussie réside dans le développement de la conscience spirituelle dans la foi. La foi est intimement liée à l'expérience de tout homme aux prises avec le problème de la souffrance, du mal, de la mort, de l'au-delà. Elle ouvre à cet égard une voie d'espérance incomparable, selon la parole de Jésus qui a dit : « Je suis la voie, la vérité, la vie » (Jean 14,6).

Dans le prochain chapitre sur la présence divine, nous verrons comment la foi en cette présence peut véhiculer la vie en nous, comment elle peut régénérer toutes les fonctions de notre corps. Au contact de la Source même de la vie, cette Source ne peut faire autrement que nous apporter la vie. L'afflux continuel de la vie divine en soi ne peut pas produire la mort. Qu'on se rappelle la promesse de Jésus : « Je suis venu pour qu'ils aient la vie et qu'ils l'aient en abondance » (Jean 10,10).

CHAPITRE 6

Le Dieu tout-puissant

PENSÉES

« Nous sommes quelques-uns
à veiller sur les hommes
auxquels les étoiles doivent leur réponse.
Nous sommes quelques-uns debout
avec notre option sur Dieu. »
                              – Antoine de Saint-Exupéry

« Dieu s'approchait comme le fruit
d'un long désir,
comme le sceau d'une alliance
dont il était l'avenir.
Il répondait à l'espérance
d'un peuple en marche vers lui. »
                              – Hymne de la liturgie chrétienne

« Que Dieu et le divin me manquent ! C'est là
une absence. Seulement l'absence n'est pas rien,
elle est la présence – qu'il faut précisément s'approprier d'abord – de la plénitude cachée et ce
qui a été et qui est ici rassemblé est : du divin
chez les Grecs, chez les prophètes juifs dans la
prédication de Jésus [...] ‹celui de la venue
voilée de son être inépuisable›. »
                              – Martin Heidegger

« Nous sommes dans l'inconcevable, mais avec
des repères éblouissants. »   – René Char

« La foi, ça ne m'étonne pas, dit Dieu. Ça n'est
pas étonnant. J'éclate tellement dans ma création. »   – Charles Péguy

L A QUESTION DE DIEU est au centre de la problématique humaine. Elle porte en elle les images de l'enfance, le terreau de l'éducation reçue, le poids de la morale, l'énigme de la souffrance, de la maladie et de la mort, les révoltes étouffées, les projets, les idéaux, etc. Pour les uns, Dieu est la cause de tous les problèmes ; pour les autres, il en est la solution. Pascal exprime bien cette réalité quand il écrit, dans ses *Pensées* : « Dieu. Les uns craignent de le perdre, les autres craignent de le trouver. » Entre les deux, il y a toute la cohorte des personnes qui le cherchent.

Au chapitre précédent, nous avons parlé du « réveil » de la foi. Pour beaucoup, le retour à Dieu va de pair avec ce réveil. Malgré l'athéisme apparent, on peut dire que Dieu n'a jamais été vraiment absent des consciences. Certains l'ont mis entre parenthèses, parce qu'il représentait un concept trop gênant pour leur liberté ; d'autres ont préféré vivre une relation personnelle avec lui en dehors du cadre des religions. Dieu, cependant, a toujours été là, dans le secret des consciences. C'est ce qui explique le taux élevé de croyance en Dieu – ou en l'Être suprême – dans les sondages, malgré une chute vertigineuse de la pratique religieuse.

Certes, pour le croyant qui se sent naturellement relié à Dieu, la question de son existence ne se pose pas. Elle va de soi. Mais pour celui qui doute, la question de son existence prend toute son importance. Dieu n'est pas évident. Il en va comme pour la noix : il faut la casser pour atteindre le noyau. Beaucoup d'événements dans la vie se chargent de casser la noix. Cela se produit la plupart du temps lors de crises qui nous rappellent la nécessité de nous rattacher à une réalité supérieure, un peu comme le naufragé à sa bouée de sauvetage. Il y a des moments, dans l'existence, où la question de Dieu ne peut être contournée. Ce sont ceux, en particulier, lors desquels interviennent le sens et la finalité de la vie. La question se pose alors dans toute son acuité : à quelle éternité sommes-nous promus, à celle de *l'être* ou à celle du *néant* ?

Mon intention ici n'est pas de faire l'apologie de Dieu, mais de réfléchir sur cette question qui demeure capitale pour le destin humain. Personne ne peut nier que la vie ne peut être la même selon qu'on postule l'existence Dieu ou non. En dehors de Dieu, la vie bascule dans le néant, voire dans l'absurdité. Pascal, dans sa douce amertume, a parlé de la « misère de l'homme sans Dieu ». Avec Dieu, la vie débouche sur l'immortalité, conférant à l'être humain une finalité et un destin qui le dépassent.

De plus en plus de personnes découvrent cette réalité et cherchent à l'expérimenter à travers diverses voies spirituelles. Peu importe cependant les voies, les premières questions qui se posent reviennent toujours à celles-ci : Qui est ce Dieu blotti au fond de la conscience ? Qui est Celui vers lequel on se tourne spontanément dans les moments difficiles de la vie ? Qui est Celui que l'on invoque si spontanément dans les chemins de croissance et que l'on désigne sous le nom d'« Être suprême » ? Quel est Celui que l'on prie avec tant de ferveur, tantôt avec la prière de la sérénité, tantôt avec le Notre-Père, tantôt à travers des élans spontanés du cœur ? Quelle image ou quelle figure pouvons-nous mettre derrière cet Être suprême ?

Loin de moi l'idée de moraliser avec cette remarque, mais force nous est de constater que beaucoup de personnes retrouvent généralement Dieu quand la perspective de la mort se pointe à l'horizon. Déjà, dans l'Antiquité, le philosophe Platon observait : « On peut dire généralement qu'aucun de ceux qui, dans leur jeunesse, ont cru qu'il n'y avait point de Dieu n'a persisté jusqu'à la vieillesse dans cette opinion. » Tous les problèmes suscités par la condition humaine ne peuvent être séparés de la question de Dieu.

Voilà pourquoi l'idée de Dieu transcende toute l'histoire humaine. Parler de l'homme, c'est parler de Dieu.

Dieu dans le questionnement humain

L'une des premières formes que revêt la présence de Dieu dans l'être humain est le questionnement, en particulier celui du sens de la vie. Dans mes recherches en anthropologie spirituelle, un fait m'a beaucoup frappé, celui de constater jusqu'à quel point l'idée de Dieu est intimement liée à la recherche du sens de la vie. Ce constat m'a amené à formuler le postulat suivant: «Toute quête de sens menée à terme aboutit à Dieu.» Maurice Zundel le dit à peu près dans les mêmes termes: «Tous les chemins de l'homme, s'ils sont vécus jusqu'au bout, mènent à Dieu.» À partir du moment où l'on s'interroge sur le sens de la vie, Dieu est là pour susciter cette interrogation.

Quelles sont les interrogations qui éveillent la conscience? Ce sont les mêmes qui occupent l'homme de toutes les époques: Qui suis-je? D'où je viens? Où vais-je? Toutes les philosophies, toutes les sagesses et toutes les religions sans exception ont questionné le destin, qui traîne avec lui l'énigme du mal, de la souffrance, de la mort, de l'au-delà. Ces questions originelles hantent toutes les philosophies et sont au cœur de l'expérience humaine. Celle de Gottfried Leibniz, par exemple, au XVIIIe siècle, qui se demandait: «Pourquoi y a-t-il quelque chose plutôt que rien?» Pour Emmanuel Kant, toute la philosophie se ramène à cette interrogation: «Qu'est-ce que l'homme?» Et son corollaire: «Que faisons-nous sur Terre?» Y a-t-il un avenir pour nous? «Ne sommes-nous que les enfants du hasard ou des étoiles?» comme se le demandait Albert Einstein. Un personnage d'*Ivan Illich* de Léon Tolstoï se questionne ainsi: «Où serai-je quand je ne serai plus?» Sommes-nous condamnés à la même fin que les objets que nous consommons?

Toutes ces interrogations sur l'origine, le comportement moral et la finalité de l'homme ont de tout temps occupé la conscience humaine et l'occuperont toujours. Ces questions sont d'une telle importance qu'elles sont capables de mobiliser à elles seules toute la puissance interrogative de l'être humain, car elles portent en elles-mêmes le poids entier de son destin. Or, à toutes ces questions, seule la référence à Dieu peut apporter des réponses satisfaisantes.

De nos jours, de plus en plus de place est faite à la connaissance de soi. Les diverses thérapies en témoignent : quête d'identité, retour à l'enfance, recherche de ce que je vaux, de ce que je veux et où je vais. Or, l'être humain ne peut trouver le sens plénier de sa vie s'il n'est pas en contact avec l'Auteur de sa vie, c'est-à-dire avec celui en qui « nous avons la vie, le mouvement et l'être » (Actes 17,28). Aussi faut-il remonter à la source de son être et de son existence pour trouver le sens plénier de sa vie. Il faut partir du Dieu créateur. Nous avons été faits par lui et pour lui, et tant que nous contournons ce fait, il est difficile de trouver un sens satisfaisant à notre vie. Saint Augustin, dans un énoncé célèbre, formulait ainsi cette grande vérité : « Tu nous as faits pour toi, Seigneur, et notre cœur sera inquiet tant qu'il ne reposera pas en toi… » (Confessions). Chercher l'orientation de sa vie sans son Créateur, c'est comme chercher le nord sans boussole. Nous courons, inquiets, anxieux, angoissés, cherchant l'orientation de notre vie. Voilà pourquoi, à mesure que la présence de Dieu devient une réalité dans la conscience, la peur, l'anxiété et l'angoisse reliées au « vide existentiel », à la « névrose de sens » disparaissent. L'une des premières retombées de l'expérience de Dieu est la libération de nos peurs, de nos angoisses et de nos esclavages.

Est-il si difficile que cela d'accepter le postulat de Dieu ? Pas vraiment, car sur un simple plan anthropologique, il y a dans l'homme une orientation première, naturelle vers le divin. Déjà, Platon, pourtant païen, parlait d'une réminiscence du monde divin, inscrite profondément en nous. Réminiscence reconnue d'ailleurs par la psychologie. Jung admet que l'idée de Dieu est inscrite au plus profond de la psyché humaine et que le divin représente l'ultime réalité. C'est ce qui fait l'homme religieux par essence. Voilà pourquoi Jung estimait que la question la plus révélatrice de la vie d'une personne est de savoir si, oui ou non, celle-ci est en rapport avec l'infini.

Cette réalité pousse des racines lointaines dans la Genèse, où l'on affirme que l'homme a été créé « à l'image de Dieu ». Cette image évoque le germe divin déposé en l'homme par le Créateur. C'est ce germe qui est à l'origine du *désir* naturel du sacré et du divin. Ce désir, il va sans dire, est par essence universel. Ce qui fait que sur le simple plan psychologique la découverte de Dieu se révèle un acte vital pour l'être humain. C'est en même temps ce qui fait sa grandeur. Mais l'inverse est aussi vrai : l'être humain se diminue dans la mesure où il ne cherche plus quelque chose qui le dépasse. L'homme est toujours plus grand que ce qu'il fait, plus précieux que ce qu'il a. « L'homme passe l'homme », a écrit Pascal.

L'une des conséquences de cette réalité est que le *besoin* de spirituel chez une personne ne tient pas à une *religion* ; c'est un besoin universel. Il n'est pas le privilège exclusif de ceux qui se déclarent *chrétiens*. La doctrine de la création nous rappelle que Dieu aime tout le monde, parce que nous sommes tous ses créatures. De plus, le Nouveau Testament nous révèle que nous sommes des enfants de Dieu. C'est dans cet esprit que le concile Vatican II a reconnu le principe de l'universalité du salut pour toute personne fidèle à sa conscience. Il faut donc respecter toute démarche honnête pour atteindre Dieu, même la démarche de ceux qui ne se réclament d'aucune religion. Peu importe sa croyance ou la voie empruntée, l'important est d'abord l'orientation de sa vie vers Dieu. Il faut s'en remettre à lui pour le reste.

Dieu dans la création

Les voies pour aller à Dieu sont multiples. Certains vont à Dieu par la perception du bien, d'autres par la beauté, d'autres vont à Dieu à travers une souffrance personnelle. Quant à moi, c'est à travers la découverte du Dieu créateur dans ma vie que s'est opéré le « réveil » spirituel.

J'ai vraiment découvert Dieu lors de mes marches en forêt et à la campagne. À force de circuler dans les sentiers de la nature, de sentir l'haleine fraîche du Créateur à travers la brise et le vent parfois glacé, buvant le ciel à longs traits, me gorgeant du parfum des fleurs, mon âme façonnée par la douce et calme ivresse des paysages, nourrie de la formidable richesse symbolique de la nature me révélant des trésors de sens, je n'ai pas eu d'autres choix que de m'élever jusqu'à l'Auteur de cette magnifique création. Je pense à ce personnage de Guy de Maupassant, dans *L'héritage*, qui s'écrie : « Moi, devant ces choses-là, je crois à Dieu. » J'ai compris alors que toute marche dans la nature peut devenir une marche vers Dieu.

De tout temps, les hommes ont cherché le visage de Dieu. Jadis, le psalmiste soupirait : « De toi mon cœur a dit : ‹ Cherche son visage. › C'est ton visage, Seigneur, que je cherche » (Psaume 27,8). La grande mystique Thérèse d'Avila s'est écriée un jour : « C'est dur d'aimer un Dieu dont on ne voit pas le visage. » Mais où se cache le visage de Dieu ? D'abord dans sa création. C'est là qu'il devient sensible, repérable, presque visible, à travers le réel. Nous ne pouvons découvrir Dieu qu'à la manière des hommes. Il y a évidemment des expériences mystiques où l'âme est directement unie à Dieu, sans intermédiaire, c'est-à-dire sans les images de ce monde. Les mystiques parlent alors de *fusion*. Mais tous ne sont pas appelés à cet état d'union indicible qui tient à la fois du mystère et d'une grâce insigne de Dieu.

Pour moi, comme pour la plupart des gens, la recherche de Dieu n'est viable que si elle est incarnée. C'est pour cela que j'aime adorer un Dieu palpable. Je me sens plus à l'aise dans une démarche qui va du sensible vers l'intelligible. En ce sens, je pense qu'il ne peut y avoir de foi vivante que dans la fibre charnelle de notre être, et c'est pour cette raison qu'on veut tellement trouver celui que Pascal appelle « le Dieu sensible au cœur ». Lorsque Jésus voulut se faire reconnaître par les disciples d'Emmaüs après la résurrection, n'a-t-il pas emprunté la voie sensible : « Notre cœur ne brûlait-il pas en nous tandis qu'il nous parlait en chemin et nous ouvrait les Écritures ? » (Luc 24,32).

Ce « Dieu sensible au cœur », je le retrouvai dans la création, lieu concret de son incarnation et de son Royaume. Lieu également de son mystère révélé dans toute sa fécondité, sa beauté et sa grandeur. Le moindre bourgeon qui se développe, le ver dans sa chrysalide, le mouvement des astres m'expliquent davantage Dieu que tous les traités sur lui. Chaque élément de la création représente une facette de Dieu, le terrain et le lieu de son activité. Le mot « création » est à cet égard significatif, puisqu'il signifie « action de Dieu », c'est-à-dire manifestation de son agir et de sa présence. Tout ce qui appartient à la nature est un attribut de Dieu, de sorte que c'est Dieu lui-même qui est contemplé à travers cet attribut.

Aussi, plus j'entre dans le cosmos, plus ai-je l'impression d'entrer dans l'intimité de Dieu. La création montre que mon Créateur m'est plus intimement proche qu'aucun être ne le pourrait, puisqu'il est la source toujours présente de mon existence. N'est-ce pas en scrutant le ciel et les étoiles que les mages ont découvert la trace de Jésus ? Abraham, notre père dans la foi, fut un homme qui regardait les étoiles et il y découvrit Dieu. Le premier signe de la présence de Dieu est sa création. C'est la première trace qui nous permet de le découvrir.

Malheureusement, la théologie fait peu de cas de cette approche de Dieu par la nature, et par conséquent du Dieu de la création. On dirait même qu'elle le boude. Ce Dieu créateur, maître du cosmos, est souvent relayé au niveau de la cause première du monde, du « premier moteur » de l'univers, comme on le fait en philosophie. Pas très riche ! Là-dessus, la théologie semble avoir abandonné son âme d'enfant. Pourtant, Jésus dit : « Si vous ne devenez comme de petits enfants, vous n'entrerez pas dans le Royaume des cieux. » La théologie doit retrouver la simplicité de l'enfant si elle veut découvrir le Dieu de la création.

Paul Tremblay, l'une des grandes consciences religieuses de notre époque, écrit à ce propos :

> Elle [la théologie] demeure trop cantonnée dans le mystère de la Rédemption et pas assez dans le mystère de la création. La situation présente l'invite à retrouver le sens de la création première. L'œuvre de Dieu commence là. Les gens habitent le monde créé. Être croyant, n'est-ce pas commencer par dire : « Je crois en Dieu, créateur du ciel et de la terre » ? Je crois au Dieu des nations, au Dieu de l'univers cosmique (cf. Par-delà l'automne).

C'est un fait qu'une certaine théologie a mis en veilleuse l'idée d'un Dieu qui puisse entrer dans les profondeurs de la matière. Cette foi en un Dieu créateur est pourtant primordiale, car elle sous-tend toutes les autres vérités chrétiennes. L'affirmation de cette foi pose les fondements mêmes de la vie humaine et chrétienne. Elle apporte une réponse à la question fondamentale de nos origines et de notre fin, deux questions décisives pour le sens et l'orientation de la vie.

L'anthropologie nous enseigne que la conscience du Dieu créateur est l'une des grandes réalités spirituelles et religieuses à travers l'histoire. Elle est même la première conscience qu'ont eue les humains de l'existence de Dieu. À ce titre, l'univers serait la première bible; la création le premier livre grand ouvert de la révélation du Dieu des croyants.

Il y a deux façons de connaître Dieu: par la lumière prophétique et par la lumière naturelle. Or, la nature à cet égard est épiphanie de Dieu [1]. Cela signifie que l'Être de Dieu et son amour pour les humains se manifestent dans la création. Celle-ci est la première manifestation de son amour. Cette conscience précède même celle de la Bible d'un nombre incalculable de siècles. Depuis l'aube des temps, l'être humain perçoit la voix de Dieu qui résonne d'une extrémité à l'autre de l'univers, comme le chante le psalmiste: «Les cieux racontent la gloire de Dieu, et l'œuvre de ses mains, le firmament l'annonce» (Psaume 19,2). Certes, il ne s'agit pas ici d'une parole écrite et imprimée, mais d'une parole qui se confond avec le souffle même de Dieu qui remplit le monde. Dieu a soufflé sur l'argile et celle-ci est devenue être humain. Or, ce souffle est parole de Dieu. Cette parole fut souvent appelée par les Hébreux la Sagesse; on disait qu'elle résonnait par toute la terre, attendant une réponse de la part des hommes.

Cette réponse n'a pas tardé à se faire entendre à travers toutes les œuvres humaines: celles des poètes et des artistes qui ont tiré de la matière une beauté pure et impérissable; celles des hommes et des femmes de science, de la technique, des divers métiers. Toute réalisation est le résultat d'une réponse à la voix créatrice de Dieu résonnant dans le monde. L'homme devient ainsi le médiateur du cosmos, renouvelant sans cesse la création. Qu'est le génie si ce n'est une personne hantée par la voix de Dieu qui parle dans l'univers?

---

1. Le terme «épiphanie», d'origine grecque, signifie la «manifestation» divine. On pourrait employer aussi le terme «théophanie».

Nombreux sont ceux pour qui l'expérience de la nature est ainsi associée à celle de Dieu. La nature recèle une poésie prodigieuse qui célèbre les trois grands thèmes de l'univers : amour, lumière, vie. La présence du Créateur est inscrite dans toute sa création végétale, animale, humaine ; en un mot, dans tout ce qui vit. S'il y a un domaine où l'on peut parler de «preuve» (ou de voie) de l'existence de Dieu, c'est bien ici. Il est difficile de ne pas croire en Dieu quand on regarde la nature et la merveilleuse complexité de ses lois. Giovanni Boccace disait que «poésie est théologie». Dans cette optique, on pense que beaucoup de ceux qui se disent athées ne font en réalité que mettre Dieu entre parenthèses, selon ce qui est écrit dans le livre de la Sagesse : «S'ils ont été capables d'acquérir assez de science pour pouvoir scruter le monde, comment n'en ont-ils pas plus tôt découvert le maître ?» (13,9). Nous rejoignons ici tout l'enseignement de l'apôtre Paul pour qui «l'examen du créé permet à notre intelligence de concevoir ce que Dieu a d'invisible» (Romains 1,20). Pour l'apôtre, l'homme qui ne reconnaîtrait pas Dieu à partir de ses œuvres serait même «inexcusable», car la nature est langage de Dieu. Il parle à travers elle.

Dieu est quelqu'un qui veut se manifester en communiquant avec nous. Il est dans sa nature de parler. «Au commencement était le Verbe», dit l'apôtre Jean dans son Prologue. Les prophètes disaient couramment : «Ainsi parle l'Éternel...» Dieu n'est pas silencieux. Toute la Bible soutient cette idée que Dieu parle. Non pas : Dieu *parla* autrefois, mais *Dieu parle maintenant*, remplissant le monde de sa voix. Nous connaissons déjà la voix de Dieu dans la Révélation, mais la nature est aussi manifestation physique du *logos*. La première parole de Dieu, c'est l'univers. Nombreux sont les témoignages que nous pourrions apporter de ceux qui l'ont expérimenté.

Le père Timothy Radcliffe, maître de l'Ordre des prêcheurs, dans son ouvrage intitulé *Je vous appelle amis*, témoigne ainsi :

Une grande part de notre enfance, avec mes plus jeunes frères, nous l'avons passée dans les bois à essayer d'apercevoir les renards, en apprenant à rester silencieux, à marcher sans faire le moindre bruit. Je pense que cet amour de la nature a été très très important. D'une certaine manière, il a fondé mon sens de Dieu. Pour moi, Dieu n'était pas associé en premier lieu aux églises, mais bien davantage avec la contemplation silencieuse d'une marche en forêt.

Pourquoi les monastères chrétiens, ces oasis de paix, de quiétude et de prière, s'érigeaient-ils loin des grands centres urbains, dans la grande nature ? L'histoire chrétienne est remplie de la présence de ces moines paysans qui méditaient en remplissant les charges auxquelles le travail manuel les assignait : défricher la terre, labourer, ensemencer et récolter, élever les animaux. Même les moines scripteurs ou écrivains qui copiaient les manuscrits devaient consacrer une partie de leur temps dans la nature. Les ermites, quant à eux, posaient leur tente de préférence dans les rochers, les cavernes, les montagnes, les forêts, sur les rives des fleuves, dans une île, et là, entourés de beauté, ils pouvaient plus facilement découvrir les reflets de la beauté divine qui ne saurait se séparer de la beauté cosmique. Ils allaient ainsi de la création à Dieu et de Dieu à la création. C'était une dimension importante de leur spiritualité.

La foi humaine au Dieu créateur

Il y a une foi humaine en Dieu. Elle fait partie de la foi anthropologique. C'est sur cette foi d'ailleurs que s'appuie la foi théologale. L'anthropologie nous enseigne que l'homme primitif ne se limitait pas à la nature visible ; il se sentait intuitivement entouré de forces qu'il était impuissant à dominer. Ces forces se manifestaient à travers les moindres phénomènes naturels. Le tonnerre, par exemple, exprimait la colère des dieux ; la pluie bienfaisante et la récolte abondante témoignaient de leur gratification. Spontanément, le primitif se sentait entouré de ces forces et, sans bien les préciser, il les a appelées dieux. Ces dieux étaient pour lui la cause immédiate de ces phénomènes. Nous savons maintenant que Dieu en est plutôt une cause lointaine.

Tout n'est pas de l'ordre du surnaturel dans la foi. On en met beaucoup sur le dos de la foi pure. L'Écriture ne cesse de nous rappeler que l'intelligence humaine, à partir des réalités visibles, peut découvrir la réalité invisible (Sagesse 13,5). Saint Thomas d'Aquin a cherché toute sa vie à comprendre comment l'intelligence humaine, par ses seules forces, pouvait découvrir l'existence de Dieu.

Cette aptitude naturelle à percevoir Dieu est comme un sens spirituel qui nous donne naturellement accès à l'au-delà. Il est fort possible que, lorsque Dieu donne la foi à quelqu'un, il ouvre tout simplement son cœur aux réalités divines. Lorsque le cœur est ouvert, la foi s'éclipse et devient certitude. Ainsi, au plus profond de notre cœur, nous savons que Dieu est cette source généreuse qui nous prodigue l'être et la vie : nous sommes créés par Dieu, et en tant que tels nous pouvons espérer être constamment soutenus, nourris et édifiés par lui. La reconnaissance du Dieu créateur se révèle ainsi extrêmement féconde pour la vie spirituelle et un précieux stimulant dans l'existence.

Le Dieu de toutes les cultures

L'idée du Dieu créateur a des fondements anthropologiques importants. Selon plusieurs historiens et anthropologues, la croyance au Créateur serait la plus répandue dans l'histoire des cinq continents, de même que dans les diverses cultures et religions. La relation de l'homme au Dieu créateur est la plus longue et la plus ancienne tradition de spiritualité avec Dieu. Elle a été le cordon ombilical qui a relié l'homme au divin depuis la nuit des temps. Toutes les religions puisent dans les profondeurs du Dieu créateur. C'est en quelque sorte le Dieu universel, celui en qui à peu près tout le monde croit.

Tout au long des âges, le nom de Dieu exprime ce à quoi aspirent, ce que craignent, ce dont ont besoin tous les hommes, ce qu'ils aiment ou adorent depuis le commencement du monde. Le mot « Dieu » est universel. Il exprime ce qui, au plus intime de l'être humain, est commun à tous les hommes : l'intuition d'un Créateur et de la dépendance envers lui, le fait que le monde correspond à une intention divine et donc qu'il a un ordre et un sens, et la conscience d'un « au-delà ».

Chacun cherche Dieu en fonction de sa culture. Voilà pourquoi il y a de nombreux noms pour désigner Dieu. Chaque religion a le sien : Allah (musulmans), Vishnou, Shiva ou Krishna (hindous). Mais l'une des dénominations les plus fréquentes pour désigner Dieu est sans contredit l'Être suprême. L'Être suprême, c'est le Dieu de la création, le Dieu universel. C'est le Dieu avant toute religion. C'est le Dieu universellement reconnu, peu importe le nom qu'il porte. C'est le Dieu que l'on trouve dans tous les chemins de croissance, quand les personnes invoquent, en pointant les mains vers le ciel, « Celui qui est en haut ».

L'Être suprême est encore appelé le Père céleste, le Créateur, le Très-Haut, le Tout-Puissant, l'Intelligence infinie, l'Énergie universelle, la Conscience cosmique, etc. Tous ces termes désignent une puissance supérieure, quelqu'un de plus grand que tout.

Dans les religions monothéistes, on parle d'un seul Dieu : Yahvé, Dieu, Allah. Ces termes désignent un Dieu unique, créateur et incréé. Et chacune des religions donne à Dieu des qualités spécifiques. En fait, il n'y a qu'un Dieu, mais les noms sont innombrables. Peu importe, cependant, le nom que l'on donne à Dieu et l'aspect sous lequel on se le représente, l'important est d'accéder au divin.

Pour le chrétien cependant, il ne suffit pas d'invoquer le mot « Dieu », pris dans un sens global et universel, pour fonder une vraie foi, claire, lumineuse et cohérente. Si l'on veut comprendre le nom de Dieu dans toute sa plénitude, il faut se référer à la révélation chrétienne, qui nous apprend que Dieu habite l'être humain, que nous pouvons communiquer avec lui et qu'il nous a adoptés comme ses enfants en nous faisant participer à sa vie.

Une autre distinction importante doit être faite. La conscience du divin qui remplit le monde dans ce qu'il a de numineux et d'innommable peut facilement engendrer ce que l'on appelle le polythéisme. La tentation est forte, étant donné que le monde est plein de divin, de croire qu'il existe une multiplicité de dieux. Quand on pense ainsi, on déifie en quelque sorte les privilèges de la divinité, au détriment de la divinité elle-même. On verse dans le polythéisme (la multiplicité des dieux) ou le panthéisme (tout est Dieu). Les adeptes du panthéisme croient que Dieu est la somme de toutes les choses créées. Selon eux, la nature et Dieu sont un, si bien que, si on touche une feuille, un arbre ou une pierre, on touche Dieu lui-même. C'est évidemment une erreur. C'est confondre le Créateur avec la créature, le Créateur avec son œuvre. On ne peut diminuer ainsi la gloire de Dieu. Chaque créature indique Dieu, mais aucune ne le révèle.

La révélation chrétienne nous enseigne très clairement que Dieu ne se confond pas avec sa créature. Rien à voir avec le «Tout» des systèmes panthéistes. Ou encore avec la conception ésotérique selon laquelle l'homme serait un Dieu qui s'ignore. En philosophie, on dit qu'il existe une distinction ontologique entre le Créateur et sa créature.

De la même façon, le vrai Dieu n'est aucunement réductible à une Énergie ou à une Vibration cosmique. Certes, s'ajuster aux courants cosmiques n'a rien d'incompatible en soi avec la foi, à condition qu'il n'y ait aucune fusion de Dieu avec les énergies naturelles, fussent-elles appelées divines par les ésotéristes.

La nature n'est pas Dieu. Elle est tout au plus une fenêtre ou une lucarne sur Dieu. Elle est une voie qui y mène. Dieu habite effectivement dans le monde qu'il a créé, mais il existe entre lui et son œuvre une distance infinie. On peut voir la présence de Dieu dans l'œuvre de ses mains, mais cette œuvre est nécessairement et éternellement *autre que lui*.

Que signifie alors l'immanence divine dans l'univers? Elle signifie simplement que *Dieu est ici, là*. Où que nous soyons, Dieu est là. Il n'y a pas d'endroit d'où Dieu soit absent. Mais Dieu est dans la nature comme le peintre est présent à sa toile. C'est la raison pour laquelle nous ne vouons pas un culte à la créature, mais uniquement au Créateur. Le Créateur donne l'être et la forme, comme l'artiste, mais il faut compléter par le Dieu de la Révélation qui se veut un Dieu personnel, désirant non pas seulement être la cause première de notre être, mais qui veut entrer en relation avec nous. Bien plus, il nous apprend que nous sommes ses enfants et qu'il est notre Père.

Nous pourrions résumer notre propos en disant que la foi humaine suffit en général pour percevoir le premier mode de présence de Dieu dans l'univers. Nous sommes aidés en cela par l'aptitude naturelle que nous possédons à découvrir Dieu. Il est vrai que pour certaines personnes cette aptitude existe à l'état larvaire ; pour d'autres, elle est tout simplement mise en veilleuse. Une chose est certaine : celui qui sait ouvrir son intelligence et son cœur à cette réalité ne peut rester insensible au mystère de Dieu dans sa création. Il n'est pas possible de se mettre face au soleil et de dire qu'il n'existe pas.

C'est cette évidence qui fait que le phénomène Dieu tient une place majeure dans l'humanité et qu'il a profondément marqué la culture des peuples. Ce Dieu dont parlent les traditions religieuses en particulier n'est pas un mythe inventé par l'homme, comme certains l'ont pensé, surtout au XIXe siècle. Pour Freud, Dieu n'est qu'une projection du mental. Non, Dieu n'est pas une création de l'homme, une invention pour l'apaiser et lui dire : « Courage ! Il y a quelqu'un qui veille sur toi. »

Dieu, au contraire, est une réalité. Une réalité que nous pouvons atteindre par notre intelligence et par notre cœur. Ce Dieu dont parlent les traditions religieuses existe, il est le Créateur, il est premier, et nous dépendons de lui. Et s'il est le Créateur de tout ce qui existe, nous pouvons le découvrir dans sa création, première manifestation de son existence. Cette présence se manifeste d'ailleurs de façon convaincante à travers ce qu'on appelle « l'Intelligence créatrice ».

La lumière de l'Intelligence créatrice

Parler de l'Intelligence créatrice, c'est ouvrir la voie la plus crédible concernant l'existence de Dieu. La plus visible en tout cas. Saint François de Sales, dans son langage imagé, écrivait : « Comme les oiseaux, où qu'ils volent, rencontrent toujours l'air, ainsi, où que nous soyons, nous trouvons Dieu présent. » L'oiseau ne voit pas l'air dans lequel il vit et se meut, et pourtant sans cet air il serait cloué au sol.

Il existe à ce sujet une belle légende d'un sage hindou à qui un disciple avait posé la question : « Qui est Dieu ? » Il lui raconta alors la légende d'un poisson qui se demandait ce qu'était l'eau. Pour le savoir, le poisson alla consulter un savant poisson qui lui expliqua que l'eau était composée de deux atomes d'hydrogène et d'un atome d'oxygène. Cette réponse ne le satisfit pas. Trop savante, trop compliquée. Il continua sa route et, après plusieurs consultations insatisfaisantes, il rencontra finalement un sage qui lui expliqua : « Tu veux savoir ce qu'est l'eau, eh bien, c'est simple, tu nages dedans... » Ainsi, Dieu nous entoure et nous n'en avons pas conscience, nous ne le voyons pas. Quand Jacob, dans la Bible, se réveilla de son rêve, il s'écria : « Dieu est ici et je ne le savais point. »

Comment pouvons-nous savoir que Dieu existe ? D'abord, nous pouvons penser que les chances que Dieu existe sont infiniment plus nombreuses que celles qu'il n'existe pas. C'est pour cette raison que Pascal, dans ses *Pensées*, conseille sagement de parier sur Dieu. Mais la sagesse du pari constitue, pour beaucoup de personnes, une bien maigre pâture pour l'intelligence humaine, qui reste entièrement sur sa faim. Si les chances sont plus grandes pour que Dieu existe, il faut bien admettre qu'il reste encore un bon nombre de chances qui font pencher pour le contraire, car il n'existe aucune certitude scientifique que Dieu existe.

L'existence de Dieu, en effet, ne peut être démontrée scientifiquement, de façon absolue. Bien que la science et la raison ne soient pas incompatibles avec l'idée de Dieu, il n'existe aucune « preuve » scientifique de son existence. Quand on croit à l'existence de Dieu, le plus souvent c'est parce qu'on a déjà la foi. Aussi peut-on dire : « À celui qui croit, aucune explication n'est nécessaire ; à celui qui ne croit pas, aucune explication n'est possible. » Pour celui dont le cœur est ouvert, il existe cependant une voie d'accès à Dieu qui se démarque de toutes les autres : celle de l'Intelligence créatrice. C'est celle qui permet de dire que Dieu éclate dans sa création, qu'il existe des repères éblouissants de sa présence dans l'univers. Mais cette présence créatrice de Dieu, pourtant si visible, se heurte dès le départ à une objection de taille : l'hypothèse du hasard.

Pour aborder cette question, il faut partir de la philosophie qui pose le problème de l'univers en ces termes : Pourquoi y a-t-il quelque chose plutôt que rien ? L'univers est-il le fruit du hasard ou de la nécessité ? La vie s'est-elle faite d'elle-même ou provient-elle d'un principe transcendant la matière ? La matière provient-elle de la convergence de structures intelligibles ? Aucun de ces points de vue ne peut être balayé du revers de la main, car il se trouve de grandes intelligences soutenant l'un ou l'autre thèse.

Je n'entrerai pas dans les détails subtils concernant ces questions. Je me garderai surtout de trancher entre l'évolutionnisme (le darwinisme) ou le créationnisme (la création en sept jours), appelé encore le « dessein intelligent ». Mais il existe un fait : il est de plus en plus reconnu que la théorie de l'évolution telle que Charles Darwin l'a décrite est défaillante et incomplète. Elle ne peut suffire, par exemple, à expliquer l'important domaine de la perfection du code génétique et de l'équilibre naturel de la vie sur Terre. Teilhard de Chardin a parlé à ce propos du troisième infini, celui de la complexité. Comment expliquer cette richesse infinie de la nature qui obéit à des lois d'une complexité phénoménale ?

Pour répondre à cette question, considérons le hasard, dans sa formule la plus plausible, c'est-à-dire dans le cas où l'apparition de l'univers serait due à une intelligence organisationnelle qui aurait existé fortuitement. L'immense complexité de la vie nous force à constater que ces lois du hasard et de la mécanique, si elles existent, sont vraiment prodigieuses. Mais quand on les soumet à la science de la probabilité, ces lois ne tiennent pas la route.

Voici l'exemple classique que l'on donne à ce sujet. Imaginons que, dans un immense contenant, nous déposions en complet désordre toutes les pièces du plus gros avion commercial de ligne, complètement démonté. Ce contenant serait par la suite transporté à dix mille mètres d'altitude dans le ciel. À cette hauteur, le contenu serait déversé dans le vide. Quelles sont les chances pour que l'avion en pièces tombe sur une piste, complètement remonté, prêt à voler ? Les chances sont si infimes qu'elles sont pratiquement inexistantes.

Nous pourrions faire le même raisonnement concernant la naissance de la vie sur terre. Les probabilités que le hasard produise par arrangement spontané des centaines d'acides aminés et les 2000 enzymes nécessaires à la vie sont évaluées à 1 sur 10 à la puissance 40 000 ! Par ailleurs, on dit qu'il y a une chance sur un milliard pour que les molécules d'ADN ou d'ARN générant la vie se soient constituées par hasard. N'est-il pas étonnant que cette chance puisse se produire? Ne pourrait-on pas penser que cette chance si peu probable – la *chiquenaude* initiale comme l'appelait Leibniz – ait plutôt été provoquée par la main divine?

Voici un autre raisonnement. Du point de vue des probabilités, croire que le monde se soit produit par hasard serait l'équivalent de tirer un carré d'as dans un jeu de cartes en prenant consécutivement 4 cartes au hasard sur les 52. Cela ne se produit qu'environ une fois sur 250 000, mais réussir ce tirage deux fois de suite n'arrive qu'une fois sur 62 milliards. Nous pouvons faire le même raisonnement avec un dé. Selon quelles probabilités pourrions-nous réussir une série ininterrompue de 50 000 six en lançant un dé (non truqué!)? Ce qui faisait dire à Albert Einstein que «Dieu ne joue pas aux dés».

Les tenants du hasard peuvent-ils expliquer la concordance phénoménale de hasards favorables qui auraient pu s'accumuler au long des siècles pour que puissent se réaliser les conditions d'apparition de la vie? On pourrait admettre, à la rigueur, qu'une seule cellule ait pu se programmer par hasard de façon intelligente, mais il est impossible d'imaginer que ce phénomène ait pu se réaliser à travers des milliards et des milliards de cellules différentes. Il faut de toute évidence postuler l'existence d'une «force intelligente supérieure» qui a été et qui est à l'œuvre dans le cosmos. Dieu est celui qui agit, qui crée. De même que Dieu donne l'être aux choses, de même il leur donne la capacité d'agir, à tous les degrés, depuis l'énergie physique jusqu'à l'activité humaine.

Lisez n'importe quel livre sur les origines du monde, vous constaterez que les savants semblent impuissants à décrire ou même à imaginer quoi que ce soit de raisonnable à propos du moment originel, c'est-à-dire le moment où le temps était dans le zéro absolu et que rien n'existait encore. Les savants n'ont pas la moindre idée de ce qui pourrait expliquer l'apparition de l'univers. Ils se perdent en conjectures. Souvent même, ils n'ont d'autres choix que d'ouvrir le champ à la spéculation métaphysique, c'est-à-dire s'en remettre à une cause transcendantale. Le physicien John Wheeler, par exemple, parle en ces termes de ce «quelque chose» qui a précédé la création de l'univers: «Tout ce que nous connaissons trouve son origine dans un océan infini d'énergie qui a l'apparence du néant. » Sur quoi Jean Guitton, grand philosophe du siècle dernier, s'empresse de répondre : « L'océan d'énergie illimitée, c'est le Créateur. Si nous ne pouvons pas comprendre ce qui se tient derrière le Mur, c'est bien parce que toutes les lois de la physique perdent pied devant le mystère absolu de Dieu et de la création. »

Ce que je retiens de toutes mes lectures, c'est que les explications scientifiques sont d'une clarté étonnante pour rendre compte de ce qui s'est produit dans les premières minutes de l'univers, notamment lors du big bang et ce qui a suivi, mais elles défaillent totalement pour révéler la nature de ce qu'il y avait avant ces premières minutes. De plus en plus, les savants orientent leurs hypothèses vers un principe organisateur de l'univers, transcendant à la matière, ce qui accrédite vraisemblablement la thèse de l'origine divine de la création. Ce qui signifie qu'il est très difficile de ne pas aboutir au Dieu créateur quand on remonte jusqu'à l'origine du cosmos.

Un jour, je donnais une conférence spirituelle dans une cathédrale. L'un des auditeurs, sceptique sur l'existence de Dieu, me dit : « Dieu existe-t-il vraiment ? Je ne l'ai jamais vu. » Je lui demandai à brûle-pourpoint : « Avez-vous vu l'architecte qui a construit cette cathédrale en 1887 ? » Il me répondit non. « Eh bien ! Croyez-vous qu'il existe un architecte pour construire un tel monument ? » « Euh !… oui », me répondit-il, confus. Je répliquai en utilisant la boutade du célèbre athée Koesler : « On ne peut tout de même pas expliquer la cathédrale par l'analyse chimique de son mortier. »

Nous sommes environnés d'objets conçus par l'homme : voitures, avions, ordinateurs, chaînes stéréo, maisons, appareils divers, etc. Et pourtant, il ne nous viendrait jamais à l'esprit d'attribuer leur existence au temps et au hasard. La finalité est présente partout. On ne verrait jamais des bouts de métal s'assembler tout seuls pour former des moteurs, des boîtes de vitesses, des roues et je ne sais quelle autre pièce compliquée, le tout produisant une automobile ! De la même façon que la montre renvoie à un horloger, le plan inhérent aux êtres vivants renvoie à un architecte. Nous pouvons déceler derrière cette prodigieuse machine qu'est le cosmos un plan, une intelligence manifeste. «L'univers ruisselle d'intelligence», s'écrie Pierre Chaunu.

La conclusion s'impose d'elle-même : le fait de ne pas croire en Dieu ne signifie pas que Dieu n'existe pas ; autrement, tout ce à quoi nous ne croyons pas, logiquement, ne devrait pas exister. Comme l'affirme Aldous Huxley : «Les faits ne cessent pas d'exister parce qu'on les ignore. »

Pourtant, la science se base toujours sur cette idée que la vie s'est produite par hasard. Or, à mesure que les scientifiques découvrent l'impressionnante complexité de la vie, il apparaît que les chances d'une origine accidentelle sont si minimes qu'elles peuvent être complètement écartées.

C'est précisément ce principe organisateur qui m'intéresse. Partout où l'on regarde, à quelque échelle que ce soit, on trouve une élégance et une ingéniosité d'une qualité absolument phénoménale. Les êtres vivants sont trop bien faits pour provenir du hasard. On connaît la réflexion de Voltaire : «Je ne puis songer que cette horloge existe et n'ait pas d'horloger. »

Nous pourrions ajouter à toute cette argumentation que le refus de reconnaître Dieu présente un autre inconvénient majeur, celui de considérer comme nulle l'expérience de ceux qui disent croire en Dieu. Nuls également l'existence et le sacrifice des milliers de personnes, à travers l'histoire, qui ont accepté de mourir dans les plus cruelles souffrances pour prouver leur foi. A-t-on déjà vu un seul athée accepter le martyr pour prouver que Dieu n'existe pas ?

L'existence de Dieu témoigne d'une autre réalité, à savoir le désir inné chez l'être humain d'entrer en relation avec lui. Ce désir est universel. Les anthropologues affirment que toutes les sociétés humaines découvertes jusqu'ici possédaient une forme ou une autre de croyance et de pratiques religieuses. Le mot «religieux» ne signifie-t-il pas «relié à Dieu»? Or, ce désir inné de Dieu généralisé à toutes les époques de l'histoire ne peut être inventé. De même que la plus grande preuve de l'existence de l'eau, c'est la soif, ainsi la plus grande preuve de l'existence de Dieu est la soif du divin inscrite au plus profond du cœur humain ; si profondément ancrée que Jung en a fait un principe archétypal, c'est-à-dire fondateur de la personne. Combien d'histoires secrètes de relation intime avec Dieu pourraient témoigner de cette soif divine?

Et cette relation Créateur-créature a ceci de particulier que nous ne sommes pas seulement des êtres créés, mais que nous sommes dotés d'une existence personnelle et libre que Dieu respecte infiniment. C'est comme si Dieu, en quelque sorte, s'était limité ou s'était retiré pour donner à l'homme tout l'espace de liberté qu'il aurait pu accaparer. Dieu aurait pu mettre l'être humain à son service, en faire un esclave de sa divinité, et il aurait été dans le plein droit de le faire en tant que Créateur. Mais il n'a pas voulu que nous soyons des automates entre ses mains. Il n'a pas voulu contraindre l'homme à l'aimer. Voilà pourquoi toute l'expérience spirituelle repose sur une réponse libre et existentielle de la part de l'homme. À partir du moment où ce «oui» est accordé, c'est toute la dynamique de la création qui entre en jeu, ouvrant à l'être humain des perspectives sans bornes. En contrepartie, cependant, l'être humain peut littéralement se brûler avec cette liberté.

Replacée dans le contexte créateur, l'expérience spirituelle devient ainsi l'expression du sens divin que chacun de nous possède et qui nous indique la nature de Dieu, la perfection de son univers et ce que nous sommes réellement comme créatures de Dieu. Voilà pourquoi la foi n'est pas absolument nécessaire pour croire au Dieu créateur. Évidemment, elle l'est pour croire en un Dieu personnel, qui nous fait enfants de Dieu et qui nous communique sa propre vie, car cette réalité n'est pas une évidence pour l'homme. Ce dernier ne l'aurait jamais découverte par sa seule intelligence. Il fallait pour cela la révélation de Dieu. Mais toutes les vérités sur Dieu ne sont pas nécessairement du domaine de la Révélation. L'homme peut découvrir un certain nombre de vérités importantes par sa seule intelligence. Déjà saint Augustin caractérisait la nature de l'âme humaine en disant qu'elle est «capable de Dieu». Quelques siècles plus tard, saint Thomas d'Aquin soutenait que Dieu est par principe démontrable, ce qu'a confirmé le concile Vatican II.

Pour voir Dieu dans la nature, il faut cependant développer certaines qualités, dont celle de «lecteur». La nature en elle-même ne témoigne pas de Dieu. Il faut que quelqu'un sache lire les signes de

Dieu pour le découvrir. Un arbre, en lui-même, ne renvoie qu'à un arbre. Si l'arbre renvoyait immédiatement à Dieu, tous les hommes seraient croyants. À partir du moment où quelqu'un sait lire les signes divins – c'est-à-dire dépasser le signifiant pour trouver le signifié –, il peut percevoir toutes les références ou les connotations à Dieu que la création évoque. Mais il faut bien comprendre que Dieu réside au-delà de la matérialité de l'objet, car l'objet en lui-même n'est pas Dieu. D'où, pour voir Dieu dans la nature, dans les hommes, dans les événements, il faut être «lecteur» de Dieu. Pour déchiffrer Dieu derrière les forces et les nécessités qui gouvernent les événements, il faut savoir discerner une autre puissance et une signification nouvelle. Le monde est entre les mains de Dieu. Il n'y a pas de hasard. Combien ont témoigné de cette présence divine à travers des expressions comme: «Dieu existe, je l'ai rencontré», auxquelles la nature donne tout son sens!

Les failles de la nature

Dans tout ce concert de louanges envers le Créateur, il semble cependant qu'il faille mettre un bémol. Malgré toute la poésie qui se dégage de l'univers, il faut bien admettre que la nature n'est pas toujours poète et que sa vigueur créatrice parfois la dessert. Comment se fait-il que, malgré la beauté et la bonté de la vie, malgré le fait que tout cela soit bon, comme l'affirme le Créateur dans la Genèse, le mal coexiste sous diverses formes avec le bien, le bon, le vrai, le beau?

C'est un fait qu'il y a des failles dans la nature. Des anomalies, voire des horreurs. Assez pour que certains finissent par douter de la sagesse de Dieu. Comment concilier l'existence d'un Dieu bon et puissant avec celle d'un monde abîmé par le mal? Beaucoup se questionnent: Si Dieu est parfait, pourquoi la création n'est-elle pas parfaite? Si le Créateur possède une intelligence infinie, comment se fait-il que la création, sur bien des aspects, se montre si incohérente? Pourquoi Dieu a-t-il façonné tant de créatures nuisibles et apparemment inutiles? Pourquoi le lion mange-t-il la délicate et gracieuse gazelle? Pourquoi les feux de forêts? Pourquoi les tremblements de terre, les raz de marée, les éruptions volcaniques qui crachent les flammes intestinales de la terre en furie ? Pourquoi les épidémies, le cancer, la misère, les souffrances, la mort, etc. ? La liste des récriminations pourrait être longue.

Et que dire de toutes ces eaux marécageuses qui gîtent au fond du cœur humain : les amitiés trahies, les passions malheureuses, les amours passagères, parfois violentes, les baisers suivis de lassitude, les regards obliques, les silences blessants, les jalousies, les guerres, le terrorisme, etc. ? La Genèse n'enseigne-t-elle pas qu'en tout homme se cachent un Caïn et un Abel ? On comprend pourquoi la nostalgie de l'unité originelle est si forte chez l'être humain. Dans toutes les quêtes spirituelles, on retrouve toujours à la base la recherche de l'être réunifié.

On entend souvent dire : « Dieu n'est pas responsable de sa création. » Il est vrai que le mal (ou l'échec) n'est « imputable » à Dieu que dans la mesure où il respecte la liberté humaine, puisqu'il crée toujours ce que l'homme lui « présente ». Mais alors, si Dieu « crée » indirectement nos mauvais choix, il ne les crée pas en tant que mauvais, car il ne peut créer le mal ; ces mauvais choix ne peuvent relever que de nous seulement ; il les crée en tant qu'ils sont nos choix, c'est-à-dire qu'il leur donne l'être et l'existence.

C'est ainsi que le monde, vu à notre échelle, apparaît souvent comme un immense tâtonnement, une immense recherche, une immense brisure : les progrès ne peuvent se faire qu'au prix de beaucoup d'insuccès et de beaucoup de blessures.

Malgré tout, la foi nous amène à croire que l'univers n'est pas le fruit du hasard et de la nécessité. Il y a un plan qui nous échappe en grande partie, et dans ce plan il y a les perversités de la nature. Mais il y a un sens à tout cela. Teilhard de Chardin donne l'exemple suivant : « Sur un arbre qui a eu à lutter contre les accidents intérieurs de son développement et les accidents extérieurs des intempéries, les branches brisées, les feuilles lacérées, les fleurs sèches, malingres ou fanées, sont ‹ à leur place › : elles traduisent les conditions plus ou moins difficiles de croissance rencontrées par le tronc qui les porte. » La fleur doit être coupée de sa tige, donc de sa source de vie, pour agrémenter l'existence des humains. Les rides du désert témoignent du souffle du vent.

La Fontaine a écrit une fable qui peut nous éclairer là-dessus. Vous la connaissez sans doute, mais laissez-moi vous la résumer à ma façon. C'est l'histoire de ce paysan qui, un jour, à l'heure du midi, s'allongea au pied d'un gros chêne pour faire une sieste. Avant que ne vienne le sommeil, il se mit à réfléchir : « Comment un si gros arbre peut-il porter un si petit fruit, un gland ? » Il se dit encore : « Vraiment, le Créateur n'y était pas du tout le jour où il a fait ça. Qu'a-t-il pensé d'accrocher un si petit fruit à un si gros arbre, alors que la grosse citrouille est rattachée à une tige si frêle et si délicate ? » Sur ce, il s'endormit. Pendant son sommeil, il fut tout à coup réveillé par quelque chose qui tomba sur son nez. Il chercha, c'était un gland. Il s'écria alors : « Juste ciel ! s'il avait fallu que ce soit une citrouille… ! » Sur ce, il conclut que le Créateur avait bien fait ce qu'il a fait.

Vues sur un plan temporel, certaines dispositions de la Providence ressemblent parfois à une tapisserie regardée à l'envers : il n'y a ni dessein, ni ordre, ni beauté. Mais vu dans la perspective de l'éternité, et à la lumière de Dieu, l'art se révèle et les beautés éclatent.

De notre point de vue limité d'êtres humains, nous pouvons imaginer un monde nécessairement sans faille ni désordre. Mais il faut comprendre que le désordre fait partie de l'univers et que cet apparent désordre est régi par des lois divines, dans lesquelles se cachent bien des mystères et bien des zones grises. Toutes ces lois ne sont pas faciles à expliquer. Mais l'attitude la plus sage est celle de Ralph Emerson qui écrit : « Tout ce que j'ai vu m'apprend à faire confiance au Créateur pour tout ce que je n'ai pas vu. » S'il y a un plan dans l'univers, il faut parfois renoncer à le scruter et laisser Dieu faire son travail pour sa plus grande gloire. Notre rôle est de prier pour qu'il poursuive sa tâche et ne démissionne pas. Pour que la balade des grands luminaires dans le firmament obéisse toujours au rythme exact fixé par le divin horloger.

Nous pourrions expliquer le désordre apparent de l'univers par l'exemple du grain de blé qui doit mourir pour produire. « Si le grain de blé ne disparaît dans la terre, et ne semble y pourrir, il demeure stérile. » Mais auparavant, la terre, pour être ensemencée, doit avoir été labourée, violentée, brassée, comme le pain, lequel plus il est pétri, plus il est beau. Le mystère de ce petit grain de blé, enfoui au creux de la terre hivernale, plus fort que toutes les ténèbres et tous les frimas, mais sûr de sa victoire, est l'une des plus belles paraboles de la vie. Il est utile de se rappeler cette parabole dans les moments où notre être est mutilé par la vie, la souffrance, les événements malheureux. C'est le cas, en particulier, du handicapé qui cherche un sens à son état. Il peut prendre conscience que, en marchant ou en roulant, il témoigne de la vie unique qu'il porte et que personne d'autre que Dieu n'a pu créer.

Voici l'une des grandes leçons de la création : dans toute l'histoire du monde, il n'y a jamais eu personne qui nous a été parfaitement identique. Depuis l'apparition de l'homme sur la Terre, des milliards et des milliards d'êtres humains – on estime à 80 milliards le nombre d'êtres humains parus jusqu'ici – ont existé, et parmi toutes ces créatures nous demeurons des créations uniques, avec des destins uniques que personne d'autre ne peut accomplir.

Si une œuvre d'art pouvait parler, j'imagine que le premier sentiment qu'elle exprimerait serait la fierté d'avoir été créée par son maître. Inversement, devant une belle œuvre d'art, on peut comprendre la fierté de l'artiste qui l'a créée. Dieu se révèle ainsi, dans toute sa plénitude, Créateur amoureux de la terre et de l'humanité : « Dieu vit que tout cela était bon. » Cela signifie qu'au-delà de la réalité et au fond de chaque chose visible se meut la puissance divine, la puissance créatrice et bienveillante de Dieu. Tout ce qui arrive est bon, puisque toute réalité baigne dans l'océan divin. Et alors, nous avons le choix entre voir la terre comme une vallée de larmes ou comme un luxuriant paradis.

Saint Paul, en son temps, constatait que la terre souffrait du travail d'enfantement, mais qu'à travers ces souffrances une terre nouvelle se préparait, concoctée dans le creuset des nombreux cataclysmes naturels, ouragans, raz-de-marée, tremblements de terre, etc. Il n'en tient qu'à nous de déceler à travers cette terre mutilée la terre nouvelle annoncée dans l'Apocalypse.

Ce Dieu qui peut refaire l'homme

Sur cette « terre nouvelle », il y a l'homme, chef-d'œuvre du cosmos, prêtre et seigneur de la création. Mais cet homme, malgré son statut dans l'univers et la perfection biologique qu'il représente, se trouve au centre d'un étonnant paradoxe. Il se heurte constamment à des limites. Il fait quotidiennement l'expérience de ses impuissances : il se révèle, à plusieurs égards, un être extrêmement faible, limité et déficient.

Dans les nombreux chemins de croissance que j'ai parcourus, j'ai pu mesurer jusqu'à quel point l'homme doit composer sans cesse avec ses grandeurs et ses misères, combien il doit vivre avec cette dualité dramatique de l'être tiraillé entre le bien et le mal. On dirait que les expériences de négation, de mort, d'angoisse et de péché sont plus fortes que leurs contraires. Jadis, le poète ancien Ovide avait noté ce tiraillement intérieur : « Je vois le meilleur et je l'approuve, puis je fais le pire », écrivait-il. Des années plus tard, l'apôtre Paul reprend la même idée : « Car je ne fais pas le bien que je veux, et je fais le mal que je ne veux pas » (Romains 7,19). Freud, de son côté, avait observé que *nous ne sommes pas maîtres de nos actes*. Nous obéissons à des pulsions, voire à des compulsions qui nous emportent parfois comme des raz-de-marée. Ces forces sont telles qu'elles nous font perdre la maîtrise de nos vies, quand elles ne nous détruisent pas complètement. Combien de personnes aux prises avec un problème d'alcool, de drogue, de jeu ou de quelque autre dépendance souhaiteraient pouvoir effacer toute leur existence et recommencer à zéro ! Combien aimeraient, si elles le pouvaient, se refaire à neuf !

Bien que la psychologie et la psychothérapie soient très utiles dans ces cas, il arrive un moment où ni la psychologie ni aucune forme de thérapie ne peuvent venir à bout de la condition humaine. Albert Camus faisait ce constat dramatique : « Il n'y a qu'une expérience valable, c'est de refaire l'homme ; or, je ne peux pas refaire l'homme » *(Carnets)*. C'est vrai ! Mais c'est ici que la foi au Dieu créateur peut accomplir des miracles. Je peux raisonner ainsi : si Dieu est mon créateur, il doit certainement pouvoir me soutenir et me recréer au besoin. Si Dieu est l'auteur de ma vie, l'origine de mon mouvement et de mon être, c'est donc qu'il peut me donner la vie, l'orienter et la maintenir. La Bible entière témoigne de cette possibilité de « re-création » de l'homme. Dans l'Apocalypse, on lit : « Je fais toute chose nouvelle » (21,5), c'est-à-dire esprit, cœur, vie, « terre et ciel ». Les exemples pullulent dans la Bible où Dieu nous assure qu'il peut nous aider à nous refaire.

> Voici que je fais un monde nouveau : il germe déjà, ne le voyez-vous pas ? Oui, je vais faire passer une route dans le désert, des fleuves dans les lieux arides (Isaïe 43,19).

> Je vous donnerai un cœur neuf et je mettrai en vous un esprit neuf ; j'enlèverai de votre corps le cœur de pierre et je vous donnerai un cœur de chair (Ézéchiel 36,26-27).

La fameuse vision d'Ézéchiel, celle des « ossements desséchés » (37,1-14) est pour moi l'un des plus beaux exemples de cette volonté de Dieu de refaire l'homme. Un jour, à travers un songe, Dieu mit le prophète devant un champ rempli d'ossements desséchés. Il l'interpella ainsi : « Fils d'homme, ces ossements desséchés peuvent-ils revivre ? » Le prophète répondit sagement qu'il n'en savait rien, bien qu'il n'ignorait pas que cela était naturellement impossible : « Seigneur, c'est toi qui le sais ! » Alors, Dieu fit une promesse étonnante à Ézéchiel : « Dis-leur : ‹ Ossements desséchés ! écoutez la Parole du Seigneur... Je vais faire venir sur vous un souffle pour que vous viviez... › » Dieu fit cette promesse au moment où le processus de poussière et de mort avait fait son chemin : « Nos ossements sont desséchés, notre espérance a disparu, nous sommes en pièces. »

Dieu voulait montrer par là qu'il est capable de nous « recycler », c'est-à-dire de refaire notre vie, peu importe dans quel état de dégradation nous nous trouvons. Tout au long de l'Histoire sainte, Dieu n'a cessé d'entretenir chez son peuple cette espérance d'un renouvellement créateur, mais il a voulu montrer en même temps que l'espérance ne réside pas en l'homme, mais en Dieu seul.

Dans le Nouveau Testament, Dieu gratifie l'humanité d'une énergie nouvelle capable de renouveler toute la terre : c'est l'énergie vitale de la résurrection. C'est sur cet horizon de résurrection que se déroule maintenant l'action de Dieu. À travers la résurrection, Dieu a vaincu la mort, voilà pourquoi il peut redonner la vie, c'est-à-dire faire du neuf. Toute cette dynamique de la résurrection se trouve germinalement contenue dans cette parole de Teilhard de Chardin : « L'Énergie créatrice nous attend, sûrement, prête à nous transformer au-delà de tout ce que l'œil humain a jamais vu, ni son oreille entendu. Qui peut dire ce que Dieu ferait de nous, si nous osions, sur sa parole, suivre jusqu'au bout ses conseils et nous livrer à la Providence ? »

À notre époque en quête de nouvelles formes d'énergie, tous les secteurs sont explorés, prospectés, sauf celui du potentiel d'énergie divine, cette source vive, enfouie au cœur de l'humain, de l'humanité et du monde. L'univers est traversé d'énergies divines avec le souffle de l'Esprit *(pneuma)* qui transmet le mouvement. Grâce à ces énergies, nous pouvons devenir une force de la nature et de la vie.

Voici un autre exemple éloquent de cette action du Dieu créateur. Il existe dans le monde un mouvement de croissance d'une rare efficacité, celui des Alcooliques anonymes, communément appelé les AA. Dans ce mouvement, j'ai vu revenir à la vie des centaines et des centaines de personnes. J'ai été témoin de miracles à profusion dans ce que les membres appellent « les salles » (ou lieux de « meeting »). La méthode AA est d'ailleurs reconnue comme la thérapie la plus efficace au monde.

À leur arrivée dans le mouvement, plusieurs sont littéralement des loques humaines, ayant perdu maison, famille, travail, salaire. Aucune ressource ou aide psychologique n'avait pu faire la moindre chose pour eux. Or, ces individus ont été complètement refaits à partir du moment où ils se sont confiés et abandonnés à la Force supérieure qui pouvait seule les sortir de leur état. La première étape invite les membres à reconnaître leur impuissance : « Nous avons admis que nous étions impuissants devant l'alcool et que nous avions perdu la maîtrise de nos vies. » La deuxième étape affirme la croyance en l'existence d'une Puissance supérieure : « Nous en sommes venus à croire qu'une Puissance supérieure à nous-mêmes pouvait nous rendre la raison. » Avec la troisième étape, les membres décident de s'en remettre à cette Puissance supérieure pour s'en sortir : « Nous avons décidé de confier notre volonté et nos vies aux soins de Dieu tel que nous le concevions. »

Or, souvent, après quelque temps seulement, ces personnes se trouvent complètement transformées et refont entièrement leur vie. Le secret ? Elles passent dans la forge du Dieu créateur. Elles bénéficient de l'action créatrice de Dieu. Cette action, il va sans dire, peut se produire aussi dans bien d'autres domaines de notre vie, car nous sommes tous alcooliques de quelque chose.

Dieu créateur est le premier responsable de notre vie. Faisons-lui confiance et laissons-le faire. N'oublions pas que c'est lui qui a créé tous nos organes, notre intelligence, notre volonté. Il est certainement capable de les rafistoler au besoin.

Le culte du Dieu créateur porte la ferme conviction que Dieu s'intéresse à nous, à ce qui nous arrive et à ce que nous vivons. Bien plus, s'ajoute à cette conviction celle qu'il communique avec nous, qu'il nous éclaire et nous donne la force nécessaire pour nous aider à mieux vivre. Bref, Dieu « s'occupe de nous ». Il peut dépasser tous les phénomènes naturels dont il est le Créateur. Et cela est une preuve de sa grande puissance : il maîtrise les fils de la vie sous toutes ses formes. Dieu ne connaît pas de limites. Il est celui qui est tout, qui possède tout, qui embrasse tout, celui qui est infini. Les ressources de Dieu sont inépuisables. Dieu est riche. Il peut tout. Sa puissance créatrice n'a pas de limites.

Le culte du Dieu créateur se révèle par le fait même une voie unique d'humanisation. Nous sommes créés à l'image de Dieu. « Créés à l'image de Dieu » signifie que Dieu doit pouvoir reconnaître sa marque en nous. Bien souvent, l'être humain apparaît comme un brouillon de l'image divine. Cette image est défigurée en lui. Mais Dieu est toujours là pour refaire son image qui se détériore. Le Dieu de la Bible est essentiellement un Dieu qui « sauve » et dont l'action salvifique est liée à celle de créer et de re-créer. Il apparaît constamment comme le Dieu de l'impossible. Ce salut, Dieu l'opère en Jésus, le Christ. Aussi faut-il voir le salut apporté par Jésus précisément comme une nouvelle création. D'ailleurs, cette action salvifique de Dieu est souvent exprimée en référence avec l'acte créateur premier, à travers le rapport création-rédemption présenté comme un seul acte de l'œuvre créatrice de Dieu.

Les spiritualités récentes reconnaissent cette action de Dieu. Elles admettent que l'être humain, dans ses faiblesses, peut bénéficier de l'action divine. Les spiritualités traditionnelles parlaient surtout de la perfection qu'il fallait atteindre. Thérèse d'Avila, par exemple, a écrit un ouvrage célèbre intitulé *Le chemin de la perfection*. Les nouvelles spiritualités parlent plutôt du *chemin de l'imperfection*. Ce sont essentiellement des spiritualités de la re-création de l'être humain. L'homme, autant dans son histoire personnelle que dans son histoire collective, a besoin d'être refait. L'homme, plus que jamais, a besoin de salut. Or, Dieu peut revisiter sa création. Parallèlement, l'homme doit réorienter sa vie, son destin, vers son Créateur, source de son être et de sa vie.

Toutes les leçons de la création tournent autour de la vie. Elles invitent à faire confiance à la vie, car la vie est un cadeau de Dieu. Certes, la vie est imparfaite, mais rien ne vaut encore la vie. La vision chrétienne nous enseigne que Dieu ne nous a pas créés pour nous laisser à nous-mêmes. Une fois que nous sommes lancés dans l'existence, il ne nous abandonne pas. Voici à ce sujet un très beau texte de sainte Catherine de Sienne, l'une des plus grandes saintes de l'Église. Ce texte ne peut laisser indifférent :

> Pourquoi n'as-tu pas confiance en moi, ton Créateur? Pourquoi compter sur toi-même? Ne suis-je pas fidèle et loyal envers toi?... Et pourtant [l'être humain] doute encore, semble-t-il, que je sois assez puissant pour le secourir, assez fort pour l'assister et le défendre contre ses ennemis, assez sage pour éclairer l'œil de son intelligence, ou que j'aie assez de clémence pour vouloir lui donner ce qui est nécessaire à son salut. Il paraît croire que je ne suis pas assez riche pour faire sa fortune, ni assez beau pour le remettre en beauté; l'on dirait qu'il a peur de ne pas trouver chez moi de pain pour le nourrir, ni de vêtement pour le couvrir (message de Dieu à sainte Catherine de Sienne, *Dialogue*).

Bien des théologiens professent l'idée que la plus grande révélation n'est pas que Dieu soit, mais que Dieu se révèle un Père aimant. Cette réalité a d'ailleurs constitué une partie importante de la mission de Jésus qui la voyait essentiellement comme proclamation du Père. Cela signifie que Dieu n'est pas seulement toute réalité; il est aussi toute bonté, toute beauté, toute tendresse, tout amour. La révélation nous dit qu'il s'intéresse à l'homme et qu'il l'aime. La révélation de l'amour de Dieu remplit toute l'Écriture.

Et cet amour, faut-il le rappeler, est préparé dans la création. Une éminente figure des premiers temps de l'Église, Grégoire de Nysse, fait remarquer qu'aucune nécessité n'a présidé à la création de l'homme, sinon la gratuité et la surabondance de l'amour divin (*Discours catéchétique*, V, 3). Dieu n'a pas créé l'homme pour satisfaire son besoin de possession et de domination. Il faut abandonner l'image du Dieu horloger qui aurait créé le monde et se serait retiré définitivement. Autrement, pourquoi se serait-il livré à ce grandiose travail de la création ? Ce travail, il n'a pu le faire que par amour, car il n'avait pas besoin de l'homme pour vivre.

Voilà pourquoi il faut croire en notre valeur en tant que créatures uniques de Dieu et dont il a fait, selon la belle expression de Teilhard de Chardin, « la partie la plus vivante de la vie ». Malgré ses faiblesses, l'homme demeure la réalité la plus parfaite qui puisse exister dans l'ordre naturel. Cette perfection est cependant assortie d'un devoir, celui d'aimer son Créateur. Reconnaître ses desseins sur sa vie, dans chaque événement heureux ou malheureux de l'existence, reconnaître la manifestation d'un plan divin. Tout ce qui arrive ne peut être qu'une occasion de rendre à Dieu une part de l'amour reçu. Dieu ne se définit-il pas lui-même comme un « Dieu de tendresse et de grâce, lent à la colère et riche en miséricorde et fidélité » (Exode 34,6) ?

La nature, lieu de rencontre avec Dieu

Si la nature se prête facilement à l'expérience spirituelle, c'est parce qu'elle suscite naturellement et spontanément la prière et la méditation. On dit que les moines du mont Athos en Grèce ne prient pas uniquement dans les églises, mais aussi dans les forêts et les cavernes. Ainsi, on peut prier devant les rochers, ces cathédrales de la nature, devant les fleurs qui ornent si joliment la terre. Il y a comme un souffle spirituel qui se dégage des champs, des fleurs sans nombre qui déploient leurs couleurs et embaument l'air de leur parfum.

Pour moi, la contemplation de la nature est une forme de prière, un instant privilégié devant lequel j'apaise mes pensées et laisse la voix de Dieu s'exprimer en moi. À travers la prière et la méditation (ou la contemplation), je développe une conscience remplie de la joie de l'universelle présence de Dieu. Quelles que soient les pertes ou les déceptions dans la vie, la présence de Dieu en moi me réconforte, m'apaise, me rassure et me fortifie. Conscient de cette paix divine au centre de mon être, je me bâtis une réserve intérieure de sérénité qui sera là quels que soient les événements qui m'affligeront.

Telle une rivière, le divin nous inonde. C'est une réalité exprimée partout dans la Bible. On lit fréquemment des passages du genre : «Béni soit l'homme qui met sa confiance dans le Seigneur, dont le Seigneur est l'espoir. Il sera comme un arbre planté au bord des eaux, qui étend ses racines vers le courant : il ne craint pas la chaleur quand elle vient, et son feuillage reste vert ; il ne redoute pas une année de sécheresse, car elle ne l'empêche pas de porter du fruit» (Jérémie 17,7-8). Ou encore : «Celui qui façonne les montagnes, qui crée le vent, qui révèle à l'homme quel est son dessein, qui, des ténèbres, produit l'aurore, qui marche sur les hauteurs de la terre, il se nomme le Seigneur, Dieu de l'univers» (Amos 4,13).

Comme on le voit, la nature peut être facilement associée à la prière. Pour prier ainsi, rien de mieux que des extraits de psaumes comme : «Tu me réjouis par tes œuvres, ô Éternel ! Et je chante avec allégresse l'ouvrage de tes mains» (Psaume 92,5). Et cet extrait du psaume 34 (v. 9), utilisé dans la récitation des laudes, qui résonne comme un chant d'espérance dans l'aube du matin : «Goûtez et voyez comme le Seigneur est bon !» Combien de versets peuvent ainsi se mêler à la sève du jour qui monte en promesse de paix et de sérénité ! Ces courtes prières peuvent générer des réflexions comme : «Tu es l'amour divin qui a pourvu cette terre de légumes et de fleurs, de diamants, d'uranium... Tu as rempli les cieux de ta gloire – étoiles, soleil et lune – et les océans avec l'activité rythmique des marées. Je reconnais ta présence en toutes choses et sous la forme de toutes choses.»

La prière et la méditation dans la nature ouvrent une dimension importante et vitale en spiritualité : la relation personnelle avec son Créateur. L'auteur de cette immense tapisserie cosmique ne s'est pas borné à la peinture du paysage. S'il nous a créés «à son image», comme l'affirme la Genèse, c'est donc que nous avons une certaine compatibilité avec lui. La relation à Dieu va ainsi plus loin que le principe purement explicatif des choses. Plus loin que l'idée du Dieu architecte ou ingénieur qui peut faire penser à un Dieu lointain qui ne se soucie plus de sa création, et non d'un Dieu personnel, celui que nous propose la Bible. Cette relation va aussi beaucoup plus loin que celle d'offrir des libations ou des sacrifices, comme le faisaient les primitifs, à quelques divinités responsables de la pluie ou de la fécondité.

Le récit biblique de la création est déjà rédigé dans la perspective des relations personnelles de l'homme avec Dieu. On dit que l'homme conversait librement avec son Créateur. Communiquer avec Dieu (p. ex. « conversation » avec Dieu) a de tout temps préoccupé les humains. Or, cette recherche du dialogue avec Dieu représente tout l'enjeu de la spiritualité. Elle prend sa source dans un Dieu qui s'intéresse à nous, qui parfois nous appelle et toujours nous interpelle. Dieu nous convie à le chercher et à participer à ce qu'on peut appeler sa vie, la création et l'amour. Dans cette perspective, il attend une démarche d'amour de notre part. Cette idée est importante, car autrement Dieu nous aurait laissé l'image d'un Dieu narcissique qui aurait créé l'homme seulement pour en être adoré et obéi. La liberté qu'il nous laisse et la discrétion dont il témoigne laissent plutôt deviner un Dieu qui attend une démarche d'adhésion et d'amour de notre part.

Et dans cette recherche de dialogue, il y a évidemment une interpellation évidente à redécouvrir le Dieu qui nous fait créateurs à notre tour. C'est en créant que nous lui ressemblons le plus. Les thèmes de la création et de la vocation humaine sont ainsi intimement liés. Dieu confie à l'homme l'intendance de la terre. C'est précisément ce lien créateur entre Dieu et l'homme qui en fait sa grandeur. L'agir divin en nous demeure toujours créateur. Il est invitation à l'homme à être créateur avec le Créateur. La première création était essentiellement un passage du néant à l'être. Toutes les créations de l'homme partent de l'être pour en affirmer toute la richesse et les potentialités. Dès que l'on admet cette réalité, la place de l'homme dans le monde et le rôle qu'il y joue s'éclairent d'un jour nouveau. Dieu cesse d'être un juge sévère et exigeant et devient le Père aimant qui nous entoure de sa tendre sollicitude.

PENSÉES

« *Toute chose est possible au croyant, et sa prière
sera exaucée selon la force de sa foi.* »
— Maître Eckhart

« *La prière calme les troubles de l'âme,
apaise la colère, chasse la jalousie,
éteint la cupidité, diminue et dessèche
l'attachement aux biens de cette terre,
met l'esprit dans une paix profonde.* »
— Jean Chrysostome, vers 350-407

« *Lorsque l'Esprit établit sa demeure dans
l'homme, celui-ci ne peut pas s'arrêter de prier.
Car l'Esprit ne cesse pas de prier en lui; qu'il
dorme ou qu'il veille, la prière ne se sépare pas de
son âme. Tandis qu'il mange, qu'il boit, qu'il est
couché, qu'il se livre au travail, qu'il est plongé
dans le sommeil, le parfum de la prière s'exhale
spontanément de son âme. Désormais, il ne
donne pas à la prière une période de temps déter-
minée, mais tout son temps.* »
— Isaac le Syrien

Beaucoup de personnes de nos jours ont soif de Dieu et ressentent le besoin de prier. Faut-il s'en étonner ? De tout temps, la prière s'est révélée l'instrument privilégié du contact divin. La prière naît du goût de parler à Dieu qu'on ne voit pas. À travers la prière, nous affirmons notre radicale transcendance et notre besoin de Celui qui est au-dessus de tout et qui peut tout.

La prière peut répondre aussi à un autre besoin. Dans une vie agitée comme la nôtre, dans une société de consommation axée sur l'avoir et le paraître, dominée par la performance et le divertissement, il est normal de rechercher la quiétude, le silence, l'intériorité. On sent le besoin de s'arrêter, de se retrouver, de faire le plein d'essentiel. La prière apparaît alors comme un arrêt, un repos, un second souffle. C'est ce qui explique la grande popularité des lieux de prière comme les monastères, les sanctuaires, les lieux de pèlerinage, les maisons de prière et de méditation.

Les gens expérimentent que prier Dieu ou penser à Dieu a un rapport certain avec le fait d'être heureux, de réussir dans la vie et d'être en bonne santé. À ce titre, la prière se révèle un atout inestimable pour l'être humain. Aucune philosophie, aucune sagesse, aucune thérapie ne vaut la prière pour retrouver la paix et la sérénité.

La prière nous met en contact avec la puissance divine. Celui qui prie est plus fort que celui qui ne prie pas. La prière fait expérimenter l'énergie divine qui est infinie. Certes, elle n'abolit pas nos limites, mais elle nous met en contact avec l'Illimité. Grâce à elle, les événements peuvent prendre un tout autre tournant dans une vie, aussi bien dans la vie personnelle que collective. Au milieu de nos préoccupations et des vicissitudes de la vie, la prière procure une grande joie et une grande force spirituelles. Elle peut tout changer. La prière procure la paix de l'esprit, donne l'assurance que Dieu est avec nous en tous nos besoins. Combien de situations dans la vie dépassent nos forces et nous incitent à tourner les yeux vers une puissance supérieure !

Seule la prière peut sauver le monde. Si tous les hommes se mettaient en prière sur la planète, le monde changerait radicalement. Archimède disait : « Donnez-moi un point d'appui et je soulèverai le monde. » Ce point d'appui, c'est la prière. Telle est la grande découverte que fit un jour Thérèse de l'Enfant-Jésus. Elle trouva une belle image pour parler de ce point d'appui, celle de « l'ascenseur divin » : avec Dieu tout devient facile, pas besoin de monter l'escalier, il nous prend dans ses bras.

La prière accessible à tous

Ce qui fait la valeur de la prière, c'est sa grande accessibilité. Elle n'est pas réservée à une « élite ». La prière est une activité spirituelle qui convient à chacun, en toute circonstance, peu importe son état. Personne n'est exclu de la prière. Elle convient à tous, particulièrement aux malades, aux pauvres et aux pécheurs. La prière est l'activité spirituelle de ceux ou celles qui se disent : « La sainteté, ce n'est pas pour moi. » Ou encore : « Je voudrais bien, mais je ne suis pas capable ! »

Quand nous n'allons pas à l'église ou dans un temple pour assister aux offices religieux, nous pouvons quand même prier, car la prière n'exige pas un moment ou un lieu séparé du quotidien. Elle est une ressource universelle à laquelle tous peuvent recourir à chaque instant et dans tous les besoins. La facilité de la prière tient au fait qu'elle n'exige pas d'avoir une grande connaissance de la Bible ou une formation religieuse approfondie.

Dans cette foulée, beaucoup cherchent des voies d'expérience spirituelle. Je n'en connais pas de plus belles, de plus simples et de plus efficaces que la prière. La prière peut être vue comme une manière d'unifier et d'illuminer toute la vie. L'importance de la prière est telle qu'on pourrait la présenter comme une véritable vocation humaine. René Voillaume a une très belle expression pour la caractériser quand il parle de «notre tâche permanente de la prière» (*Lettres aux fraternités*).

Qu'est-ce que prier ?

La vie spirituelle est de l'ordre de la prière et de la méditation. Pas de prière, pas de vie spirituelle. Le père Daniel-Ange fait cette réflexion : «Trouvez-moi un seul saint, un seul, qui n'ait pas aimé la prière, qui ne soit pas devenu lui-même prière vivante !» Toute la vie spirituelle se ramène à la vie de prière.

Nous pouvons en juger par les différentes définitions que l'on donne à la prière. Selon un adage, la prière est «la respiration de l'âme». Nous avons vu, au troisième chapitre, combien la respiration est liée à l'expression même de la vie. La prière est, comme la respiration, purification et force.

La prière peut aussi se définir comme une «élévation de l'âme vers Dieu pour lui rendre hommage ou lui demander quelque grâce». C'est une belle définition, sans doute, mais chaque fois que j'entends l'expression «élévation de l'âme vers Dieu», je deviens perplexe. Cela donne à penser que Dieu est en haut et que nous sommes en bas. C'est comme si nous entrions dans les anciennes catégories spatiales pour situer Dieu, ce qui va à l'encontre de la véritable définition de la prière, qui se fonde sur l'importante réalité que Dieu nous habite. Dieu est en nous. Telle est la condition de toute prière. Autrement, comment prier ou parler avec quelqu'un qui n'est pas là.

Le Curé d'Ars, qui avait le don du raccourci, disait souvent : «Dans les livres on cherche Dieu, dans la prière on le trouve.» Fondamentalement, prier veut dire penser et vivre en présence de

Dieu. Prier, ce n'est pas d'abord demander des faveurs à Dieu, mais être avec lui, puis en lui. Tel est l'acte essentiel de la prière.

Parfois, la prière se limite à nous tenir devant Dieu sans penser, sans sentiments particuliers. La prière devient alors l'expression de notre relation à Dieu, de notre communication avec lui. N'allons pas croire que cette attitude apparemment passive n'est pas efficace. Quand nous nous exposons aux rayons du soleil, même si nous sommes assis, inactifs, nous ne pouvons faire autrement que bronzer. De même, quand nous nous assoyons devant un feu, celui-ci nous réchauffe. Saint François de Sales, dans son langage imagé, fait à Dieu cette prière : « Seigneur, je ne suis qu'une bûche : mets-y le feu ! » Ainsi en est-il dans la prière passive. Dieu travaille souvent à notre insu, il n'a pas besoin de nous. C'est le mystère de l'action invisible et secrète de Dieu qui agit. Les mystiques affirment même que plus l'âme avance dans l'union à Dieu, plus les temps de silence augmentent. Les mystiques en arrivent ainsi à se libérer des limites de la parole et de la pensée. Mais il ne faut pas confondre la prière et la contemplation.

Le but de la prière est d'établir le contact avec Dieu. Pour établir ce contact, il faut d'abord commencer par sortir de la passivité pour entrer en conversation avec lui. Quand deux êtres se rencontrent, ils se parlent, ils conversent, ils dialoguent. Ils ne font pas que se regarder. Voilà pourquoi la prière est souvent définie comme une conversation avec Dieu.

Peu importe cependant la façon que l'on choisit pour prier, la prière se fait toujours sous le signe de l'amour. À ce titre, elle est un élan du cœur vers Dieu, vers celui qu'on aime, celui qu'on désire aimer. En ce sens, saint Augustin qualifie la prière d'« effort affectueux vers Dieu ».

Un autre aspect important de la prière est son caractère permanent. Certes, la prière est un acte que l'on pose à tel ou tel moment, mais tous les auteurs spirituels nous disent qu'elle doit tendre à devenir un état. Comme la prière est intimement liée à la vie spirituelle, dont elle est l'expression privilégiée, elle doit tendre à devenir comme elle une présence continuelle à Dieu. C'est ce que recommande l'apôtre Paul quand il exhorte ses fidèles en ces termes : « Priez sans cesse » (1 Thessaloniciens 5,17). L'apôtre se fait sans doute l'écho de Jésus qui donnait la même consigne : « Priez en tout temps » (Luc 21,36). Certes, les exégètes ne savent pas si l'expression « en tout temps » signifie « priez tout le temps » ou « priez en toute occasion » ou « priez avec insistance », mais dans les faits, cela ne change pas grand-chose.

Quand on dit que prier, c'est vivre uni à Dieu, il est évident que pour plusieurs personnes la prière se résume en une supplication pour demander quelque chose ; parfois aussi le cœur se mue en action de grâce, et c'est alors l'adoration. Voilà pourquoi on dit que la prière a deux fonctions : celle de la requête et celle de l'adoration. Ces deux fonctions répondent au désir humain d'établir le contact avec Dieu. Voyons d'abord la forme de prière la plus utilisée, la prière de supplication ou de demande.

La prière de demande

On dévalue parfois la prière de demande au profit de la prière de louange. On pense que prier pour soi est une forme d'égoïsme. Certes, elle peut l'être parfois. Mais il faut savoir que la demande est de l'essence même de la prière et qu'elle s'inscrit dans l'ordre des choses. L'étymologie du mot « prière » veut dire « demander », ce qui fait de la prière un geste profondément humain. Rien n'est plus naturel, en effet, que de demander à Dieu. Comme l'explique le père Enzo Bianchi, dans *Les mots de la vie intérieure* :

> Dès lors, il faut avant tout affirmer que la demande, du point de vue anthropologique, n'est pas seulement quelque chose que l'homme fait, mais une dimension constitutive de son être : l'homme est demande, il est appel. Et cette dimension ne peut pas ne pas se manifester dans la prière. En s'adressant à Dieu par la demande, dans les différentes situations existentielles, le croyant – sans renoncer en rien à sa responsabilité et à son engagement – atteste qu'il veut toujours à nouveau recevoir de Dieu et de la relation avec lui le sens de sa vie et son identité ; et il reconnaît qu'il ne « dispose » pas de sa propre vie. En ce sens, la prière de demande est scandaleuse, en ce qu'elle heurte la prétention d'autosuffisance de l'homme.

C'est un fait qu'il y a souvent beaucoup d'orgueil à ne pas vouloir demander quelque chose à Dieu. Cela peut signifier qu'on se suffit à soi-même, ou qu'on imagine Dieu trop distant pour intervenir dans notre vie. Demander, c'est reconnaître le rôle de la Providence, de la prévenance de Dieu. Quand on lui demande quelque chose, on s'approche de lui, on le reconnaît comme Père qui pourvoie pour ses enfants. C'est la raison pour laquelle de véritables miracles sont accordés à la prière de demande.

Par ailleurs, il faut éviter ici une erreur subtile. Nous pensons souvent que nous n'avons pas besoin de prier, car Dieu sait bien mieux que nous ce qu'il nous faut. Jésus lui-même ne nous a-t-il pas enseigné dans le Notre-Père qu'il faut demander notre «pain quotidien»? Soulignons au passage que le «pain quotidien», c'est tous nos besoins matériels, psychiques et spirituels. Or, Dieu nous demande de ne pas hésiter à lui formuler nos besoins, de quelque nature que ce soit.

Saint Paul exhorte clairement les premiers chrétiens à faire «en tout temps par l'Esprit toutes sortes de prières et de supplications» (Éphésiens 6,18). Et ailleurs il dit: «N'ayez aucun souci; mais en tout, par la prière et la supplication avec action de grâce, faites connaître à Dieu vos demandes» (Philippiens 4,6-7).

Du point de vue anthropologique, la prière de demande est affirmation de notre désir de voir Dieu s'engager dans notre vie afin de nous aider à mieux vivre. À ce titre, elle exprime l'aspiration de l'être à l'existence. Voilà pourquoi la prière est apparue à certains, comme un besoin biologique (*cf.* le docteur Alexis Carrel).

La prière peut être considérée aussi comme un désir de plus-être. Elle apparaît à ce niveau comme un procédé de croissance humaine. Elle est l'aspiration de l'être que nous sommes à l'être que nous ne sommes pas encore et que nous voulons devenir. Voilà pourquoi nous prions spontanément quand notre être ou notre existence sont menacés dans leur intégrité, ou au contraire quand nous sommes heureux. Nous sentons alors le besoin de demander ou de remercier. Si bien que le refus de prier apparaît parfois comme un signe de désespoir.

Comment prier ?

La prière communautaire demeure la forme de prière la plus importante dans la liturgie chrétienne. Elle constitue une part essentielle de la vie des groupements religieux. Le mot *liturgie*, qui provient des premiers siècles de l'ère chrétienne, désignait la célébration communautaire du sacrifice eucharistique. Et depuis, l'énergie dégagée par la prière liturgique transcende l'espace et le temps pour s'unir aux prières de tous ceux qui prient dans le même esprit.

La prière liturgique est essentiellement une prière collective. Mais la prière collective ou communautaire n'existe pas seulement en liturgie. Elle survient chaque fois que deux personnes ou plus prient ensemble. Il faut se rappeler à ce sujet la promesse formelle de Jésus : « Je vous le dis en vérité, si deux d'entre vous, sur la terre, unissent leurs voix pour demander quoi que ce soit, cela leur sera accordé par mon Père qui est dans les cieux » (Matthieu 18,20). Des miracles peuvent ainsi se produire quand des personnes se réunissent pour former un cercle de prière. La prière faite en commun opère avec une force considérable.

Dans le présent chapitre, il ne sera pas question de la prière liturgique comme la célébration eucharistique ou l'office divin. Nous nous limiterons à la prière personnelle ou individuelle, c'est-à-dire celle qui précède la prière liturgique et en est la condition préliminaire.

Il existe un paradoxe au sujet de la prière. Celle-ci est un don qu'on reçoit de Dieu, et pourtant il semble bien que nous devons apprendre à prier. Pour saint Paul, « nul ne peut dire : ‹ Jésus est Seigneur ›, si ce n'est par l'Esprit Saint » (1 Corinthiens 12,3). Ailleurs, il ajoute : « L'Esprit vient en aide à notre faiblesse ; nous ne savons pas ce que nous devons demander, ni prier comme il faut ; mais l'Esprit intercède pour nous, par des soupirs ineffables » (Romains 8,26). Saint Jean Climaque dit que « Dieu fait le don de la prière à celui qui prie ». Mais comment prier ?

Ici, les voies sont nombreuses et les ouvrages sur la façon de prier ne se comptent plus. De la prière-conversation-avec-Dieu à la prière-mantra, les méthodes sont aussi nombreuses que les étoiles du ciel. Mais rassurez-vous, beaucoup de maîtres de spiritualité affirment que la meilleure prière est celle qui nous est propre et qui constitue notre manière de tendre vers Dieu. Elle coïncide avec la voie personnelle qui nous mène à Dieu. Dans cette foulée, on reconnaît que le plus beau modèle de prière est la prière du cœur.

La prière du cœur

La prière du cœur est considérée comme la voie royale pour prier. Cette forme de prière a suscité un grand intérêt en Occident, avec la publication il y a plusieurs années des *Récits d'un pèlerin russe*. L'importance de cet ouvrage en spiritualité est telle qu'il importe que je m'y attarde. J'y puise d'ailleurs ma propre méthodologie de la prière.

Les *Récits d'un pèlerin russe* sont considérés en Occident comme une perle de l'orthodoxie russe et un véritable joyau de la spiritualité. Ils nous offrent la plus belle image qui soit du «priant». Cette image est incarnée par un pèlerin qui parcourait la Russie en récitant une seule prière qu'il redisait sans cesse : «Seigneur Jésus-Christ, Fils de Dieu, aie pitié de moi, pécheur!»

Les *Récits d'un pèlerin russe* furent publiés en 1884 à Kazan (ville de Russie) et proviennent d'un auteur anonyme. Ce dernier raconte comment un pèlerin se promène de ville en ville, d'église en église, de monastère en monastère, pour trouver la façon de prier sans cesse. Après avoir entendu plusieurs sermons et consulté en vain bien des personnes, il trouve un saint starets (moine) qui lui enseigne la prière de Jésus, à réciter de façon progressive : il doit dire la prière 3 000 fois par jour, puis 6 000 et enfin 12 000 fois. Le pèlerin est très heureux d'avoir trouvé le maître et suit avec soin ses instructions. À la fin, cessant de compter, il rythme sa prière à chaque respiration, à chaque battement de son cœur, en un mot aussi souvent qu'il le désire.

Toute la richesse de la prière du cœur tient à sa technique fort simple mais combien fructueuse : la répétition. Mais encore faut-il bien comprendre le but de la répétition. Celle-ci n'est pas un exercice intellectuel ou une pure mécanique. La répétition vise essentiellement à se tenir en présence de Dieu dans son cœur. Elle crée un état d'âme tel qu'il arrive un moment où la prière irrigue toute l'existence : elle nourrit quand on a faim, abreuve quand on a soif, repose dans la fatigue et protège des dangers de la vie.

Dans ces conditions, on peut comprendre comment le pèlerin russe en était arrivé à trouver toute sa joie dans sa petite prière sans cesse récitée. Comme l'enseignait un saint moine du mont Athos nommé Calliste, cette technique de prière se révèle à l'usage un véritable cordial : « La prière du cœur, pure et sans distraction, est celle qui produit une chaleur au cœur. » C'est la raison pour laquelle la prière du cœur était devenue la prière préférée des mystiques chrétiens de l'Église d'Orient – elle l'est encore aujourd'hui. Par exemple, Macaire l'Égyptien (v. 301 - v. 392), qui fonda une communauté du désert, institua l'usage d'une prière analogue, appelée prière « monologique », c'est-à-dire basée sur la répétition constante d'une très courte invocation du nom « Seigneur », laquelle devait engendrer un état bienfaisant appelé « hésychasme ».

Le mot « hésychasme » est très important dans la prière du cœur, comme en spiritualité en général. Ce mot a donné le terme *hésychia*, qui signifie en grec : paix, calme, sérénité. Plus précisément, il signifie « le repos en Dieu ». L'hésychasme est une tradition qui est apparue au Ve siècle et qui se développa dans les monastères du mont Sinaï et, plus tard, dans ceux du mont Athos. L'Occident a découvert cette tradition il y a quelques années seulement et l'a adoptée comme l'une des plus remarquables « écoles » de prière.

Comme nous l'avons dit, la technique tient à la répétition, mais aussi à l'élan du cœur. Il ne suffit pas de réciter de mémoire des prières. Lorsque le cœur ne prie pas, cela ne vaut pas grand-chose. Cette façon de prier n'a donc rien à voir avec les moulins à prière en usage dans le bouddhisme tibétain, où on n'a qu'à faire tourner des rouleaux de la main pour prier. Il ne faut pas se laisser prendre par les formes extérieures de la prière récitée mécaniquement. Ce qui compte, c'est l'intérieur, c'est-à-dire le cœur, qui est le lieu de toute prière. Mais qu'entend-on par « le cœur » ?

Nous pourrions considérer le cœur comme un oratoire dans lequel nous pouvons nous retirer à volonté. Dans l'intime de chaque être humain, il y a un centre où Dieu se révèle et par lequel il agit. C'est dans ce centre que Dieu parle et à travers lequel il se manifeste. À partir de ce « foyer intérieur », stable et solide, nous pouvons rencontrer Dieu à volonté. Nous pouvons demeurer unis à lui, comme l'enseignait saint Augustin :

> Si vous cherchez quelque lieu élevé, quelque endroit consacré, offrez à Dieu un temple dans votre intérieur, car le temple de Dieu est saint et c'est vous qui êtes ce temple. Vous voulez prier dans un temple, priez en vous-même. Mais commencez par devenir le temple de Dieu, parce qu'il exaucera celui qui le prie dans son temple.

À mesure que l'homme plonge dans sa profondeur, son cœur s'éveille à la Présence qui l'habite. Cela signifie que la force et l'efficacité de la prière dépendent du degré de notre conscience de Dieu. Nous parlerons plus longuement de cette importante dimension de la vie spirituelle dans le chapitre sur la présence divine en soi. Lorsque cette conscience divine est atteinte, c'est alors que se produit le miracle de la prière, comme en témoignait Isaac de Ninive : « Lorsque l'Esprit établit sa demeure dans un homme, celui-ci ne peut plus s'arrêter de prier, car l'Esprit ne cesse de prier en lui. »

« L'Esprit ne cesse de prier en lui », voilà justement ce que recherchait le pèlerin russe, voulant réaliser un passage de l'apôtre Paul qu'il avait entendu dans une homélie et qui l'avait beaucoup interpellé : « Priez sans cesse » (1 Thessaloniciens 5,17). Cette parole fort intrigante de l'apôtre fut à l'origine de toute sa démarche spirituelle. Dès lors, tout son itinéraire de pèlerin consista à trouver le moyen d'appliquer dans sa vie le conseil de saint Paul. Ce moyen, il le trouva dans la « prière de Jésus ».

La prière de Jésus, telle que nous l'enseignent les *Récits*, est l'invocation continuelle et ininterrompue du nom de Jésus par les lèvres, le cœur et l'intelligence, dans le sentiment de sa Présence, en tout lieu, en tout temps, même pendant le sommeil : « Seigneur Jésus-Christ, Fils de Dieu, aie pitié de moi, pécheur ! » On peut relier cette prière à celle du publicain de l'Évangile (« Mon Dieu, aie pitié du pécheur que je suis ! »). On sait que Jésus louangea le publicain au point qu'il retourna chez lui justifié, tandis que le pharisien, qui se tenait orgueilleusement devant le temple et qui priait de manière fort démonstrative, ne le fut pas (Luc 18,9-14).

L'invocation répétée, voir perpétuelle, du nom de Jésus a pour but de permettre à l'esprit de prendre refuge dans le cœur[1]. Là où est le nom de Dieu, là est sa présence. Quand le nom est dans le cœur, on a tout, car Dieu est présent. Invoquer le nom, c'est déjà le porter en soi. Mais cette invocation répétée a aussi un autre avantage, celui de répandre l'amour de Dieu dans notre cœur.

Le terme « pécheur » utilisé par le pèlerin peut s'interpréter au sens ontologique, c'est-à-dire comme une référence à l'état d'inachèvement, de finitude ou d'imperfection relié à la condition humaine. Si le terme « pécheur » ne vous plaît pas, vous pouvez évidemment adopter toute autre formule de votre choix, établie en fonction de vos besoins et de votre sensibilité.

La prière-mantra

La prière du cœur nous amène à la prière-mantra. Précisons tout de suite que ce type de prière n'a rien d'une méthode ésotérique et ne vise aucunement à se métamorphoser en souhaits magiques. Dès le début de la tradition chrétienne, on l'utilisait déjà fréquemment, car la prière-mantra est le genre de prière qui permet de « prier sans cesse », selon l'expression de saint Paul, partout, en tout temps, même quand on fait autre chose. Elle favorise l'intériorité, fondement de la vie spirituelle. Sur le plan psychologique, elle prévient l'agitation et la dispersion mentale. En enfermant le mental dans la récitation de la prière, nous évitons l'action dissipante de l'imagination, ce qui favorise grandement l'unité et l'harmonie de la personne, but recherché dans l'expérience spirituelle. Le mantra arrive à s'enraciner en nous et à s'intégrer à notre conscience à un point tel qu'il agit à notre insu, produisant ce qu'il signifie.

---

1. Alphonse et Rachel Goettmann ont donné une excellente explication de chacun des termes de cette prière dans *Prière de Jésus, Prière du cœur* (Albin Michel), p. 195 à 218.

La répétition telle que la pratiquait le pèlerin russe est essentiellement une prière-mantra. Pour l'avoir expérimentée moi-même, je peux dire que j'ai été étonné du pouvoir exercé par la répétition consciente d'une courte prière sur l'esprit et le mental. Un maître a dit : « Tant que la prière n'a pas la simplicité d'une simple formule, on n'a pas l'art de prier. » Il faut prier avec des mots, du moins dans les débuts, qui durent parfois fort longtemps.

Louis Pauwels, dans *L'apprentissage de la sérénité*, affirme qu'il faut des mots pour prier et y adhérer puissamment :

> Je ne crois pas à la réalité de la prière des gens qui me disent : « Pas besoin de prononcer des mots. » Ce sont les mots, au contraire, qui changent l'état de l'esprit, font la concentration, apportent l'unité. Il faut des mots, y adhérer puissamment. Des mots. Toujours les mêmes. Les prononcer. Les articuler mentalement. Jusqu'à la pénétration la plus vaste et la plus complète de leur sens. Jusqu'à ce que notre intelligence épouse en totalité la parole qu'elle articule. Unir l'esprit à la parole, c'est déjà s'arracher à la vie ordinaire. Les mots qui sortent de nos lèvres, dans le quotidien, sont accompagnés d'un tumulte intérieur de pensées, de sentiments, d'images, qui ignorent ces mots, les infirment ou les métamorphosent.

La technique du mantra ou du mot-prière se révèle pratique, efficace, à la portée de tous. Elle trouve d'ailleurs un écho dans la tradition chrétienne qui appelait jadis cette forme de prière « l'oraison jaculatoire ».

Qu'est-ce qu'un mantra ? Un mantra est un mot, une expression, un son qui possède un pouvoir envoûtant. Dans la spiritualité hindoue, par exemple, on trouve la répétition inlassable d'un mantra *(mantram)* qui repose sur une formule comme « *Amaram Ham, Madhouram Ham* » (Je suis immortel et bienheureux). Une efficacité semblable est attribuée à des formules et à des mots sacrés chez les *bouddhistes*, les *musulmans*, les *juifs* et les *chrétiens* en général. Il faut bien préciser, cependant, que pour les chrétiens la répétition d'un mot-prière recèle plus qu'un pouvoir magique ; elle devient un acte sacramentel qui agit par le seul fait de prononcer le mot. En d'autres termes, il produit ce qu'il signifie.

Pour ce faire, il faut choisir un mot ou une expression qui ont une résonance spirituelle. Par exemple, un verset de psaume, une phrase évangélique, une petite prière simple répétés avec le cœur, doucement, continuellement, jusqu'à ce qu'ils deviennent un cri de supplication. Il faut choisir la prière en fonction de ce que l'on vit dans le présent : « Jésus, j'ai confiance en toi », « Seigneur, protège-moi », « Aie pitié, Seigneur, sauve-moi, toi seul mon refuge », « Esprit Saint, éclaire-moi, fortifie-moi ». Les Pères du désert ne cessaient de répéter le premier verset du psaume 70 : « Ô Dieu, viens à mon aide, Seigneur, hâte-toi de me secourir ! »

Rappelons que la répétition d'un mot-mantra ou d'une courte expression jouit d'une longue tradition chrétienne qui remonte aux premiers siècles de l'Église. Déjà, au IVᵉ siècle, elle était pratiquée chez les moines. On la trouve, par exemple, dans la dixième *conférence* de Jean Cassien, un moine, grand maître de spiritualité, qui vécut entre 360 et 435. La répétition d'un mot, d'une formule ou d'une courte phrase sacrée était continuelle tout au long de la période de prière ou de méditation, qui durait de 20 à 30 minutes, et cela, idéalement deux fois par jour.

À son tour, saint Jean Climaque, que nous avons déjà cité – un Père du désert du Sinaï (né en 575 et mort en 650) –, enseignait : « Ne cherche pas à beaucoup parler quand tu pries, de peur que ton esprit ne se distraie à chercher des mots. Un seul mot du publicain apaisa Dieu et un seul cri de foi sauva le larron. La loquacité dans la prière disperse souvent l'esprit et le remplit d'images, alors que la répétition d'une même parole ordinairement le recueille [2]. » Plus près de nous, John Main, célèbre moine bénédictin décédé en 1982, a fait la promotion de ce type de prière qu'il a enseigné. Tous les grands maîtres de spiritualité ont fortement recommandé la prière-mantra.

La répétition d'un mot, d'une phrase est présente également dans toutes les liturgies, en particulier dans les cantiques, les prières, les litanies, souvent dans la poésie sacrée et dans les refrains des chansons. Les paroles prononcées à voix haute sont d'une efficacité étonnante, à condition qu'elles proviennent du fond de l'être et non seulement des lèvres, comme la plupart des paroles que nous prononçons quotidiennement. Toute la valeur de

---

2. *Échelle*, degré 29, 9-10, trad. P. Deseille, *Spiritualité orientale* nº 24.

cette technique dépend de l'orientation fondamentale du cœur. Et pour cause. La répétition n'a rien à voir avec le mental. Ce n'est pas l'oreille physique qui a de l'importance ici, mais l'oreille du cœur.

Si la parole, dans la prière, s'avère une médiation indispensable, il est très important de bien comprendre l'esprit dans lequel la répétition doit se faire, afin d'éviter que cela ne devienne une pure mécanique. C'est sans doute ce que dénonçait Jésus quand il disait : « Quand vous priez, ne rabâchez pas comme les païens ; ils s'imaginent que c'est à force de paroles qu'ils se feront exaucer » (Matthieu 6,7). La prière ne doit pas être simple verbiage. Un grand théologien du siècle passé, Romano Guardini, expliquait ainsi les paroles de Jésus : « Le bavardage des païens, dont parle Jésus, ne vise pas le nombre des répétitions, mais la manière de parler et l'illusion d'exercer une influence sur Dieu par la grandiloquence et le nombre de paroles... Mais il peut aussi se faire que l'homme ne cherche pas seulement, dans sa prière, à exprimer des choses précises, mais simplement à s'attarder, à respirer et à se mouvoir dans la prière. » Pour atteindre un tel état de perfection, il faut la pureté d'intention. Celle-ci ne peut s'obtenir qu'en disciplinant le mental. C'est le rôle de la répétition.

Souvent, quand nous prions, nous ruminons mentalement. Notre esprit est engorgé de jugements, de critiques, de reproches, de craintes ou d'inquiétudes. Bien plus, on dirait qu'il suffit de se mettre à prier pour qu'affleurent dans notre esprit toutes les distractions possibles et imaginables. Cela diminue considérablement le pouvoir de la prière. Voilà pourquoi il faut faire la répétition en prononçant lentement, en pesant les mots et en s'en appropriant le sens. Mais, encore là, il s'agit moins de dégager le sens du texte répété que d'en éprouver la résonance intérieure. Comme les mots ne s'adressent pas au mental, ils n'ont donc pas à être déchiffrés, ils produisent l'effet par eux-mêmes.

D'où l'importance de la détente dans la répétition. Celle-ci doit se faire sans effort, d'une façon lente et calme. Ceux qui l'expérimentent avouent qu'il se produit un apaisement, un calme, une quiétude réelle. C'est ce dont témoignait le pèlerin russe quand il écrivait : « Quelquefois, mon cœur éclatait de joie tant il était léger, plein de liberté... Parfois, je sentais un amour brûlant envers Jésus-

Christ... Parfois, en invoquant le nom de Jésus, j'étais accablé de bonheur...» C'était, pour le pèlerin, comme le murmure d'une source d'eau vive ou d'une fontaine jaillissante irriguant tout son être.

La répétition a aussi pour but l'intégration de la parole dans sa vie. Il en va un peu comme chez l'athlète olympique qui répète sans cesse le même mouvement à l'entraînement pour arriver à le reproduire le plus parfaitement possible lors des jeux. Dans la prière, à force de crier « Jésus », son image s'incruste dans le cœur et l'âme.

Enfin, voici une dernière attitude importante : il ne faut pas, en répétant, se sentir esclave d'une durée ou encore l'envisager comme une corvée à exécuter ou une tâche qu'il faut accomplir obligatoirement. Pour que la répétition soit pleinement efficace, elle doit s'effectuer dans la liberté. À cette fin, il ne faut pas chercher à faire le plus grand nombre possible d'invocations, à battre les records du pèlerin russe. Chaque invocation doit être enveloppée de moments de silence, doucement et sans empressement. Ce qui diffère quelque peu de l'attitude du pèlerin russe.

Peu à peu, la prière devient silencieuse, voilà pourquoi elle est souvent associée à la méditation. Ici, la prière n'est plus l'effort vers Dieu, elle « se fait » en lui. La prière n'est plus l'expression d'une parole qui se dit à Dieu, elle est l'écoute de la présence de l'Autre, qui vient attiser le feu intérieur. Comme la fiancée du Cantique des cantiques (5,2), l'âme peut affirmer : « Je dors, mais mon cœur veille », car elle « respire » avec Dieu. La prière devient ainsi une certaine disposition du cœur, tourné naturellement vers Dieu. On prie alors sans y penser, sans y réfléchir. La prière reflète l'attitude d'une âme qui marche en toute liberté en la présence de Dieu. On pense volontiers ici au Christ qui marchait sur les routes de la Palestine, la pensée et le cœur tendus vers son Père. Cette attitude peut être qualifiée de prière implicite, par rapport à la prière verbale, qui est une prière explicite.

La marche et la prière

Le pèlerin russe était essentiellement un marcheur. Il marchait en priant. Marcher en priant est une pratique courante dans les pèlerinages, mais très peu utilisée comme soutien à la prière quotidienne. Un évêque, grand marathonien, Mgr Philippe Barbarin, disait avec humour : « La prière entre plus facilement par les pieds. »

Nous avons beaucoup parlé de l'importance du cœur par rapport au mental. Marcher en priant est une technique qui permet véritablement d'unir l'intellect au cœur. L'intellect qui prie ne pense pas ; il ne raisonne pas, il vit. L'intellect en état de prière n'opère pas au moyen de concepts, mais il participe directement à la prière.

On dit souvent que le chemin le plus long est celui qui va de la tête au cœur. La marche est certainement un raccourci de ce chemin. Si elle est associée à la répétition d'une formule sacrée, la marche peut mener à un arrêt du mental et à un état de conscience supérieur. À cet égard, la marche et la prière se complètent admirablement bien.

L'efficacité est encore plus grande si l'on associe la respiration à la prière. La respiration, comme nous l'avons vu au troisième chapitre, est essentiellement un mouvement qui va de l'extérieur vers l'intérieur. Son rôle est de faciliter l'intériorisation. L'air aspiré pénètre jusqu'au cœur, considéré comme le centre de la personne. Associée à une prière maintes fois répétée, à laquelle on accorde sa respiration, celle-ci peut constituer une aide précieuse[3].

Les Pères de l'Église recommandaient de lier la prière à un rythme respiratoire et à des positions du corps. Dans cette pratique, le son (la parole) est guidé par le souffle, il se greffe sur celui-ci et c'est par lui qu'il devient audible à l'oreille du cœur. La respiration permet d'associer le corps à la prière et c'est à ce moment que l'on peut dire que tout l'être, corps et âme, prie dans l'unité de la personne.

---

3. Saint Ignace de Loyola, dans ses *Exercices spirituels* (n° 258), recommande la prière associée au rythme respiratoire naturel.

La technique d'association de la respiration à la prière est fort simple. Prenons un exemple avec l'invocation du nom divin. En récitant la prière, on lie l'invocation du nom de Dieu à l'inspiration : c'est alors comme un appel à la présence de Celui qu'on invoque. L'inspiration est suivie d'une pause, laquelle permet de se concentrer sur cette présence. Puis on expire avec la deuxième partie de la prière.

Pour appliquer la technique, je propose la courte mais puissante prière suivante : « Seigneur, sois le Dieu de ma vie. » Le mouvement se fait de la façon suivante : en inspirant, on répète mentalement : « Seigneur », et en expirant on dit : « sois le Dieu de ma vie. » Entre les deux, on fait une courte pause en pensant à la présence de Dieu en soi. On peut faire la même chose avec n'importe quelle autre prière formée de deux courtes phrases, par exemple : « Seigneur, dis seulement une parole / et je serai guéri. »

Couramment pratiquées, vous seriez étonné du caractère pacifiant et efficace de ces courtes prières à deux temps : l'un pour l'inspiration et l'autre pour l'expiration, sans oublier la pause entre les deux qui permet de se concentrer sur la présence de Dieu. Relier la respiration à sa prière constitue, en outre, une excellente forme de travail intérieur.

Si l'on prie dans l'intimité de son foyer, on peut allumer une bougie, symbole de la présence divine. Avant de réciter la prière, on se met en état de paix intérieure et on implore l'aide de l'Esprit Saint.

Le chapelet de mantras

On peut utiliser le chapelet avec beaucoup de profit pour prier avec les mantras. C'est de cette façon que je prie personnellement la plupart du temps.

Il y a deux types de chapelets : le chapelet marial utilisé par les catholiques et le chapelet oriental. On trouve le chapelet oriental dans l'hindouisme, dans le bouddhisme et chez les Tibétains. C'est ainsi que nous voyons parfois le dalaï-lama porter au poignet un *mala*, qui est un genre de rosaire, c'est-à-dire l'équivalent de trois chapelets catholiques. Le chapelet oriental est aussi utilisé dans l'islam. Il s'appelle un *sebhaa*. Les musulmans égrènent les noms divins d'Allah qu'ils répètent inlassablement, dans une attitude d'humilité et de soumission (c'est le sens du mot « islam »). Les chrétiens peuvent le faire, mais dans une attitude filiale, rendue par l'expression « Abba ! Père ! » (Romain 8,15). Certains musulmans disent : « Allah est grand ! Allah est grand ! » pendant que d'autres disent : « Allah est bon », « le Roi », « le Puissant », « le Grand », « le Glorieux », « le Sublime », etc. Dans l'Orient chrétien, on dit : « *La ilaha ill'Allah* », qui signifie : « Il n'y a qu'un seul Dieu. »

Le chapelet oriental comporte plusieurs grains alignés tout d'une suite. Le chapelet marial est séparé en cinq dizaines. Au lieu de dire des « Je vous salue, Marie », on peut choisir ici une prière-mantra différente pour chaque dizaine.

Le chapelet oriental précède le chapelet marial de plusieurs centaines d'années, lequel remonterait au Moyen Âge, entre les IXe et XIIIe siècles, et aurait été enseigné à saint Dominique par la Vierge elle-même. Mais il s'agit ici d'une légende et aucune date précise ne peut lui être assignée.

Tout comme pour la prière du cœur dont nous avons parlé ci-dessus, le mantra se récite consciemment, sans interruption, en demeurant calme. Il ne faut pas s'énerver devant les distractions. Il arrive un moment où celles-ci n'effleurent plus notre esprit. De toute façon, c'est en pratiquant que l'on en vient à maîtriser la prière-mantra. En voici quelques exemples.

Première prière-mantra : la prière de Jésus

Comme son nom l'indique, la prière de Jésus consiste dans l'invocation répétée du nom de Jésus. C'est pourquoi les Pères de l'Église orthodoxe russe l'appellent *la prière de Jésus*. Les Pères du désert, quant à eux, récitaient souvent la prière de Jésus qui est en fait celle que récitait sans cesse le pèlerin russe : « Seigneur Jésus, fils de Dieu, aie pitié de moi, pécheur. »

Ce que nous proposons ici, c'est d'axer la prière sur le seul nom de Jésus. Ce nom est d'une telle richesse qu'il peut constituer à lui seul une prière complète. Celle-ci tire toute sa valeur et toute sa richesse du fait qu'elle participe à la signification profonde du nom de Jésus, qu'il importe de connaître au plus haut point.

En araméen, le nom *Jésus* signifie « sauveur », ou « Celui qui sauve ». Toute la personnalité de Jésus, toute sa mission et tout son message sont contenus dans la signification de son nom. C'est donc une prière de salut par excellence. Et cela, non seulement parce qu'elle résume la mission rédemptrice du Christ, mais parce que le nom de Jésus communique à l'homme la force de la grâce divine. L'apôtre Paul en était très conscient quand il invitait les Éphésiens à mesurer toute « la largeur, la longueur, la profondeur et la hauteur » du nom de Jésus (3,18). On comprend pourquoi les premiers chrétiens terminaient leurs réunions par le mot « Maranatha », qui signifie en araméen : « Viens, Seigneur Jésus » (1 Corinthiens 16,22 et Actes 22,20).

Pour parler le langage actuel, nous pourrions dire que le nom de Jésus est un porte-bonheur. Dans le danger, dans l'incertitude, dans l'incompréhension, il faut apprendre à crier le nom de Jésus comme l'enfant crie « maman » ou « papa » : « Jésus, sauve-moi ! » c'est-à-dire protège-moi… exauce-moi… guéris-moi… enlève mon angoisse… dis-moi comment faire ceci ou cela… éclaire-moi… donne-moi de l'énergie, etc. Bref, crier « Jésus » dans toutes les circonstances de la vie. Quelle que soit la situation dans laquelle nous nous trouvons, quel que soit le péché au fond duquel nous suffoquons, nous pouvons répéter ce cri de victoire : *JÉSUS !* Ce seul cri peut changer la nuit en lumière, le mensonge en vérité, la peur en confiance. Aussi peut-on répéter inlassablement le nom de Jésus. On peut le faire sur le modèle de la respiration rythmée sur les deux syllabes du mot : *Jé-sus !* l'une à l'inspiration et l'autre à l'expiration.

Le pouvoir du nom de Jésus vient aussi du fait qu'il est assorti d'une promesse : « Quiconque invoquera le nom du Seigneur sera sauvé » (Joël 3,5). Devant la perspective de cette promesse, le pape Paul VI s'est écrié un jour : « Jésus ! Jésus ! À cette pensée, la tête nous tourne d'émerveillement et de bonheur ! Jésus ! C'est la joie de notre vie ! » Jadis, Bernard de Clairvaux prêchait :

Ce nom est un remède. L'un de vous est triste : que le nom de Jésus lui vienne au cœur et que de là il lui monte aux lèvres ; aussitôt, à la lumière de ce nom, les nuages se dissipent, le beau temps réapparaît. Ou bien voici quelqu'un qui a commis une faute grave : désespéré, il court à la mort, mais il lui suffira d'invoquer le nom de vie pour reprendre goût à la vie *(Sermon 15 sur le Cantique)*.

À la lumière de ces réflexions, on devine facilement combien le nom de Jésus peut être efficacement utilisé comme prière de guérison. À un malade, par exemple, incapable de prier, on peut lui conseiller de dire seulement : *JÉSUS !* Ce mot veut tout dire. Ce nom résume toutes les prières que l'on peut réciter pour guérir.

Le nom de Jésus résume aussi toute la foi chrétienne et tout le mystère du salut. Aussi faut-il le répéter souvent, dans le travail, dans les loisirs, en marchant, quand on se réveille la nuit, etc. Il faut toujours prendre conscience de ce qu'il représente. La prière du nom de Jésus n'est pas un exercice en vue de créer une répétition mécanique. Il ne s'agit pas non plus d'un formalisme. La prière du nom de Jésus amène à la spontanéité spirituelle ; elle est un « cri du cœur » que fait jaillir, comme une source d'eau vive, la présence guérisseuse du Seigneur [4].

Deuxième prière-mantra : la prière à l'Esprit Saint

On pense très peu à prier l'Esprit Saint. On prie habituellement Dieu, Marie et les saints. On pratique volontiers toutes les dévotions, sauf celle à l'Esprit Saint. Pourtant qu'est l'Esprit Saint, si ce n'est la force même de Dieu en action ?

C'est précisément cette force de Dieu qui est mise à l'œuvre dans la prière qui suit. Cette prière, je l'enseigne dans toutes les conférences que je donne, partout où je vais. Je la recommande à toutes les personnes en difficulté. Les témoignages que je recueille à son sujet sont nombreux. Les résultats sont tels que je l'appelle ma « prière miraculeuse ». Cette prière, c'est mon *mantra* quotidien. Je

---

4. La *Liturgie des heures* constitue une banque inépuisable dans laquelle on peut puiser toutes sortes de prières-mantras, pour toutes les situations de la vie.

la récite à longueur de journée, une centaine de fois. Elle a beaucoup de sens pour moi. Voici cette prière :

Viens, Esprit de LUMIÈRE, de FORCE et de PAIX.

J'aimerais vous expliquer pourquoi cette prière est si puissante.
Je le ferai à travers un bref commentaire sur chacun des mots de la
prière.

• *« Viens, Esprit »*

Pourquoi s'adresser à l'Esprit Saint ? Parce que le travail de
l'Esprit Saint dans l'expérience spirituelle et dans la vie est primordial : c'est lui qui nous donne le courage de passer à travers les
épreuves de l'existence ; c'est lui qui nous « console » et nous donne
la joie et l'entrain ; c'est lui qui nous souffle ce qu'il faut demander
au Père dans nos prières ; c'est lui qui nous donne la force de suivre
Jésus.

L'une des plus belles images pour parler de l'Esprit Saint nous
est donnée par Jésus lui-même, lorsque, dans l'Évangile de Jean, il
le présente comme le « Paraclet » (14,16). Le mot est riche de signification. Qu'est-ce qu'un paraclet ? Un paraclet, c'est un consolateur,
mais dans un sens bien particulier : c'est celui qui est « appelé près
de soi » ou « appelé à côté » dans le sens juridique du terme, c'est-
à-dire appelé pour défendre un accusé. L'Esprit Saint a donc pour
rôle de nous défendre dans toutes les situations de la vie. C'est sa
mission. Nous pouvons alors comprendre combien nous sommes
perdants quand nous nous privons de ses services.

Ce que la prière demande, par la suite, se rapporte aux trois
ressources les plus utiles pour accomplir notre pèlerinage terrestre :
la lumière, la force, la paix. Si nous avons ces trois ressources, que
pouvons-nous espérer de plus ?

• *« Esprit de lumière »*

Nous avons tous besoin de lumière dans la vie, même pour
accomplir notre plus humble tâche quotidienne : vie familiale, con-
jugale, professionnelle. Souvent, la vie nous apparaît obscure,
ténébreuse, noire. Nous manquons de points de repère. Bien des
fois, c'est toute l'infrastructure du sens de la vie qui s'effondre, nous
faisant couler inexorablement dans le *burnout* ou la dépression.

Saint Jean de la Croix a parlé longuement de la nuit des sens, de la nuit de l'intelligence et de la nuit du cœur.

Or, l'Esprit Saint est celui qui éclaire. Le prophète Isaïe disait en son temps : « Le peuple qui marchait dans les ténèbres a vu se lever une grande lumière » (Isaïe 9,1). Le psalmiste chantait : « Le Seigneur est ma lumière et mon salut » (Psaume 27,1). Des siècles plus tard, dans la mouvance de l'Esprit Saint, Jésus se présente comme la lumière du monde : « Je suis la lumière du monde ; celui qui me suit ne marchera pas dans les ténèbres, mais il aura la lumière de la vie » (Jean 8,11-13).

Avec l'Esprit Saint, tout devient lumière. Nous pouvons même voir l'invisible. Mais il nous éclaire d'abord dans le présent de notre vie. Parfois, l'Esprit Saint éclaire toute notre route ; parfois, il n'en éclaire qu'une partie à la fois. Je ne peux mieux l'illustrer qu'en employant une autre fois cette image : lorsque quelqu'un décide de partir la nuit en auto, les phares de son automobile n'éclairent pas tout le trajet d'un seul coup, mais une partie suffisante du chemin à la fois pour se rendre à destination. Il en est ainsi avec l'Esprit Saint.

- *« Esprit de force »*

La force est celle dont on a besoin pour mener le dur combat de la vie. Combien de situations dépassent nos possibilités ! Or, la force de l'Esprit Saint nous est précisément donnée pour toutes ces situations de notre vie, surtout celles qui nous placent devant l'impossible. Les exemples de personnes croyantes qui, avec une santé précaire, ont accompli des choses que même une personne en santé n'aurait pu faire ne se comptent plus. Je pense, entre autres, au Curé d'Ars, au frère André de l'Oratoire Saint-Joseph du Mont-Royal, à Mère Teresa de Calcutta, à Marthe Robin, phénomène du XXᵉ siècle qui, de son lit de malade, a fondé au-delà de 70 foyers de la charité, n'ingurgitant aucune nourriture pendant plus de 50 ans. Tous ceux qui ont expérimenté l'Esprit Saint en parlent comme d'une force qui imprime un dynamisme incroyable et confère un sentiment de plénitude sans pareil.

Les manifestations les plus courantes de l'Esprit Saint dans la Bible prennent la forme de démonstrations de force. La plus éclatante et la plus décisive est sans aucun doute celle de la Pentecôte. Y avait-il plus peureux, plus humilié et plus timide que les apôtres au moment de la Pentecôte ? Il faut les comprendre. Leur maître qu'ils avaient accompagné pendant toute sa mission, avec lequel ils avaient été vus en public, auquel on les avait identifiés, meurt comme un bandit de grand chemin. Imaginez ! Il fallait être de grands naïfs pour croire en cet imposteur qui se présentait comme le Fils de Dieu, annonçant partout l'établissement d'un Royaume. Voilà que leur maître meurt de la manière la plus honteuse et la plus humiliante, sur la croix, sans avoir même pu se défendre. Avaient-ils été victimes d'une fumisterie ?

Ils avaient bien raison de se cacher ce jour-là dans un cénacle, converti en bunker, par crainte d'être découverts par les Juifs ou les Romains et d'être emprisonnés ou lapidés. Qui n'aurait pas fait comme eux ?

Et voici que, pendant qu'ils se trouvaient réunis tous ensemble, survint du ciel un bruit comme celui d'un violent coup de vent : la maison où ils se tenaient en fut toute remplie. Alors apparurent comme des langues de feu qui se posèrent sur chacun d'eux. Ils furent tous remplis de l'*Esprit Saint* et se mirent à parler dans diverses langues, comme l'Esprit leur donnait de s'exprimer. Quelle force leur a donc été communiquée ce jour-là pour que, tout à coup, ils se mettent à prêcher partout ? On leur ordonne de cesser leur prédication et ils continuent ; ils sont mis en prison et ils en ressortent, continuant à prêcher. Rappelons qu'il s'agit ici d'un fait historique authentique, raconté dans les Actes des apôtres (chapitre 2). Ce petit groupe de Galiléens, encore paralysés il y a quelques heures à peine par le doute, le désarroi, la peur, se voient propulser aux quatre coins du monde pour « proclamer l'Évangile à toute créature ».

Nous pourrions évoquer ici toute la vérité théologique du phénomène de « l'effusion de l'Esprit », thème si cher à nos confrères pentecôtistes. Ceux-ci pourraient témoigner que cette force est réelle et se manifeste aussi bien dans l'ordre physique, psychique, moral que spirituel.

• *«Esprit de paix»*

La paix et la sérénité sont les deux plus grands indices de la présence de Dieu dans une vie. Dieu n'est pas dans les situations troubles, angoissantes. Nous développerons davantage cet aspect dans le dernier chapitre sur la sérénité.

La prière, une fois reconstituée dans ses éléments, donne le profil suivant :

• Si on récite la prière pour soi-même, on dit :

Viens, ESPRIT
de LUMIÈRE,
de FORCE
et de PAIX.

• Si on récite la prière pour quelqu'un d'autre, on dit :

ESPRIT
de LUMIÈRE,
de FORCE
et de PAIX,
descends dans
l'ÂME et le CŒUR
de... (nom)

Il est utile de prier pour les autres. Parfois, la prière d'un seul priant peut sauver toute une famille, un groupe, une communauté. On ne prie jamais sans que tous ceux pour lesquels on prie ne le fassent avec nous. Parfois, les résultats s'obtiennent sans que la personne pour laquelle on prie en soit consciente ou même croyante. Il suffit qu'un autre dans la foi ait prié pour elle et cela suffit !

Voici une autre prière à l'Esprit Saint que je dis souvent :

ESPRIT SAINT, descends sur chacun de nous avec tes sept dons. Donne-nous lumière, force, courage, sérénité, paix, quiétude, amour, sagesse, intelligence, piété et amour de Dieu.

On demande ici les dons de l'Esprit Saint.

Troisième prière-mantra : prière au Dieu de l'impossible

La prière que je présente ici m'a été inspirée dans un moment particulièrement dramatique de ma vie. Un moment où seul le

Dieu de l'impossible pouvait vraiment faire quelque chose pour moi. Je puis témoigner que le miracle a bel et bien eu lieu. Depuis ce temps, à l'instar de la prière précédente, je l'appelle ma «prière miraculeuse», et j'y crois tellement que je ferais le tour du monde pour faire connaître cette prière. La voici :

« Seigneur, je crois que tu es plus fort que mon épreuve, parce que tu as vaincu la mort par ta résurrection, que tu es le Dieu de l'impossible, que j'ai du prix à tes yeux et que tu m'aimes. »

Certes, je ne peux engager Dieu sur cette prière, mais j'ai la profonde conviction qu'il ne peut y rester insensible. Après tout, il est permis d'espérer. L'apôtre Paul n'était-il pas persuadé que l'Esprit Saint et l'espérance étaient liés l'un à l'autre ? (Romains 15,13). Il y a des situations dans la vie où nous n'avons plus le goût de lutter. Où nous voyons tout en noir. Des situations qui dépassent nos forces. Il y a tant d'espoirs déçus, qu'il s'agisse du monde dans lequel nous vivons ou de notre propre vie. Combien de fois la vie ne nous amène-t-elle pas à «espérer contre toute espérance» ? L'Esprit Saint est justement celui qui dépasse nos pronostics et nos calculs. Il est semblable au vent dont on «ne sait ni d'où il vient ni où il va», comme l'expliquait Jésus à Nicodème (Jean 3,8). Aux temps les plus douloureux de son histoire, jamais le peuple de Dieu n'a cessé, chez ses meilleurs représentants, de garder fermement l'espérance du triomphe de la cause divine. Chaque fois, ils ont expérimenté la force du Dieu de l'impossible, à travers des miracles.

Or, cette prière m'a révélé bien des fois le Dieu de l'impossible, celui-là même qui s'est constamment fait connaître dans l'Ancien Testament, en particulier dans l'Exode. On connaît les trois *impossibles* à travers lesquels Dieu libéra les Hébreux : l'esclavage des pharaons, le passage de la mer Rouge et l'eau jaillie d'un rocher en plein désert. Beaucoup d'autres faits dans la Bible pourraient être évoqués ici. Par exemple, l'histoire de Gédéon que Dieu envoya affronter une armée de 30 000 hommes avec 300 guerriers seulement. Le Seigneur promit de combattre pour eux et ils mirent effectivement en déroute l'armée ennemie (Juges 7,2). Nous pourrions évoquer encore la victoire impossible de David contre le géant Goliath. Si bien que l'apôtre Paul dira plus tard : «Ce qui est impossible aux hommes est possible à Dieu» (Matthieu 19,26).

La dernière phrase de la prière fait allusion à un passage du prophète Isaïe : « Parce que tu es précieux à mes yeux, que je t'apprécie et que je t'aime » (43,4). Combien de fois ce passage a été pour moi un réconfort, en même temps qu'un baume sur mes blessures ! L'agapèthérapie n'est pas autre chose que de se savoir aimé de Dieu envers et contre tout.

Quatrième prière-mantra : prière de guérison

Pour parler de la prière de guérison, il faut se référer à la mission que Jésus a confiée à ses apôtres et à ses disciples. Il s'agit ici d'un rappel, puisque nous en avons déjà parlé au cinquième chapitre sur la foi-guérison. Les évangélistes relatent différentes circonstances où le Seigneur donna pouvoir, aussi bien aux douze qu'à ses disciples, de « guérir les malades », de « guérir les maladies », d'« imposer les mains aux malades » (Matthieu 10,7-8). Saint Paul se réfère à ce ministère dans la première épître aux Corinthiens : « Par l'Esprit, l'un reçoit la foi, par le même Esprit un autre reçoit le don de guérir » (12,8). Les Actes des apôtres mentionnent un très grand nombre de guérisons individuelles et collectives[5].

Mais ce pouvoir, Jésus l'avait fréquemment utilisé dans sa vie publique. L'un des plus beaux passages, à mon point de vue, est celui du centurion romain qui demande la guérison de son fils. Sa prière est si belle que l'Église l'a adoptée comme prière préparatoire à la communion. Voici ce passage, tel qu'il est relaté dans Matthieu (8,5-13) :

> Comme il était entré dans Capharnaüm, un centurion s'approcha de lui en le suppliant : « Seigneur, dit-il, mon enfant gît dans ma maison, atteint de paralysie et souffrant atrocement. » Il lui dit : « Je vais aller le guérir. » « Seigneur, reprit le centurion, je ne mérite pas que tu entres sous mon toit ; mais dis seulement un mot et mon enfant sera guéri. Car moi, qui ne suis qu'un subalterne, j'ai sous moi des soldats, et je dis à l'un : ‹ Va ! › et il va, et à un autre : ‹ Viens ! › et il vient, et à mon serviteur : ‹ Fais ceci ! › et il le fait. » Entendant

---

5. Les Actes des apôtres rapportent huit guérisons individuelles effectuées par les apôtres (voir les chapitres 3, 9, 14, 16, 20 et 28) et plusieurs guérisons collectives (voir les chapitres 2, 5, 6, 8, 14, 19 et 28).

cela, Jésus fut dans l'admiration et dit à ceux qui le suivaient : « En vérité, je vous le dis, chez personne je n'ai trouvé une telle foi en Israël. Eh bien ! je vous dis que beaucoup viendront du levant et du couchant prendre place au festin avec Abraham, Isaac et Jacob dans le Royaume des Cieux, tandis que les fils du Royaume seront jetés dans les ténèbres extérieures : là seront les pleurs et les grincements de dents. » Puis il dit au centurion : « Va ! Qu'il t'advienne selon ta foi ! » Et l'enfant fut guéri sur l'heure.

Ce passage contient l'une des plus belles prières de guérison que je connaisse : « Seigneur, dis seulement une parole et je serai guéri. »

Si nous avions une telle foi, nous fléchirions à coup sûr le cœur de Dieu. Pourtant, le centurion ne faisait pas partie du groupe des religieux de l'époque comme les pharisiens. C'était un pur païen, et qui plus est, un chef de garnison romaine qui représentait l'occupant. Au temps de Jésus, les Juifs étaient sous la domination des Romains. Malgré cela, Jésus est séduit par la foi et l'humilité de cet homme, habitué à commander à ses soldats. Peut-on trouver meilleur exemple de la tendre sollicitude de Jésus à l'égard des humains ? Jésus voulait sans doute faire comprendre par là que le salut (la guérison) qu'il apporte est universel, peu importe le statut, les allégeances et les croyances et l'état de santé morale et physique des personnes.

La prière et la guérison

Quel est le rapport entre la guérison et la prière ? Quel est le rapport entre la prière et le fait d'être sain ou de le devenir par la foi ? Le docteur Alexis Carrel répond : « Celui qui prie avec confiance est guéri, mais il faut d'abord se guérir de son doute. » Il faut avoir la foi, une foi absolue, comme on le voit dans le récit où le Christ invite l'apôtre Pierre à marcher sur les eaux. Reconnaissant son Maître, Pierre se jette à l'eau avec confiance et il marche ! Mais tout à coup, il se met à douter et, au même instant, il coule. Cet exemple est l'un des plus clairs de l'Évangile sur l'importance de la foi : le miracle ne peut avoir lieu que dans la foi absolue. Et la foi est intimement liée à la confiance, laquelle est inséparable de l'abandon, et à l'absence de soucis : « Observez les lis des champs, comme ils poussent: ils ne peinent ni ne filent. Or, je vous le dis: Salomon lui-même, dans toute sa gloire, n'a pas été vêtu comme l'un d'eux» (Matthieu 7,28-34).

Les domaines dans lesquels opère la prière de guérison sont innombrables. Ils touchent à tout le destin de l'être humain. La prière aide à affronter la maladie, la détresse, les coups du sort, ainsi que toutes les situations qui tissent la trame de nos journées. La prière se révèle plus forte que nos peurs, nos angoisses, nos malheurs. Un Père de l'Église, saint Jean Chrysostome, parlait ainsi de la prière: «La prière calme les troubles de l'âme, apaise la colère, chasse la jalousie, éteint la cupidité, diminue et dessèche l'attachement aux biens de cette terre, met l'esprit dans une paix profonde.»

La prière a vraiment le don de chasser l'angoisse, l'anxiété, la peur. Il n'y a pas comme la prière pour engendrer la paix et la sérénité. L'un des plus beaux témoignages à ce sujet est celui de Gandhi:

> Je ne suis pas un homme de lettres ou de sciences.
> J'essaie simplement d'être un homme de prière.
> C'est la prière qui a sauvé ma vie.
>
> Sans la prière, j'aurais perdu la raison.
> Si je n'ai pas perdu la paix de l'âme
> malgré toutes les épreuves,
> c'est que cette paix vient de la prière.
>
> On peut vivre quelques jours sans manger,
> mais non sans prier.
>
> La prière est la clé du matin et le verrou du soir.
> La prière, c'est une alliance sacrée
> entre Dieu et les hommes...

Thérèse d'Avila résume bien l'action de la prière de guérison qui est tout aussi efficace dans le domaine physique que moral. Selon la grande mystique, «cette nourriture sacrée de l'oraison est un soutien pour le corps et un remède même contre les maux physiques».

La prière est-elle exaucée?

L'une des grandes questions concernant la prière a trait à la réponse de Dieu. Quelle chance ou quelle garantie avons-nous que Dieu nous écoute? La réponse que Jésus nous donne est formelle. Dieu exauce toute prière, selon sa promesse: «Tout ce que vous demandez en priant, croyez que vous l'avez reçu et cela vous sera accordé» (Marc 11,24).

La promesse de Jésus est formelle, et pourtant que de griefs n'aurions-nous pas à formuler à son sujet! Combien se plaignent tous les jours de n'être pas écoutés! On ne peut pas invoquer la discrimination dans la demande des biens, puisque la promesse ne fait aucune distinction sur la nature des biens que l'on peut demander et ne fait aucune exception; par ailleurs, on ne peut invoquer la médiocrité de celui qui demande ou son indignité, puisque Jésus promet à tous, sans exception, qu'il leur sera accordé ce qu'ils demandent. Comment alors expliquer que nous soyons si peu souvent exaucés?

La raison semble la suivante. Nous demandons à Dieu trop peu et avec trop peu d'insistance. Vous ne recevez pas parce que vous ne demandez pas, nous dit Jésus. «Et moi, je vous dis: demandez, et l'on vous donnera; cherchez, et vous trouverez; frappez, et l'on vous ouvrira» (Luc 11,9).

Il y a des réalités divines dont il faut tenir compte dans la prière. Cela fait partie du mode de fonctionnement de Dieu avec nous. La première réalité est que Dieu répond, mais il ne se soumet pas nécessairement à la loi des automatismes absolus. Une chose est sûre, la prière n'est pas un procédé qui permettrait de tout obtenir sur-le-champ, comme si on l'obtenait d'une fée avec sa baguette magique. Dieu ne fonctionne pas comme un dépanneur. Il n'est pas une sorte de «donneur divin». Beaucoup à ce propos se servent de Dieu comme d'une tylénol: ils le prient quand ils ont mal à la tête, quand ça va mal. L'horloge de Dieu ne marche pas à notre rythme. Son action comporte toujours une part de mystère. Voilà pourquoi l'efficacité de la prière demeure mystérieuse. Il en résulte l'impression qu'on n'est pas toujours récompensé à la mesure de ses espoirs. Jésus lui-même, au Jardin de l'agonie, a expérimenté cette situation. Parvenu au paroxysme de la souffrance, il s'écrit : « Que ce calice s'éloigne de moi ! » Son Père aurait pu d'un mot éloigner ce calice. Il ne l'a pas fait. Voulait-il nous faire comprendre que parfois il faut accepter l'échec ?

Même si la prière n'est pas exaucée, il faut savoir qu'aucune prière ne tombe dans le vide. Selon le mot de Victor Hugo : « Il est impossible que la prière se perde. » Voilà pourquoi il ne faut jamais prier dans la perspective de l'échec. Aucune prière de demande n'est perdue. Dieu s'est engagé à l'exaucer. Quand il ne le fait pas comme nous le voudrions, c'est qu'il reste maître du délai et du mode. Ou bien les temps ne sont pas venus, ou bien il agira d'une autre manière. Ou bien il juge que cela nous ferait du tort, ce que nous ne pouvons pas toujours comprendre au moment où nous prions. Souvent, Dieu ne change pas l'événement, mais il donne toujours quelque chose qui nous permet de nous réconcilier avec l'événement. Il change et ouvre notre cœur à l'espérance et cela n'est pas banal. C'est en ce sens que Charles Péguy écrit : « La foi que j'aime le mieux, dit Dieu, c'est l'espérance. »

Quand nous prions, nous devons nous considérer comme au temps de la semence. Le laboureur remue la terre et y dépose la semence. Après avoir semé, son devoir est de prier et de rendre grâce. Ce n'est pas lui qui fait pousser le blé. La récolte appartient à Dieu. L'apôtre Jacques écrit : « Soyez donc patients, frères, jusqu'à l'avènement du Seigneur. Voyez le laboureur : il attend patiemment le précieux fruit de la terre jusqu'aux pluies de la première et de l'arrière-saison » (5,7-8).

La prière, c'est un peu comme lorsque nous plantons une graine dans la terre. Même si nous voulons qu'elle pousse tout de suite, cela n'irait pas plus vite. Voilà pourquoi la prière est attente. La meilleure attitude est alors la suivante : « Il faut lutter, comme si tout dépendait de nous, et se mettre à genoux comme si tout dépendait de Dieu. »

La révélation chrétienne nous enseigne que tout vient d'en haut, mais que tout part d'en bas. Tout vient du Ciel, mais il faut faire l'effort de prier. Les grands maîtres de spiritualité nous disent que la prière à l'école de Jésus est toujours le lieu d'une expérience de pauvreté radicale. Il existe une parole étonnante à ce sujet qui figure dans une hymne de la *Liturgie des heures*: « Il creuse en toi la pauvreté pour t'apprendre à prier. »

En quoi consiste cette pauvreté ? Il faut d'abord reconnaître notre impuissance : « Prier, c'est reconnaître son impuissance, admettre son incapacité. » Tous les maîtres de spiritualité sont d'accord sur ce point. Sainte Thérèse d'Avila affirme que « tout l'édifice de la prière est fondé sur l'humilité », c'est-à-dire la conviction que de nous-mêmes nous ne pouvons rien, mais que c'est Dieu et lui seul qui peut produire en notre vie un bien quelconque. L'humble Curé d'Ars exprimait la même vérité en disant : « L'homme est un pauvre qui a besoin de tout demander à Dieu. »

Cette pauvreté est encore faite de notre détresse et de notre misère – et aussi bien sûr de nos joies – qui nous font crier vers Dieu. La prière jaillit de notre expérience intime de joie ou de détresse. C'est souvent dans la souffrance que nos masques tombent et que nous pouvons prier *en esprit et en vérité*, c'est-à-dire de façon authentique et vraie. La prière des profondeurs est la seule qui peut espérer être exaucée.

L'Évangile nous apprend que Dieu n'écoute pas la prière superficielle. Ce serait trop facile. Le philosophe Kierkegaard n'hésitait pas à affirmer que le but de la prière n'est pas d'infléchir l'intention de Dieu, mais de creuser de plus en plus le cœur de l'homme, afin de l'ouvrir à ce que Dieu veut lui donner.

Une prière qui jaillit des profondeurs est toujours exaucée. La plupart du temps, nous prions du bout des lèvres, ou avec notre intelligence ou notre volonté, mais pas avec le plus profond du cœur. Or, pour atteindre le cœur, il faut la plupart du temps une « blessure » qui opère une fissure vers la profondeur. Saint Augustin le disait à sa façon quand il enseignait que l'Esprit s'exprime « plus par les gémissements que par les discours, plus par les larmes que par les phrases ». Dans la prière, tout se manifeste d'abord dans la pauvreté et parfois le rejet, pour ensuite se voir reconnu.

Le cri poussé dans la détresse et l'enlisement fait réellement descendre l'amour de Dieu. La réponse est alors infaillible. Dieu ne peut résister à celui qui l'appelle de cette manière. C'est en ce sens qu'il faut comprendre cette parole du Christ : « Jusqu'à présent, vous n'avez rien demandé. Demandez et vous recevrez, et votre joie sera parfaite. » C'est alors que l'on peut dire avec le psalmiste : « Tu m'as écouté » (Psaume 22, 25).

Il y a cependant une attitude dans la prière qui ne semble pas avoir la faveur de Dieu : c'est celle selon laquelle on dit à Dieu ce qu'il doit faire. Un jour, tandis que je priais, je compris que je ne demandais pas à Dieu de m'exaucer, mais que je lui expliquais comment il devait le faire. Je ne lui laissais ainsi ni le temps ni l'espace pour agir. Certes, Dieu – qui sait très bien ce qui est le mieux pour nous – continue de décider comme il lui convient. Celui qui prie reste alors avec la sensation de n'avoir pas été entendu.

Quelle est l'attitude qui plaît le plus à Dieu ? C'est celle selon laquelle, même si nous ne comprenons pas toujours les voies par lesquelles il nous mène, nous laissons les desseins du Créateur s'accomplir dans notre vie. Par exemple, nous pouvons prier pour éloigner la souffrance, mais en pensant toujours à faire sa volonté. C'est pourquoi, au cœur de la prière, doit toujours se trouver l'invocation : « Que ta volonté soit faite », comme le Christ lui-même nous en a donné l'exemple au jardin de Gethsémani. C'est d'ailleurs ce que recommande la troisième demande du Notre-Père, répétée quotidiennement par des millions de gens qui souvent n'ont pas la moindre intention de laisser s'accomplir la volonté de Dieu. Le but de la prière de demande n'est pas que Dieu fasse notre volonté, mais que nous fassions la sienne (Matthieu 6, 10). Thomas Moore écrit là-dessus : « Priez – point à la ligne ! N'espérez rien. Ou mieux, espérez rien. La prière nous lave de nos attentes et constitue une porte d'entrée pour la volonté divine, là providence et la vie elle-même. Qu'est-ce qui pourrait être plus utile que cet effort – ou cette absence d'effort ! »

Voici une anecdote intéressante à ce sujet. L'exemple a été donné par le père Daniel Larrivée, dans une émission d'*Évangélisation 2000*. Il raconte l'histoire d'une femme dont la fille de trois ans est atteinte de leucémie. Son enfant suit des traitements pendant plusieurs mois. Mais en arrivant à Pâques, survient un événement singulier : la petite fille fait une grosse chute dans sa leucémie. Elle est conduite à l'hôpital. Le médecin déclare : « On ne peut rien faire... même une greffe ne changerait rien... et ses jours sont comptés... » La mère n'était plus capable de voir son enfant souffrir et traverser cette maladie. Alors elle en a voulu à Dieu. Elle est repartie chez elle, elle a fait une crise et, pendant qu'elle criait au bon Dieu, elle eut soudain un flash : elle se rappela une histoire que son père lui racontait, à savoir qu'Abraham amena un jour son fils unique à la montagne pour l'offrir à Dieu qui lui demandait de l'immoler sur l'autel du sacrifice. La mère comprit alors qu'il lui fallait offrir ainsi sa fille comme Abraham a offert son fils à Dieu.

Et voilà qu'elle s'est mise à genoux devant Dieu et a accepté d'offrir sa fille en holocauste en disant : « Seigneur, je te donne ma fille... c'est ce que tu veux, eh bien ! je fais le pas, je te l'offre comme Abraham. »

Elle ressentit alors un peu de paix, mais sa peine intérieure était beaucoup plus forte. Quelques jours plus tard, en revenant à l'hôpital, à sa grande surprise, les médecins lui déclarent : « On ne sait pas ce qui s'est passé avec votre fille, elle est en train de se régénérer complètement et la leucémie disparaît graduellement. » Une semaine plus tard, la petite fille sortit de l'hôpital sans aucune trace de leucémie. Sa mère pensa alors qu'elle revivait la gratification que vécut Abraham dans la Genèse (22,9-14), quand, après avoir accepté d'immoler son fils, Dieu l'arrêta juste au moment où le couteau allait s'abattre sur lui. Un ange intervint alors : « Ne porte pas la main sur l'enfant, ne lui fais aucun mal. Je sais maintenant que tu respectes l'autorité de Dieu, puisque tu ne lui as pas refusé ton fils, ton fils unique. » Dieu s'était contenté de la seule obéissance d'Abraham.

L'heure de Dieu n'est pas la nôtre. L'abbé Pierre avait coutume de dire : « La Providence nous donne toujours le nécessaire, mais avec un quart d'heure de retard, pour que nous comprenions l'amour de Dieu pour nous et aussi notre impuissance sans lui. » Il faut reconnaître que cela est frustrant à certains moments, surtout quand on exige de Dieu une intervention rapide et musclée. Si quelque chose ne s'accomplit pas à un certain moment, nous croyons avoir perdu ou que Dieu a échoué. Mais il faut être patient avec Dieu. Nous sommes souvent pressés alors que lui ne l'est pas.

En Dieu, il n'y a ni temps, ni lieu, ni limites. Dieu est le maître de l'univers et de l'histoire. Il domine tout. Il sait bien qu'il peut tout arranger, mais au moment qu'il juge important. Dieu arrive toujours à la bonne heure cependant. Dieu choisit toujours parfaitement le moment voulu. Souvent, nous désirons si ardemment une chose, nous attendons des résultats avec tellement d'impatience, que nous craignons que Dieu ne nous ait oubliés ; mais tout n'arrive qu'en son temps. Ayons confiance en Dieu ; il agira au moment favorable. Les délais de Dieu ne sont jamais des retards. Il ne faut pas assigner de bornes à l'Infini. Que de fois, nous avons été témoins de réponses tout à fait inattendues de la part de Dieu ! La réponse n'était pas toujours celle que nous espérions ; le temps et le lieu n'étaient pas ceux que nous attendions, cela est vrai ; mais par des voies imprévisibles, à un moment qui s'avérait parfait, et d'une manière qui dépassait notre imagination, nous avons été exaucés.

Souvent nous demandons à Dieu par la prière ce que nous pourrions normalement obtenir par notre propre effort. Supposez qu'un matin vous vous réveillez, terriblement assoiffé. Vous allez dans la cuisine prendre le pot à eau. Seulement voilà, le pot est vide ! Priez-vous Dieu de remplir le pot en attendant patiemment que votre prière soit exaucée ? Non, vous emportez le pot et le remplissez vous-même au lavabo. Dieu a déjà exaucé votre prière : l'eau est tout près et vous pouvez en avoir. Dieu respecte d'abord et toujours les lois de la nature.

Voici une autre anecdote. Cela se passait dans un petit village du Québec. Monsieur Tremblay travaillait dans son jardin et semblait fort concentré. Passe par là le curé de la paroisse qui se penche au-dessus de la clôture et crie à monsieur Tremblay : « Monsieur Tremblay, remerciez-vous le bon Dieu pour le beau jardin qu'il vous a donné ? » Le pasteur ne reçoit pas de réponse. Élevant la voix, il crie une deuxième fois : « Monsieur Tremblay, remerciez-vous le bon Dieu pour le beau jardin qu'il vous a donné ? » Monsieur Tremblay lève alors la tête et dit : « Monsieur le curé, vous auriez dû voir mon jardin quand c'était le bon Dieu tout seul qui s'en occupait ! »

Dans la prière, comme dans la vie, la formule « Aide-toi et le Ciel t'aidera ! » est toujours de mise. Dieu exige des efforts. Si nous prions, par exemple, pour que la journée soit bonne, il faut agir pour qu'il en soit ainsi. Si nous prions pour l'harmonie dans notre milieu, nous devrions cesser de dévaloriser ceux avec qui nous vivons, nos collègues de travail, etc. Nous devrions apprendre à les comprendre, à être bons envers eux, à avoir des conversations qui unissent.

Selon les auteurs spirituels, si une prière n'est pas exaucée comme nous le désirons, c'est souvent parce que nous ne désirons pas ce qui est véritablement bon pour nous. Un proverbe dit : « Quand Dieu veut nous éprouver vraiment, il nous donne ce que nous voudrions le plus. » Nous demandons toujours à Dieu ce qui nous plaît, et lui nous donne ce qu'il nous faut.

Dieu ne peut pas nous donner quelque chose pour nous nuire.

Quel est parmi vous, nous dit Jésus, le père qui donnera une pierre à son fils, s'il lui demande du pain ? Ou, s'il demande un poisson, lui donnera-t-il un serpent au lieu d'un poisson ? Ou, s'il demande un œuf, lui donnera-t-il un scorpion ? Si donc, méchants comme vous l'êtes, vous savez donner de bonnes choses à vos enfants, à combien plus forte raison le Père céleste donnera-t-il le Saint-Esprit à ceux qui le lui demandent (Luc 11,11-13).

Voici deux histoires d'oiseau qui illustrent bien ce que Jésus a voulu dire.

J'ai un ami qui n'a vraiment pas été chanceux avec ses oiseaux. Par deux fois, il les perdit. Il faut dire qu'il accordait fréquemment à son oiseau qu'il affectionnait une grande liberté, ouvrant volontiers sa cage. Or, un jour, c'était l'hiver, l'oiseau, suivant l'appel atavique de la liberté, profita de l'ouverture de la porte de la maison et s'envola dans la nature. Il n'est jamais revenu, probablement mort de froid. Notre comportement avec Dieu ressemble bien souvent à celui de cet oiseau avec son maître. Nous voulons nous affranchir de lui, désirant notre liberté, et nous courons alors droit à notre perte.

Le second oiseau ne fut pas plus chanceux. Comme l'amour de mon ami pour les oiseaux ne s'était aucunement attiédi par la perte du premier, il continua de gratifier son oiseau d'une aussi grande liberté. Un jour, c'était l'été, l'oiseau chanta si bien dans sa cage que mon ami n'y put résister. Il ouvrit la porte et le laissa sortir. C'est alors que le drame se produisit. Le ventilateur plafonnier tournait, et l'oiseau, sans prendre conscience du danger, se retrouva dans les pales du ventilateur et fut déchiqueté en un instant. Le deuil, cette fois-ci, fut long.

Certes, toutes les histoires d'oiseau en cage ne finissent pas toujours ainsi, mais les deux exemples relatés sont réels et illustrent bien le fait que, si Dieu exauçait certaines de nos prières, nous courrions inexorablement vers notre malheur. Or, Dieu sait ce qu'il nous faut, puisqu'il nous a créés. C'est ce que dit à sa manière saint Augustin : « Dieu est bon, même si, bien souvent, il ne nous donne pas ce que nous voulons, parce qu'il veut nous donner ce que nous devrions préférer. » Sainte Thérèse de Lisieux, de son côté, dit à Dieu : « Si vous ne le faites pas, je vous aimerai encore plus. »

Nous pourrions aussi évoquer une attitude fréquente que nous développons souvent inconsciemment. Il s'agit du marchandage avec Dieu. Très souvent, nous prions de la façon suivante : « Mon Dieu, je t'aime bien, mais tu pourrais en faire un peu plus, cela me permettrait de t'aimer davantage. » Dieu exige un amour gratuit et libre de notre part accompagné aussi de prières désintéressées. Il existe, dans la Bible, une belle leçon illustrant cette attitude. On la retrouve dans la vie du grand roi Salomon (1 Rois 3,5-14).

Cela se passait à Gabaôn. Yahvé apparut une nuit en songe à Salomon. Dieu lui dit : « Demande ce que je dois te donner. » Salomon répondit :

> Tu as témoigné une grande bienveillance à ton serviteur David, mon père, et celui-ci a marché devant toi dans la fidélité, la justice et la droiture du cœur ; tu lui as gardé cette grande bienveillance et tu as permis qu'un de ses fils soit aujourd'hui assis sur son trône. Maintenant, Yahvé mon Dieu, tu as établi roi ton serviteur à la place de mon père David, et moi, je suis un tout jeune homme, je ne sais pas agir en chef. Ton serviteur est au milieu du peuple que tu as élu, un peuple nombreux, si nombreux qu'on ne peut le compter ni le recenser. Donne à ton serviteur un cœur plein de jugement pour gouverner ton peuple, pour discerner entre le bien et le mal, car qui pourrait gouverner ton peuple, qui est si grand.

Il plut au regard du Seigneur que Salomon ait fait cette demande; et Dieu lui dit:

> Parce que tu as demandé cela, que tu n'as pas demandé pour toi de longs jours, ni la richesse, ni la vie de tes ennemis, mais que tu as demandé pour toi le discernement du jugement, voici que je fais ce que tu as dit: je te donne un cœur sage et intelligent comme personne ne l'a eu avant toi et comme personne ne l'aura après toi. Et même ce que tu n'as pas demandé, je te le donne aussi: une richesse et une gloire comme à personne parmi les rois. Et si tu suis mes voies, gardant mes lois et mes commandements comme a fait ton père David, je t'accorderai une longue vie.

Les témoignages sur la prière désintéressée sont nombreux dans l'histoire de la spiritualité. Voici à ce sujet une réflexion fort éclairante de saint Augustin:

> Représentez-vous Dieu comme vous disant: « Mon fils, comment se fait-il que, de jour en jour, tu te lèves et pries, et frappes même du front le sol, voire, que tu répandes des larmes, tandis que tu me dis: ‹ Mon Père, mon Dieu, donne-moi la richesse ! › Si je te la donnais, tu te croirais de quelque importance, tu t'imaginerais avoir obtenu quelque chose de très considérable. Parce que tu l'as demandée, tu l'as. Mais veille à en faire bon usage. Avant que tu l'eusses, tu étais humble; à présent que tu as commencé à être riche, tu méprises les pauvres. Quel bien est-ce là, qui ne fait que te rendre plus mauvais? Car tu es certes pire, puisque tu étais déjà mauvais. Et qu'elle dût te rendre pire, tu ne le savais point; c'est pourquoi tu me l'as demandée. Je te l'ai donnée, et t'ai mis à l'épreuve; tu as trouvé – et tu es percé à jour ! Demande-moi de meilleures choses que celle-là, de plus grandes choses que celle-là. Demande-moi des choses spirituelles ! Demande-moi moi-même. »

Clément d'Alexandrie nous a conservé un mot du Seigneur qui ne figure pas dans les évangiles canoniques, mais qui est riche de leçon:

> Demandez les grandes choses et Dieu vous accordera les petites. Vous priez mal, dit le Seigneur Jésus. Vos prières se meuvent toujours dans la sphère de votre petit « moi », de vos besoins, de vos difficultés, de vos désirs. Demandez les grandes choses: la Gloire et le Règne du Dieu tout-puissant, le don des grandes grâces, pain de vie et miséricorde infinie de Dieu. Ce n'est pas à dire que vous ne puissiez exposer à Dieu vos pauvres nécessités personnelles. Mais

elles ne doivent pas déterminer votre prière. Car c'est votre Père que vous priez. Il sait tout. Il sait, avant qu'ils le lui demandent, de quoi ses enfants ont besoin.

Jésus exauce toujours, mais pas nécessairement de la façon qu'on pense : personne ne prie du fond de son cœur sans obtenir quelque chose. Le texte qui suit est gravé sur une tablette de bronze, dans la salle d'attente de l'Institut de réadaptation de New York. En lisant, on ne peut s'empêcher de penser aux béatitudes de l'Évangile.

J'avais demandé la force à Dieu pour atteindre le succès ; il m'a rendu faible afin que j'apprenne à obéir…

J'avais demandé la richesse afin que je puisse être heureux ; il m'a donné la pauvreté afin que je puisse être sage…

J'avais demandé un compagnon afin de ne pas vivre seul ; il m'a donné un cœur afin que je puisse aimer tous mes frères…

Je n'ai jamais rien eu de ce que j'avais demandé, mais j'ai reçu tout ce que j'avais espéré…

J'avais demandé la santé pour faire de grandes choses ; il m'a donné l'infirmité pour que je fasse des choses meilleures…

J'avais demandé le pouvoir afin d'être apprécié des hommes ; il m'a donné la faiblesse afin que j'éprouve le besoin de Dieu…

J'avais demandé des choses qui puissent réjouir ma vie ; j'ai reçu la Vie afin que je puisse me réjouir de toutes choses…

Je comprends maintenant que, malgré moi, mes prières informulées ont été exaucées…

Ce qui nous rend malheureux, c'est de formuler des prières qui ne peuvent pas être exaucées. C'est d'oublier ce que nous avons et de vouloir à tout prix ce que nous n'avons pas.

Le père Daniel-Ange, dans *La prière, respiration vitale*, écrit :

Crois-tu vraiment en la puissance de l'humble supplication sur le Cœur de Dieu ? Si elle s'accorde au Cœur de Dieu, la prière est toujours efficace, toujours exaucée, même si la réalisation ne correspond pas exactement à ce que tu voudrais ou penserais. Parfois, Dieu répond d'une tout autre manière et il t'exauce autrement ou au-delà de ce que tu aurais pu imaginer – ses pensées ne sont pas nos pensées.

Toutes ces attitudes relèvent de la prière du pauvre. Cette pauvreté qui séduit tant le cœur de Dieu n'a cependant rien à voir avec une certaine attitude humiliante qu'il voudrait nous imposer pour mieux nous faire sentir notre faiblesse et notre dépendance vis-à-vis de lui. Il s'agit, au contraire, d'une pauvreté qui est ouverture à la richesse, à la toute-puissance et à la grandeur de Dieu. Sans cette pauvreté, nous nous croirions autosuffisants et nous nous priverions ainsi d'une ressource divine extraordinaire.

Peut-on fléchir le cœur de Dieu ?

Je reviens ici sur cette importante question de la réponse de Dieu à nos prières. Pourquoi insister ? Parce que j'ai constaté, dans mes conférences sur la spiritualité, jusqu'à quel point cette question préoccupe les gens. Ils veulent savoir si nous prions pour quelque chose ou pour rien. Dieu nous entend-il, nous écoute-t-il vraiment ? Ce questionnement, il va sans dire, est tout à fait sain et pertinent. Autrement, à quoi cela servirait-il de prier si on le fait dans le vide ? À quoi servirait de s'adresser à une divinité figée dans sa déité et qui resterait de marbre devant nos doléances ? Je veux montrer, au contraire, que Dieu non seulement nous écoute, mais combien, lorsque nous nous comportons en bons avocats devant lui, il peut se rendre à nos arguments.

Est-il possible de fléchir le cœur de Dieu ? La réponse est décidément oui, mais à certaines conditions. La première consiste à être patient avec lui et même de savoir l'importuner. Il y a de nombreux exemples dans la Bible où des personnes ont ainsi fléchi contre toute attente le cœur de Dieu. Ces passages parlent tellement d'eux-mêmes que je les donnerai sans commentaire. J'invite le lecteur à les lire non pas comme des faits divers, mais comme une méditation.

Le premier exemple est relaté dans Genèse 18,20-33. Il s'agit de la fameuse intercession d'Abraham en faveur des habitants de Sodome et Gomorrhe.

Et Dieu dit : « Le cri contre Sodome et Gomorrhe s'est accru, et leur péché est énorme. C'est pourquoi je vais descendre, et je verrai s'ils ont agi entièrement selon le bruit venu jusqu'à moi ; et si cela n'est pas, je le saurai. » Les hommes s'éloignèrent et allèrent vers Sodome. Mais Abraham se tint encore en présence de l'Éternel. Abraham s'approcha et dit : « Feras-tu aussi périr le juste avec le méchant ? Peut-être y a-t-il cinquante justes au milieu de la ville : les feras-tu périr aussi, et ne pardonneras-tu pas à la ville à cause des cinquante justes qui sont au milieu d'elle ? Faire mourir le juste avec le méchant, en sorte qu'il en soit du juste comme du méchant, loin de toi cette manière d'agir ! loin de toi ! Celui qui juge toute la terre n'exercera-t-il pas la justice ? » Et l'Éternel dit : « Si je trouve dans Sodome cinquante justes au milieu de la ville, je pardonnerai à toute la ville, à cause d'eux. » Abraham reprit et dit : « Voici, j'ai osé parler au Seigneur, moi qui ne suis que poudre et cendre. Peut-être des cinquante justes en manquera-t-il cinq : pour cinq, détruiras-tu toute la ville ? » Et l'Éternel dit : « Je ne la détruirai point, si j'y trouve quarante-cinq justes. » Abraham continua de lui parler et dit : « Peut-être s'y trouvera-t-il quarante justes. » Et l'Éternel dit : « Je ne ferai rien, à cause de ces quarante. » Abraham dit : « Que le Seigneur ne s'irrite point, et je parlerai. Peut-être s'y trouvera-t-il trente justes. » Et l'Éternel dit : « Je ne ferai rien, si j'y trouve trente justes. » Abraham dit : « Voici, j'ai osé parler au Seigneur. Peut-être s'y trouvera-t-il vingt justes. » Et l'Éternel dit : « Je ne la détruirai point, à cause de ces vingt. » Abraham dit : « Que le Seigneur ne s'irrite point, et je ne parlerai plus que cette fois. Peut-être s'y trouvera-t-il dix justes. » Et l'Éternel dit : « Je ne la détruirai point, à cause de ces dix justes. » L'Éternel s'en alla lorsqu'il eut achevé de parler à Abraham. Et Abraham retourna dans sa demeure.

Il vaut la peine de relire ces passages, surtout dans les moments d'épreuve et de découragement.

Qui ne connaît l'épisode de l'ami importun ? Nous le donnons ici tel qu'il est raconté dans Luc 11,5-10.

Il leur dit encore : « Si l'un de vous, ayant un ami, s'en va le trouver au milieu de la nuit, pour lui dire : ‹ Mon ami, prête-moi trois pains, parce qu'un de mes amis m'est arrivé de voyage et je n'ai rien à lui offrir ›, et que de l'intérieur l'autre réponde : ‹ Ne me cause pas de tracas ; maintenant la porte est fermée, et mes enfants et moi sommes au lit ; je ne puis me lever pour t'en donner › ; je vous le dis, même s'il ne se lève pas pour les lui donner en qualité d'ami, il se lèvera du moins à cause de son impudence et lui donnera tout ce dont il a besoin. »

Le troisième exemple que j'ai choisi est celui du juge inique et de la veuve importune. En lisant cet épisode, demandez-vous quel juge dans la société actuelle accepterait un tel marchandage? Nous retrouvons bien là l'esprit de Jésus pour qui ce qui est folie aux yeux des hommes est sagesse aux yeux de Dieu. Le passage est encore tiré de Luc, en 18,1-8.

> Et il leur disait une parabole sur ce qu'il leur fallait prier sans cesse et ne pas se décourager. «Il y avait dans une ville un juge qui ne craignait pas Dieu et n'avait de considération pour personne. Il y avait aussi dans cette ville une veuve qui venait le trouver, en disant: ‹Rends-moi justice contre mon adversaire!› Il s'y refusa longtemps. Après quoi il se dit: ‹J'ai beau ne pas craindre Dieu et n'avoir de considération pour personne, néanmoins, comme cette veuve m'importune, je vais lui rendre justice, pour qu'elle ne vienne pas sans fin me rompre la tête.›» Et le Seigneur dit: «Écoutez ce que dit ce juge inique. Et Dieu ne ferait pas justice à ses élus qui crient vers lui jour et nuit, tandis qu'il patiente à leur sujet! Je vous dis qu'il leur fera prompte justice...»

L'événement de la guérison de la fille de la Cananéenne est touchant. Peu de passages de l'Évangile remuent autant. La foi de cette femme, sa persévérance, son argumentation désarment littéralement le divin guérisseur. Il me semble que ce passage réunit tous les ingrédients d'une belle dramatique qui pourrait s'intituler *Comment vaincre le cœur de Jésus?* Voici le récit qu'en fait Matthieu en 15,21-28.

> Jésus s'était retiré vers la région de Tyr et de Sidon. Voici qu'une Cananéenne, venue de ces territoires, criait: «Aie pitié de moi, Seigneur, fils de David! Ma fille est tourmentée par un démon.» Mais il ne lui répondit rien. Les disciples s'approchèrent pour lui demander: «Donne-lui satisfaction, car elle nous poursuit de ses cris!» Jésus répondit: «Je n'ai été envoyé qu'aux brebis perdues d'Israël.»
>
> Mais elle vint se prosterner devant lui: «Seigneur, viens à mon secours!» Il répondit: «Il n'est pas bien de prendre le pain des enfants pour le donner aux petits chiens.» «C'est vrai, Seigneur, reprit-elle; mais justement, les petits chiens mangent les miettes qui tombent de la table de leurs maîtres.» Jésus répondit: «Femme, ta foi est grande, que tout se fasse pour toi comme tu le veux!» Et, à l'heure même, sa fille fut guérie.

La pêche miraculeuse est aussi un bel exemple de la prière humble et confiante. Nous sommes ici dans un décor tout à fait différent. Les apôtres sont présentés dans leur élément naturel, l'eau poissonneuse. Poissonneuse ? Pas tout à fait. Matthieu nous dit, en effet, qu'ils ont pêché toute la nuit sans rien prendre. Pourtant, le moment était propice pour ce genre d'activité. Et puis, n'avaient-ils pas l'expérience des pêcheurs chevronnés ? Un simple constat d'impuissance et Jésus a tout compris. Voici comment se présente la scène en Jean 21,1-7.

> Jésus se montra encore aux disciples, sur les bords de la mer de Tibériade. Et voici de quelle manière il se montra. Simon-Pierre, Thomas, appelé Didyme, Nathanaël, de Cana en Galilée, les fils de Zébédée et deux autres disciples de Jésus étaient ensemble. Simon-Pierre leur dit : « Je vais pêcher. » Ils lui dirent : « Nous allons aussi avec toi. » Ils sortirent et montèrent dans une barque, et cette nuit-là ils ne prirent rien. Le matin étant venu, Jésus se trouva sur le rivage ; mais les disciples ne savaient pas que c'était Jésus. Jésus leur dit : « Enfants, n'avez-vous rien à manger ? » Ils lui répondirent : « Non. » Il leur dit : « Jetez le filet du côté droit de la barque, et vous trouverez. » Ils le jetèrent donc, et ils ne pouvaient plus le retirer, à cause de la grande quantité de poissons. Alors le disciple que Jésus aimait dit à Pierre : « C'est le Seigneur ! » Et Simon-Pierre, dès qu'il eut entendu que c'était le Seigneur, mit son vêtement et sa ceinture, car il était nu, et se jeta dans la mer.

Tous ces faits de l'Évangile montrent que nos prières peuvent bel et bien être exaucées en dépit des apparences souvent contraires. Ils montrent bien que nous pouvons à la limite renverser une décision de Dieu.

Tout ce que nous venons de dire sur la prière soulève une importante question que nous pourrions formuler ainsi : *Comment Dieu fonctionne-t-il avec les humains ?* Cette question nous fait entrer dans ce que l'on pourrait appeler la pédagogie de Dieu.

La pédagogie divine dans la prière

Quand nous prions pour demander une faveur ardemment désirée et que la réponse se fait attendre, il est fort possible que se cache en filigrane le désir de Dieu de nous voir réaliser un travail intérieur préalable. En d'autres termes, à travers notre prière Dieu parfois se livre avec le priant à un véritable travail d'éducation.

Il me vient à la mémoire une anecdote qui se passa en Grèce, à l'époque de l'Antiquité. Il s'agissait d'un homme pauvre, assis sur le bord de la grève, qui quêtait quotidiennement sa nourriture. Vint un passant, sans doute un sage, à qui il demanda à manger. Le passant s'arrêta et dit au pauvre : «Mon ami, je vais faire bien mieux que de te donner à manger, je vais te montrer à pêcher. » Dieu qui a inspiré ce sage ne recourrait-il pas à cette pédagogie quand il s'agit de prier ? Aussi, le premier but visé par Dieu semble bien de nous entraîner à la prière.

Beaucoup préféreraient que Dieu supprime toute adversité afin de ne pas souffrir ni devoir faire des efforts. Mais la tactique divine est justement de nous préparer et de nous fortifier pour vaincre la difficulté. Et surtout, il veut nous donner le temps de trouver un sens à ce qui s'oppose à nous. Par exemple, il se peut que Dieu veuille nous laisser un certain temps dans la solitude pour nous apprendre la convivialité. Qu'il nous laisse quelque temps dans la colère pour nous montrer la valeur de la paix. Qu'il nous laisse dans la fatigue pour que nous reconnaissions le prix du repos. Qu'il nous laisse dans la maladie pour nous faire apprécier la bénédiction que représente la santé. Si Dieu nous accordait tout de suite ce que nous demandons, il nous priverait parfois d'un apprentissage nécessaire à la vie.

Un jour, un homme aperçut un petit trou dans un cocon. Il s'arrêta et mit de longues minutes à observer le papillon qui s'efforçait de sortir par cette petite ouverture. Après un long moment, le trou demeurait toujours aussi petit. C'était comme si le papillon avait fait tout ce qu'il pouvait et qu'il abandonnait la lutte. L'homme décida alors d'aider le papillon. Avec un canif, il ouvrit le cocon. Le papillon sortit aussitôt. Mais son corps était si maigre et engourdi, ses ailes étaient si peu développées qu'il bougeait à peine. L'homme continua à observer le papillon, pensant que d'un moment à l'autre ses ailes s'ouvriraient et que le papillon serait alors capable de supporter le poids de son corps pour prendre son envol. Mais il n'en fit rien ! Le papillon passa le reste de son existence à se traîner par terre avec son maigre corps et ses ailes rabougries. Jamais il ne put voler. Ce que l'homme ne comprenait pas, c'est qu'avec son intention d'aider, très louable en soi, il privait le papillon de l'effort nécessaire pour qu'il puisse transmettre le liquide de son corps à ses ailes de manière à pouvoir voler. C'était le sas à travers lequel le papillon devait passer pour accéder à la vie, grandir et se développer.

Parfois, l'effort est exactement ce dont nous avons besoin dans notre vie. Si Dieu nous permettait de vivre notre vie sans jamais rencontrer d'obstacles, nous deviendrions faibles, nous ne pourrions jamais voler de nos propres ailes et lorsqu'une épreuve se présenterait nous serions emportés. « L'homme, écrit Saint-Exupéry, se découvre quand il se mesure avec l'obstacle. » Dans cette perspective, la prière devient une véritable leçon de vie, un apprentissage de l'existence, une véritable école de croissance. Telle est la pédagogie divine.

Un grand catéchète mexicain, José Prado Flores, écrit dans *Au-delà du désert* :

> Cette pédagogie divine est merveilleuse parce qu'elle respecte et met en valeur la personne. Si Dieu solutionnait de façon paternaliste tous les problèmes, ce serait mépriser les facultés humaines et rendre l'homme inutile et sans aucune sécurité. Lui seul nous aide à découvrir le « bâton » de nos possibilités humaines, pour que nous ayons la joie de constater qu'il est possible d'aller *au-delà* de ce que nous avions imaginé.

Comme nous pouvons le voir, la prière nous met à l'école de Dieu. À travers ses retards à répondre à nos prières, fussent-elles ferventes, il veut nous faire évoluer sur le plan spirituel. Il veut augmenter notre foi et notre confiance en lui. Nous apprenons ainsi que la persévérance est le fondement de toute la vie spirituelle. Qui persévère dans la confiance recevra infiniment plus que ce qu'il ose demander ou espérer. Non parce qu'il le mérite, mais parce que Dieu l'a promis.

La prière et la foi

À la patience et à la persévérance, il faut rattacher la foi. Étant donné que la prière est une forme de communication avec

Quelqu'un qu'on ne voit pas, elle repose essentiellement sur la foi et c'est là ce qui fait son originalité et sa spécificité : si Dieu n'existe pas, la prière devient une activité absurde. Dieu recherché, désiré, espéré, aimé ne peut être rejoint que dans la foi. Mais pour le trouver ainsi, il faut renoncer à le voir comme à le toucher : «Heureux ceux qui n'ont pas vu et qui ont cru !» D'où la nécessité de la prière du pauvre dont nous avons parlé plus haut.

La prière du pauvre, c'est la prière qui reflète la pauvreté de celui qui prie. Les maîtres de l'oraison sont d'avis qu'un temps de prière, aride, sans goût, distrait, que l'on consent à faire tous les jours, se révèle infiniment plus fécond pour notre avancement spirituel que de longues prières enflammées faites uniquement quand le sentiment nous transporte.

Nous n'avons d'ailleurs pas le choix. Souvent la foi, c'est l'expérience de l'obscurité. Pour le Docteur mystique, saint Jean de la Croix, la foi est le seul moyen de se mettre réellement en possession de Dieu. Il faut donc accepter que la prière connaisse, un jour ou l'autre, cette nuit, cette impuissance, où Dieu n'est rencontré en vérité qu'à travers son absence. Il faut accepter de prier dans la nuit. Dans un très beau poème, saint Jean de la Croix écrit :

> Je sais une source qui jaillit et s'écoule,
> Mais c'est au profond de la nuit,
> En la nuit obscure qu'on appelle la vie.
> Je connais par la foi sa voix fraîche et pure,
> Mais c'est au profond de la nuit[6].

La Bible nous apprend une grande leçon à ce sujet. C'est très souvent de nuit – au sens propre et au sens figuré – que Dieu visite les siens et qu'il fait alliance avec eux, les sauve :

- C'est de nuit que Dieu fait sa grande promesse à Abraham : «Lève les yeux au ciel et dénombre les étoiles si tu le peux... Telle sera ta postérité» (Genèse 15,5).

- C'est au sein de ténèbres nocturnes que Dieu donne son alliance à Abraham : «Quand le soleil fut couché et que les ténèbres s'étendirent, voici qu'un four fumant et un brandon

---

6. Jean de la Croix, «La Source», *Œuvres complètes*, Paris, Cerf, 1990, p. 1201 et 159.

de feu passèrent entre les animaux partagés. Ce jour-là, Yahvé conclut une alliance avec Abram » (Genèse 15,18).

- C'est de nuit que Dieu rejoint Jacob dans sa fuite face à Ésaü et le rassure en songe (Genèse 28,12).

- C'est de nuit que Dieu arrache son peuple de l'esclavage d'Égypte, le protège par le sang de l'agneau et le fait marcher à travers les eaux de la mer vers la liberté : « Cette nuit-là, je parcourrai l'Égypte » (Exode 12,13), dit Dieu à Moïse et au peuple.

- Jésus est né la nuit. Et lors de sa mort sur la croix, en plein après-midi, de grandes ténèbres couvrent Jérusalem.

- Dieu vient souvent dans nos nuits. Il nous recommande : « Gardez vos lampes allumées » (Luc 12,35). Et saint Paul insiste : « Ne restons pas endormis... » (1 Thessaloniciens 5,5). À tout croyant, il est demandé de garder la lampe de son cœur allumée par l'espérance et l'attente fervente de Jésus, car c'est dans la nuit des sens, la nuit du cœur, la nuit de l'intelligence, que Jésus agit. Rappelez-vous les apôtres lors de la tempête sur le lac. Ils ne voyaient plus rien et c'est là que Jésus a apaisé la tempête (Luc 8,25).

Il est étonnant de voir tout ce qui se passe la nuit dans la Bible ! On dirait que Dieu est conditionné par la nuit. La nuit annonce toujours le passage de Dieu. C'est ce dont témoigne le psalmiste : « Dans la nuit, je me souviens de toi et je reste des heures à te parler. Oui, tu es venu à mon secours » (Psaume 63,7-8).

La nuit signifie que c'est presque toujours lorsque les choses empirent, lorsque les ténèbres sont les plus denses, que le salut approche. Dieu intervient lorsque toutes les possibilités humaines sont épuisées. C'est sans doute pour cette raison que les maîtres de la vie spirituelle recommandent la prière de nuit. Saint Jean Chrysostome enseignait : « Lève-toi au milieu de la nuit. Pendant la nuit, l'âme est plus pure, plus légère. Admire ton Maître. Si tu as des enfants, éveille-les, et qu'ils s'unissent à toi dans la prière commune » *(Homélies sur les Actes)*. On sait que les moines et moniales dans les monastères prient la nuit.

Quand nous avons souvent l'impression de ne pas être entendus, que notre prière est inutile, nous nous trouvons peut-être dans la situation suivante : nous sommes sur la mer, dans notre barque, et nous jetons l'ancre sur un rocher ; nous tirons la corde avec force et persévérance. Le rocher ne bouge pas, mais la barque s'approche de lui. Ainsi en est-il de la prière : Dieu semble ne pas bouger, mais c'est nous qui avançons. Souvent, nous ne sentons pas la présence de Dieu, mais nous voyons les résultats. Les résultats, eux, sont visibles.

Souvent, les réponses et les suggestions données dans le silence au cours des premières séances de prière sont faibles et à peine intelligibles. Les premières fois, il se peut qu'elles ne soient même pas perçues. Il faut continuer malgré tout à prier infatigablement ; la réponse se fera progressivement de plus en plus perceptible, précise et compréhensible.

Pour ma part, lorsque mon expérience de Dieu – comme celle de ma prière – se fait aride et que les ténèbres dominent ma vie spirituelle, je m'en remets souvent à ce passage de Saint-Exupéry dans *Citadelle* : « Et cependant, l'apprentissage de l'amour, tu ne le fais que dans les vacances de l'amour. Et l'apprentissage du paysage bleu de tes montagnes, tu ne le fais que parmi les rocs qui mènent à la crête ; et l'apprentissage de Dieu, tu ne le fais que dans l'exercice de prières auxquelles il n'est point répondu. » Quand je prie et que je suis à l'écoute d'une réponse, je me mets dans l'attitude de l'amoureux guettant la voix de sa bien-aimée. Il est alors plus facile de supporter les temps d'attente.

Finalement, il est un principe important quand nous prions : avoir foi en nos prières ; savoir qu'elles ont le pouvoir d'aider, de guérir, de bénir. Certains prient timidement, sans enthousiasme, comme s'ils n'osaient croire que leur prière puisse leur obtenir ce qu'ils demandent. Parfois, ils se demandent : « Comment Dieu peut-il faire attention à moi qui ne suis qu'une personne parmi des milliards d'individus sur la planète ? » Prenons une comparaison. On dit qu'un satellite de communication peut traiter des milliards de communications à la seconde. Et Dieu, le créateur de toute chose, serait inférieur aux objets créés ? Un proverbe arabe dit : « Dans la

nuit noire, sur la pierre noire, une fourmi noire. Dieu la voit.»
Retenez cette loi de la prière : on obtient selon le degré de sa foi.

La prière de remerciement

S'il y a une chose importante concernant la prière, c'est bien la
reconnaissance. Il n'y a pas meilleur moyen de prédisposer le cœur
de Dieu que celui de reconnaître les faveurs qu'il nous a déjà
accordées et de l'en remercier. Comment mieux dire que la petite
Thérèse de l'Enfant-Jésus dont le cœur était continuellement dans
la louange :

> Ce qui attire le plus les grâces du bon Dieu, c'est la reconnaissance,
> car si nous le remercions d'un bienfait, il est touché et s'empresse de
> nous en faire dix autres, et si nous le remercions encore avec la
> même effusion, quelle multiplication incalculable de grâces ! J'en ai
> fait l'expérience, essayez et vous verrez. Ma gratitude est sans bornes
> pour tout ce qu'il me donne, et je le lui prouve de mille manières
> *(Conseils et souvenirs)*.

L'Évangile montre combien Jésus fut sensible à la reconnaissance. Prenez l'exemple des dix lépreux. On rapporte qu'un seul est
revenu remercier Jésus (Luc 17,15). C'était un Samaritain par surcroît, le peuple déprécié des Juifs. Jésus s'écria : «Est-ce que les dix
n'ont pas été guéris ? Et les neuf autres, où sont-ils ? » (Luc 17,11-19).
Il ne fait aucun doute que, si nous remercions Dieu pour les faveurs
reçues, il nous en accordera davantage.

Remercier après avoir été exaucé n'est pas un acte de foi, mais un
acte d'amour et de gratitude. Lorsque nous prévenons l'action de
Dieu et que nous lui rendons grâce avant même d'avoir été exaucés,
j'imagine que Dieu doit accueillir notre prière différemment.

La prière, source de vie

Nous terminerons le présent chapitre en présentant quelques
images illustrant l'importance de la prière. On dit souvent qu'une
image vaut mille mots. Ces images sont celles que j'aimerais que

vous reteniez, même si vous avez oublié tout ce que j'ai écrit précédemment sur la prière.

Il y a d'abord l'image de la «source» de vie. Celui qui prie est comme le voyageur assoiffé qui passe près d'une source. Il s'arrête, se désaltère et continue sa route. C'est cela, la prière : chaque fois que nous prions, nous nous branchons sur la source de la vie qui est Dieu. Écoutons Jésus nous dire :

> Je suis la Vie de ta vie…
> Je suis l'Être de ton être…
> Je suis la Source de ta source…

Dieu est la fontaine jaillissante de tout mon être. Comme à la Samaritaine au puits de Jacob, il promet qu'il peut rassasier toutes nos soifs.

D'autres images se réfèrent à la lumière. Quand nous avons besoin de lumière, nous ouvrons l'interrupteur et l'obscurité disparaît. La prière est une lumière sur notre route. Quand ça va mal, quand nous ne voyons pas clair dans notre vie, quand notre existence n'a plus de sens, quand nous cherchons désespérément une solution à un problème, la lumière de la prière est toujours là pour nous éclairer. Vous connaissez le proverbe : «Au lieu de maudire l'obscurité, allume une bougie !» Au lieu de perdre le nord, de chercher en tous sens, mettez-vous en prière et dites : «Viens, Esprit de lumière, de force et de paix !» Vous serez étonné des résultats.

La lumière de la prière est particulièrement importante dans ces moments où nous semblons prier en vain pour nos proches ou notre milieu. Nous avons beau prier, ceux-ci se montrent réfractaires à l'objet de notre prière. Nous nous désolons alors du peu de résultats obtenus. François Mauriac, dans ses *Mémoires intérieurs*, a une belle pensée là-dessus :

> Dans chaque famille, peut-être un seul fidèle suffit-il à tirer après soi tous les autres qui ne le sont pas. Ce petit garçon qui communie auprès de moi, si frêle, porte le salut de toute une race. […] Personne ne prie jamais sans que tous les siens ne prient avec lui. La Rédemption ne nous concerne pas seulement en tant que nous sommes rachetés, mais parce que nous rachetons.

L'important n'est pas de convertir toute notre famille, cela n'appartient qu'à Dieu. Notre mission consiste à tenir la lampe de la foi allumée pour tous les autres. De même que, dans une pièce obscure, une seule personne qui possède une lampe peut éclairer toutes les autres qui n'en ont pas, de la même façon, dans une famille, une seule personne peut porter le flambeau de la foi pour toutes les autres et Dieu va en tenir compte.

Voici une autre image. Quand nous avons besoin de force, d'énergie pour faire fonctionner un appareil, nous le branchons sur une prise de courant et nous bénéficions de l'énergie demandée. Dieu nous donne ainsi son énergie divine dans la prière. Ceux qui prient trouvent des forces nouvelles. Même malades, des personnes peuvent se surpasser.

Il y a aussi la prière comme nourriture de l'âme. La prière se fonde ici sur la nécessité quotidienne de nourrir son âme. Il y a en nous un être spirituel qui aspire à naître, à respirer, à croître et à grandir. « L'homme ne vit pas de pain seulement, mais l'homme vit de tout ce qui sort de la bouche de l'Éternel » (Deutéronome 8,3). Qui pense vraiment à nourrir son âme ? Beaucoup disent : « Je n'ai pas le temps. » A-t-on déjà vu quelqu'un mourir de faim en alléguant qu'il n'avait pas le temps de manger ?

Dans sa longue traversée du désert, le peuple hébreu avait faim. Dieu leur donna alors la manne comme viatique de leur route (Deutéronome 8,2-3). La prière est précisément cette manne, ce viatique, qui nous est donnée par le ciel pour accomplir notre pèlerinage terrestre.

PENSÉES

«MÉDITATION,
tu n'es qu'un mot
sensible
comme la flamme
aux souffles.
L'esprit est soufflé
de toutes parts...»

– Paul Valéry

«Méditez cinq minutes par jour et vous vous transformerez radicalement.»

– Un maître de spiritualité

«Méditer, c'est entrer dans la vérité sans la découvrir, sans la voir du dehors, sans l'ouvrir en paroles.» – Lanza del Vasto

«Méditer, c'est entrer dans une cave où se trouvent des trésors fabuleux qu'il faut prendre le temps de découvrir. C'est aussi partir à la rencontre de l'inconnu et explorer des profondeurs encore obscures de notre être.»

– Laurence Freeman

«Pour les anciens, méditer, c'est lire un texte et l'apprendre ‹par cœur›, au sens le plus fort de cette expression, c'est-à-dire avec tout son être: avec son corps, puisque la bouche le prononce, avec la mémoire qui le fixe, avec l'intelligence qui en comprend le sens, avec la volonté qui désire le mettre en pratique.» – Jacques Leclercq

LA MÉDITATION, comme la prière, est une pratique de spiritualité reconnue comme faisant partie de l'essence de toute religion. Elle est pratiquée, en particulier, pour approfondir la relation qui relie l'être humain à Dieu. Les grandes traditions spirituelles présentent la méditation comme la voie par excellence pour parvenir à la perfection.

Fidèle à mon approche qui tient compte à la fois de la santé, de la guérison, de la nature et de la spiritualité, je présenterai ici un contenu qui touche au domaine de la nature (la méditation cosmique) et au domaine spirituel (la méditation chrétienne). L'un ou l'autre domaine peut être très utile pour la vie, autant dans sa dimension profane que spirituelle. Habituellement, quand on parle de la méditation comme facteur de croissance, on pense à la méditation chrétienne, mais vous seriez étonné de la valeur de la méditation cosmique pour équilibrer et harmoniser la vie, et ouvrir au monde spirituel. On dit que les moines du mont Athos pratiquent avec profit ce genre de méditation qui représente une voie naturelle pour accéder à Dieu et à la contemplation. Cela n'est pas étonnant, car ce type de méditation se fait constamment en référence avec le Dieu créateur qui nous donne son œuvre non pas uniquement pour l'«assujettir» et la «soumettre», mais aussi pour la contempler, en admirer la beauté, en comprendre les signes et les leçons qu'elle recèle, de même que la sagesse qu'elle distille.

La méditation cosmique peut grandement aider le sentiment religieux. L'Église ne rejette d'ailleurs aucune des techniques non chrétiennes capables de favoriser la prière et la méditation. Elle reconnaît clairement que « d'authentiques pratiques de méditation provenant de l'Orient chrétien et des grandes religions non chrétiennes, qui attirent l'homme d'aujourd'hui divisé et désorienté, puissent constituer un moyen adapté pour aider celui qui prie à se tenir devant Dieu dans une attitude de détente intérieure, même au milieu des sollicitations extérieures [1] ». Il y a donc tout lieu d'être rassuré concernant ces techniques méditatives qui n'ont rien d'ésotérique.

La grande popularité de la méditation

Beaucoup d'entre nous ont connu la méditation à travers la tradition chrétienne. À l'origine, elle était pratiquée par les moines, qui l'ont propagée et décrite en détail. Mais il y a quelques années, l'Occident a reçu un véritable choc quand il a découvert la place que les religions orientales faisaient traditionnellement à la méditation.

Le phénomène exotique y était pour quelque chose. Ce qu'on a d'abord retenu de la méditation orientale, c'était la possibilité de faire le « vide » en soi. Dès que le mot « méditation » était prononcé, on pensait tout de suite à une façon de se placer à l'écart du monde, de s'évader des activités quotidiennes. Cette attitude contrastait singulièrement avec la méditation chrétienne, qui est une façon de se ressourcer en vue de mieux accomplir les tâches de l'existence. La méditation chrétienne, en effet, est essentiellement recherche de la plénitude. Elle vise à remplir l'âme de la présence divine, de cette présence mystérieuse et silencieuse de Dieu en nous. Elle s'appuie sur la conviction profonde que Dieu se trouve au centre de notre être et que, par conséquent, l'Esprit du Christ habite nos cœurs. Elle nous rend ainsi capables d'éprouver la paix

---

1. *La méditation chrétienne*, Congrégation pour la doctrine de la foi, chap. V (§16) et chap. VI (§ 28).

en nous. Voilà pourquoi ce type de méditation est recherché, pour le sens qu'elle donne à la vie.

Quand on parle de «vide» à propos de la méditation orientale, il faut bien comprendre le sens de cette «vacuité» (ou du «néant absolu») qu'elle sous-tend. Dans la pensée orientale traditionnelle, ces éléments sont recherchés non pas dans une perspective de nihilisme, mais comme un moyen d'amener la conscience à quelque chose qui provient aussi bien de la profondeur que de l'au-delà. Voilà pourquoi la méditation orientale est présentée comme une démarche essentielle de la vie.

Cet aspect de la méditation orientale, il va sans dire, a été rapidement récupéré par l'Occident, qui y a vu une façon exceptionnelle d'acquérir la paix et la sérénité. À l'origine, le Bouddha lui-même proposait «la voie de méditation» comme moyen de procurer un état de parfaite santé mentale, d'équilibre et de tranquillité. Elle visait, d'une part, à débarrasser l'esprit de ses impuretés, de ce qui le trouble, comme les désirs sensuels, la haine, la jalousie, la colère, la violence, l'indolence, les tracas et agitations, les doutes; d'autre part, elle cherchait à cultiver les qualités telles que la concentration, l'attention, l'intelligence, la volonté, l'énergie, la faculté d'analyse, la confiance, la joie, le calme, conduisant finalement à la plus haute sagesse, qui voit les choses telles qu'elles sont et qui atteint la Vérité ultime[2]. On comprend pourquoi la pensée moderne a spontanément considéré la méditation comme une technique de gestion du mental.

Un moyen efficace de transformation

La méditation est considérée comme l'instrument le plus efficace de transformation personnelle; elle permet d'ordonner son existence, d'équilibrer le stress de la vie et de parvenir au bonheur. Méditez cinq minutes par jour et vous vous transformerez radicalement, disent les maîtres. Les plus grands moines et religieux de l'histoire considéraient la pratique de la méditation comme le

---

2. *Cf.* Walpola Rahula, *L'enseignement du Bouddha,* d'après les textes les plus anciens, Paris, Seuil, coll. «Points», 1961, p. 94 et suivantes.

moyen le plus efficace de s'unir à Dieu et d'atteindre la perfection. Saint Ignace de Loyola, fondateur des Jésuites, écrivait en ce sens : « La méditation est le chemin le plus court vers la perfection. » Ce que les saints trouvaient si efficace pour la sainteté, pourquoi ne pas l'utiliser pour sa vie personnelle ? Après tout, point n'est besoin d'être moine pour méditer.

Sur le plan profane, les formes de méditation les plus populaires s'inspirent des techniques propres aux grandes religions de l'Asie. Dans la pensée orientale, la méditation se caractérise essentiellement par une recherche intérieure de la sagesse. Elle apparaît comme le remède aux maladies que l'on désigne communément sous le nom de « stress » de la vie moderne : anxiété, troubles psychosomatiques, toxicomanie, maladies mentales, névrose de sens, crise existentielle, etc. Elle est présentée comme une hygiène psychique et d'autotraitement spirituel. Lorsque nous méditons, nous restaurons ce qui a été perdu, et nous réparons l'harmonie perturbée de notre être. La méditation présente en outre l'avantage de spiritualiser l'être.

Dans la tradition chrétienne, la méditation a toujours représenté une démarche exceptionnelle de « conversion », car elle offre à la personne le moyen de se transformer en l'amenant à réfléchir et à travailler sur des points importants de sa vie, toujours avec l'aide de Dieu. Dans cette perspective, le travail de la méditation exige de renoncer à tout ce qui n'est pas essentiel. Et pour y arriver, l'application ou l'intégration des contenus méditatifs à la vie s'avère indispensable.

Nous avons évoqué l'aptitude de la méditation à dissiper le stress physique et mental sous toutes ses formes. Revenons quelques instants sur cet aspect qui peut avoir des répercussions importantes sur les occupations de la vie. Chacun expérimente quotidiennement combien la vie se déroule souvent selon un rythme effréné, ponctué par la hâte, l'ambition, la compétition, l'agressivité, la possession. Or, ce sont toutes des attitudes reconnues comme de grands facteurs anxiogènes. Étant donné que la méditation est une activité complètement opposée à ces attitudes, elle permet de se retrouver, d'acquérir la stabilité, de relaxer, de lâcher prise, de se ressourcer, de faire le plein d'énergie. Elle produit la paix intérieure et la sérénité. Elle est vraiment cette oasis ou ce havre de paix au milieu de nos occupations journalières et des vicissitudes de la vie.

L'un des avantages non négligeables de la méditation est de nous ramener dans l'axe de la profondeur, c'est-à-dire dans celui de nos finalités. Comme nous risquons à tout moment de perdre de vue le but de notre existence, la méditation aide à faire le point. Autrement, la vie risque de ressembler à un vaisseau ballotté au gré des flots, sans aucune direction. Il faut parfois revenir au port pour refaire le plein et retourner aux sources. La méditation apparaît alors comme la condition essentielle de l'action et le moyen indispensable pour faire face aux difficultés et aux défis de la vie. Pour toutes ces raisons, la méditation peut être considérée comme un véritable mode de vie.

Dans la tradition bouddhiste, la méditation a une fonction encore plus « noble ». On lui accorde le rôle de relier la terre au ciel. L'image classique du Bouddha assis, immobile, dans une posture droite, n'a rien à voir avec une sorte d'optimisme béat. Elle évoque la majesté inaltérable de celui qui médite, libérant son esprit pour prendre son essor et planer vers le ciel. Un maître tibétain explique ainsi la signification rattachée à cette posture :

> Le ciel est notre nature absolue, sans entraves ni limites, et le sol notre réalité, notre condition relative, ordinaire. La posture que nous adoptons quand nous méditons signifie que nous relions l'absolu et le relatif, le ciel et la terre, comme les deux ailes d'un oiseau, intégrant le ciel de la nature immortelle de l'esprit et le sol de notre nature mortelle et transitoire [3].

C'est ici que la méditation orientale se rapproche le plus de la méditation chrétienne, mais celle-ci comporte quelque chose de plus.

Comme la prière, la méditation est un rite religieux au sens étymologique du terme, c'est-à-dire qu'elle relie à Dieu. À ce titre, elle joue un rôle considérable dans la vie spirituelle. Pour le chrétien, la méditation apparaît comme le trait d'union entre Dieu et l'être

---

3. *Cf.* Walpola Rahula, *L'enseignement du Bouddha,* d'après les textes les plus anciens, Paris, Seuil, coll. « Points », 1961, p. 91.

humain. Elle représente un moyen unique de remplir l'âme de la présence divine. Elle fait entrer ainsi dans l'intimité même de Dieu, en établissant un contact privilégié avec lui. Elle introduit de cette façon dans le discours divin, à l'intérieur d'un dialogue intime avec « l'hôte de notre âme ».

Pour atteindre ce but, la méditation recourt volontiers à la pensée réflexive, soutenue par des images mentales. Par exemple, pour se représenter Dieu, qui est invisible, on s'appuie sur l'humanité de Jésus et de son message. À cette fin, on peut réfléchir sur une scène de l'Évangile, en se représentant par l'imagination comment cette scène a dû se passer dans la réalité. En même temps, on cherche à percer le sens profond des paroles de Jésus et l'intention dans laquelle elles ont été prononcées. On s'attarde ensuite à dégager des leçons que l'on applique à sa vie, dans le but de se transformer. C'est la méthode utilisée par la grande mystique Thérèse d'Avila.

L'être spirituel ne peut se définir autrement que comme un méditant et un priant. Ces deux activités de la vie intérieure sont indispensables à toute évolution spirituelle. Elles doivent donc être pratiquées quotidiennement, non seulement pour retrouver l'équilibre, l'authenticité, ou pour faire le point dans sa vie, mais aussi pour trouver Dieu, but ultime de la quête spirituelle.

À l'écoute de la « voix intérieure »

La croyance existe chez presque tous les grands méditatifs que c'est dans la retraite en soi-même, dans le silence et l'abandon au centre le plus secret de son être, que l'homme trouve les forces latentes qu'il possède et qui lui donnent le pouvoir d'agir.

Plus on plonge profondément en soi-même, plus on découvre la profondeur de la vie : « Descends au fond du puits si tu veux voir les étoiles », dit un proverbe. Il faut chercher ses valeurs dans l'espace intime de soi-même, dans le centre de son être. Jung appelle ce lieu le « versant intérieur ». C'est là que surgissent de l'inconscient les rêves, les fantasmes et les visions. C'est là aussi que se trouve « la source ultime de l'être », c'est-à-dire l'âme.

Dans cette perspective, la méditation est loin d'être une mystique étrangère à la vie ou un moyen d'évasion permettant d'oublier et de rêver. Elle est, au contraire, une sagesse et un art de vivre accessible à l'homme et à la femme d'aujourd'hui. Elle mène l'individu non à l'éparpillement de soi, mais à une prise de conscience et à la réalisation totale de son être, tout en favorisant l'union à Dieu.

Cette conversion intérieure entraîne automatiquement un revirement et une transformation de la vie extérieure. Nous apprenons alors à transférer du dehors «au-dedans» de nous-mêmes le centre de gravité de notre vie et, de là, nous apprenons à dominer notre destin en cherchant cette «aide intérieure» qui caractérise la méditation.

La croyance en une force intérieure qui nous anime est fortement ancrée dans l'histoire du monde. Plusieurs grandes philosophies ou religions de tous les temps ont affirmé l'existence de cette «voix secrète» qui nous guide dans la vie et que nous découvrons dans la méditation. Pour le chrétien, cette voix, c'est évidemment celle de l'Esprit Saint, le Maître intérieur.

Dans son sens le plus général, méditer signifie réfléchir à quelque chose, l'évaluer avec attention, l'intérioriser en l'évaluant. Ou encore, cela signifie réfléchir, penser, contempler, soit pour faire le tour d'un objet, d'un sujet, pour le pénétrer à fond, soit pour mettre en ordre son esprit, soit pour parvenir à l'élévation spirituelle.

Qu'il s'agisse de méditer sur un thème de la nature, sur des principes de vie, sur un fait de l'existence, sur la planification d'une activité ou le changement à apporter dans notre vie, l'important est de laisser parler la «voix intérieure» qui réside en nous. C'est elle qui nous dicte ce qu'il faut penser et faire. Chaque pensée qui entre dans la conscience de cette façon est douée d'une entité et d'une grande force de persuasion. Ces idées mettent en branle des vibrations intérieures; en prenant forme et en s'identifiant à nous, elles passent inconsciemment dans la vie quotidienne.

Comment méditer ?

Peu importe le domaine de méditation choisi, qu'il s'agisse du domaine profane, spirituel ou religieux, on médite toujours avec son cœur. À ce niveau, tout ce que nous avons dit au chapitre précédent sur la prière du cœur vaut pour la méditation.

Commençons par les conditions physiques et psychologiques de la méditation.

• Le cadre physique

Pour atteindre l'efficacité dans la méditation et en retirer tous les fruits, le lieu choisi pour méditer doit répondre à certains critères :

– il doit être calme et isolé de façon à ce que rien ne sollicite l'esprit ; il doit être un havre de paix ;

– il doit favoriser le silence, donc absence de bruit et de sonnerie (porte, téléphone, klaxon, etc.) ;

– il doit comporter un faible éclairage afin de ne pas trop stimuler le nerf optique.

• Les moments

Bien sûr, on peut méditer n'importe quand, selon ses besoins. Mais il y a cependant des moments privilégiés comme le soir et le matin. Le matin, l'esprit est reposé et réceptif ; le soir, il n'y a pas de meilleure façon de rompre avec l'activité du jour et ses problèmes, et de se disposer favorablement pour la nuit. À ce moment, on donne à l'inconscient, qui travaille pendant le sommeil, des idées ou des fantasmes générateurs de paix et d'équilibre qui agissent à notre insu.

• La durée

La durée de la méditation dépend de la maturité d'esprit et de la motivation du méditant. La facilité cependant s'acquiert avec l'habitude et la technique. Les premières séances peuvent durer en moyenne de cinq à dix minutes, pendant lesquelles les efforts du débutant sont concentrés sur la technique. Une fois l'habitude acquise, la méditation devient presque un réflexe et toute l'attention, à ce moment, est concentrée sur le sujet de la méditation.

• La position

On peut méditer assis ou couché, pourvu que l'on soit dans une position confortable favorisant la relaxation totale. Assis, les pieds et les jambes doivent être bien posés sur le plancher; couché, on peut s'étendre sur son lit ou mieux, par terre, sur le dos, les bras allongés le long du corps et les jambes étendues.

Attitudes physiques et mentales du méditant

1ʳᵉ étape : la relaxation du corps

Toutes les méthodes de méditation commencent par la relaxation. Pour parvenir à l'identification parfaite avec le sujet ou le thème de la méditation, il faut que l'âme et le corps soient dans un état de repos absolu. Cet état n'est pas facile à obtenir, étant donné le rythme des activités vécues pendant la journée et l'état de stress qu'elles engendrent. Cet état de tension devient presque, au fil des heures et des jours, une seconde nature. Même lorsqu'on croit être parfaitement relaxé, il existe toujours des résidus de tension que seul l'initié peut déceler.

• La respiration

Pendant ce temps, la respiration doit être lente, régulière, profonde et consciente (utiliser la respiration de type abdominal). La conscience de la respiration doit durer aussi longtemps que nécessaire pour parvenir à la relaxation complète. On sent alors que le corps n'existe plus, qu'il se confond avec l'univers et le cosmos.

2ᵉ étape : le silence du mental

Cette étape peut se faire en même temps que la précédente. La mise au repos de la pensée est aussi importante que la détente du corps. Le silence du mental consiste à couper tous les ponts avec les activités de la journée, les problèmes vécus ou à venir, de façon à préparer le terrain pour la venue du sujet de la méditation.

Il se peut cependant que l'on éprouve de la difficulté à parvenir au silence intérieur et que l'on rencontre des obstacles à la concentration. Il suffit que l'on se mette à méditer pour que toutes les distractions surgissent en même temps : soucis, haine, ambition, peur, etc. Ces pensées produisent dans la conscience un véritable tourbillon mental. La cause de ce phénomène provient du fait que la détente psycho-physique libère une quantité d'émotions, d'impressions, de sentiments refoulés dans l'inconscient, qui, à la faveur de cet état d'apaisement, envahissent la conscience.

À ce moment, il ne faut pas trop se défendre contre ces pensées ou ces idées. Cela risquerait d'en augmenter la force. Il vaut mieux les laisser venir et repartir du champ de la conscience. Ici, la meilleure technique est l'attitude d'indifférence ou de non-ingérence. Il s'agit de payer les distractions de la même monnaie, en n'y attachant pas trop d'importance. Plus nous combattons un sentiment, une idée, plus ils ont tendance à se renforcer. Cette attitude d'indifférence ou de non-ingérence ne tarde pas à produire le retrait définitif de ces pensées.

Les sortes de méditation

Il existe une grande variété de techniques de méditation. Ces techniques cependant ne conviennent pas toutes à la mentalité occidentale. La plupart sont éminemment complexes et entraînent l'adepte qui veut parvenir à l'illumination dans des voies difficiles, qui supposent parfois une véritable vocation de la part de celui qui s'y engage. Les types de méditations présentées ci-après ne comportent pas ces difficultés.

– La méditation transcendantale

On ne peut parler de la méditation sans évoquer la méditation transcendantale. Contestée par les uns, portée aux nues par d'autres, la MT (je la désignerai par ces deux lettres) est mêlée à toutes les sauces, mais apparaît comme la forme par excellence de libération intérieure, la panacée à presque tous les maux du siècle.

Récemment, des chercheurs ont procédé à une véritable démythification de la MT. Ils la présentaient comme une entreprise multinationale qui gagnait aux États-Unis des sommes fabuleuses. C'est un vaste commerce qui, selon eux, exploite le goût des gens

pour le mystérieux oriental et l'exotisme. En fait, selon ces chercheurs, la relaxation que l'on recherche par la MT peut être obtenue
par d'autres moyens sans avoir à verser d'honoraires. Une simple
prière, par exemple, ou une séance d'hypnotisme pourraient
donner les mêmes résultats. De plus, si l'on faisait la somme des
principes de la MT, cela ne ferait que quelques lignes, même pas
une page.

Pourtant, la MT, depuis que Maharishi Mahesh Yogi l'a fait connaître à travers le monde, n'a cessé de gagner de jour en jour de
nouveaux adeptes. Si l'on fait exception des fumistes – il y en a
partout –, il semble bien que la MT touche à quelque chose de très
sérieux et de fondamental chez l'homme. Elle est assez importante
pour que l'un des plus grands spécialistes du stress, le docteur Hans
Selye, en parle en termes des plus élogieux. Dans la préface qu'il
écrivait pour l'ouvrage intitulé *La méditation transcendantale*
(Bloomfield *et al.*, Éditions du Jour), il parle ainsi de la MT :

> L'action thérapeutique de la méditation transcendantale sur les
> désordres physiques est évidente dans le cas de ce qu'on appelle « les
> maladies du stress » ou « ces maladies d'adaptation » (en particulier
> les troubles mentaux, cardio-vasculaires, gastro-intestinaux, et l'hy-
> persensibilité) provoquées par des réactions d'adaptation ina-
> déquates face aux stresseurs de la vie quotidienne.

Ainsi, la MT apparaît comme un véritable remède aux maladies
causées par le stress de la vie moderne. Selon Maharishi Mahesh
Yogi lui-même, la technique de la MT est susceptible d'apporter
une solution globale et permanente aux souffrances et aux problèmes les plus cruciaux de notre monde.

Cette forme de méditation permet de « transcender » littéralement la réalité. Les bienfaits de ce type de méditation rejaillissent
sur toute la vie. De là à l'utiliser pour son action thérapeutique sur
les désordres physiques et mentaux, il n'y a qu'un pas. Comme la
MT exerce une action bénéfique sur tous les aspects du corps et du
mental, il n'est pas étonnant qu'elle soit devenue l'activité par
excellence permettant de combler les besoins d'une conception spirituelle hédoniste de la vie.

– La méditation chrétienne

La méditation chrétienne consiste, après un temps de préparation plus ou moins long et plus ou moins structuré (mise en présence de Dieu, invocation de l'Esprit Saint, etc.), à prendre un texte de l'Écriture, ou un passage d'un auteur spirituel, et à lire lentement ce texte, en essayant de comprendre ce que Dieu veut nous dire à travers cette parole, comment l'appliquer à notre vie. Ces considérations doivent éclairer l'intelligence et nourrir l'amour de manière à en déduire des affections, des résolutions qui auront une incidence sur notre évolution spirituelle.

Cette lecture n'a pas pour but d'augmenter les connaissances intellectuelles, mais de fortifier son amour pour Dieu. La technique de base est simple. Elle consiste à rester sur un point particulier, à le « ruminer », selon la belle expression des Pères de l'Église, tant qu'on y trouve une certaine nourriture pour son âme. Puis on transforme tout cela en prière, en dialogue avec Dieu, en action de grâce ou en adoration. Lorsque le point particulier qui fait l'objet de la méditation semble épuisé, on passe au point suivant ou à la suite du texte. Il est souvent conseillé de terminer l'exercice par un moment de prière finale, où l'on reprend en quelque sorte tout ce qui a été médité pour en remercier le Seigneur et pour lui demander la grâce de le mettre en pratique.

– Le mantra-méditation

Le mantra-méditation, d'origine orientale, se prête également très bien à la méditation chrétienne, mais avec quelques variantes. C'est une forme pratique de méditation qui convient parfaitement à l'homme et la femme d'aujourd'hui, pressés par les événements et, il faut bien l'avouer, peu portés à la contemplation. Cette forme de méditation se pratique n'importe quand et n'importe où. Mais auparavant, voici un bref aperçu de l'origine du mantra.

Pour bien comprendre le mantra chrétien, il faut le replacer dans la tradition millénaire qui l'a précédé. La plupart des religions ont utilisé le mantra dans leurs offices. Dans les religions non chrétiennes, le mantra est réductible à un son. Le ton généré par le son est reconnu comme un puissant et efficace médiateur. Le son oriental le plus connu du mantra est «*Aum*», qui correspond à l'ultime invocation de l'éternel Divin. Le son choisi pour le mantra n'est pas banal. Il doit posséder une qualité vibratoire significative telle qu'il peut interrompre totalement l'activité mentale. L'effet du son va de l'extérieur vers l'intérieur.

En Occident chrétien, on préfère utiliser un mot ou une courte phrase à la place d'un son. Comme je l'expliquerai plus loin, l'effet de ce type de mantra ne provient pas des phonèmes du mot, mais de la répétition consciente du mot ou de la phrase. L'effet du mot-mantra ou de la phrase-mantra, tout comme le son, agit de l'extérieur vers l'intérieur, mais avec cette différence qu'ici, c'est le sens qui interpelle et non le son. La mantra-méditation consiste à répéter le mot ou la phrase *attentivement* durant tout le temps de la méditation, soit pendant les 20 ou 30 minutes qu'elle peut durer. Le but est de faire résonner le mantra en soi et de l'enraciner dans son cœur.

Comme pour la prière-mantra ou la prière du cœur dont nous avons parlé au chapitre précédent, la valeur de cette forme de méditation ne provient pas de la formulation mécanique, mais de la relation que le mot ou la phrase permettent d'établir avec Dieu. C'est l'intention du cœur qui compte, l'amour que nous y mettons. Il ne s'agit pas d'un talisman, mais d'un mot ou d'une phrase qui agissent sur la base de la foi et de la confiance que nous mettons en Dieu.

Précisons que la méditation-mantra n'a rien à voir avec l'auto-suggestion. Il ne s'agit pas d'influencer la personne, mais de réveiller des énergies spirituelles divines qui sommeillent dans son âme. S'asseoir en silence et demeurer immobile, répéter simplement le mantra dans la foi pendant toute la durée de la méditation, matin et soir, c'est une discipline. Il ne faut pas espérer des résultats immédiats. Il s'agit d'une habileté à maîtriser et à acquérir.

Le mantra – mot ou phrase – doit être répété en articulant distinctement, tout en restant en contact avec son centre intérieur. Il doit être prononcé clairement, doucement, de façon rythmée, à la fois avec l'esprit et le cœur. On le répète fidèlement, malgré toutes les distractions qui peuvent l'accompagner. La répétition rythmée oblige la personne à devenir consciente des forces spirituelles qui la traversent. Ces courtes méditations communiquent une énergie intérieure étonnante. Cette énergie vient évidemment de Dieu à qui nous nous adressons.

L'un des mantras chrétiens les plus connus est constitué d'une courte phrase du genre : «Ô toi, mon Dieu en moi.» D'autres exemples vous seront suggérés ci-dessous. Retenez qu'il s'agit moins d'une formule à répéter qu'à approfondir. Au lieu de l'utiliser en prière, on l'utilise en méditation. En d'autres termes, c'est une prière approfondie.

L'une des plus belles phrases pour la méditation-mantra est le mot araméen *Maranatha*, qui signifie : «Notre Seigneur, viens» (1 Corinthiens 16,22), ou «Viens, Seigneur Jésus» (Apocalypse 22,20). Ce mot porte en lui-même toute l'espérance qui imprégnait les premières communautés chrétiennes, comme l'atteste la lettre de saint Paul aux Corinthiens. On dit que les premières communautés terminaient toutes leurs assemblées eucharistiques par cette expression.

Voici d'autres exemples de phrases qui se prêtent admirablement bien à la méditation, surtout lorsque la vie est traversée par le malheur, la détresse ou la souffrance. J'avoue que ces phrases méditées m'ont vivement aidé dans ma vie en me donnant force et courage pour faire face à des événements difficiles, qui souvent dépassaient mes forces.

Lorsque la phrase est plus longue, il s'agit de la dire lentement en la laissant pénétrer dans son cœur. Il faut laisser la phrase agir par elle-même et ne faire aucun effort d'assimilation. Le Maître intérieur qui nous habite fera le reste. Voici donc quelques phrases qui se prêtent bien à la méditation :

- «En Dieu seul le repos pour mon âme, de lui mon salut ; lui seul mon rocher, mon salut, ma citadelle ; je ne bronche pas» (Psaume 62,2).

- «Tout tourne au bien de celui qui aime Dieu» (Romains 8,28).

- «Le Seigneur est mon berger, je ne manquerai de rien» (Psaume 23,1).

– « Pitié pour moi, mon Dieu, dans ton amour, selon ta grande miséricorde, efface mon péché » (Psaume 51,3).

– « Le Seigneur est ma lumière et mon salut, qui craindrais-je ? » (Psaume 27,1).

– « Tu as du prix à mes yeux et je t'aime » (Isaïe 43,4).

– « Je t'aime d'un amour éternel » (Jérémie 31,4).

– « Voici le Dieu qui me sauve : j'ai confiance, je n'ai plus de crainte. Ma force et mon chant, c'est le Seigneur ; il est pour moi le salut » (Cantique d'Isaïe 12,2).

– « Garde-moi comme la prunelle de l'œil ; sois mon abri, protège-moi » (Psaume 17,8).

– « Tourne tes pas vers le Seigneur, compte sur lui, il agira... Reste calme près du Seigneur, espère en lui » (Psaume 37,5.7).

– « Je peux tout supporter avec celui qui me donne la force » (Philippiens 4,13).

– « Ce que Jésus ayant entendu, il leur dit : ‹ Ce ne sont pas ceux qui se portent bien qui ont besoin de médecin, mais les malades. Je ne suis pas venu appeler des justes, mais des pécheurs › » (Marc 2,17).

– « Venez à moi, vous tous qui peinez et ployez sous le fardeau, et moi je vous soulagerai » (Matthieu 11,28).

– « Voilà pourquoi je vous dis : ne vous inquiétez pas pour votre vie de ce que vous mangerez, ni pour votre corps de quoi vous le vêtirez. La vie n'est-elle pas plus que la nourriture, et le corps plus que le vêtement ? » (Matthieu 6,25).

– « C'est pourquoi je vais l'attirer, la conduire au désert et parler à son cœur » (Osée 2,16).

– « Jérusalem disait : ‹ Le Seigneur m'a abandonnée, le Seigneur m'a oubliée. › Est-ce qu'une femme peut oublier son petit enfant ? » (Isaïe 49,14).

– « Quiconque boit cette eau aura encore soif ; mais celui qui boira de l'eau que je lui donnerai n'aura plus jamais soif. L'eau que je lui donnerai deviendra en lui source qui jaillira jusque dans la vie éternelle » (Jean 4,13-14).

Vous pouvez évidemment ajouter à cette liste bien d'autres phrases qui vous interpellent particulièrement. Beaucoup de prières peuvent servir de textes à méditer. Encore une fois, la *Liturgie des heures* peut être ici d'un grand secours, surtout si vous puisez dans les quatre volumes correspondant aux cycles de l'année liturgique[4]. Vous y trouverez un très grand nombre de phrases provenant des psaumes, des hymnes, des cantiques, des demandes d'intercession, d'antiennes, de la parole de Dieu qui se prêtent admirablement bien à la méditation. Ces phrases ont l'avantage de correspondre à la Parole que l'Église nous donne quotidiennement, nous mettant ainsi en relation avec les milliers de priants à travers le monde qui utilisent la *Liturgie des heures*. La tradition chrétienne nous enseigne qu'à travers cette parole quotidienne Dieu lui-même nous parle et nous donne les réponses dont nous avons besoin pour éclairer notre vie.

La contemplation

Après la méditation vient *la contemplation,* qui est une forme supérieure et privilégiée de la méditation. Dans cette voie, il y a beaucoup d'appelés, mais peu d'élus. Non parce que la contemplation est difficile, mais parce que peu atteignent le degré de maîtrise et de détachement nécessaire pour y accéder. C'est peut-être aussi parce qu'elle exige beaucoup de simplicité et de détachement sur le plan intellectuel.

Malgré le caractère difficile de la contemplation, on remarque qu'elle peut se produire spontanément dans de nombreuses circonstances de la vie. Par exemple, on entrera en contemplation devant un magnifique coucher de soleil, un grandiose panorama, un tableau, un admirable poème ou une belle pièce de musique. Peut-être avez-vous également éprouvé pareil sentiment devant un beau raisonnement, une idée originale et convaincante, une pensée qui touche à la fois le cœur et l'intellect... Vous vous êtes écrié spontanément : « Comme c'est beau ! »

---

4. À défaut des quatre tomes de la *Liturgie des heures,* vous pouvez utiliser *Prière du temps présent* ou *Prier chaque jour,* en un seul volume.

Observons le processus mental mis en cause dans l'acte contemplatif. Il y a d'abord la manifestation d'une activité psychologique, mais dégagée de toute tension ou de tout désir propre au procédé intellectuel qui a pour but la connaissance d'un objet. C'est une pleine activité mentale, mais qui prend le relais de la méditation. Cela ne veut pas dire que le fruit de la contemplation n'est pas la connaissance : l'état mental qui résulte de la contemplation influence le comportement, illumine le chemin, il y a donc connaissance.

La contemplation peut se définir comme *l'acte d'appréhension de l'essence des choses* observées avec une parfaite neutralité, un complet détachement. Les rouages mentaux ne fonctionnent plus, en ce sens qu'ils ont été totalement maîtrisés sur le plan technique par la concentration ou la méditation. À ce stade, la pensée et l'objet se fondent en une seule unité. Il n'y a plus de dichotomie et de contradiction. Illustrons les trois phases – *concentration, méditation, contemplation* – par un exemple.

Supposons que vous appréhendiez le concept de « Dieu ». Le fait d'appliquer votre esprit à dégager ou à considérer les aspects divins relève de la *concentration*. Cependant, une fois ces aspects dégagés et assimilés, vous dépassez l'intellect, c'est-à-dire le niveau d'activité intellectuelle portant sur l'exploration du concept, pour vous arrêter à la façon de faire passer l'idée de Dieu dans votre vie personnelle, selon un but moral ou spirituel : vous faites de la *méditation*. Dans la *contemplation*, par contre, l'observation du concept de Dieu devient tout à fait impersonnelle. Vous le contemplez tout simplement, vous jouissez de sa richesse, de ses potentialités latentes, de sa profondeur.

Christmas Humphreys, dans *Concentration et méditation* (Dangles), décrit ainsi cet état : dans la contemplation, la conscience est « pure attention, dénuée de toute trace d'une objectivation, quelle qu'elle soit. La contemplation porte sur quelque chose de purement spirituel. C'est un état dans lequel l'être intime du contemplatif et l'essence de la chose contemplée se confondent et où le contemplatif prend conscience de leur identité. Les mystiques expriment cette expérience en termes de rencontre avec le Bien-Aimé ou de saisie de leur propre état divin. D'autres la décrivent comme un état de stabilité dans une infinie sérénité, où la chose contemplée, non plus limitée par sa forme, symbolise en fait le non-être, le Soi primordial manifesté en une forme particulière. » C'est comme si l'esprit n'était plus préoccupé par les questions de technique ou le désir de traduire les enseignements reçus en comportements. Pour que cet état devienne un acte non pas sporadique mais permanent, il faut, on le devine, une longue ascèse obtenue par la pratique de la méditation.

La méditation réflexive

La méditation réflexive est moins une sorte de méditation qu'une technique qui peut convenir à bien des domaines. Elle vise un but spirituel, moral ou comportemental : la poursuite d'un idéal, la maîtrise de soi, l'épanouissement personnel, la recherche de la sainteté. Elle peut servir à surmonter les difficultés extérieures et à résoudre des questions épineuses de l'existence.

Par exemple, je prends conscience que, dans ma vie, je manque d'organisation, de méthode. Je me fie trop au hasard. J'aurais besoin de réfléchir sur l'organisation méthodique de mes heures de travail et de loisirs et sur l'emploi rationnel de mes forces et de mes énergies. En ce domaine, l'intelligence vaut mieux que la voyance. Il est plus sensé de se laisser guider par son esprit que par les astres.

Je constate que je m'en vais à la ruine. Je suis énervé, stressé, nerveux, fatigué ; je ne comprends plus ma famille, mon entourage, je manque de motivation dans la vie. Ce type de méditation peut, sans aucun doute, apporter une solution efficace à ces problèmes.

La méditation peut également porter sur la dimension spirituelle : comment intégrer le spirituel, le sacré, la religion à ma vie ? La méditation peut porter aussi sur les soucis de l'âme, les obstacles moraux, l'évolution intérieure et, en général, les grands buts de la vie. La méditation chrétienne est la plupart du temps orientée sur la « conversion intérieure » et la recherche de Dieu. Elle favorise la conscience de la présence divine en soi. Elle favorise par la même occasion l'union à Dieu considérée comme le but de toute la vie spirituelle.

Comment se fait la méditation réflexive?

L'activité réflexive doit être marquée par une certaine passivité. La méditation réflexive est tout le contraire de l'activité que l'on applique lors d'un travail intellectuel (études, gestion d'un commerce, etc.). Pas de rigueur intellectuelle, pas de raisonnement, on suit simplement la logique intérieure qui nous guide. Contrairement à ce qui se produit dans un travail intellectuel, où l'esprit est actif, où l'intelligence dirige les opérations, ici c'est le sujet de la méditation qui capte l'esprit et lui parle.

Cette attitude passive exige encore que l'acte méditatif se fasse dans la détente, le calme, la paix, l'abandon physique et mental. Assez paradoxalement, le corps et l'esprit ne jouent pas un rôle important, c'est plutôt l'objet de la méditation qui s'empare du méditant. Il s'agit de faire taire l'intellect pour écouter la voix de l'Esprit Saint qui est en nous, ce guide intérieur et invisible. C'est lui qui nous dicte les chemins à suivre pour résoudre nos difficultés et apporter des réponses à nos problèmes quotidiens.

Comment méditer à partir d'un texte

On peut méditer à partir d'un texte, d'une pensée ou d'un mot. C'est une excellente façon de méditer, qui présente l'avantage de fournir des idées pour alimenter la réflexion. En outre, cette façon de méditer se situe bien dans la perspective de l'écoute de la «voix intérieure», fondement de la méditation.

Ce type de méditation se fait dans les mêmes conditions physiques et mentales déjà énoncées dans les pages précédentes.

• La position : assis.

Démarche

1re étape : le choix du texte

La méditation se fait à l'aide d'une pensée, d'une théorie ou d'un texte puisés dans des livres ou ailleurs. Le choix du texte se fait en fonction de ses intérêts, de ses préoccupations et de ses besoins. Le texte doit être riche de façon à constituer en lui-même une motivation pour le méditant. Le texte doit interpeller et être susceptible d'apporter un éclairage dans sa vie.

2ᵉ étape : la lecture

La lecture se fait silencieusement et, contrairement aux principes de la lecture dynamique ou rapide, les lèvres doivent remuer en prononçant chaque mot. Cette lecture n'a pas pour but l'acquisition de connaissances ; c'est avant tout une rencontre avec le texte, un premier contact.

Une seconde lecture est recommandée ; le but est d'intensifier la rencontre avec le texte pour parvenir à une véritable communion avec lui. De cette façon, les idées font leur chemin dans la conscience et illuminent la route.

3ᵉ étape : la méditation

L'esprit du méditant est ouvert au texte ; il est dans une attitude de réceptivité totale. Il ne s'agit pas de découvrir la logique du texte ni de dégager les idées principales et secondaires. On ne jongle pas avec les concepts. On ne procède pas par méthode. On laisse les idées envahir la conscience dans l'ordre où elles se présentent, en s'arrêtant, le temps nécessaire, sur chacune d'elles ; on les contemple plus qu'on cherche à percer leur signification (connotation ou dénotation). Cette étape dure aussi longtemps que le temps le permet et qu'on y trouve de la motivation.

4ᵉ étape : l'application à la vie

L'esprit quitte l'attitude de passivité et entre dans une phase active. On se demande comment on peut intégrer au quotidien les idées qui ont retenu notre attention et qui peuvent changer notre vie. On peut reformuler chaque idée en appliquant la technique de l'affirmation (ou autosuggestion). Par exemple, si la méditation a lieu le matin, dire :

« Aujourd'hui, je ferai telle chose... »
« J'accomplirai cette tâche de cette façon... »
« J'adopterai tel comportement... », etc.

Cette phase correspond aux prises de résolution pour la journée. La force et l'efficacité d'une résolution dépendent en grande partie de la fréquence des rappels que l'on s'en fait. Il faut y revenir constamment si l'on veut réellement modifier en profondeur ses comportements et se transformer.

Ces «rappels» fréquents des enseignements et des résolutions prises au cours de la méditation surviendront tout au long de la journée. Entrecoupez votre travail de courtes périodes de réflexion qui constitueront des oasis de paix et de repos; c'est en même temps une excellente façon de prolonger et de consolider les objectifs recherchés dans la méditation.

La méditation cosmique

«Les hommes ne savent pas profiter des choses visibles pour méditer sur les invisibles.»
– Hippocrate

«La joie est la plénitude du sentiment du réel.»
– Simone Weil

La méditation cosmique telle que je la présente ici est une forme de méditation chrétienne qui repose sur la reconnaissance de la présence et de l'action de Dieu dans sa création. Elle rejoint en cela le premier article du *Symbole des apôtres*: «Je crois en Dieu, le Père tout-puissant, créateur du ciel et de la terre…» Elle est donc une façon d'exprimer sa foi en Dieu et une occasion de le remercier pour le don de la Terre et de tous ses biens.

À cette fin, la méditation cosmique peut se faire devant n'importe quel paysage de la nature, devant une plante, un rocher, un lac, une rivière, un jardin, etc. À défaut d'être dans la nature, on peut méditer à partir d'un tableau représentant un paysage ou en s'inspirant d'un poème évoquant un thème de la nature. Je vous propose ci-dessous un thème simple, celui des quatre éléments de la nature: *l'eau, la terre, l'air, le feu.* Pourquoi les quatre éléments? On verra qu'ils sont plus importants qu'on ne le pense dans l'équilibre humain.

– Méditer sur les quatre éléments de la nature

On peut considérer les quatre éléments comme les principes fondateurs de la vie. Nous sommes organiquement liés à l'eau, à la terre, à l'air, au feu. Il y a quelques années, le grand philosophe Gaston Bachelard consacrait une partie importante de sa vie à montrer la beauté poétique des quatre éléments et leur capacité de susciter et d'entretenir en nous la rêverie. À travers une analyse psychanalytique pénétrante, il a montré comment, lorsque nous bannissons ces éléments de notre vie, l'univers se décolore, nos élans retombent. Ces éléments ont vraiment la faculté de susciter la joie de vivre !

Malheureusement, nous avons perdu le contact originel avec les éléments de la nature. Conséquemment, nous sommes coupés de notre secrète intimité avec le cosmos. La relation homme-nature s'est perdue. Nous vivons dans un monde artificiel, aseptisé. Or, l'un des buts du pèlerinage aux sources que nous avons entrepris consiste précisément à les retrouver et, dans la mesure du possible, à les intégrer à notre vie.

Les quatre éléments sont importants pour les valeurs spirituelles et symboliques qu'ils représentent. Pour traduire les réalités du ciel, nous avons besoin des réalités terrestres. L'invisible ne peut être traduit que par le visible. C'est la raison pour laquelle l'Écriture sainte et la Tradition chrétienne utilisent à profusion les symboles issus de la nature. Et parmi ces symboles, l'eau, la terre, l'air, le feu occupent une place de choix.

• Dans l'Ancien Testament, l'image de l'*eau* symbolise le don de la vie. L'Éden premier était arrosé par un fleuve qui se divisait en quatre bras (Genèse 2,10). La prophétie d'Ézéchiel évoque une source qui coule du temple vers l'orient, vers la mer Morte ; sur son passage, tout reprend vie. Dans le Nouveau Testament, Jean baptise Jésus dans le Jourdain. Puis Jésus se présente comme le seul capable d'étancher nos soifs : « Que celui qui a soif vienne à moi et qu'il boive » (Jean 7,37). C'est l'invitation qu'il fait également à la Samaritaine : « Quiconque boit cette eau aura encore soif ; mais celui qui boira de l'eau que je lui donnerai n'aura plus jamais soif. L'eau que je lui donnerai deviendra en lui source qui jaillira jusque dans la vie éternelle» (Jean 4,13-14). Nous pourrions évoquer ici le merveilleux cri du psalmiste, exprimant son désir de Dieu: «Dieu, tu es mon Dieu, je te cherche dès l'aube: mon âme a soif de toi» (Psaume 63,2). Il n'est pas étonnant que l'eau soit présente dans de nombreux rituels chrétiens, en particulier ceux qui purifient ou symbolisent la vie.

• La *terre* représente aussi un symbole d'une grande richesse. La Genèse précise clairement nos origines cosmiques et terrestres quand elle dit que l'homme est fait du limon de la terre (2,7). Le nom donné au premier homme est, à ce point de vue, significatif, puisque le nom «Adam» signifie «terre», plus précisément «le terreux». De la même façon, le mot «homme» vient de «humus» qui signifie aussi «terre».

C'est sur la Terre, le joyau de ses planètes, que Dieu a mis l'homme, auquel il a confié la mission de la cultiver et de la faire fructifier. Au peuple qu'il s'est choisi, Dieu offre en héritage la «Terre promise», cette terre plantureuse où «coulent le lait et le miel». La Terre promise apparaît comme le plus beau cadeau que Dieu puisse faire à son peuple pour ses loyaux services. Lui-même ne l'a-t-il pas choisie comme lieu de son incarnation? Combien de fois il l'a parcourue amoureusement en tous sens pour livrer son message! C'est sur cette terre qu'il a vécu, qu'il a souffert et qu'il est mort.

La terre est aussi le lieu de notre salut. Impossible de nous sauver en dehors du respect et de l'amour que nous lui devons. C'est une des leçons de la Genèse, qui présente l'homme comme intimement lié à la terre, conçue à la fois comme son domaine et sa source. Elle nous apprend également que cette terre est le lieu de rencontre avec le Créateur.

• L'*air*, quant à lui, se présente comme un élément intermédiaire entre le ciel et la terre, le feu et l'eau. Fluide, mobile, léger, l'air occupe les hauteurs, tandis que la terre et l'eau, plus denses, sont en bas. Dans la Genèse, l'air apparaît comme une émanation du souffle de l'Esprit qui se meut sur les eaux primordiales pour les séparer de la terre et créer le monde. Dans la Bible, l'air est le lieu de manifestation du souffle divin, symbole de spiritualisation. L'air invite ainsi à se délester, à se dématérialiser, à s'élever. Il a quelque chose de l'expérience spirituelle et de sa nature ascensionnelle.

• Le *feu* est l'un des symboles les plus utilisés dans l'histoire de la pensée. Il est la première conquête de l'homme primitif. C'est le feu qui a présidé aux débuts de la civilisation. C'est à partir du moment où l'homme a découvert le feu qu'il a pu manger de la viande et qu'il développa son cerveau, devenant ainsi créatif. Selon Héraclite, dans le flux incessant des choses aux attributs contradictoires, l'élément qui tient tout, c'est le feu. Le feu possède trois fonctions : éclairer, réchauffer, brûler. Il peut, tour à tour, être destructeur, purificateur ou régénérateur. Dans la Bible, il accompagne la divinité, les êtres célestes ou glorifiés. Il est purificateur comme le feu de la géhenne. Mais il est aussi destructeur comme dans le cas des villes impies Sodome et Gomorrhe (Genèse 19,24).

Le feu est de l'essence même de la divinité. Il est le symbole de la présence de Dieu sur terre et dans notre vie. Le buisson ardent, où Dieu se révéla à Moïse, en est un bel exemple : «Je suis celui qui suis» (Exode 3,14). Le feu paraît accompagner souvent Dieu quand il s'adresse à ses prophètes. Mais à la Pentecôte, le feu incarne l'irruption de l'Esprit dans la vie des apôtres et représente un agent de transformation contre lequel rien ne résiste. Et quel beau passage dans l'Évangile que celui où les disciples d'Emmaüs témoignent après coup : «Notre cœur n'était-il pas brûlant en nous, tandis qu'il nous parlait sur la route ?» (Luc 24,32).

– Bienfaits de la méditation cosmique

En plus de souligner la présence divine dans l'univers, la méditation cosmique amène évidemment la personne à se relier au monde, à la nature, de façon à en dégager le dynamisme et les forces qu'ils contiennent. Elle est, dans cette perspective, une prise de possession du réel, *un moyen de pénétrer l'essence des choses*.

Pénétrer l'essence des choses signifie aller au cœur de la réalité, là où les éléments engendrent et perpétuent la vie ; c'est participer à l'harmonie universelle dont l'homme fait partie ; c'est s'approprier les forces intérieures d'origine cosmique qui rejaillissent sur toute la vie. Plus nous puisons dans cette source, plus nous bénéficions des courants de forces physiques et spirituelles sans cesse renouvelées.

L'homme ainsi pénétré domine la vie et l'existence, comme le suggère K. O. Schmidt dans *La voie de la perfection* :

> Le méditatif est en réalité un homme cosmique, car il est relié aux courants de force de la vie cosmique. Il se distingue par un grand calme et une grande égalité d'humeur, par un rythme intérieur qui vibre en lui au-delà de la méditation, par une clarté intérieure qui luit discrètement à travers son enveloppe extérieure, lui permettant d'irradier harmonie et calme.

La méditation cosmique nous fait prendre conscience de la relation intime et souvent cachée qui nous unit à la terre. Celle-ci laisse percer des symboles et des significations que le méditant peut s'approprier et transposer dans sa vie. Voilà pourquoi la méditation cosmique est particulièrement génératrice de force, d'équilibre et d'harmonie.

> Quand vous regardez, écrit Alain, les étoiles ou l'horizon de la mer, votre œil est tout à fait détendu ; si l'œil est détendu, la tête est libre, la marche est plus assurée ; tout se détend et s'assouplit jusqu'aux viscères. Mais n'essaie point de t'assouplir par volonté ; ta volonté en toi, appliquée en toi, tire tout de travers et finira par t'étrangler ; ne pense pas à toi ; regarde au loin (*Propos sur le bonheur*).

Cette mise en relation profonde avec le monde, à travers la méditation cosmique, peut devenir, petit à petit, une manière de vivre qui permet d'accéder au calme et à la sérénité. La pratique de la méditation cosmique nous fait sortir de notre subjectivité, de nos problèmes, des soucis qui tissent la trame de nos journées ; elle élimine tout ce qui voile la beauté des choses et qui rend la vie terne et prosaïque. Nous comprenons qu'il existe, en dehors du cercle étroit dans lequel se déroule notre existence, un monde plus large, à la dimension du cosmos. Mais l'un des avantages marqués de cette forme de méditation est que nous ne sommes aucunement coupés du présent. Il ne s'agit pas d'une évasion du monde, mais d'une redécouverte du réel et des forces qu'il génère.

– Pratiquez souvent la méditation cosmique

J'ai proposé pour la méditation cosmique le thème des quatre éléments. Vous pouvez cependant méditer à partir de n'importe quel «objet» de la nature: une fleur, un arbre, un paysage, etc. Le principe qui prévaut est le suivant: en faisant l'unité avec le monde, en s'identifiant aux forces de l'univers manifesté, en vivant en «harmonie» avec le cosmos, il devient plus facile de faire l'unité en soi.

Les forces puisées dans la méditation – amour, courage, joie, calme, paix, sérénité – sont réinvesties tout au long de la journée dans la vie quotidienne, dans les activités et les tâches de la journée.

En moi afflue un amour infini. Amour pour tout ce qui est: plante, animal, être humain; pour mes frères, pour mon prochain, pour l'univers, pour Dieu. Et de l'univers entier me revient un vivant écho: partout l'amour, rien que l'amour! [...]

Cet amour s'élance, lumineux, du fond de mon cœur, vers mes frères dont le cœur est dévoré de la même nostalgie. L'amour est l'étincelle divine qui nous ramène tous à l'Unité, notre patrie. Quand nous aimons, Dieu aime en nous. Où que nous posions notre regard, nous voyons le reflet de son amour infini. Amour dans tout ce que je vois, amour dans ce que je pense, ce que je dis, ce que je fais. Tout ce qui existe fait partie de la chaîne infinie de l'amour, dont le dernier chaînon est Dieu lui-même (K. O. Schmidt, *La voie de la perfection*).

L'attitude qui domine ici s'apparente à l'état mystique que connaissent certains contemplatifs orientaux. D'une façon nettement plus marquée que chez les contemplatifs occidentaux – les moines d'Europe –, les moines d'Asie s'intéressèrent beaucoup à la communion avec la nature, avec les rythmes de la vie cosmique, avec les animaux et les plantes, les rochers et la terre nourricière. La nature les mettait en relation avec les plans supérieurs du cosmos et les préparait soit au «nirvana», soit à la rencontre de Dieu.

Intégrer la méditation à sa vie

Il faut démythifier la méditation et ne pas penser qu'elle est réservée aux seuls initiés ou qu'elle suppose la connaissance d'un rite particulier que seuls possèdent quelques rares privilégiés. Bien au contraire, nous avons vu, à travers des méthodes simples, qu'elle peut être accessible à tous, en tout temps.

Voilà pourquoi on peut développer *le réflexe de méditation*. La méditation n'exige pas un effort artificiel de la part du méditant. Elle est un acte parfaitement naturel. C'est un mécanisme inné qui équilibre l'activité et le stress. Considérez la méditation comme un instrument, un moyen extraordinaire de vous renouveler et de transformer votre existence. Qu'elle fasse partie de votre vie. C'est le moyen le plus efficace de développer l'énergie intérieure qui rejaillit sur toutes les composantes de la personnalité, et c'est ainsi la meilleure façon de se mettre en contact avec le Dieu créateur, Source de notre vie et Être de notre être.

CHAPITRE 9

La présence divine en soi

PENSÉES

« *Tu portes en toi-même un ami sublime que tu ne connais pas. Car Dieu réside dans l'intérieur de tout homme, mais peu savent le trouver.* [...] *Celui qui trouve en lui-même son bonheur, sa joie, et en lui-même aussi sa lumière, est un avec Dieu. Or, sache-le, l'âme qui a trouvé Dieu est délivrée de la renaissance et de la mort, de la vieillesse et de la douleur, et boit l'eau de l'immortalité.* » – Bhagavad-Gita

« *Arrête, où cours-tu ? Le ciel est en toi. Tu ne le trouveras jamais si tu le cherches ailleurs.* »
– Angelus Silesius

« *De tout ton être, prends refuge dans le Seigneur qui siège dans ton cœur ; par sa grâce, tu atteindras la paix suprême et l'état d'éternité.* »
– Bhagavad-Gita

« *Si quelqu'un m'aime et garde mes commandements, nous viendrons à lui et nous ferons en lui notre demeure.* » – Jean 14,23

D E TOUTES LES VOIES qui mènent à l'expérience de Dieu, le culte de la *présence divine en soi* est considéré comme la fine fleur de la spiritualité. C'est le «jardin secret» où a fleuri l'âme des plus grands êtres spirituels, en particulier ceux que l'on appelle «les saints». La conscience de la présence divine est reconnue comme le sommet de l'expérience spirituelle et la clé de la conversion intérieure. Cette présence se nourrit principalement de la prière et de la méditation. Nous verrons en outre que la présence divine en soi est reconnue comme une source importante de guérison.

Saint Thomas d'Aquin distinguait deux modes de présence de Dieu : la «présence d'immensité» et la «présence par la grâce». La présence d'immensité est celle du Dieu créateur qui prodigue l'être à toute créature et la maintient dans l'existence. Ainsi, Dieu habite l'être humain d'abord comme cause créatrice et moteur de son être, lui conservant le mouvement et la vie. Il habite également l'arbre, la pierre, le cosmos qui bénéficient de l'énergie divine. C'est ce qu'on appelle la présence de Dieu dans la nature. Les primitifs voyaient ce Dieu comme une puissance parfois hostile, parfois gratifiante, selon ce qu'ils obtenaient d'elle.

Le second mode de présence de Dieu est celui qui se réalise «par la grâce», c'est-à-dire par un don purement gratuit de son amour : c'est la présence de Dieu habitant en l'être humain avec sa propre vie. Seul l'être humain, il va sans dire, peut bénéficier de cette présence. L'homme est ainsi plus que «l'image divine» de la Genèse. Le Nouveau Testament nous apprend que nous sommes réellement habités par Dieu. Et dans ce mode de présence, Dieu se révèle essentiellement à nous comme un Père qui nous aime inconditionnellement. La plus belle illustration de cet amour inconditionnel est celle de l'enfant prodigue de l'Évangile.

La présence divine, réalité universelle

La présence divine en soi est un phénomène universel. Elle est la plus grande réalité du monde cosmique et spirituel. La croyance en cette présence ne se trouve pas seulement dans les spiritualités chrétiennes révélées. Tous les grands maîtres de spiritualité, qu'ils soient chrétiens ou non chrétiens, enseignent que Dieu est présent en chacun de nous. Beaucoup de religions non chrétiennes (hindoue, bouddhiste, taoïste ou musulmane) reconnaissent un Dieu unique, personnel, créateur de toutes choses visibles et invisibles, habitant dans le cœur de chacun. L'Arabe, par exemple, qui récite inlassablement son chapelet en répétant: «Allah est grand», ne fait pas autre chose que d'approfondir sa conscience de la présence divine, comme le fait le chrétien de toute allégeance en disant: «Dieu est Amour»; dans les deux cas, c'est la même réalité qui est exprimée.

L'anthropologie reconnaît que nous avons tous une divinité intérieure qui répond au choix de notre conscience. L'homme est considéré par la «philosophie *perennis*» (la philosophie éternelle) et les grandes traditions spirituelles comme l'écrin sacré de l'étincelle divine. Dans les cultures éloignées du christianisme, on a d'une certaine manière perçu la présence de Dieu comme «esprit» qui anime le monde. On trouve, par exemple, cette idée chez le grand poète ancien Virgile, qui écrit dans son *Énéide*: «*Spiritus intus alit*», ce qui signifie: «L'esprit nourrit de l'intérieur.»

Pour le chrétien, Dieu n'est pas uniquement celui qui a créé l'univers, mais aussi celui qui est en nous. Tous les chercheurs naturels de Dieu sont conscients de cette réalité. Nous pouvons le chercher dans le cosmos, mais sa présence intériorisée dans la personne est quelque chose d'autrement plus grand, quelque chose d'unique. Madeleine Delbrêl a magnifiquement exprimé cette idée quand elle écrit : « Si tu vas au bout du monde, tu trouveras la trace de Dieu. Si tu vas au fond de toi-même, tu trouveras Dieu. » La présence d'immensité place Dieu en haut et la personne en bas, à des centaines de millions d'années-lumière ; la présence par la grâce place Dieu au centre de l'être humain.

C'est ce qu'ont expérimenté les grands mystiques, comme sainte Thérèse d'Avila et saint Jean de la Croix, pour qui « Dieu est le centre de l'âme ». Saint Augustin va encore plus loin en disant que Dieu est en moi, plus près que mon haleine : « Dieu est plus près de moi que je ne le suis moi-même » (*Confessions*, III, 6). Il en résulte cette vérité fondamentale, à savoir que Dieu nous enveloppe et nous pénètre de son Être. Nous savons qu'il est là, même si nous ignorons ce qu'est son existence. Il ne s'agit pas de le faire descendre du ciel ! Il est là, en nous, par la grâce. Il suffit de descendre au fond de notre âme pour le rencontrer. Thérèse d'Avila dit que cette présence est tellement réelle que nous pouvons parler à Jésus comme nous l'aurions fait si nous avions vécu avec lui en Palestine. Tel est le secret de ces mystérieuses « conversations intérieures » qui font les délices des saints.

Toute la grande tradition religieuse exprime cette réalité, à savoir que le but de la vie spirituelle est la recherche de Dieu et que la conscience de Dieu est le moyen d'y parvenir. Le culte de cette présence divine en soi est ce « mystérieux secret » qui a fait les saints. Que sont les saints, si ce n'est des êtres qui ont été un jour visités par la puissance transcendante de Dieu et qui en ont gardé la conscience inaltérable ? Un saint, c'est quelqu'un qui ne laisse aucun moment de sa vie ni aucun lieu vides de la présence divine. Cette idée se trouve dans la Genèse, où on lit : « Marche en ma présence et sois parfait » (17,1). Ce qui signifie : « Marche en ma présence et tu deviendras parfait. » Cette consigne a trouvé un écho chez le psalmiste quand il prit un jour la résolution de marcher constamment en présence du Seigneur : « Je marcherai en présence du Seigneur sur la terre des vivants » (Psaume 116,9).

Cette présence, cependant, demeure mystérieuse. Elle opère dans le silence. Elle se présente comme quelque chose de secret, de caché. Beaucoup ont parlé de diverses façons du «Dieu absent», du «Dieu inévident». Pascal, au XVIIe siècle, se questionnait fortement sur «cet étrange secret dans lequel Dieu s'est retiré». Il a parlé du «Dieu caché». C'est un fait que l'expérience la plus fréquente que nous faisons de Dieu semble être celle de son absence. «La marque de la divinité dont tu désires un signe, écrit Antoine de Saint-Exupéry, c'est le silence même.» Et pourtant, toute la spiritualité chrétienne affirme que Dieu est le plus près de nous quand il semble le plus lointain. C'est une façon de nous rappeler que tout ici-bas se passe dans le clair-obscur de la foi.

On peut comprendre, à partir de ces réflexions, l'association spontanée que l'on fait à propos de Dieu : silence égale absence. Jean-Paul Sartre le disait : «Dieu se tait, donc il n'existe pas.» Nous sommes constamment confrontés à cette question : «Pourquoi Dieu reste-t-il dans le silence ?»

Le Dieu absent

La présence de Dieu sous forme de silence a préoccupé l'homme de toutes les époques. Déjà dans l'Ancien Testament, l'absence de Dieu était expérimentée avec beaucoup de nostalgie dans le désert, alors que le peuple d'Israël avait perdu complètement espoir. En face des épreuves, il s'était écrié : «Le Seigneur est-il vraiment au milieu de nous, ou bien n'y est-il pas ?» (Exode 17,7).

Le prophète Isaïe, de son côté, a cruellement éprouvé l'absence de Dieu, qu'il a exprimée à travers cette plainte qui trouve des échos dans toute l'histoire de l'humanité : «Oh ! si tu déchirais les cieux, et si tu descendais... » (Isaïe 64,1). Job expérimenta aussi douloureusement l'abandon de Dieu à un moment où il en avait un pressant besoin. Désespéré, il fit à Dieu cette remontrance : «Je crie vers toi et tu ne réponds pas ; je me présente et tu restes distrait.» (Job 30,20). Combien de fois le psalmiste s'est trouvé confronté à la question de ses contemporains : «Où est-il, ton Dieu ?» (Psaume 42,11) ! Ce qui légitime son cri déchirant : «De toi, mon cœur a dit : ‹Cherche mon visage.› C'est ton visage, Seigneur, que je cherche» (Psaume 27,8).

Dans l'Ancien Testament, Dieu ne se laisse absolument pas « voir » ; il se fait plutôt « entendre », se manifestant uniquement à travers sa Parole : « Et le *Verbe* s'est fait chair », dira plus tard saint Jean. Dieu a même défendu à son peuple de faire des « images » de lui. Et pour cause, la tentation aurait été forte de prendre ces images pour l'Auteur lui-même. Mais ces mises en garde n'enlevèrent jamais le désir persistant chez le peuple élu de mettre un visage sur son Dieu. Ce désir, d'ailleurs, semble de toutes les époques.

Sainte Thérèse d'Avila s'écria un jour : « Je veux voir Dieu. » Au plus fort de son épreuve, Teilhard de Chardin lance à Dieu cette plainte : « Pourquoi, Seigneur ? Tes créatures se tiennent devant toi, éperdues et angoissées, implorant ton aide ; et il te suffirait, si tu existes, pour les faire accourir vers toi, de montrer un rayon de ton regard, le bord de ton manteau ; mais toi, que ne le fais-tu ? » Tous les chercheurs de Dieu subissent l'épreuve de son absence. Paradoxalement, c'est le sentiment de cette absence qui les amène à le chercher. C'est comme l'étoile qui a mis les Mages sur le chemin de la recherche de Dieu.

Et alors, il se produit un phénomène étonnant que Pascal a exprimé ainsi. Il fait dire à Jésus : « Tu ne me chercherais pas si tu ne m'avais pas déjà trouvé. » Curieusement, on croit chercher Dieu alors que c'est lui qui nous cherche. Dans le film *Jésus de Montréal*, de Denys Arcand, le jeune homme un peu perdu se fait demander par la bibliothécaire :

– Qui cherchez-vous ?

– Jésus…

– C'est lui qui va vous trouver.

En ce domaine, nous croyons choisir et nous sommes choisis. Ce que confirme l'Évangile : « En ceci consiste l'amour : ce n'est pas nous qui avons aimé Dieu, mais c'est lui qui nous a aimés et qui a envoyé son Fils en victime de propitiation pour nos péchés » (1 Jean 4,10). Dieu est en soi la disposition permanente à le chercher. Aussi faut-il parler moins d'une absence que d'une présence voilée et non éprouvée.

C'est précisément cette disposition qui fait que l'homme et la femme d'aujourd'hui, consciemment ou inconsciemment, éprouvent tellement la nostalgie de Dieu. Dans la Genèse, Dieu dit : « Adam, où es-tu ? » À son tour, l'homme contemporain interpelle son Créateur en disant : « Dieu, où es-tu ? » Nous posons souvent la question : « Croyez-vous en Dieu ? » alors que la vraie question devrait être : « Où est Dieu ? » Nous savons que Dieu existe, mais où est-il ? Cette question se pose avec beaucoup plus de force quand ça va mal dans notre vie ou dans le monde, par exemple lors de grands cataclysmes. Ainsi, combien se sont demandé où était Dieu lors de l'attaque du World Trade Center par les terroristes aux États-Unis, où sont mortes des milliers de personnes ?

À cette question, la réponse la plus lucide que j'ai entendue est venue de la fille du grand prédicateur américain Billy Graham, Ann Graham. Invitée à l'émission *The Early Show*, dans la semaine où se produisit le grand cataclysme, l'animatrice Jane Clayson lui a demandé : « Comment Dieu a-t-il pu laisser quelque chose de ce genre arriver ? » Et Ann Graham lui a répondu de façon perspicace : « Je crois que Dieu est profondément attristé par tout cela, tout comme nous. Mais cela fait des années que nous lui demandons de sortir de nos écoles, de sortir de notre gouvernement et de sortir de nos vies. Et comme Dieu est un gentleman, je crois qu'il a simplement fait ce que nous lui demandions. Comment pouvons-nous espérer sa bénédiction et sa protection, si nous lui demandons de nous laisser tranquilles ? »

Après une telle réponse, on se tait, on réfléchit. On n'a plus le goût de chercher, tant la vérité, dans sa simplicité, s'impose. Au lieu de parler du Dieu caché ou du Dieu absent, peut-être vaudrait-il mieux parler du Dieu abandonné, comme l'exprime si bien le poème suivant :

Je suis la Lumière,
    et vous ne me voyez pas.
Je suis la Route,
    et vous ne me suivez pas.
Je suis la Vérité,
    et vous ne me croyez pas.

Je suis la Vie,
　et vous ne me recherchez pas.
Je suis votre Maître,
　et vous ne m'écoutez pas.
Je suis votre Chef,
　et vous ne m'obéissez pas.
Je suis votre Dieu,
　et vous ne me priez pas.
Je suis votre Grand Ami,
　et vous ne m'aimez pas.
Si vous êtes malheureux,
　ne me le reprochez pas !
(Lu sous un vieux calvaire flamand de 1632.)

En fait, Dieu n'est pas absent, il est tout simplement mis entre parenthèses, souvent parce qu'il représente un concept gênant qui brime la conscience et empêche de vivre. C'est ce qu'on appelle l'athéisme pratique, qui consiste à vivre comme si Dieu n'existait pas.

Et puis, il y a cet autre élément important, celui de la liberté humaine. Dieu laisse à l'homme la liberté de le chercher, de l'aimer, de répondre à son amour ou de le récuser. Aussi attend-il l'autorisation pour agir. Dieu n'entre jamais par effraction dans un cœur humain. «Je me tiens à la porte et je frappe», dit-il dans l'Apocalypse (3,20). Bien des fois, nous n'osons pas ouvrir la porte, de peur qu'il y ait trop d'interférences de sa part dans nos projets personnels, alors qu'au contraire c'est lui qui représente la vraie solution à nos problèmes.

Dieu semble absent pour une autre raison : on ne le cherche pas au bon endroit. Il existe là-dessus une légende indienne fort significative. On raconte que les dieux étaient perplexes au sujet de la dispute des humains qui se déchiraient entre eux pour s'approprier le pouvoir divin. Les dieux décidèrent de consulter le dieu suprême Brahma. Ce dernier leur conseilla de cacher le pouvoir divin. Un dieu dit : «Nous le cacherons dans la terre, les hommes ne pourront pas le trouver.» Mais Brahma dit : «Non, pas dans la terre, car ils finiront par le trouver.» Un autre dieu dit : «Cachons-le dans les profondeurs de l'océan.» Mais Brahma dit : «Non, pas dans l'océan, car ils finiront par le trouver.» Alors que faire répondirent les dieux? Brahma dit: «Cachez-le au plus profond du cœur de l'homme, car c'est le seul endroit où ils oublieront de le chercher.» Et depuis ce temps, les hommes courent, cherchent, excavent la terre, escaladent les montagnes pour trouver le pouvoir divin, mais en vain.

Le fondement de la présence divine

Dieu habite le cœur humain. Le fondement de la croyance en cette présence repose sur une parole de l'Évangile: «Si quelqu'un m'aime et garde mes commandements, nous viendrons à lui et nous ferons en lui notre demeure» (Jean 14,23). L'une des grandes données de la révélation chrétienne est que nous sommes habités par Dieu. Quand Dieu dit: «Je suis» (Exode 3,14), il affirme essentiellement une présence. Il pourrait très bien ajouter: «Je suis en toi.» Il l'a d'ailleurs dit de multiples façons. Les références qui expriment cette réalité foisonnent dans la Bible:

- Jacob dit: «Le Seigneur est en ce lieu et je ne le savais pas!» (Genèse 28,16).

- Saint Paul parle du corps humain comme du temple de l'Esprit et demeure de Dieu (1 Corinthiens 6,19).

- «Examinez-vous vous-mêmes pour voir si vous êtes dans la foi. Ne reconnaissez-vous pas que Jésus Christ est en vous?» (2 Corinthiens 13,5).

- «Je vis, ou plutôt ce n'est pas moi qui vis, mais c'est le Christ qui vit en moi» (Galates 2,20).

- Saint Pierre recommande d'«adorer le Seigneur dans le cœur» (1 Pierre 3,15).

- «C'est lui, l'Esprit de vérité, celui que le monde est incapable d'accueillir, parce qu'il ne le voit pas et qu'il ne le connaît pas. Vous, vous le connaissez, car il demeure auprès de vous et il est en vous» (Jean 14,17).

- «Celui qui proclame que Jésus est le Fils de Dieu, Dieu demeure en lui, et lui en Dieu» (1 Jean 4,15).

Tant de paroles concordantes sur la présence divine ne peuvent être l'effet du hasard. Dans l'Ancien Testament, Dieu est présenté comme habitant « parmi les hommes » ; dans le Nouveau, il est présenté comme habitant « au-dedans de nous ». C'est d'ailleurs l'une des plus grandes données de la révélation chrétienne.

Prendre conscience de la présence divine en soi, c'est toute la différence entre croire en un Dieu qui est quelque chose et croire en un Dieu qui est quelqu'un. Ce qui fait la force du christianisme, par rapport au bouddhisme ou à la divinité impersonnelle des hindous, c'est que le « vide » est remplacé par une présence. Le vide chrétien est une plénitude, parce qu'il est rempli par la Présence personnelle du Christ.

Dieu nous habite, quel que soit notre état intérieur, indépendamment de ce que nous pouvons sentir ou pas, indépendamment de nos mérites ou de notre valeur personnelle et morale. La présence divine n'est pas réservée à une élite spirituelle, elle est pour tous. Tout être humain peut avoir accès à Dieu : il suffit de croire. Dans l'Évangile, la Cananéenne venue interpeller Jésus pour qu'il guérisse sa fille était une pure païenne, et cependant Jésus l'a guérie. Le centurion venu demander à Jésus de guérir son fils était non seulement un païen, mais il faisait partie de l'occupant romain qui gardait les Juifs en tutelle. Or, Jésus a guéri son fils sans aucune condition. Jésus a accueilli également sans condition des femmes aux mœurs légères comme la Samaritaine et la femme adultère. Il a même sauvé la vie de cette dernière alors qu'elle était sur le point d'être lapidée. L'enfant prodigue, qui avait tout dilapidé son héritage paternel, a été accueilli à bras ouverts par son père. Dieu nous regarde et nous aime. À tout moment, nous pouvons aller à lui dans notre sanctuaire intérieur et nous sommes assurés d'être bien accueillis en tout temps.

Une expérience de foi et d'intériorité

On n'arrive pas du jour au lendemain au culte de la présence divine. C'est un travail progressif lié à certaines conditions. Comme toute expérience spirituelle, elle est une expérience de foi et d'intériorité.

Une expérience de foi d'abord. Pourquoi ? Parce que la présence divine n'est pas avant tout objet d'expérience sensible ; elle pourra le devenir peu à peu, du moins à certains moments privilégiés. Mais Dieu est là, indépendamment de ce que nous pouvons ressentir ou pas. Nous savons, de science certaine par la foi, que Dieu habite le fond de notre cœur. Quand nous avons affaire à quelqu'un « qu'on ne voit pas », il va de soi que la foi joue un rôle important. Comment faire alors l'expérience de la présence divine ? Commencer par prendre conscience de la présence de Dieu en soi. Dire plusieurs fois : « Dieu est en moi, Dieu est en moi présence. Il m'entend, il m'écoute, il m'aime comme son enfant. »

Le premier pas consiste à « prendre conscience » de cette réalité. Être présent à la Présence. Cela signifie ouvrir sa radio intérieure pour entendre la voix de Dieu. On n'y arrive pas sans pratique. À cette fin, il faut se ménager des pauses fréquentes dans la journée, mais il n'est pas nécessaire d'arrêter ses activités pour cela. Il suffit de garder sa conscience ouverte à Dieu.

La seconde condition porte sur l'intériorité. Seule l'intériorité rend disponible à la présence divine. Saint Augustin accorde une place privilégiée à l'intériorité humaine. Il en fait l'espace par excellence de la rencontre avec Dieu : « Vous étiez au-dedans de moi, et moi, j'étais en dehors de moi. » Tout commence avec ce regard qui se détourne du monde extérieur, pour s'attacher à ce qui est à l'intérieur. Des auteurs ont trouvé de très belles formules pour traduire cette réalité. Paul Evdokimov parle de l'homme comme « le lieu de Dieu ». Adolphe Gesché en fait « le lieu natal de Dieu ». On dit que le père d'Origène baisait, avec un infini respect, la poitrine de son tout jeune fils endormi, parce que la Trinité y reposait.

L'intérieur de l'homme, son cœur, son intimité secrète, est l'endroit où « règne Dieu ». C'est ce que Jésus a voulu faire comprendre à la Samaritaine, à qui il dévoila les plus hauts sommets de la vie spirituelle en lui expliquant que « l'heure était venue, et c'est maintenant, où les vrais adorateurs adoreront le Père en esprit et en vérité » (Jean 4,23). Adorer le Père en esprit et en vérité signifie l'adorer à l'intérieur de soi-même. Aussi est-il important de se rencontrer soi-même pour rencontrer Dieu. S'habiter, se tenir en soi-même. Ce mouvement vers le centre intérieur devient le signe et l'expression tangibles de notre tension vers Dieu.

L'une des grandes difficultés à trouver Dieu à l'intérieur de soi vient du fait que nous avons été habitués par la théologie traditionnelle à une vision transcendantale de Dieu. On nous a habitués à un Dieu qui habite le ciel. Nous concevions le surnaturel comme surplombant la nature. Cette vision est tributaire des Grecs et de la conception du «Dieu causal», le «Dieu premier moteur» d'Aristote. C'était aussi la conception de Platon. Il s'ensuit que nous nous situons vis-à-vis de Dieu dans des rapports extérieurs seulement. Les conséquences sont énormes. Le monde ainsi séparé de Dieu en arrive à prendre son autonomie et à fonctionner sans lui.

Dans la théologie orthodoxe orientale, la conception des rapports avec Dieu est tout à fait différente. Dieu n'est pas d'abord un être *transcendant*, mais un être *immanent*. Le monde oriental est un monde de l'immanence, tandis que le monde occidental est un monde de la transcendance. La mentalité occidentale se caractérise par une volonté de possession du monde; dans la mentalité orientale, le monde est à l'intérieur de la personne.

Une autre difficulté rend difficile l'accès à l'intériorité: notre regard n'est pas naturellement ouvert sur les profondeurs mystérieuses où gît l'Esprit en nous. Nous portons l'Esprit dans notre cœur, mais, parce que nos sens n'ont pas accès à ce niveau-là, le renouement intérieur devient difficile. On dirait que ce lieu fait partie d'un autre monde, qu'il existe en dehors de nos terres intérieures. La Genèse nous apprend que l'homme a été expulsé de son *jardin intérieur*, de son paradis intérieur, *là où il pouvait converser librement avec Dieu*. C'est comme si l'homme était en exil de sa propre personne. Aussi vit-il en dehors de lui-même, dans l'extériorité. Cela fait qu'il éprouve beaucoup de difficulté à trouver Dieu en lui, même si on lui affirme que «le royaume de Dieu est au-dedans de [lui]». Aller à Dieu, c'est aller à la source de son être. Cela exige un effort et un entraînement, car ce lieu se situe plus profondément que notre intelligence, que notre volonté, que notre intuition.

Cette recherche de l'intériorité est si difficile qu'elle est pratiquement impossible sans l'aide de Dieu. Elle est même le fruit de la faveur divine. Les personnes qui bénéficient de cette faveur éprouvent alors la sensation mystique que Dieu est présent en eux. Je pense ici à saint Jean de la Croix, à sainte Thérèse d'Avila, au Curé d'Ars qui pouvaient demeurer des heures, sans fatigue, dans un état de grande paix et de béatitude. Il s'agit d'un phénomène surnaturel qui dépasse les potentialités de notre nature.

En ce qui nous concerne, cette sensation du divin se cultive. Quand on lit le récit de la vie des grands mystiques, on constate que leur état ne les dispensait aucunement de l'effort pour imaginer ce lieu intérieur. Ils sentaient tout autant que le profane le besoin de le visualiser. Sainte Thérèse d'Avila avait imaginé le concept du «Château de l'âme[1]». Dans son chef-d'œuvre de théologie mystique intitulé *Les Demeures* ou *Le Château intérieur*, elle situe le centre intérieur dans la «7ᵉ demeure»: «Portez les regards au centre du château. C'est là qu'est la demeure, le palais où habite le Roi.» Dieu est la grande réalité du Château, il en fait tout l'ornement. Il est la vie de l'âme, il en est la source féconde «sans laquelle elle perdrait toute sa fraîcheur et tous ses fruits», «le soleil qui l'éclaire et en vivifie les œuvres». Sainte Thérèse dit qu'on peut rester longtemps autour du Château sans y entrer. On peut passer toute sa vie sans connaître les richesses intérieures du Château[2].

Fidèle disciple de la grande Thérèse, la petite Thérèse écrit à son tour:

> Je comprends et je sais par expérience «que le Royaume de Dieu est au-dedans de nous». Jésus n'a point besoin de livres ni de docteurs pour instruire les âmes, lui le Docteur des docteurs, il enseigne sans bruit de paroles… Jamais je ne l'ai entendu parler, mais je sens qu'il est en moi, à chaque instant, il me guide, m'inspire ce que je dois dire ou faire. Je découvre juste au moment où j'en ai besoin des

---

1. Cela ressemble étrangement à la *guhâ*, c'est-à-dire la crypte intérieure, concept que l'on trouve dans les *Upanishads*, traités de la doctrine de l'hindouisme.
2. Pour en savoir plus sur le sujet, je vous recommande l'ouvrage du père Marie-Eugène de l'Enfant-Jésus, *Je veux voir Dieu*, Éditions du Carmel.

lumières que je n'avais pas encore vues, ce n'est pas le plus souvent pendant mes oraisons qu'elles sont le plus abondantes, c'est plutôt au milieu des occupations de ma journée[3]...

L'une des images les plus universellement employées pour désigner ce lieu intérieur est le *cœur*. On a beaucoup parlé du «troisième œil», mais très peu de l'«œil du cœur». Le cœur est certainement le «lieu» le plus présent dans la littérature profane et religieuse pour désigner l'intérieur. Mais encore faut-il savoir ce que l'on entend par le cœur.

Pour comprendre cette réalité, il faut distinguer le cœur physique, le cœur psychique (ou émotif) et le cœur spirituel. En anthropologie spirituelle, le cœur, c'est la profondeur, le centre, la verticalité, par rapport à l'intellect considéré comme la périphérie et l'horizontalité. Le cœur, c'est le lieu de l'intériorité et de l'expérience religieuse, c'est le point d'où provient et vers lequel converge toute la vie spirituelle. C'est la source profonde, d'où jaillit toute la vie spirituelle. C'est l'instance qui rend capable de percevoir l'au-delà, le monde divin au fond de soi-même, et d'établir une relation avec Dieu se révélant à la personne. C'est le lieu du désir et de la connaissance de Dieu. Bref, comme l'affirme la théologie patristique, le cœur, c'est «le lieu de Dieu».

Pascal écrit, dans ses *Pensées*: «C'est le cœur qui sent Dieu, et non la raison, voilà ce qu'est la foi, Dieu sensible au cœur et non à la raison.» Non pas que la raison soit inutile, mais, à ce niveau de perception, elle se révèle insuffisante, surtout quand elle fait entrer dans une dialectique asséchante et inutile. C'est la raison pour laquelle on admet que le plus grand handicap à l'émergence du divin en soi est la «raison raisonnante», comme on la désigne en philosophie classique. Ce type de raison fait de l'adhésion au surnaturel une démarche purement intellectuelle esquivant les couches profondes de l'être. La démarche se fait alors selon un mode de cérébralisation qui amène la personne à vouloir tout contrôler avec sa tête. Quand on approche l'être humain uniquement avec la raison, on risque de le réduire à un objet d'étude ou

3. Cf. *Histoire d'une âme*, selon la disposition originale des textes authentiques présentés et annotés par Conrad de Meester, Éditions du Sarment, 2001, p. 193.

d'analyse. Aucune connaissance ou démarche intellectuelle ne peut atteindre l'être caché dans le cœur. La raison nous met en contact avec ce que nous connaissons, mais seul le cœur peut nous mettre en relation avec ce que nous ne connaissons pas.

Il n'est pas facile cependant d'atteindre le lieu du cœur. On dit que c'est un chemin long et difficile. Pour y arriver, il faut d'abord dépasser la dynamique cérébrale («décérébraliser»), c'est-à-dire faire taire le mental, pour atteindre le cœur profond, non pas le cœur de chair ou celui des émotions, mais celui du centre de l'être, celui qui permet de percevoir la dimension spirituelle de la profondeur. C'est le cœur qu'habite Dieu. Voilà pourquoi on dit qu'à mesure que l'on avance en spiritualité le cœur se dilate. Pour nous aider à nous représenter cette réalité, nous pouvons utiliser diverses comparaisons, dont la plus belle, à mon sens, est celle de la source.

Une source de vie !

La source représente le meilleur symbole pour traduire la réalité de la présence divine en soi. Peu d'images anthropologiques possèdent une aussi grande puissance d'évocation et autant de signification. C'est la raison pour laquelle j'ai choisi de l'intégrer dans le titre de cet ouvrage : *Pèlerinage aux sources de la vie*. Ces sources, comme nous l'avons vu, sont d'origine à la fois biologique (1re partie) et spirituelle (2e partie).

Sur le plan spirituel, la source, c'est évidemment Dieu. Le monde actuel a grandement besoin de cette source, car il vit dans un désert. Enlever Dieu de sa vie, c'est comme enlever l'eau de la surface de la Terre. Plus rien ne pousse, ne reverdit. Exister, c'est participer à l'Être divin, dont la nature même est d'exister. Dieu ne peut faire autrement que de donner la vie. C'est dans cet esprit qu'il faut comprendre la parole de l'apôtre Jean : «Je suis venu pour qu'ils aient la vie et qu'il l'ait en abondance» (Jean 10,10). Une phrase de saint Irénée qui figure parmi les plus célèbres énoncés de la théologie dit : «La gloire de Dieu, c'est l'homme vivant, et la vie de l'homme, c'est la vision de Dieu.» Oui, la gloire de Dieu, c'est la vie, et la véritable vie de l'homme, c'est Dieu. L'expérience spirituelle, c'est faire la rencontre de celui qui a dit : « Je suis la résurrection et la vie. » Aussi pouvons-nous l'entendre dire :

Je suis la Vie de ta vie...
Je suis l'Être de ton être...
Je suis la Source de ta source...

Dieu est la Vie de ma vie. Dieu est l'Être de mon être. Dieu est la Source de ma source. Or, cette source est en moi. C'est elle qui me permet de prier : « En ta présence, ô Dieu, est la plénitude de la vie. » Ainsi, tout au long de nos journées, nous pouvons boire à la source d'eau vive : « Comme un cerf soupire après les eaux vives, ainsi mon âme soupire après toi, ô mon Dieu » (Psaume 42,2). Malheureusement, beaucoup meurent de soif à côté de la source. Privé de cette source, c'est la détresse humaine. Le contact avec notre source intérieure est certainement la plus belle forme d'agapèthérapie que nous puissions expérimenter.

Quand nous sommes en difficulté, nous pouvons dire souvent, mais avec conviction, sans douter : « Je suis présence de Dieu », et nous laisser envahir par cette présence. Celui qui est en moi est plus fort que toutes mes difficultés. Si j'ai Jésus à l'intérieur de moi, je puis vaincre tous les obstacles venus de l'extérieur, car alors je bénéficie de la force même de Dieu : « Aux hommes, c'est impossible, mais non à Dieu ; car à Dieu tout est possible » (Marc 10,27).

Imaginons maintenant que nous cohabitons avec la force même de Dieu. Quel réconfort ! Quelle assurance ! Si bien que nous pouvons dire, avec le psalmiste : « Je ne crains aucun mal, car tu es avec moi. » Pour bénéficier de cette force, il faut s'abandonner en toute confiance. Le mouvement d'abandon est la base de toute spiritualité vraie, car il est essentiellement ouverture du cœur à Dieu. Cette attitude nous fait abandonner le réflexe bien humain qui consiste à vivre et à tout résoudre à partir de soi. Par cet « abandon à Dieu », l'homme s'ouvre à la grâce et cesse de s'identifier au problème qui l'assaille. Dieu peut alors aider puissamment l'effort humain, car nous savons qu'avec ceux qui l'aiment Dieu collabore en tout pour leur bien (Romains 8,28).

La personne qui expérimente la présence de Dieu en arrive bientôt à n'avoir ni problème, ni besoin, ni désir. Dieu la délivre de tout cela. La promesse est formelle : « Cherchez avant tout le Royaume de Dieu et le reste vous sera donné par surcroît. » L'un des effets les plus tangibles de la présence de Dieu en soi est justement l'élimination de ses peurs, de ses craintes, de ses appréhensions. Nous vivons avec le sentiment que Dieu est là et qu'il s'occupe de nous.

Animé de ces pensées, méditez ce très beau texte d'un auteur inconnu, qui a le don de pacifier l'âme et le cœur :

> Venez donc boire à ma source,
> j'ai ce qu'il vous faut
> pour apaiser votre soif.
> Tu cherches ton Dieu ?
> Il est en toi, pas au-dessus ni au-delà, mais au-dedans.
> Comme une petite source d'eau claire
> qui jaillit au plus intime de ton cœur
> et t'emporte vers la vérité tout entière.
> Elle a suffisamment de force pour éclater,
> et faire fleurir ton désert.
> Elle seule peut étancher tes soifs.
> Ne mendie pas auprès des autres ta propre richesse.
> Ton labeur restera stérile,
> aussi longtemps que la source intérieure
> n'aura pas été découverte.
> Vis la rencontre,
> entre dans cette expérience d'un Dieu qui se donne,
> irruption silencieuse,
> d'une présence cachée qui fait vivre.
> Garde ton cœur en désir,
> jamais ne tarira cette source d'eau claire.

Nous devons découvrir en Dieu la source ineffable de notre être, le cœur même de notre liberté. Dieu est rien de moins que la source de notre bonheur.

Les signes de la présence de Dieu

Cette présence de Dieu en nous, comment se manifeste-t-elle ? Y a-t-il des signes ? Oui, il y a des signes et ils sont nombreux, mais encore faut-il savoir les déchiffrer, les décoder. Dans les conditions normales de l'existence, Dieu ne nous apparaît pas, comme à Moïse sur la montagne, pour nous parler. Il le fait à travers la médiation du créé, c'est-à-dire à travers les choses, les personnes, les événements, la radio, la télévision, l'histoire et même les songes et les rêves. Il parle aussi à travers les épreuves et les «souffrances» de la vie. Il nous interpelle donc de diverses façons.

Dieu nous parle, mais son langage n'est pas le nôtre. On ne peut entendre Dieu comme nous entendons nos semblables. Pour Jean Climaque, Dieu est l'impalpable: «Le regardant, on ne le voit pas: on le nomme l'Invisible; l'écoutant, on ne l'entend pas: on le nomme l'Inaudible; le touchant, on ne le sent pas: on le nomme l'Impalpable.»

Dieu a une voix, mais c'est une voix silencieuse. Elle s'exprime «sans paroles». Dieu ne parle pas en nous avec nos mots. Il parle le langage de la foi. Aussi est-il souvent déroutant. Il nous a prévenus à ce sujet par la bouche du prophète Isaïe: «Mes pensées ne sont pas vos pensées, et mes chemins ne sont pas vos chemins, déclare le Seigneur. Autant le ciel est élevé au-dessus de la terre, autant mes chemins sont élevés au-dessus des vôtres, et mes pensées, au-dessus de vos pensées» (Isaïe 55,8-9). Dieu n'agit pas nécessairement selon nos plans, mais quand il agit c'est toujours au bon moment, c'est sans bavure, et c'est toujours au moment où on s'y attend le moins. On se dit alors: «Vraiment, cela porte la signature de Dieu!» Nous ne voyons pas Dieu, mais nous pouvons voir les signes de sa présence.

L'un des signes les plus importants de la présence de Dieu demeure cette promesse de l'Évangile: «Je serai avec vous tous les jours, jusqu'à la fin du monde» (Matthieu 28,20). La grande révélation du Nouveau Testament, c'est l'annonce de cette présence qui se réalise dans le cœur de l'homme. Saint Jacques dit: «Approchez-vous de Dieu, et il s'approchera de vous» (Jacques 4,8).

Nous pouvons donc rencontrer Dieu à chaque instant de notre vie dans notre chapelle intérieure. Il est là, même si nous n'en prenons pas toujours conscience, même si nous ne le sentons pas. Il est là, même si nous ne le voyons pas. Disons-nous bien que lui nous voit. Il nous attend. Dans notre temple intérieur, il nous reçoit tels que nous sommes, sans nous juger. Dieu respecte notre dignité personnelle. Quand il accepte quelqu'un, il le fait de façon gratuite. Il ne le choisit pas après analyse de sa valeur: «Dieu ne regarde pas comme les hommes, car les hommes regardent l'apparence, mais le Seigneur regarde le cœur», lit-on dans le premier livre de Samuel (16,7). Dieu n'accepte pas quelqu'un parce qu'il le trouve meilleur que les autres. Qu'importe que nous nous sentions «ratés», ou que, pour les autres, nous apparaissions peu importants, si aux yeux de Dieu nous sommes réussis!

Arrêtons-nous quelques instants avec confiance, chaque fois que nous le pouvons, pour le visiter. Il n'est pas installé en nous comme une statue coulée dans une matière morte. Il est actif en nous. Il est là pour agir, pour que nous conversions avec lui, pour que nous lui confiions nos problèmes, pour que nous lui demandions les lumières et les forces dont nous avons besoin pour mener le dur combat de la vie.

Pour entendre la voix intérieure de Dieu et bénéficier de son action, il faut avoir le cœur ouvert et demander sa grâce. Lui demander des signes de sa présence en nous, et en particulier la grâce de «sentir sa présence». L'idéal serait de vivre en permanence «par lui, avec lui et en lui», comme le suggère la liturgie chrétienne.

CHAPITRE 10

La sérénité

PENSÉES

« *L'anxiété est la marque d'une insécurité spiri-tuelle.* »   – Thomas Merton

« *L'homme qui vit comme sur la montagne en a fini avec les envies de changement. Il n'a plus qu'un désir : unification, approfondissement, sérénité.* »   – Louis Pauwels

« *Il n'y a essentiellement qu'une manière de trouver le repos intérieur, c'est laisser Dieu dis-poser de tout.* »   – Søren Kierkegaard

« *Car ainsi parle le Seigneur : c'est dans la tran-quillité et le repos que sera votre salut, c'est dans le calme et la confiance que sera votre force.* »
                                          – Isaïe 30,15

« *Béni soit l'homme qui met sa confiance dans le Seigneur, dont le Seigneur est l'espoir. Il sera comme un arbre planté au bord des eaux, qui étend ses racines vers le courant : il ne craint pas la chaleur quand elle vient, et son feuillage reste vert ; il ne redoute pas une année de sécheresse, car elle ne l'empêche pas de porter du fruit.* »
                                        – Jérémie 17,7-8

La prière de la sérénité *

*Mon Dieu, donnez-moi
la SÉRÉNITÉ d'accepter les choses que je ne puis changer,
le COURAGE de changer les choses que je peux,
et la SAGESSE d'en connaître la différence.*

---

* La prière de la sérénité est une prière presque aussi universelle que le Notre-Père. C'est la prière adoptée par beaucoup de chemins de croissance à travers le monde. Elle a souvent été attribuée à saint François d'Assise, parfois à saint Ignace de Loyola. Mais je crois qu'elle a plutôt été composée par des moines du Moyen Âge.

L ES ÊTRES SPIRITUELS AUTHENTIQUES ont tous en commun un sentiment de paix et de sérénité inaltérable, et ce, dans toutes les
circonstances de la vie. La sérénité peut prendre diverses
formes comme la paix intérieure, l'harmonie, l'unité de la personne, la plénitude de l'être, etc. Les sages de l'Antiquité, en particulier Socrate, l'appelaient l'«égalité d'âme»: égalité d'âme dans
toutes les circonstances de la vie; égalité d'âme dans les chagrins,
dans les bonheurs, dans les misères et même devant la mort. Vivre
en cherchant le suprême bien, mais surtout en ne désirant rien, car
le désir est ce qui trouble la paix de l'âme. Cette mentalité des
Anciens rejoint fondamentalement le bouddhisme, qui enseigne
qu'«on souffre à la mesure de nos désirs et de notre attachement.»

Chez l'être spirituel, l'«égalité d'âme» prend une dimension plus
grande encore: elle n'est pas uniquement faite de stoïcisme, mais
elle s'appuie sur la foi, la confiance et l'espérance en un Dieu tout-
puissant. C'est cette sérénité que l'on trouve chez les saints et les
saintes qui manifestaient une humeur inaltérable devant les événements de la vie. Nous verrons pourquoi.

Comparée au bonheur, la sérénité s'avère plus profonde que ce
dernier. La sérénité permet d'assumer pleinement son destin. On
peut être malheureux, souffrir, vivre des difficultés et être serein.
Certes, quand on perd un être cher ou que l'on sent sa propre mort
approcher on ne peut être heureux. C'est impossible! Par contre,
on peut être serein.

La sérénité n'est pas une fuite de la réalité. Elle n'a rien à voir avec l'optimisme béat. On imagine parfois l'être serein comme un bouddha passif, impassible, figé à tout jamais dans une attitude ravie. La sérénité, au contraire, compose avec les conditions de l'existence en les comprenant et en en mesurant l'exacte portée. Elle admet qu'il y a dans la vie des cycles de succès au cours desquels tout semble sourire et bien aller, et des cycles d'échecs où l'existence s'étiole. Tout ne peut pas être au beau fixe. Par ailleurs, la sérénité dépend aussi du regard positif que nous portons sur les choses, les personnes, les événements. Si nous nous sentons sombres, l'avenir sera sombre. Si nous nous sentons radieux, l'avenir sera lumineux. De la même façon, la sérénité amène à voir les autres tels qu'ils sont et à les aimer comme ils sont. Elle ne cherche pas à changer le monde, mais amène la personne à changer son regard sur le monde. La sérénité n'est pas une question d'intensité, mais d'équilibre, d'ordre, de rythme et d'harmonie.

Il en va de la sérénité comme de la santé. Jadis, on définissait la santé comme un « état de bien-être physique, mental et social complet » (c'est ainsi que la définit l'Organisation mondiale de la santé). La nouvelle conception de la santé est différente : elle ne considère plus la santé uniquement comme l'absence de maladie, mais comme l'aptitude à faire face à la souffrance et à l'échec. Pour le spécialiste Yvan Illich, la santé, c'est « la capacité de s'adapter à un environnement qui change, la capacité de grandir, de vieillir, de guérir au besoin, de souffrir et d'atteindre la mort en paix. La santé tient compte du futur, c'est-à-dire qu'elle suppose l'angoisse en même temps que les ressources nécessaires pour vivre avec l'angoisse. »

L'angoisse fait partie de la condition humaine. Elle ne nous quittera jamais. Pourquoi ? Parce que l'angoisse, contrairement à la peur, est un sentiment qui vient de l'intérieur de l'être. Elle est intimement liée à notre monde intime. L'angoisse agit un peu à la façon d'un sentiment qui est là et qui fait craindre le pire. Un sentiment qui donne la conviction que quelque chose de mal va se produire. Mais dans la mesure où nous introduisons dans notre vie l'expérience fondamentale de la spiritualité, ce sentiment perd graduellement de son emprise. C'est en ce sens qu'il faut comprendre la pensée d'Eugen Drewermann, théologien psychanalyste, quand il dit que « l'angoisse est la condition fondamentale de l'homme. La rédemption chrétienne délivre de l'angoisse. Sa vision de Dieu est celle du père aimant de l'Évangile, d'un père auquel on peut faire totalement confiance. »

La sérénité nous amène à composer avec toutes les situations de la vie, notamment avec la souffrance. Il existe à propos de la souffrance un malentendu fréquent. Nous rejetons la souffrance comme ne faisant pas partie de la condition humaine, tandis que nous accueillons la joie comme partie intégrante de la vie. Il en résulte que, lorsque nous éprouvons du chagrin, une grande partie de la douleur provient du fait que nous nous imaginons que nous ne devrions jamais souffrir et que la souffrance est un phénomène fondamentalement étranger à notre être.

Vouloir éviter la souffrance et la fuir, c'est vivre dans la plus grande des illusions, car de toute façon la souffrance nous suit pas à pas toute notre vie. L'un des grands rêves du Nouvel Âge, c'est justement de croire que la vie n'est qu'un jardin de roses et qu'elle nous garantit un nirvana permanent. Nous avons peur avec raison de la souffrance, mais, en réalité, elle comporte des avantages. La sagesse nous enseigne que la souffrance possède une valeur positive, éminemment rédemptrice. Elle nous donne l'occasion d'exercer notre créativité pour nous en sortir et faire le point dans notre vie ; elle nous force à changer nos habitudes de vie et à devenir une personne nouvelle ; elle nous fait acquérir de l'expérience.

Encore une fois, la définition de la santé nous éclaire sur la sérénité. L'Organisation mondiale de la santé considère une personne en bonne santé mentale comme une personne capable de s'adapter aux diverses situations de la vie, faites de frustrations et de joies, de moments difficiles à traverser ou de problèmes à résoudre. Une personne en bonne santé mentale est donc quelqu'un qui se sent suffisamment en confiance pour s'adapter à une situation à laquelle il ne peut rien changer, ou pour travailler à la modifier si c'est possible. Cette personne vit son quotidien libre des peurs ou des blessures anciennes qui pourraient contaminer son présent et perturber sa vision du monde. Bref, selon l'OMS, posséder une bonne santé, c'est parvenir à établir un équilibre entre tous les aspects de sa vie : physique, psychologique, social et spirituel.

On ne pourrait mieux parler de la sérénité et de l'équilibre qu'elle confère à la personne. Cet équilibre, cependant, ne va pas de soi. Il n'est pas un donné de la nature. Il suppose un apprentissage, voire une lutte ; non pas une lutte désespérée, mais une lutte menée avec la certitude que la sérénité se trouve au terme du combat. Cette lutte fait partie des défis de la vie.

L'acceptation des échecs

L'acceptation des échecs est indispensable dans l'acquisition de la sérénité. Il faut oublier le mythe du *superman* ou de la *superwoman*. L'idée de l'homme ou de la femme qui dominent tout, qui sont invincibles, qui ont des réponses à tout est un puissant leurre. La sérénité se fonde sur l'acceptation de la vulnérabilité. Elle amène à prendre conscience qu'on ne doit faire que ce que l'on peut faire physiquement ou moralement, et vivre ensuite sans rancœur, sans se culpabiliser. La sérénité dépend de beaucoup de choses, mais certainement pas d'une confiance exagérée en notre propre droiture morale. L'aspirant à la sérénité doit accepter qu'il existe des éléments de sa personnalité qui ne seront jamais aussi reluisants qu'il le souhaiterait. Pourquoi ?

Il est facile de constater combien nous sommes des êtres naturellement divisés, « fracturés ». Nous sommes marqués par nos limites sur les plans physique, mental, moral et intellectuel. Inutile de vouloir parvenir à la sérénité si nous n'acceptons pas ce fait. Un grand théologien protestant, Paul Tillich, a parlé à ce propos de la « finitude existentielle » : nous sommes des êtres finis, limités, donc sujets à l'erreur et à l'égarement sur les plans physique, psychologique, moral et spirituel. À la « finitude existentielle », Paul Tillich rattache le phénomène de « l'aliénation existentielle ». L'aliénation existentielle est l'attitude selon laquelle l'être humain refuse sa propre finitude. D'où l'angoisse qui en résulte, fruit de la révolte contre sa propre nature. Ainsi, par une sorte de renversement paradoxal, le refus de nos limites bloque l'accès à notre vie intérieure, à nos motivations profondes, à nos ressources affectives et à nos forces créatrices; le refus de nos limites en augmente la portée.

Freud, de son côté, a fait le constat que «nous ne sommes pas maîtres de nos actes». Nous obéissons à des pulsions, voire des compulsions qui nous emportent parfois comme des raz-de-marée. Tout le problème de l'homme vient du fait qu'il cherche désespérément à être bon et qu'il n'y arrive pas. Jésus savait ce qu'il disait quand il nous prévenait: «Veillez et priez pour ne pas entrer en tentation: l'esprit est ardent, mais la chair est faible» (Marc 14,38).

L'une des grandes leçons de la Genèse est que l'homme est une créature sans égale, faite à la ressemblance de Dieu, mais à partir de la boue (le limon de la terre). Il y a en tout homme un Caïn et un Abel, ce qui signifie que création et destruction cohabitent au cœur de notre être. Parfois, les forces de destruction sont si fortes qu'elles dominent notre destin. Nos «pulsions» sont souvent plus fortes que nos «valeurs».

Quand Jésus est venu apporter le salut au genre humain, il était sans doute très conscient de cette réalité. Combien d'«appelés» de l'Évangile sont des personnes faibles, malades, tarées, déshéritées de la vie! Qu'on se rappelle Marie-Madeleine, le paralytique, l'aveugle-né, les dix lépreux, le bon larron. Ils ont tous fait l'objet de la sollicitude de Jésus et ont reçu la proposition de salut. Jésus sait bien que personne n'est parfait, c'est pourquoi il ne nourrit aucun rêve irréaliste à notre sujet. Aussi, l'une de ses premières paroles a été: «Je ne suis pas venu pour les bien-portants, mais pour les malades, les infirmes, les pécheurs.» La voie spirituelle proposée par Jésus n'est pas une voie de performance, mais une voie de transformation.

Nos faiblesses, nos échecs font partie de la condition humaine. Certes, nous pouvons travailler à éviter certaines erreurs, mais nous n'aurons jamais raison de notre «finitude existentielle». Voilà pourquoi la sérénité passe par l'acceptation de nos faiblesses, de nos défauts et de nos échecs. Nous devons croire qu'ils ne sont pas seulement un mal nécessaire, mais qu'ils entrent dans la structure même de notre vie. «Libérez l'homme de tous ses défauts, écrit Mgr Jean de Saint-Denis, et il ne pourra plus faire de conquêtes.

Car ce monde est celui de la conquête et de la lutte. » Tant que nous sommes sur terre, il faut nous attendre à être imparfaits, incomplets, insuffisants à nous-mêmes, versatiles, malheureux et faibles. Aussi ne devons-nous pas chercher uniquement le sens de notre vie dans la somme de nos réalisations et de nos succès, mais aussi dans celle de nos échecs.

La sérénité et le sens de la vie

La sérénité est inséparable du sens que l'on donne à sa vie. Quand tout va bien, la question du sens ne se pose pas. Mais quand un événement majeur comme un deuil, un échec, la perte d'un emploi vient bouleverser notre vie, nous nous trouvons brutalement confrontés à des interrogations qui dépassent souvent notre entendement. Or, on ne peut vivre longtemps sans réponses satisfaisantes aux grandes questions existentielles sur le sens de la vie, de la souffrance, du mal, de la mort, de l'au-delà. Lorsque ces questions demeurent trop longtemps sans réponses, il se produit ce qu'on appelle communément les « maladies de l'âme » : la névrose de sens, le vide existentiel, le *burnout*, la dépression.

Le grand psychanalyste Viktor Frankl explique que la question du sens est quelque chose de primordial. Alors que Freud faisait de la libido le moteur premier de tous nos actes et rendait responsables des névroses nos frustrations sexuelles, Frankl affirme que c'est bien davantage la volonté de trouver un sens à ce que l'on fait qui correspond au besoin le plus fondamental chez l'être humain. Dès notre naissance, nous portons cette volonté de trouver un sens à notre vie inscrite en nous comme un « besoin ontologique ». Pour Frankl, cependant, le sens ordinaire de la vie ne suffit pas ; nous devons chercher le sens le plus profond et le plus haut, car l'homme est fondamentalement désir d'une plénitude de sens. C'est affirmer l'importance de la relation à l'Absolu pour atteindre l'équilibre humain.

L'homme, fondamentalement, cherche en premier lieu ni le plaisir ni la souffrance, mais bien plutôt des raisons de vivre. Pour survivre aux pires conditions de l'existence, rien ne vaut la certitude de mener une vie qui a un sens. Frankl a montré que l'homme dépend de ce sens et qu'il peut être malade s'il le perd. Dans le *burnout* ou la dépression, par exemple, c'est toute l'infrastructure du sens qui s'effondre. L'inverse est aussi vrai : plus on s'appuie sur le fondamental et l'essentiel, moins on est vulnérable. D'où l'on peut conclure que le sens est la meilleure protection contre la maladie, la souffrance, la mort et, par voie de conséquence, le meilleur allié pour acquérir la sérénité.

J'ai personnellement mieux compris l'importance de la question du sens à la suite d'un événement dramatique. Un jour, je reçus un appel téléphonique de l'un de mes anciens élèves. Il était angoissé. L'année précédente, il avait été victime d'un accident d'automobile pour lequel il n'était aucunement responsable. Il s'interrogeait sur le destin qui avait été si ingrat et si cruel envers lui. Il comprenait très bien son état, car les médecins lui avaient expliqué pourquoi il ne pourrait plus marcher. Ce qu'il ne comprenait pas, c'était la raison pour laquelle la fatalité s'était si malencontreusement immiscée dans sa vie. Pourquoi il était cloué à un fauteuil roulant, dans la fleur de l'âge, si loin de ses rêves et de ses projets d'avenir.

Le psychanalyste Tobie Nathan constate qu'un médecin peut répondre à la question : « Pourquoi ai-je mal ? » par une réponse du genre : « Parce que vous avez une fracture à la jambe ! » Mais il ne peut jamais répondre à des questions du genre : « Pourquoi est-ce moi qui suis tombé de l'arbre et non mon frère, ou mon cousin ? », « Pourquoi suis-je tombé de l'arbre précisément ce jour-là ? » Il est difficile de répondre à ces questions parce qu'elles invitent à construire un sens qui n'est pas toujours évident.

Or, la science est incapable de construire un sens. Certes, elle décrit parfaitement les phénomènes, elle les étudie, les décortique avec brio, mais sa démarche demeure descriptive. Si nous voulons avoir des réponses satisfaisantes, il faut prospecter un autre domaine, soit celui de la théologie et de la révélation chrétienne. Aux questions devant lesquelles l'homme reste démuni, Dieu apporte une réponse. Dans la Révélation, il nous dit pourquoi nous avons été créés, pourquoi nous sommes sur la terre, pourquoi la souffrance, pourquoi la mort et ce qui la suit.

Il faut comprendre, cependant, que, même avec ces réponses, le sens n'est pas pour autant quelque chose d'acquis. Il est comme une lumière qui parfois s'allume, parfois s'éteint. Il ne faut pas cependant confondre le refus de toute signification à sa vie avec ces moments où le sens paraît moins évident. «Voir» n'implique pas que tout soit lumineux partout et toujours. Bien plus, les situations de perte de sens ne sont pas catastrophiques; elles sont saines dans la mesure où elles amènent à réfléchir, à se poser les vraies questions, surtout quand le questionnement s'accompagne d'un désir sincère d'avoir des réponses satisfaisantes. Perdre la signification de sa vie, c'est d'une certaine façon la retrouver, car l'expérience du non-sens est une étape indispensable à l'acquisition du sens.

On dit même que l'efficacité d'une démarche de croissance passe par l'irruption du non-sens dans sa vie. Tant qu'on n'a pas atteint le bas-fond du non-sens, l'évolution demeure médiocre. C'est la raison pour laquelle l'expérience spirituelle implique presque toujours la confrontation à un événement du réel (maladie, deuil, souffrance, etc.) sans laquelle il n'y a pas de «réveil» spirituel en profondeur. Et cette confrontation passe très souvent par une perte dramatique du sens de la vie.

Mais où trouver le sens de sa vie? Les lois de la sagesse aussi bien que celles de la spiritualité nous enseignent qu'un être humain ne peut éprouver la pleine satisfaction de sa vie s'il investit uniquement dans les valeurs purement matérielles. Il ne peut atteindre la sérénité s'il ne mise que sur le profit et l'obsession de la réussite personnelle qui l'amène à se comparer constamment aux autres pour mesurer son importance. La sérénité ne peut exister dans une vie superficielle qui ne songe qu'à satisfaire des ambitions matérielles. Nous devons jusqu'à un certain point nous soustraire aux résultats de notre travail et nous contenter de la bonne volonté qui est l'expression paisible de notre vie intérieure. Nous ne trouverons jamais la sérénité si nous cherchons sans cesse à nous dépasser nous-mêmes et si nous sommes hantés par le désir de devenir plus grands que nous ne le sommes. La sérénité se trouve dans la recherche des valeurs spirituelles. C'est toute la différence entre être et avoir: «Avoir l'être plutôt qu'être l'avoir». Pour atteindre la sérénité, il faut délaisser le fardeau de l'avoir au profit de la liberté d'être. La vraie sérénité part du centre de l'être, du cœur, de Dieu.

La sérénité est d'ordre spirituel

Il existe un niveau de sérénité qui ne dépend pas entièrement de l'être humain, car à certains égards cela dépasse ses forces. Un tel degré de sérénité ne peut être donné que par Dieu. Dans l'Évangile, Jésus compare cette sérénité à la paix : « Je vous laisse la paix, je vous donne ma paix. Ce n'est pas à la manière du monde que je vous la donne. Que votre cœur cesse de se troubler et de craindre » (Jean 14,27). Après sa résurrection, Jésus apparaît à ses disciples et leur dit : « La paix soit avec vous » (Jean 20,19). La paix que promet Jésus est celle de l'Esprit Saint.

Le plus grand ennemi de la paix est la peur. La peur est également incompatible avec la sérénité. Or, la Bible est pleine d'assurances puissantes et vigoureuses concernant la tendre protection de Dieu à notre égard. Dans Isaïe, on lit : « Ne crains rien, car je suis avec toi ; ne promène pas des regards anxieux, car je suis ton Dieu. Je te fortifie, je viens à ton secours, je te soutiendrai de ma droite triomphante » (41,10).

La peur est le sentiment le plus pourchassé dans la Bible. On dit que les expressions « N'ayez pas peur » et « Ne crains pas ! » apparaissent 365 fois, comme pour laisser entendre qu'il y en a une pour chaque jour de l'année :

– « Confiance, c'est moi, n'ayez pas peur » (Marc 6,50).

– « Que votre cœur ne se trouble pas : vous croyez en Dieu, croyez aussi en moi » (Jean 14,1).

Cette dernière parole revient sans cesse sur les lèvres de Jésus. Quand il dit : « Que votre cœur ne se trouble pas », il révèle en même temps le moyen de maintenir le moral haut. Bien des circonstances dans la vie tendent à troubler notre équilibre vital. Les émotions violentes, les efforts ou la fatigue physique affectent inévitablement le cœur. Mais le divin Médecin a un remède pour tous les cœurs désemparés. Quand les palpitations de notre cœur augmentent, nous pouvons penser que c'est le moyen choisi par

Dieu pour nous dire : « Je suis avec toi. » Cette parole procure au cœur un rythme nouveau et plus calme.

Si nous gardons cette assurance en notre esprit, nous nous sentirons en sécurité en tout temps et en tout lieu. Nous serons conscients de la présence rassurante de Dieu. J'ai expérimenté un jour cette présence divine. Alors que j'étais plongé dans une terrible angoisse, je crus un moment que je basculerais dans la folie. J'eus alors l'idée d'ouvrir au hasard une Bible qui se trouvait dans ma bibliothèque. Je tombai sur un passage du prophète Isaïe qui disait ceci : « Il rend des forces à l'homme accablé, il redouble la vigueur des faibles. Même de jeunes hommes peuvent s'épuiser, mais ceux qui comptent sur le Seigneur renouvellent leurs forces, il leur pousse des ailes d'aigle. Ils courent inlassablement, ils vont de l'avant infatigablement » (40,29-31). Ces paroles me relevèrent. Je poursuivis ma lecture et un peu plus loin je lus : « Ne crains rien, car je te rachète, je t'appelle par ton nom, tu es à moi. Si tu as à passer l'eau, je serai avec toi, et les fleuves ne te submergeront pas ; si tu marches dans le feu, tu ne te brûleras point, et la flamme ne te consumera pas » (43,1-3). Je compris que le fleuve à traverser, la marche dans le feu, c'était mon épreuve. Et puis, quand mes yeux tombèrent sur le verset suivant, ce fut une véritable révélation : « Parce que tu es précieux à mes yeux, que je t'apprécie et je t'aime » (verset 4). J'étais donc aimé et soutenu personnellement dans cette épreuve. C'était la parole de mon Dieu qui me disait cela. Cette Parole m'avait sauvé la vie.

Je compris alors qu'il y a des valeurs qui permettent de se maintenir dans l'existence quand tout s'effondre autour de soi. Et la première de ces valeurs, c'est la foi en la présence aimante et réconfortante de Dieu. Par la suite, je connus beaucoup d'autres épreuves que je n'aurais jamais pu traverser n'eût été de ces paroles et de plusieurs autres que je méditais dans ces moments. Depuis, je garde toujours près de moi un certain nombre de paroles qui font partie de ce que j'appelle ma « trousse de secours ». Quand il m'arrive de me sentir fatigué et à bout de forces ou que je me trouve dans une situation qui me dépasse, je me tourne vers Dieu, ma source de vie, d'énergie et de renouveau. Je sais que le souffle divin qui m'a donné la vie peut me redonner l'énergie dont j'ai besoin.

Peut-être êtes-vous curieux de connaître ces paroles que je garde ainsi précieusement. En voici quelques-unes, et j'en présenterai d'autres un peu plus loin :

- « Le Seigneur est ma lumière et mon salut, qui craindrai-je ? Le Seigneur est le rempart de ma vie, de qui aurais-je peur ? » (Psaume 27,1).

- « Quand mon père et ma mère m'abandonneraient, le Seigneur serait là pour me recueillir » (Psaume 27,10).

- « Garde-moi comme la prunelle de l'œil ; sois mon abri, protège-moi » (Psaume 17,8).

Il faut nous garder aussi de la peur de l'avenir. Peu importe notre état d'esprit devant l'avenir, nous pouvons toujours nous abandonner entre les mains de Dieu. La sérénité ne s'accommode pas de la crainte du lendemain. C'est l'un des messages importants de l'Évangile.

L'un des plus beaux passages à ce sujet est celui de l'apôtre Matthieu. Ce passage a quelque chose de pacifiant. C'est le plus beau texte thérapeutique que je connaisse. Le voici :

C'est pourquoi je vous dis : ne vous inquiétez pas pour votre vie de ce que vous mangerez, ni pour votre corps de quoi vous serez vêtus. La vie n'est-elle pas plus que la nourriture, et le corps plus que le vêtement ?

Regardez les oiseaux du ciel : ils ne sèment ni ne moissonnent, et ils n'amassent rien dans des greniers ; et votre Père céleste les nourrit. Ne valez-vous pas beaucoup plus qu'eux ?

Qui de vous, par ses inquiétudes, peut ajouter une coudée à la durée de sa vie ?

Et pourquoi vous inquiéter au sujet du vêtement ? Considérez comment croissent les lis des champs : ils ne travaillent ni ne filent ; cependant, je vous dis que Salomon même, dans toute sa gloire, n'a pas été vêtu comme l'un d'eux.

Si Dieu revêt ainsi l'herbe des champs, qui existe aujourd'hui et qui demain sera jetée au four, ne vous vêtira-t-il pas à plus forte raison, gens de peu de foi ?

Ne vous inquiétez donc point, et ne dites pas : « Que mangerons-nous ? que boirons-nous ? de quoi serons-nous vêtus ? »

Car toutes ces choses, ce sont les païens qui les recherchent. Votre Père céleste sait que vous en avez besoin. Cherchez premièrement le royaume et la justice de Dieu ; et toutes ces choses vous seront données par-dessus.

Ne vous inquiétez donc pas du lendemain ; car le lendemain aura soin de lui-même. À chaque jour suffit sa peine (6,25-32).

C'est Dieu qui couve les poussins, c'est lui qui bâtit le nid des oiseaux par un acte de son intelligence et qui pourvoit aux besoins des créatures dénuées de raison. Or, il s'empresse d'affirmer que nous valons beaucoup plus qu'eux. Quand nous choisissons de vivre pour Dieu, il nous donne tout ce dont nous avons besoin pour vivre. Acceptez l'offre de Dieu et vous verrez.

Le texte de Matthieu que nous venons de citer rejoint parfaitement le Notre-Père dans cette demande : « Donne-nous aujourd'hui notre pain quotidien. » L'Évangile est une spiritualité du présent. Pour aujourd'hui seulement. Vingt-quatre heures à la fois.

Un épisode de l'Évangile témoigne de la grande préoccupation de Jésus pour nous. C'est celui de la multiplication des pains. L'apôtre Luc raconte qu'une foule nombreuse avait suivi Jésus jusqu'au soir, médusée par ses paroles. Voilà qu'à cette heure avancée la foule se retrouvait sans nourriture. Les apôtres s'énervèrent un peu et dirent à Jésus : « Renvoie la foule ; qu'ils aillent dans les villages et les fermes des environs pour se loger et trouver de la nourriture ; car nous sommes ici dans un désert. » Jésus leur dit : « Donnez-leur vous-mêmes à manger. » Ils répondirent : « Nous n'avons pas plus de cinq pains et deux poissons. » Or, la foule était estimée à cinq mille hommes, sans compter les femmes et les enfants. C'est alors que Jésus prit les cinq pains et les deux poissons et, levant les yeux au ciel, il les bénit, les rompit et les donna à ses disciples, pour les distribuer à la foule. L'histoire nous dit que non seulement la foule fut rassasiée, mais il en resta douze corbeilles. Le message de cet épisode évangélique est clair : Jésus est celui qui pourvoit à nos besoins.

Cette réalité est si importante que l'Église catholique en a fait un dogme, c'est-à-dire une vérité que nous devons croire pour être sauvés. C'est le dogme de « la divine Providence ». Les protestants parlent de « la divine abondance ». Ce dogme pourrait se traduire ainsi : on ne peut manquer de rien quand on est avec l'Auteur de tous les biens ; si nous nous abandonnons à Dieu dans un esprit de confiance filiale, nul doute qu'il s'occupera de nos besoins. Il faut bien comprendre que cet abandon est un « lâcher prise » total et absolu. C'est à partir du moment où nous laissons toute la place à Dieu qu'il peut faire éclater sa force. Plusieurs hésitent à pratiquer un tel abandon, pensant que c'est une démission ; c'est, au contraire, une reconnaissance du rôle que Dieu peut jouer dans notre vie.

Cet abandon veut que nous nous efforcions de ne « tenir » à rien, ni matériellement, ni affectivement, ni même spirituellement. Que ce soit dans le domaine matériel ou spirituel, il faut s'en remettre totalement à la « divine Providence ». C'est alors que Dieu pourvoit à nos besoins. Le peuple d'Israël en a fait l'expérience, lui qui chantait avec enthousiasme l'un des plus beaux psaumes de la Bible, le psaume 23 :

Le Seigneur est mon berger :
    je ne manque de rien.
Sur des prés d'herbe fraîche,
    il me fait reposer.

Il me mène vers les eaux tranquilles
    et me fait revivre ;
il me conduit par le juste chemin
    pour l'honneur de son nom.

Si je traverse les ravins de la mort,
    je ne crains aucun mal,
parce que tu es avec moi :
    ton bâton me guide et me rassure.

Tu prépares la table pour moi
    devant mes ennemis ;
tu répands le parfum sur ma tête,
    ma coupe est débordante.

Grâce et bonheur m'accompagnent
    tous les jours de ma vie ;
j'habiterai la maison du Seigneur
    pour la durée de mes jours.

Dieu ne nous laisse manquer de rien. Lors de la retraite préparatoire à sa profession, Thérèse de l'Enfant-Jésus en témoignait ainsi :

J'ai remarqué bien des fois que Jésus ne veut pas me donner de provisions, il me nourrit à chaque instant d'une nourriture toujours nouvelle, je la trouve en moi sans savoir comment elle y est... Je crois tout simplement que c'est Jésus lui-même caché au fond de mon pauvre petit cœur qui me fait la grâce d'agir en moi et me fait penser tout ce qu'il faut que je fasse au moment présent.

Et comment ne pas évoquer ici la « petite voie » d'enfance de sainte Thérèse dans laquelle elle exprime son désir de « demeurer petite » pour « être entre les bras de Jésus » et tout attendre de lui. L'« esprit d'enfance » qui forme la base de la spiritualité thérésienne veut que l'on s'abandonne à Dieu de manière sereine et responsable. Cette spiritualité a influencé et influence encore un très grand nombre d'auteurs spirituels.

Chez les saints et les saintes, la confiance en Dieu est un véritable mode de vie. C'est la raison pour laquelle ils sont heureux, même dans les difficultés et la souffrance. Être heureux dans la souffrance n'a de sens qu'en Dieu. En dehors de lui, chercher un sens à la souffrance est une absurdité totale.

La spiritualité de la Providence divine vient de Jésus lui-même. Il l'a surtout présentée dans le sermon sur la montagne, où il exhorte ses auditeurs à ne pas se préoccuper de la nourriture et du vêtement, puisque le Père, qui est aux cieux, sait ce qu'il nous faut. S'inquiéter, c'est, dit-il, une attitude païenne; le croyant doit avoir confiance, et rien ne lui manquera. Il ne s'agit pas ici d'un conte de fées, ni d'une philosophie naturelle, ni même d'une éthique, mais d'une révélation issue de la sagesse divine.

La condition? « Cherchez premièrement le royaume de Dieu et sa justice, et le reste vous sera donné par surcroît » (Matthieu 6,33). Le mot « justice » n'est pas à prendre ici au sens légal du terme. Il signifie rechercher ce qui est juste, c'est-à-dire ce qui est bon et droit en toute chose. Il s'agit en quelque sorte de « s'ajuster » au bien et au message évangélique qui demande de mettre le royaume de Dieu au premier rang de nos préoccupations. En d'autres termes, si nous nous occupons de Dieu, Dieu s'occupera de nous.

Savoir « lâcher prise »

Il est beaucoup question de nos jours de l'importance de « lâcher prise ». On croit que cette attitude provient de la psychologie populaire, mais elle existait déjà depuis fort longtemps dans la tradition chrétienne. En fait, elle puise ses racines dans l'Évangile lui-même, où les passages qui invitent au « lâcher prise » sont nombreux. Par exemple : lâcher prise par rapport aux désirs effrénés de possession et de réussite : « Ne vous mettez pas en peine pour votre vie de ce que vous mangerez… Considérez les corbeaux ; ils ne sèment ni ne moissonnent et Dieu les nourrit » (Luc 12,22-34). Lâcher prise par rapport aux valeurs matérielles qui accaparent trop la personne et l'empêchent de vivre : « Celui qui veut sauver sa vie la perdra » (Marc 8,35) ; « L'homme ne vit pas seulement de pain » (Matthieu 4,5).

Dans l'Évangile, le mot « vie » apparaît sans cesse et il est la plupart du temps relié au fait que la vie n'est pas du tout assurée par l'abondance des biens. Pour être certain d'être compris, Jésus raconte la parabole de l'homme qui avait beaucoup de biens et de champs (Luc 12,16s). Une année, il fit une grande récolte et il se dit : « Que vais-je faire ? Je vais détruire tous mes greniers, j'en construirai de beaucoup plus grands, je remplirai mes magasins, je travaillerai vingt heures par jour pour emmagasiner toute la récolte. » Ainsi fait-il et, à la fin, il a une récolte surabondante, d'immenses magasins, beaucoup d'argent. Et alors, Jésus se demande à qui va servir tout ce que cet homme a accumulé s'il meurt. Vous vous rappelez la leçon qu'il donne à Marthe lors d'un souper : « Marthe, Marthe, tu t'inquiètes et t'agites pour bien des choses… » (Luc 10,38-42).

« Lâcher prise » est une loi incontournable de la sérénité. « Lâcher prise », cela ne signifie aucunement que nous ne devons rien faire ou verser dans une sorte d'indifférence, mais que nous devons tout faire avec Dieu. « Laisser Dieu agir », c'est un acte de foi. Nous lâchons prise parce que nous avons foi en la puissance divine œuvrant en nous, par nous, de même qu'en tout ce qui nous concerne.

Si, dans une situation nous avons tenté tout ce que nous pouvions sans résultat, c'est le moment de lâcher prise pour laisser

Dieu agir. Cela demande la foi, mais aussi un acte de confiance suprême. Je lâche prise et je laisse Dieu m'aider, me soutenir. Je trouve dans ses bras paternels pleins d'amour un refuge solide, stable, en toutes mes épreuves. Dieu m'entoure d'amour, me garde en paix. Je m'appuie sur lui et je découvre que je puis faire face à tout ce qui survient et accueillir chaque jour avec calme et sérénité. Je puis accomplir tout ce qu'exige ma vie. Je sais que je ne suis jamais seul et que la tendre présence de Dieu m'entoure et me soutient.

Jésus nous donne un bel exemple du «*lâcher* prise» devant les peurs, les angoisses, les inquiétudes, les soucis, au jardin de Gethsémani, quand il s'écrie: «Père, entre tes mains je remets mon esprit» (Luc 23,46). Aucune image de paix n'est plus puissante ou plus encourageante que celle du Christ dans la passion. Il savait qu'il devait être trahi par un ami et que sa mort serait effroyable – par crucifixion. Il allait mourir alors que son travail ne faisait *a priori* que commencer, et un sentiment d'échec profond a dû le traverser. Il a éprouvé alors une cuisante amertume: pourquoi Dieu, son Père, ne l'a-t-il pas protégé?

Les textes rapportent que Jésus, cette nuit-là, connut toutes les affres de la peur et du désespoir, mais qu'il ressentait également une paix profonde. Il ne comprenait pas pourquoi, mais il gardait confiance. Il mourut avec la même sérénité. La paix intérieure ne nous préserve pas des émotions les plus angoissantes, mais elle leur donne le sens que Jésus leur donnait en pensant à sa mission rédemptrice.

La solution dans les moments de grandes crises est précisément de nous unir à Jésus, l'unique Sauveur, par le mouvement d'abandon, comme en témoigne le magnifique texte qui suit.

Donne ton souci à Dieu

Si nous sommes souvent malheureux,
si nous échouons dans notre vie,
c'est que nous voulons vivre à notre manière
et en comptant sur nos propres forces.
Aussitôt que nous démissionnons entre les mains de Dieu,
Dieu lui-même se met au travail,
la réussite est inévitable et totale.

Le Seigneur est là, présent à notre vie,
mais discret,
attendant que nous lui donnions nous-mêmes
un ennui, une tâche.
Pourquoi garder tant de travail pour soi ?
Pourquoi ne pas lui donner tout à porter, tout à faire,
ton cœur et tes mains pour qu'il s'en serve lui-même ?
Chaque soir, accepte de remettre à Dieu, ton Père,
tous tes problèmes, tous tes soucis,
pour te réveiller chaque matin comme un être neuf,
pur, face à la vie qui t'attend.

Si tu veux être libre,
si tu veux être jeune, joyeux,
en paix, fort et triomphant,
chaque jour, chaque minute,
donne ton souci à Dieu et il te soutiendra.
                                    – Michel Quoist

Toute la spiritualité chrétienne est fondée sur l'abandon en la divine Providence. Il n'y a pas un saint ou une sainte qui ne l'ait pratiqué. Les grands maîtres de spiritualité le proposent comme moyen de parvenir à la perfection.

«Je suis le chemin», dit le Seigneur. Si tu veux me suivre, prends en main ta vie, ta souffrance, ta solitude et même ta mort ; marche avec l'assurance que Dieu t'aime comme une mère et comme un père, au point de te donner, au-delà de cette vie, une vie éternelle, une terre où il n'y aura ni pleurs ni grincements de dents.

La technique d'abandon du père Sion

Le père Sion est un carme. Il a été maître des novices pendant 26 ans. Il jouit d'une expérience spirituelle peu commune. Toute sa spiritualité est empreinte de la vie et de la spiritualité de la «petite Thérèse». Dans la foulée de cette grande sainte, il propose, dans son ouvrage intitulé *Pour un réalisme spirituel* (tome 2), le mouvement d'abandon qu'il décrit ainsi :

Le mouvement d'abandon est un acte simple, non analysable rationnellement. Il est essentiellement l'ouverture de l'âme face à tout événement. Il s'agit pour l'homme d'ordonner ce mouvement, de cesser d'être autonomie déchirante pour devenir accueil unifiant, transformant ainsi la tension de sa liberté en ouverture paisible à la grâce.

Selon le père Sion, dans la détresse, l'anxiété, la panique, il ne faut pas vivre sa souffrance en se centrant sur l'ego, mais en se centrant sur Dieu. Il explique que le choc d'un événement fait que l'efficacité, la sensibilité prennent le dessus sur la raison, laquelle ne voit plus les choses objectivement, en elles-mêmes, mais à travers le sentiment ; la volonté perd alors sa puissance d'action, elle est désorientée. Dès lors, je ne suis plus relié à la présence des autres et de Dieu vivant dans mon cœur profond, je suis identifié à mon problème, je deviens mon souci.

C'est ici qu'intervient le mouvement d'abandon. Le père Sion explique que, puisque le premier mouvement de notre nature consiste à nous replier sur nous-mêmes et à nous identifier à nos problèmes – que ce soit souffrance, échec, péché, etc. –, le mouvement d'abandon sera de nous ouvrir à Dieu et aux autres. Par ce mouvement, l'âme aux prises avec les réalités terrestres (quelles qu'elles soient : pensées, soucis, tentations, souffrances) se défend de rester à leur niveau et de demeurer seule pour les traiter.

Il existe une loi en spiritualité : tant que l'homme garde la maîtrise, Dieu est incapable d'agir. L'avancée spirituelle dépend de notre aptitude à renoncer aux succès personnels et à confier notre vie à Dieu. Notre vie appartient à « l'Être en qui nous avons la vie, le mouvement et l'être », et il demeure le Souverain et l'Unique dispensateur des richesses temporelles et intemporelles.

C'est précisément ce mouvement d'abandon qu'ont pratiqué à un haut degré les saints et les saintes de Dieu. Nous allons voir comment ces personnes pouvaient rester sereines dans les pires moments de leur vie : souffrances, maladie, dépossession, pauvreté, injustice, etc. Tous ces êtres ont incarné magnifiquement ce que les hagiographes ont appelé la « bonne humeur » des saints.

La «bonne humeur» des saints

Quand on lit le récit de la vie des saints et des saintes, on est impressionné par leur attitude devant la vie, leur confiance, leur détermination, leur équilibre émotionnel. Dans la chapelle d'un monastère de moines trappistes de ma région, il est écrit : «Seule la recherche de Dieu ne déçoit pas.» Tel est le secret de la «bonne humeur» des saints. Celui qui chemine avec Dieu et se laisse conduire par lui expérimente progressivement un sentiment de liberté. Il s'aperçoit qu'il n'a rien à craindre. En fait, il expérimente ce que l'on appelle les fruits de l'Esprit, qui sont charité, joie, paix, bonté, confiance, douceur, maîtrise de soi.

La «bonne humeur» des saints provient de la joie transfigurée par le Christ. Cette joie contraste singulièrement avec l'angoisse et l'anxiété de l'homme contemporain. Le monde actuel souffre dramatiquement de la peur, de l'angoisse, de l'anxiété, et ce, dans une société de sécurité et d'abondance. Le témoignage suivant d'une femme dans la quarantaine pourrait être celui de beaucoup d'autres personnes :

> J'ai ce que je veux dans la vie, je me sens aimée pour ce que je suis, j'ai un bon mari, j'ai un travail que j'aime, j'ai des enfants que j'adore, et pourtant je suis continuellement insatisfaite. Actuellement, ce malaise prend tellement de place que je n'arrive plus à dormir la nuit. Pourtant, je ne me sens pas malade et mon médecin me le confirme. Qu'est-ce qu'il me manque pour être heureuse ?

Ce témoignage illustre bien le type de questionnement exprimant un malaise général au centre duquel figurent des préoccupations d'ordre spirituel. La psychologie définit l'être humain comme un être bio-psycho-social. Elle oublie la dimension spirituelle qui est, pour plusieurs, *la pièce manquante de la vie*.

Voilà pourquoi beaucoup de personnes de nos jours semblent dominées par un certain fatalisme que l'on désigne volontiers sous le nom de *karma*. C'est comme si un destin aveugle pesait sur le destin humain. Comme on ne voit pas clair dans sa vie, on cherche à conjurer le sort. D'où la grande popularité des formes de voyance : boule de cristal, astrologie, cartes, tarot, etc. Chez les anciens, on croyait que le destin humain était dominé par la fatalité (le *fatum*). Toute la tragédie antique crie l'implacabilité du destin.

Paradoxalement, c'est dans ce contexte que Jésus vint annoncer la «Bonne Nouvelle», à savoir que nous pouvons précisément dominer notre destin et que notre vie a un but. L'Évangile témoigne d'un couvert à l'autre que la vie est possible, qu'elle vaut la peine d'être vécue, que le suicide n'est pas une solution, qu'on peut sortir de sa dépression, qu'on peut survivre à une peine d'amour, qu'on peut assumer pleinement son cancer, bref qu'on peut renaître des pertes de la vie.

Dieu a créé l'homme pour le bonheur. Tout l'Évangile peut être lu comme un «art d'être heureux». Il surpasse toutes les philosophies sur le bonheur. Il nous apprend qu'en nous jetant dans l'existence, Dieu ne nous a pas abandonnés au hasard. Avec Dieu, nous sommes à la source même de notre vie et de notre être. Aussi la plus belle expérience spirituelle consiste-t-elle à faire la rencontre de celui qui a dit : «Je suis la résurrection et la vie. Celui qui croit en moi vivra, quand même il serait mort» (Jean 11,25). Dieu a un projet de vie pour chacun de nous, peu importe ce que nous sommes. Ce projet veut que nous ayons une vie agréable, que nous ayons de la joie à vivre, que nous soyons des humains réussis. Jésus promet la vie dans toutes ses dimensions : matérielle, psychique, mentale et spirituelle.

La vie que promet le Créateur ne peut pas être en opposition avec celle de ses créatures. Les mystiques chrétiens ont souvent témoigné en ce sens du «goût de l'être» et de la «jouissance de Dieu», attestant que le bonheur est possible en cette vie, et ce, même dans les plus grandes difficultés. Les saints sont des gens qui souffrent, mais qui sont en contact avec leur source intérieure. À travers leurs difficultés, ils expérimentent la joie promise par le Christ qui a dit : «Vous serez dans la joie et votre cœur se réjouira, et nul ne vous ravira votre joie» (Jean 16,22). Ce que vivent les saints, c'est la joie rattachée à la connaissance expérientielle de Dieu, goûtée dans les profondeurs de l'espérance.

Une espérance qui n'a rien d'illusoire, puisqu'elle tient tout entière dans la promesse du royaume promis, incarné dans cette «terre nouvelle où il n'y aura plus de pleurs et plus de larmes [1] ». Ce n'est pas par hasard que, dans le seul Nouveau Testament, on dénombre 287 références à la joie, à la réjouissance, à l'allégresse ou à la gaîté. On dit que la Bible contiendrait plus de 800 versets ayant directement rapport à la joie. Ce qui témoigne que la route qui mène au Dieu vivant coïncide toujours avec un accroissement de la vie dans l'homme. «Moi, je suis venu afin que les brebis aient la vie, et qu'elles soient dans l'abondance (Jean 10,10).

Le témoignage des saints

Nous pourrions apporter le témoignage de quelques saints qui incarnent parfaitement cette «bonne humeur» dont nous parlons ici. Un saint, en particulier, me fascine. C'est Jean-Marie-Baptiste Vianney, celui que l'on a familièrement appelé le Curé d'Ars. C'est l'un des phénomènes les plus extraordinaires du XIXe siècle. Le halo de paix, de sérénité et de sainteté qu'il dégageait a séduit des milliers de personnes. Peu de saints ont attiré autant de visiteurs en leur temps. Son biographe le plus autorisé, Monseigneur Trochu, écrit que, «vers la fin de sa vie, le nombre annuel des pèlerins qui allaient à Ars avait atteint le chiffre de 80 000».

Or, toute la vie du Curé d'Ars s'est déroulée sous le signe du sacrifice extrême. Monseigneur Trochu écrit: «Il (le Curé d'Ars) connut des impasses terribles où il ne vient de consolation à l'âme, ni de la terre à laquelle elle ne tient plus, ni du ciel où elle n'habite pas encore», ces heures crucifiantes où elle se croit «abandonnée de Dieu totalement et pour toujours». C'est alors surtout qu'il souhaitait fuir, s'en aller, en n'importe quelle solitude, «pleurer sa pauvre vie».

Mais l'attitude du Curé d'Ars dans la souffrance est admirable. En vérité, la croix qui l'accablait était de taille, mais, depuis qu'il s'était mis à l'aimer, elle lui en paraissait plus légère! Il s'écriait:

Souffrir en aimant, c'est ne plus souffrir… Fuir la croix, au contraire, c'est vouloir en être accablé… Il faut demander l'amour des croix; alors, elles deviennent douces. J'en ai fait l'expérience pendant

---

1. Isaïe 65,17 ; 66,22 ; 2 Pierre 3,13 ; Apocalypse 21,1.

quatre ou cinq ans; j'ai été bien calomnié, bien contredit. Oh! j'avais des croix, j'en avais presque plus que je n'en pouvais porter. Je me mis à demander l'amour des croix, et je fus heureux; je me dis: vraiment, il n'y a de bonheur que là.

Ainsi, bien qu'une tempête furieuse eût assailli son âme, elle n'avait pas atteint ce sommet où habitent la confiance et la paix. Monseigneur Trochu écrit:

> Un jour, raconte l'abbé Alfred Monnin, alors jeune missionnaire, je lui ai demandé si ses peines lui avaient jamais fait perdre la paix: «La croix, s'écria-t-il avec une expression céleste, la croix, nous faire perdre la paix!... Mais c'est elle qui doit l'apporter dans nos cœurs. Toutes nos misères viennent de ce que nous ne l'aimons pas.» [...]

> Cette année-là, trop fatigué, il ne put, à son grand regret, porter le saint-sacrement qu'à l'approche des reposoirs. Mais l'année précédente, il avait tenu pendant deux heures le lourd ostensoir et, malgré ses soixante-douze ans sonnés [...].

> Un jour de Fête-Dieu, a raconté le Frère Athanase, nous lui demandâmes lorsqu'il revint à la sacristie, trempé de sueur: «Vous devez être bien fatigué, Monsieur le Curé.» – «Oh! comment voulez-vous que je sois fatigué? Celui que je portais me portait aussi!» (p. 275).

Déjà sur le plan psychologique, l'acceptation de la souffrance contribue pour beaucoup à l'amoindrir. Dans le cas du Curé d'Ars, il y a plus. Son biographe affirme qu'il s'était mis à l'aimer. Son secret? Il l'avoua un jour en ces termes: «Dans l'âme unie à Dieu, c'est toujours le printemps.»

Une autre figure non moins étonnante de cette «bonne humeur» qui anime les saints est celle de Marthe Robin, qui a vécu pendant 50 ans clouée à son lit de malade, sans manger, sans boire, et qui fonda pas moins de 70 foyers de charité. Ses souffrances ne la laissaient pas une minute. Pourtant, elle disait: «Je ne désire plus la souffrance, je la possède! Et par elle, j'ai cru souvent toucher le rivage du Ciel!» On croirait entendre ici saint Paul, lequel, à travers les pires difficultés, écrivait: «Je surabonde de joie au milieu de mes tribulations» (2 Corinthiens 7,3-5).

Le philosophe Jean Guitton, qui a magnifiquement écrit sa vie, dit à son sujet:

J'ai interrogé Marthe Robin et j'ai compris qu'il y avait communion de la souffrance physique et de la joie spirituelle. Elle m'a dit : « C'est une souffrance extrême, insupportable, mais c'est une souffrance très douce. Ce n'est pas une joie humaine, sensible, c'est une joie intérieure, une joie divine. » Puis elle ajoutait : « Je ne peux pas vous expliquer. C'est insupportable et c'est délicieux. »

Il y a un fait dans l'histoire de l'Église primitive qui m'a toujours frappé. Il s'agit des persécutions des premiers chrétiens sous l'empereur Néron. Un jour, il y eut un grand incendie dans la ville de Rome et Néron accusa les chrétiens. Une persécution sans précédent eut lieu. Or, les historiens affirment que les chrétiens allaient au martyre en chantant. Qu'avaient-ils dans le cœur ? On dit que l'empereur allait, le soir à la dérobée, voir leur visage resté joyeux. Il était tellement impressionné par leur courage qu'il s'écriait : « Diantre ! comment peuvent-ils faire, ces chrétiens ? » Les historiens notent que plus il faisait de martyrs, plus il y avait de chrétiens, à tel point que le pouvoir romain fut forcé de composer avec les chrétiens sur le plan politique. On dit que les Romains, émerveillés par la sérénité que dégageaient les martyrs en présence des lions et de la croix, se disaient : « Mais quelle force ! Comment font-ils ? Nous aussi nous voulons posséder ce courage. » L'historien Eric Edelmann, commentant ce fait, a tiré la conclusion suivante : « Il est certain que lorsque les martyrs chrétiens sont allés droit à la mort avec un visage lumineux et rayonnant, un tel spectacle fut déterminant pour la propagation du christianisme. »

Nous pourrions multiplier ainsi les témoignages à travers l'histoire pour montrer que la « bonne humeur » des saints se présente comme une constante de leur existence. Ils étaient marqués par la transcendance de Dieu et ont témoigné à travers leur vie que la joie et la sérénité peuvent s'éprouver dans les pires souffrances et contrariétés de la vie. Il n'y a pas de vie humaine sans une part de souffrance, mais, dans la vie spirituelle, la souffrance est vécue différemment. Si forte soit-elle, la souffrance n'est plus perçue comme un écrasement, parce qu'elle n'est pas portée seule. Cette attitude, il va sans dire, n'a rien à voir avec le dolorisme ou le masochisme. Elle tient de la foi et de la confiance en Dieu.

Au milieu de toutes les vicissitudes de la vie, les Pères de l'Église avaient une belle expression pour traduire l'attitude de sérénité. Ils la définissaient par le terme grec *hésychia* qui signifie paix, calme, silence. Par extension, le terme peut s'appliquer aussi au silence, à l'apaisement du cœur et de l'esprit. Mais par ce mot, les Pères désignaient avant tout « le repos en Dieu », état dans lequel l'esprit ne se trouble plus de rien. Cet état est lié à la présence divine, fondement de toute la spiritualité chrétienne. Il consiste à vivre avec le sentiment que Dieu est là et qu'il s'occupe de nous.

La Source de la sérénité

Comme nous venons de le mentionner, la sérénité telle que nous la proposons ne peut résider que dans la présence divine en soi. Dieu, dit saint François de Sales, « répand imperceptiblement au fond du cœur une certaine douce suavité qui témoigne de sa présence ». Cela signifie qu'avec la conscience de la présence divine il est possible de rester calme, fort et inébranlable. Le courant de la présence divine l'emporte alors sur les vagues de notre esprit et de notre cœur. Par exemple, quand nous sommes en difficulté, il est utile de nous dire souvent dans la journée, doucement mais fortement, sans douter : « Je suis présence de Dieu », et de nous laisser envahir par cette Présence.

La sérénité se fonde sur le fait que notre vie sur terre devrait être en principe quelque chose d'essentiellement joyeux. « Dieu vit que tout cela était bon », dit la Genèse. Nous avons été créés par une Source sereine et joyeuse. Les effets doivent être du même ordre. Dieu a voulu notre présence ici-bas, et c'est avec lui que nous devons accorder nos pensées, nos émotions et nos actions.

Dans les moments difficiles, en toute circonstance, nous devons demeurer fermement convaincus que Dieu est avec nous, qu'il est notre secours dans toutes nos épreuves. Pour intégrer ces sentiments, il est bon de se redire souvent, intérieurement : « Dieu est pour nous un refuge et un appui, un secours qui ne manque jamais dans la détresse » (Psaume 46,2).

Dieu est Amour. Cela signifie que, où que nous soyons, Dieu est là. Où que nous soyons, l'amour est présent. Nous sommes en sûreté en présence de l'amour. L'amour de Dieu nous enveloppe et nous protège. Il est notre sécurité. Chaque fois que nous avons peur, nous pouvons réagir immédiatement en affirmant : « Rien n'est redoutable. Dieu est avec moi. » « Je ne suis pas seul. J'ai la lumière de Dieu pour me guider, sa force pour me soutenir, sa puissance pour me protéger, sa sagesse pour me diriger, son amour pour m'encourager. »

Peu importe ce que nous avons fait ou pensons avoir fait, l'amour de Dieu est inconditionnel. L'amour de Dieu est là, pendant les périodes faciles ou difficiles, que nous nous en sentions dignes ou non. Il n'y a jamais un moment, une circonstance où l'amour de Dieu n'est pas prêt à remplir notre cœur.

Quels miracles Dieu peut accomplir quand vraiment nous le laissons nous libérer de nos soucis ! Dieu change les ténèbres en lumière et ordonne toutes choses pour le bien de ceux qui se confient en lui. Il fraie une voie là où nous croyions qu'il n'y en avait pas. Il transforme tout en bénédiction. « Ceux qui se confient en l'Éternel renouvellent leur force. Ils prennent le vol comme les aigles… » (Isaïe 40,31). Quel que soit l'obstacle sur notre route, Dieu peut et veut nous ouvrir la voie.

Quand les orages menacent, nous cherchons un abri, un refuge. Nous savons alors que nous avons toujours un havre dans la présence de Dieu en nous. Avec cette présence, nous n'avons aucune raison d'être bouleversés. En la présence de Dieu, nous sommes sains et saufs, car sa puissance est en nous.

Comment garder la sérénité en tout temps ?

Contrairement au bonheur qui n'existe que de façon sporadique et selon des périodes variables, la sérénité peut devenir un état permanent. Pourquoi ? Parce qu'elle prend sa force et sa légitimité au sein des situations même les plus dramatiques qui forment la matière de notre existence. Mais surtout, parce qu'elle s'appuie sur une force supérieure, celle de la confiance au Tout-Puissant, qui est le seul à pouvoir influencer notre histoire personnelle. Voyons comment, à travers diverses circonstances de la vie, nous pouvons en arriver à conserver la sérénité et la paix du cœur[2].

Il arrive parfois que surgisse une situation qui nous préoccupe, nous remplisse d'inquiétude. Peut-être laissons-nous notre imagination nous peindre les sombres images de ce qui pourrait arriver. Le remède des états d'esprit troublés et inquiets, c'est la confiance en la divine Providence – cette confiance qui, en face des apparences, affirme: «Ne crains rien. Dieu veille.» Nous n'avons rien à craindre, rien à redouter – Dieu veille. Le besoin peut être comblé, le problème peut être résolu, la circonstance peut changer, rien n'est impossible à Dieu.

Rien d'extérieur ne surpasse la puissance de Dieu, toujours présent, toujours avec nous. Peu importe la situation, nous pouvons toujours dire à nos pensées, à nos sentiments inquiets: «Ne craignez rien, Dieu veille.» Dieu est en nous lumière et sagesse. Dieu est en nous source de guérison. Il est l'origine de notre être et de notre vie. Dieu est avec nous, il veille. Avec cette certitude, nous pouvons garder l'esprit en paix: «Tourne tes pas vers le Seigneur, compte sur lui, il agira... Reste calme près du Seigneur, espère en lui» (Psaume 36,5.7). Quelle joie et quel réconfort de savoir qu'ainsi, derrière tout événement, il y a une puissance qui est Dieu et qui peut tout pour nous!

Nous sentons-nous tristes et malheureux devant un événement? S'est-il produit le deuil d'un être cher, un changement dans notre travail ou dans nos rapports avec quelqu'un? Quelle que soit l'épreuve, soyons fermement convaincus que l'Esprit de Dieu peut transformer notre chagrin, notre tristesse en joie et en satisfaction. Avec Dieu, rien, ni personne, ni aucune circonstance ne peuvent nous ravir la paix de notre esprit et de notre cœur quand notre attention est ancrée en Dieu, notre Souverain Bien. Il n'y a en Dieu que paix, lumière, amour, santé et joie: «Vous serez dans la tristesse, mais votre tristesse se changera en joie» (Jean 16,20).

Notre souci concerne-t-il le besoin d'un revenu supplémentaire pour faire face à des dépenses urgentes? C'est l'occasion d'aban-

---

2. Les réflexions qui suivent s'inspirent de *La Parole quotidienne*.

donner nos soucis d'argent et de faire confiance au Dieu créateur à qui appartient toute richesse. Récitez souvent la demande du Notre-Père qui dit : « Donne-nous aujourd'hui notre pain quotidien. »

Notre embarras concerne-t-il les relations humaines ? Nous avons le sentiment qu'on nous a trompés, traités injustement, qu'on a profité de nous ? Peut-être avons-nous tout essayé pour restaurer l'ordre et l'harmonie dans notre milieu, mais les choses semblent avoir empiré, nous ne savons plus que faire ? Pourquoi ne pas invoquer le Dieu de la paix : « Je vous laisse ma paix, je vous donne ma paix » (Jean 14,27) ?

Qu'y a-t-il de plus frustrant et de plus douloureux que de vivre une situation d'injustice ? Si nous nous sentons traités injustement ou si nous nous tourmentons au sujet d'un être cher dont la situation semble injuste, rappelons-nous que certaines des plus grandes figures de l'histoire ont eu à lutter contre l'injustice. Leur foi absolue en la bonté divine les a amenées à se confier au Dieu qui fait justice à la veuve et à l'opprimé. Dieu est amour et Dieu est juste. Sa loi d'amour et de justice œuvre en toute situation : « Heureux ceux qui ont faim et soif de justice, car ils seront rassasiés » (Matthieu 5,6). Rappelez-vous la fin de l'histoire de Joseph vendu par ses frères : « Votre dessein était de me faire du mal, mais Dieu l'a changé en bien » (Genèse 50,20).

Notre amour pour ceux que nous aimons peut parfois se transformer en inquiétude. Nous les aimons tellement que nous avons peur pour leur bien-être. Aimons-les, mais d'un amour fort, basé sur la foi, non sur la peur. Dieu aime nos proches infiniment plus que nous ne pouvons le faire et infiniment mieux. Il désire que nous croyions à cet amour et que nous sachions aussi abandonner entre ses mains les êtres qui nous sont chers. Nous pouvons nous libérer de nos appréhensions et de nos inquiétudes concernant ceux que nous aimons, en les confiant avec amour à la garde et aux soins de Dieu. Dieu nous aime et s'intéresse à nous ainsi qu'à ceux qui nous sont chers : « Je les ai protégés et aucun d'eux ne s'est perdu » (Jean 17,12). Et encore : « La volonté de mon Père, c'est que je ne perde aucun de ceux qu'il m'a donnés » (Jean 6,39). Ces mots sont une source de consolation.

Nous éprouvons un sentiment d'infériorité ou d'insécurité ? Nous avons perdu confiance en nous ? Nous ne nous aimons pas ? La conscience que nous avons de Dieu en nous peut nous libérer de nos limites et de notre vision négative de nous-mêmes. Nous pouvons nous voir alors sous un jour nouveau : « L'homme regarde l'apparence, mais Dieu regarde le cœur » (1 Samuel 16,7). Et encore : « Tu as du prix à mes yeux et je t'aime » (Isaïe 43,4).

Quels que soient nos besoins, nous pouvons compter sur Dieu pour nous aider et nous montrer notre voie. Il est notre lumière, notre force et notre secours infaillible. Nous n'avons qu'à nous tourner vers lui pour sentir sa présence. Si la route nous paraît incertaine, si nous ne nous sentons pas sûrs de nous, tournons-nous vers Dieu et demandons-lui de nous montrer notre chemin. Mettons en lui notre confiance, comptons sur son aide en tout temps, en toute situation : « Alors, tu marcheras avec assurance dans ton chemin » (Proverbes 3,23). Et encore : « Je suis le chemin, la vérité et la vie » (Jean 14,16).

La solitude nous pèse-t-elle ? Beaucoup d'entre nous ont connu le sentiment d'être totalement seuls, voire abandonnés. Peut-être nous trouvons-nous en un lieu inconnu, loin de notre famille et de nos amis. Celui qui a la foi en la présence de Dieu en lui n'est jamais seul. Dieu est là. Nous pouvons mettre notre main dans la sienne et nous sentir accompagnés, à toute heure du jour et de la nuit. Nous pouvons lui parler, il nous entend. Il nous aime et nous dit que, pour lui, nous avons de l'importance. Nous prenons conscience qu'en tant qu'enfants de Dieu nous entrons dans une grande fraternité universelle.

Quand nous avons à prendre une décision, sommes-nous inquiets, hésitons-nous au sujet de la solution ? Sachons qu'avec Dieu nous possédons la sagesse, le discernement, la compréhension nécessaires pour trouver la réponse. Il est certain que Dieu connaît la solution à notre problème. Détendons-nous pendant quelques instants. Apaisons nos doutes. Soumettons la situation litigieuse à la lumière divine. Abandonnons-nous à la sagesse de Dieu. Confions-nous à celui qui a dit : « Je suis la lumière du monde ; celui qui me suit ne marchera pas dans les ténèbres, mais il aura la lumière de la vie » (Jean 8,12).

Avons-nous un problème de santé ? Mettons-nous en harmonie avec la puissance divine de guérison. Croyons que cette puissance peut renouveler et revitaliser chaque cellule de notre corps. Rien n'est plus puissant que l'action curative de Dieu. Si nous avons des êtres chers qui ont besoin de santé, de rétablissement, prions pour que la puissance de Dieu, génératrice de vie et de guérison, accomplisse en eux son action. « Ce ne sont pas ceux qui se portent bien qui ont besoin du médecin, mais les malades » (Matthieu 9,12). « Seigneur, dis seulement une parole et je serai guéri » (Matthieu 8,8).

Notre corps est le temple de Dieu. Ce temple exprime la perfection de la vie. Dieu rayonne de sa présence. L'apôtre Jean présente Jésus comme le pain de vie, la source d'eau vive. Or, cette présence est la Source de la vie, de notre vie, de notre existence. Au contact de la Source, le corps et l'âme peuvent se ranimer, retrouver leur énergie, se revitaliser parfaitement. Lorsque nous prions pour être guéris, nous faisons un acte de foi, reconnaissant que la vie de Dieu est celle de notre être. En pensée, tournons-nous vers la Source de cette vie divine en nous. Affirmons son action tonifiante. Sentons-la se répandre en tout notre être. Imaginons la vie radieuse de Dieu nous pénétrer de part en part et parcourir comme un flux vital toutes les parties de notre corps, particulièrement celles qui sont malades. Prenons conscience que si la Source de la vie est présente en nous, pourquoi ne serait-elle pas agissante ?

Quand nous désirons la guérison de l'esprit et du corps pour nous ou pour quelqu'un que nous aimons, nous devons être décidés à laisser Dieu accomplir son action. Il faut bannir toute peur, toute inquiétude, tout souci et laisser la place tout entière à la puissance curative de Dieu.

Le Seigneur est aussi tout-puissant pour guérir le cœur meurtri. Entendons-le nous dire : « Venez à moi, vous tous qui êtes fatigués et ployez sous le fardeau, et moi, je vous soulagerai » (Matthieu 11,28). Une ancienne paraphrase traduisait ce passage ainsi : « Venez à moi, vous tous qui souffrez et qui portez le fardeau de la vie, et je referai votre courage. » Des exégètes affirment que le mot « fatigués » a été employé par certains auteurs grecs dans le sens de « dépression ».

La paix et la consolation viennent à ceux qui se confient à Dieu et se réfugient en lui. Où règnent la tristesse, le chagrin, la peur, le Seigneur dispense une joie intérieure nouvelle. Où il y a un sentiment de perte, de séparation, le Seigneur donne la calme assurance de son Esprit qui guérit. Le Seigneur console le cœur brisé par son amour et il essuie toutes les larmes. Il est tout-puissant pour guérir le cœur de celui qui prie et se tourne vers lui. Le Seigneur est tout-puissant pour relever l'esprit déprimé. Il nous remplit de courage et nous donne une force nouvelle : « Le Seigneur est près de ceux qui ont le cœur brisé, et il sauve ceux qui ont l'esprit abattu » (Psaume 33,18).

Avons-nous besoin de nous libérer de quelque habitude nuisible (alcool, drogue, dépendance, etc.) et nous sentons-nous incapables d'y arriver ? Nous pouvons être certains qu'en le priant Dieu nous dispensera la force nécessaire pour triompher de ces esclavages. Dieu est celui qui libère. Il est capable de changer le mal en bien, car nous savons que « Dieu fait tout concourir au bien de ceux qui l'aiment » (Romains 8,16).

À Dieu, tout est possible. Cette affirmation est l'une des plus puissantes de la Bible : « Aux hommes, c'est impossible, mais non à Dieu ; car à Dieu, tout est possible » (Marc 10,27). Constamment, dans l'histoire de la Bible, le peuple hébreu a fait l'expérience du Dieu de l'impossible : « Celui qui est en vous est plus grand que celui qui est dans le monde » (1 Jean 4,4). Saint Paul affirme : « Je puis tout par celui qui me fortifie » (Philippiens 4,13).

La sérénité s'appuie sur le fait que nous sommes les enfants bien-aimés du Père. Celui-ci peut répandre à volonté en nous ses richesses infinies de toute nature : mentales, physiques, émotionnelles, spirituelles. Toute situation pénible est une occasion de nous éveiller à la réalité du potentiel divin en nous. Nous pouvons nous dire à tout moment :

L'amour de Dieu m'enveloppe ;
la lumière de Dieu m'entoure ;
la puissance de Dieu me protège ;
la présence de Dieu veille sur moi ;
où que je sois, Dieu est là !

Le silence et la sérénité

Le silence est une condition de la sérénité. Le silence, en nous permettant de prendre de la distance, remet notre existence en perspective. Nous apprenons ainsi à dédramatiser et à distinguer ce qui, dans notre vie, est éphémère et essentiel. Nous avons besoin de paix intérieure et de silence pour vivre équilibrés. Mais le silence est surtout une qualité essentielle de la vie intérieure. Il est nécessaire pour entendre la voix intérieure qui nous guide. C'est la route qui mène vers notre intériorité. «Le Royaume est au-dedans de vous», dit l'Évangile. C'est là que se trouve déposée, comme dans un écrin, l'image divine de la Genèse. C'est là également que la présence de Dieu se fait sentir. Le silence rend disponible à la présence divine. Nous faisons silence pour chercher Dieu en nous, au plus profond de nous-mêmes. Nous comprenons alors combien le silence peut être lié au mystère même de la présence divine.

Pour entendre Dieu, il faut écouter le silence. C'est l'expérience qu'a vécue le prophète Élie à l'Horeb: Dieu n'était ni dans l'ouragan, ni dans le tremblement de terre, ni dans le feu, mais dans le *murmure d'une brise légère* (1 Rois 19). Le divin appartient au silence et ne se trouve pas dans l'agitation bruyante de la vie. Tel est le sens du silence: retrouver le Dieu qui nous habite.

J'aimerais terminer ce chapitre par la réflexion suivante. Dans la tradition chrétienne, on enseigne que seul Dieu peut donner la plénitude de la paix et de la sérénité. Certes, nous pouvons atteindre une certaine paix en nous positionnant sur le plan humain, mais cette paix est précaire et vulnérable. Tant que nous voguons sur la mer de la tranquillité, nous sommes sereins. Mais vienne une tempête et alors c'est la panique.

Nous vivons une époque de grande agitation et d'inquiétude. Il est important de garder notre cœur en paix en toute circonstance, même en cas de défaite. Mais alors, parvenir à cette paix en toute circonstance est quelque chose qui dépasse littéralement nos forces. Il nous faut de l'aide. Et cette aide ne peut être obtenue que par l'intervention de Celui qui seul peut la donner véritable: «Je vous laisse la paix, c'est ma paix que je vous donne; je ne vous la donne pas comme le monde la donne. Que votre cœur ne se trouble ni ne s'effraie...» (Jean 14,27). Lorsque nous perdons la sérénité, le seul moyen de la retrouver est de reprendre contact avec notre Source intérieure et de la demander de tout notre cœur. Nous pouvons le faire à l'aide de «la prière de sérénité» qui figure au début du présent chapitre.

Conclusion

Depuis longtemps je rêvais d'aborder la santé comme expérience spirituelle. La santé est un domaine qui m'a fasciné au point de devenir, au fil des ans, une seconde religion. De là à en faire l'objet d'une expérience spirituelle, il n'y avait qu'un pas. Ma décision a été grandement favorisée par le rapprochement que l'on fait spontanément de nos jours entre spiritualité et guérison. De plus en plus de chercheurs, notamment dans les universités et les hôpitaux, effectuent des études en ce sens, conscients que la foi et la guérison possèdent de grandes affinités.

Il faut dire que ma formation en anthropologie spirituelle m'ouvrait toutes grandes les portes de ce domaine. En tant qu'anthropologue et théologien, je ne pouvais rester indifférent à l'une des plus grandes préoccupations de la société actuelle : la santé et son corollaire la guérison. Comme telle, la santé ne pouvait échapper au domaine de la spiritualité.

Dans cette perspective, je me suis demandé si les grands courants de spiritualité à travers l'histoire s'étaient déjà préoccupés de la santé. Mon constat fut décevant. La santé n'a vraiment pas été choyée par les grandes traditions religieuses. Il faut remonter au Moyen Âge pour trouver un certain intérêt envers le sujet, avec Hildegarde de Bingen (1098-1179), une grande mystique bénédictine allemande rendue célèbre par ses visions. Elle écrivit un manuel de médecine, dont le savoir médical lui aurait été communiqué par Dieu lui-même. Pour elle, chaque maladie est porteuse d'un signe de Dieu. Pour chaque maladie répertoriée en son temps, elle propose un remède dicté par Dieu lui-même. Ce livre est étonnant pour l'époque. Au siècle suivant, un grand personnage, Albert le Grand, s'inscrivait dans cette voie de la vie spirituelle visant à maintenir en bonne santé l'âme et le corps. Tous deux ont traité de la diététique et de l'entraînement à une meilleure santé, dans le cadre de leur enseignement religieux et du développement de la vie spirituelle. Puis il faut attendre jusqu'au travail du célèbre docteur Alexis Carrel (1873-1944) pour voir la santé traitée dans une perspective spirituelle.

À notre époque, nous entrons dans un nouveau paradigme religieux. Celui qui considère le corps avec attention. Non plus le corps contre l'âme, mais le corps compagnon à part entière. L'expérience enseigne que la violence faite au corps atteint aussi l'âme. L'ascétisme chrétien vouait le travail de conversion uniquement à la correction de la bête. La bête, c'était le corps. Pourtant, les enseignements bibliques étaient beaucoup plus ouverts à la réalité corporelle. Dans la Genèse, on dit que «Dieu vit que tout cela était bon». En écho à cette parole du Créateur, le psalmiste s'écriait : «Merveille que je suis !» Et dans un élan d'admiration pour son corps, il formulait cette prière : «Sois béni, Seigneur, de ce que tu m'as fait si merveilleusement...» (Psaume 138,14).

Entendons-nous bien. Il ne s'agit nullement ici de contourner l'idée du sacrifice et du combat propre à toutes les spiritualités traditionnelles. La quête de la santé comme expérience spirituelle suppose le sacrifice, mais le sacrifice ordonné non pas à la destruction du corps, mais à sa croissance. Le sens du sacrifice n'est pas d'amputer mais d'enrichir. Le sacrifice est investi en vue du bien-être plutôt que du «châtiment du corps». Il amène à changer les perspectives et à respecter les lois de la santé. Le vrai rôle de l'ascétisme est, entre autres, de découvrir la différence entre le mauvais usage des choses créées et leur bon usage.

Comme on le voit, il existe des motivations spirituelles importantes pour s'occuper de sa santé. L'équilibre humain réside dans la reconnaissance de nos racines terrestres et célestes, biologiques et spirituelles. Le point d'équilibre se trouve à la jonction du biologique et du spirituel. Nous pourrions l'appeler le point *oméga*.

Ce qui m'a amené à développer deux concepts complémentaires : le premier veut que la santé de l'âme passe par celle du corps ; le second, que la santé du corps passe par celle de l'âme.

Cette approche a orienté le présent ouvrage, dans ses deux volets : **la santé comme expérience spirituelle** et **les sources spiri-**

tuelles de santé et de guérison. Ce volume forme, avec *Cette force qui soulève la vie!* un ensemble que les amants de spiritualité apprécieront au plus haut point.

Le grand penseur Marcel Légaut avait bien compris que «de nouvelles spiritualités devaient naître, et qu'elles naîtraient hors des cloîtres, car il fallait vivre dans le monde pour les inventer». C'est ce que j'ai compris à ma façon, en présentant cette nouvelle approche de la santé dans un langage renouvelé, vivant, susceptible de répondre aux aspirations de l'homme et de la femme d'aujourd'hui.

Au fil des pages, le lecteur aura certainement remarqué que la sève qui a coulé dans ce livre détient quelque chose de l'arbre de l'Éden originel, symbole de la vitalité de l'âme et du corps. La vie que cette sève a générée en moi, je m'efforce maintenant de la conserver, en demeurant en contact avec ma Source intérieure, et pour soutenir cet élan je m'inspire souvent de ces magnifiques paroles de Jeanne de Vietinghoff: «Tout ce que je vois me semble un reflet, tout ce que j'entends un lointain écho, et mon âme cherche la source merveilleuse, car elle a soif d'eau pure.»

Table des matières